Seite 1:
Vergrösserung von Abb. 8a

Genf, Hôtel Beau-Rivage. Das 1865 vom Architekten Antoine Krafft erbaute Hotel erhielt eine repräsentative Eingangshalle mit Lichthof. Fotografie um 1910.

Seiten 2/3:
Vergrösserung von Abb. 225

Davos, Sanatorium Schatzalp. 1900 als einer der ersten Betonbauten in der Schweiz nach dem Entwurf der Zürcher Architekten Pfleghard & Haefeli eröffnet. Fotografie 1910.

Seiten 4/5:
Vergrösserung von Abb. 30

Zürich, Grand Hotel Dolder. Das majestätische Hotelschloss mit verspielter Fassadengestaltung wurde 1899 als Projekt des Architekten Jacques Gros eröffnet. Fotografie 1910.

HIER+JETZT

ROLAND FLÜCKIGER-SEILER

HOTEL PALÄSTE

ZWISCHEN TRAUM UND WIRKLICHKEIT

SCHWEIZER TOURISMUS UND HOTELBAU 1830–1920

HIER + JETZT, VERLAG FÜR KULTUR UND GESCHICHTE, BADEN

Inhalt

10 Vorwort

«Weniger Architektur und mehr Einfachheit wäre hier passender gewesen»
Hochblüte, Ablehnung und Wiederentdeckung der Hotelbauten aus der Belle Époque

- 14 VOM FRÜHTOURISTISCHEN GASTHOF UM 1800 ZUM HOTELBAU UM 1900 – EIN ÜBERBLICK
- 15 DAS GRAND HOTEL UND DAS PALACE IN DER BELLE ÉPOQUE
- 15 Der neue Hoteltyp
- 16 Hotelburg und Hotelschloss
- 19 Die Dreiflügelanlage mit Ehrenhof
- 21 Vom Schweizer Holzstil zum Heimatstil
- 22 **Der Schweizer Holzstil**
- 24 DIE ABLEHNUNG DER BELLE-ÉPOQUE-BAUTEN IM FRÜHEN 20. JAHRHUNDERT
- 31 DIE WIEDERENTDECKUNG HISTORISCHER HOTELBAUTEN AM ENDE DES 20. JAHRHUNDERTS

«Der Styl sollte mehr in Einklang mit der Umgebung gebracht werden»
Schweizer Hotelarchitekten, ihre Ausbildung und ihr Engagement im Hotelbau

- 36 DIE ARCHITEKTENAUSBILDUNG IM 19. JAHRHUNDERT
- 36 Schweizer Hotelarchitekten an europäischen Architekturschulen
- 38 Das Eidgenössische Polytechnikum und die Semperschüler
- 40 HOCHSCHULARCHITEKTEN UND BAUMEISTER
- 41 EINHEIMISCHE FACHLEUTE IN DEN EINZELNEN REGIONEN
- 42 Genfersee
- 43 Berner Oberland
- 43 Vierwaldstättersee
- 44 Tessin
- 45 Graubünden
- 45 Wallis
- 46 **Nicht ausgeführte Hotelprojekte für das Hotel Waldstätterhof in Brunnen und das Grand Hotel Locarno**
- 50 DREI BEDEUTENDE ARCHITEKTURWETTBEWERBE IM HOTELBAU DES 19. JAHRHUNDERTS
- 50 Der Wettbewerb für das Hôtel des Bergues in Genf von 1829
- 51 Der Wettbewerb für das Hôtel Beau-Rivage in Ouchy von 1857
- 51 Der Wettbewerb für das Hotel Thunerhof von 1872
- 52 Wegweisende Wettbewerbe

«wäre das vollständige Abschliessen der Gesellschaftsräume… eine Versündigung an der Natur»
Grundrisse im schweizerischen Hotelbau des 19. Jahrhunderts

- 58 LINEARE GRUNDRISSE
- 59 Der kleine zweibündige Grundriss
- 59 Die «Akzentuierung der Mitte»
- 60 Der H-förmige Grundriss
- 62 Der fünfteilige Grundriss
- 82 ABGEWINKELTE GRUNDRISSE
- 83 Der Winkelbau im Strassengeviert
- 83 Der Winkelbau zur Aussicht
- 84 GRUNDRISSE MIT ASYMMETRISCHEM SCHWERPUNKT
- 85 GRUNDRISSE MIT INNENHOF ODER MIT LICHTHÖFEN
- 85 Das Gebäude um einen Innenhof
- 86 Innere Lichthöfe
- 87 Licht- und Entlüftungsschächte

«eine Zugmaschine für Personen und eine andere für Gepäck»
Technische Installationen in den Hotels der Belle Époque

- 95 BELEUCHTUNG MIT GAS
- 97 DIE ELEKTRISCHE BELEUCHTUNG
- 97 Erfindungen zum elektrischen Licht
- 99 Elektrisches Licht in Schweizer Hotels
- 100 Pioniergesellschaften der Elektrizität
- 105 Hoteliers als Pioniere
- 107 SANITÄRANLAGEN: FLIESSENDES WASSER, TOILETTEN UND BADEZIMMER
- 107 Fliessendes Wasser
- 109 Das «water closet»
- 111 Von den Baderäumen auf der Etage zum Privatbad
- 113 Der Sanitärkomfort zu Beginn des 20. Jahrhunderts
- 118 HEIZUNGSANLAGEN
- 118 Die Wiederentdeckung der Zentralheizung
- 119 Zentralheizungssysteme in Schweizer Hotels
- 122 Regionale Unterschiede
- 124 AUFZUGSANLAGEN
- 125 Der hydraulische Antrieb
- 128 Der elektrische Antrieb
- 129 Liftanlagen in Schweizer Hotels
- 132 Hotelarchitektur und Liftgestaltung

Hotelbauten im Tessin

- 136 FRÜHE FREMDENORTE AM LANGENSEE
- 137 TESSINER FREMDENORTE UND -REGIONEN
- 138 LUGANO ALS BEDEUTENDE FREMDENREGION
- 138 Erste Hotels in den 1850er-Jahren
- 139 Neue touristische Zentren in Paradiso und im Luganeser Bahnhofquartier
- 140 Der Hotelboom in der Belle Époque
- 141 Grand Hotels in Lugano und Paradiso
- 144 Die Architektur der Luganeser Hotelbauten
- 144 HOTELBAUTEN IN DER REGION LOCARNO
- 144 Der bescheidene Anfang in den 1830er-Jahren
- 146 Das Grand Hotel Locarno
- 148 Neue Hotels nach der Eröffnung der Gotthardbahn
- 150 DAS GRAND HOTEL BRISSAGO

Hotelbauten am schweizerischen Bodenseeufer

- 154 EIN SEE, MEHRERE LÄNDER
- 158 DIE HOTELENTWICKLUNG AM BODENSEE
- 159 DIE SCHWEIZERISCHEN KURORTE RORSCHACH UND HEIDEN
- 159 Rorschach
- 160 Heiden
- 163 Molkenkuren

Hotelbauten in Graubünden

- 166 FRÜHE WURZELN – SPÄTE ENTWICKLUNG
- 167 BÜNDNER TOURISMUSORTE UND -REGIONEN
- 172 HOTELBAUTEN IM OBERENGADIN
- 172 Die Entwicklung in St. Moritz Bad
- 173 Die Pionierzeit im Oberengadin
- 177 Die erste Ausbauphase zwischen 1860 und 1892
- 180 Englische Kirchen in der Schweiz
- 181 Die Spekulationsphase 1897 bis 1914
- 182 Geld und Ruhm
- 183 Die touristische Infrastruktur
- 185 Baumeister und Architekten
- 189 DER HOTELBAU IM UNTERENGADIN
- 191 DAVOS, DIE «SONNENSTADT IM HOCHGEBIRGE»
- 198 Tuberkulosesanatorien
- 202 AROSA, DER LUNGENKURORT DER BELLE ÉPOQUE
- 204 DIE «ERFINDUNG» DES WINTERSPORTS IN GRAUBÜNDEN
- 209 DAS LUFTSCHLOSS IN MALOJA
- 209 Von der Idee zur Eröffnung
- 210 Architektur, Innenräume und Aussenanlagen
- 213 Betrieb und Untergang

Anhang

- 220 ANMERKUNGEN
- 227 LITERATURVERZEICHNIS
- 231 ABKÜRZUNGEN
- 231 ABBILDUNGSNACHWEISE
- 232 PERSONENREGISTER
- 235 ORTSREGISTER

Vorwort

Jeweils an besonderen Festtagen stand er in der Küche und präparierte Crevetten, Kaviar und Lachs, exotische Delikatessen, von denen wir sonst nur träumten. Wir blieben stets etwas im Hintergrund, die Erwachsenen mit kritischem Blick, wir Kinder erwartungsvoll und leicht unruhig. Unser Grossonkel war stolz auf dieses Zeremoniell, das sich jährlich mindestens einmal wiederholte. Für ihn bedeutete es ein Schwelgen in den «guten alten Zeiten», für uns jeweils etwas Aussergewöhnliches und Aufregendes. Kurz nach dem Ersten Weltkrieg war er aus dem ländlichen Bucheggberg ausgezogen in die weite Welt, um sich im Hotelfach hoch zu dienen. Nach seiner Arbeit in verschiedenen Hotels zog es ihn auch aufs Meer. Als Chef de Service durchfuhr er während einiger Zeit die Weltmeere, zu einer Zeit, als zu jeder Reise nach Amerika noch eine mehrtägige Atlantiküberfahrt auf einem Hochseeschiff gehörte. So wurden seine Besuche zu Hause im Bauerndorf in der Zwischenkriegszeit bald einmal zu einem nachhaltigen Erlebnis für alle Beteiligten, an das sich beispielsweise meine Mutter Zeit ihres Lebens erinnerte. Jedes Mal soll er etwas Exotisches mitgebracht haben, vor allem Früchte, die man damals auf dem Land in der Regel nur vom Hörensagen kannte: Ananas, Kokosnüsse oder Orangen beispielsweise. Einmal brachte er meiner Mutter sogar einen lebendigen, farbenfrohen Papagei mit zu ihrem Geburtstagsfest, damals eine richtige Sensation für die ganze Gegend. Später, als unser «Onkel Otti» schon lange von den Grand Hotels Abschied genommen hatte und nur noch als «Süsswasserkapitän» über die Wellen schaukelte, war er von einem sichtbaren Stolz erfüllt, wenn er in Gegenwart der ganzen Familiengemeinschaft seine exotischen Speisen zelebrieren konnte. So war es auch mir bereits in frühen Jugendjahren vergönnt, an diesen Exklusivitäten zu nippen. Dass mich der Kaviar jeweils anwiderte, liess ich mir dabei selbstverständlich nicht anmerken, denn im Innersten war ich stolz auf meinen Grossonkel mit seiner Erfahrung von der grossen, weiten Welt, und seine Geschichten aus Amerika, Afrika und Asien haben mich stets aufs Neue fasziniert. Wenn ich mich später in die Geschichte der Touristen, ihrer Hotelpaläste und ihrer Transportmittel vertiefte, dann haben mit Sicherheit auch mein Grossonkel und sein Papagei ihren Beitrag dazu geleistet. Eigentlich bin ich ihm noch heute dankbar, dass er jeweils Crevetten, Kaviar und Lachs mitbrachte, wenn er an gewissen Festtagen in seinem Heimatdorf den Besuch des alten Herrn zelebrierte ...

Das Interesse an der Geschichte historischer Hotelbauten und ihres Umfelds hat aber nicht nur mich in den Bann gezogen. Eine grosse Interessengemeinschaft hat mein erstes Buch «Hotelträume zwischen Gletschern und Palmen» erworben, so dass dieses beim Verlag innert kurzer Zeit vergriffen war. Deshalb ermöglichte mir der Verlag spontan die Publikation einer Fortsetzung. Den innovativen und erfolgreichen Verlegern gebührt deshalb der allererste und aufrichtige Dank für die nun bei zwei Büchern erprobte Zusammenarbeit, die kaum einen Autorenwunsch unerfüllt liess.

Auch bei diesem Band konnte ich mich auf Vorarbeiten stützen, die mir das seinerzeit vom Schweizer Nationalfonds finanzierte Forschungsprojekt zur Verfügung stellte. Aus diesen Untersuchungen hatte ich Texte über die Schweizer Architekten des 19. Jahrhunderts und ihre Tätigkeiten im Hotelbau zur Verfügung sowie ein Kapitel über die Systematik von Hotelgrundrissen, ein Thema, das bisher noch nirgends umfassend dargestellt wurde. Aus der grossen Palette von Hotelplänen, die ich im Verlauf meiner Forschungsarbeit zu Gesicht bekam, faszinierten mich die durch Wettbewerbe erbauten sowie die nicht realisierten Hotels ganz besonders. Weil in diesem zweiten Band das Schwergewicht bei den Bauten der Belle Époque liegt, wird das Thema «Hotelpaläste» mit einer vertieften Analyse über Geschichte und Architektur der Grand und Palace Hotels aus der Zeit zwischen 1880 und dem Ersten Weltkrieg eingeleitet. Den Abschluss des ersten analytischen Teils bildet ein Mosaik von systematisch zusammengetragenen Daten und Fakten über die technikgeschichtlichen Leistungen im schweizerischen Hotelbau. Dieser Textteil konnte dank einer grosszügigen finanziellen Unterstützung durch den Gerold und Niklaus Schnitter-Fonds für Technikgeschichte an der ETH Zürich bedeutend erweitert, redaktionell überarbeitet und mit tabellarischen Übersichten angereichert werden. Die dort präsentierten Ergebnisse zeigen erstmals die Pionierfunktionen, die der Schweizer Hotelbau in der zweiten Hälfte des 19. Jahrhunderts sowohl bei der Entwicklung von Beleuchtung und Heizung als auch bei der Einführung von Liftanlagen eingenommen hat. Nachdem sich der Regionalteil im ersten Band schwergewichtig mit der westlichen und zentralen Schweiz auseinandersetzte, werden die gebietsweisen Betrachtungen zum Hotelbau nun mit den Regionen Tessin, Bodensee und Graubünden abgerundet.

Auch dieser zweite Band wäre nicht zu realisieren gewesen ohne die wertvolle Mithilfe zahlreicher Amtsstellen, Archive, Institutionen, Hoteliers und Privatpersonen, deren Namen im Rahmen eines Vorwortes kaum lückenlos genannt werden können. Stellvertretend für alle weiteren Personen und Institutionen möchte ich deshalb den folgenden Fachleuten danken, die meine Hotelforschungen im letzten Jahrzehnt in irgendeiner massgebenden Weise unterstützt haben: Fred Ammann in Biel, Hans-Robert Ammann in Sitten, Herbert Ammon in Hilterfingen, Robert Arnet in Konolfingen, Alex Aufdenblatten (Hotel Beau-Site) in Zermatt, Pierre Baertschi in Genf, Kurt Baumgartner (Hotel Belvédère) in Scuol, Peter Bernet in Interlaken, André Bertholet in Villeneuve, Barbara Betschart in

Lenzerheide, Paul Bissegger in Lausanne, Fritz Boss in Meiringen, Margareta Bucher (Enkelin von Franz-Josef Bucher-Durrer) in Locarno, Dr. Reanud Bucher in Sitten, Jacques Bujard in Neuenburg, René Capt (Golf Hôtel René Capt) in Montreux, Dr. Georg Carlen in Luzern, Prof. Gaëtan Cassina in Lausanne, Dr. Gion Fidel Condrau in Erlenbach (ZH), Franklin Cordey (Archiv von Architekt Eugène Jost) in Corseaux, Heini Dalcher in Sissach, Dr. Leza Dosch in Chur, Otto und Bruno Durrer (Urenkel und Enkel von Josef Durrer) in Sarnen, Elmar Elbs in Luzern, Dr. Leïla El-Wakil in Genf, Edgar Fassbind (Hotel Continental-Parkhotel) in Lugano, Raoul Felix in Aeschi, Dr. Hermann von Fischer in Muri bei Bern, Livio Fornara in Genf, Dr. Pierre A. Frey in Lausanne, Dr. Martin Fröhlich in Bern, Daniel Früh in Unterseen, Rudolf Gallati in Interlaken, Marcelle Geiger-Vifian (Nachlass von Architekt Horace E. Davinet) in Bern und Flims, Dott. Antonio Gilli in Lugano, Michèle Grote in Villeneuve, Hans-Ueli Gubser in Basel, Dott. Arnaldo Guidini (Archivio privato eredi fu architetto Guidini) in Lugano, Marjolaine Guisan in Vevey, Pierre Hatz in St. Gallen, André Hauri (Hotel Métropole) in Genf, Barbara Hennig in Luzern, Laure Hitz in Vevey, Corina Huber in St. Moritz, Cathrin Huber-Fehr in Klosters, Frau Hürbin-Achermann (Archiv Grand Hotel Axenstein) in Morschach, Martin Inderbitzin in Morschach, Peter Inderbitzin in Schwyz, Familie Käppeli (Hotel Rigi-Kulm) in Arth, Dr. Jon Keller in Thun, Dr. Hans Kelterborn in Thun, Markus Krebser in Thun, Peter Küffer in Thun, Françoise Lambert in Vevey, Dr. Beatrix Lang in Luzern, Dora Lardelli in Vicosoprano, Aniello Lauro (Hotel Splendide) in Lugano, Sarah A. Löliger (Maharishi European Research University, ehemals Grand Hotel Sonnenberg) in Seelisberg, Hildegard Loretan Mooser in Brig, Evelyne Lüthi-Graf in Montreux, Dave Lüthi in Montreux, P. van der Maas und Samuel Marti (ehemals Hotel Victoria) in Beatenberg, Simona Martinoli in Bellinzona, Jacques Mayer (Hôtel Beau-Rivage) in Genf, Otto Moor in Meiringen, Prof. Georg Mörsch in Zürich, Eduard Müller in Seelisberg, Irmgard Müller (Hôtel Beau-Rivage Palace) in Lausanne-Ouchy, Chiara Muntwyler-Camenzind (Archiv des ehemaligen Hotel Bristol in Lugano) in Meilen, Gaspare Nadig in Bern, Marc Antoni Nay in Chur, Dr. Timothy Nelson in Davos, Rosmarie Nüesch in Niederteufen, Albert Pfiffner (Archiv der Firma Nestlé, ehemals Grand Hôtel) in Vevey, Louis Pichler (Archiv der Firma Frutiger) in Thun, Karl Rechsteiner in Gais, Franz von Reding und Hubert Rizzi (Hotel Waldstätterhof) in Brunnen, Ruth Reinecke-Dahinden in Luzern, Ladina Ribi in Chur, Dr. Isabelle Rucki in Zürich, Elfi Rüsch in Locarno, Dr. Hans Rutishauser in Chur, Hans-Peter Ryser in Bern, André Salamin (Grand Hotel des Bains) in St. Moritz, Dr. Marie-Louise Schaller in Luzern, Daniel Schmid und Rudolf Schmidt (Hotel Schweizerhof) in Flims-Waldhaus, Giulio Schmid (Hotel International) in Lugano, Kurt Schmocker in Beatenberg,

Dr. Rose-Claire Schüle in Crans-sur-Sierre, Dr. Jürg Schweizer in Bern, Silva Semadeni in Passugg, Jens Sidselrud in Oberhofen, Dr. Stefan Sonderegger in Heiden, Dr. Louis Specker in Rorschach, Andrew Stallybrass (Réarmenent moral, ehemals Hôtel Caux Palace) in Caux, Alfred Stettler in Spiez, Daniel Studer in Rorschach, Eric Teyssiere in Lausanne, Urs Weber in Basel, Beat Wirth in Interlaken, Anne Wyssbrod Worroll in Morges und Vancouver (Kanada) sowie Phylemon Zwygart (Parkhotel) in Gunten. Ein herzliches Dankeschön geht auch an alle weiteren, hier nicht namentlich genannten Freunde und Kolleginnen, Hoteliers und Archivarinnen in der ganzen Schweiz, die mir kleine, aber wichtige Einzelfragen beantwortet und dadurch zum Gelingen dieses Puzzles ebenfalls einen Anteil geleistet haben. Zum Abschluss eines ganzen Forschungsjahrzehnts zur Schweizer Hotelgeschichte geht der herzliche Dank nochmals an meine Familie, die meine physischen und geistigen Abwesenheiten auch während der Entstehung dieses Buches wiederum mit grosser Nachsicht ertragen hat.

Wertvolles Bildmaterial stellten mir zahlreiche Archive und Privatpersonen zur Verfügung, denen ich hiermit herzlich für ihre Mithilfe danke. Besonders reiche «Ausbeute» für diesen zweiten Band fand ich im Museum für Kommunikation und im Eidgenössischen Archiv für Denkmalpflege in Bern, wo mich Dr. Rolf Wolfensberger und Doris Amacher mit grossem Entgegenkommen und Engagement unterstützten. Grundrisspläne und Fotoaufnahmen von bedeutendem dokumentarischem Wert entnahm ich wiederum dem Archiv der Schweizerischen Gesellschaft für Hotelkredit in Zürich, wo mir René Knecht seit Jahren als interessierter und stets verständnisvoller Archivar zur Seite steht. Fehlende Ansichtskarten erhielt ich von Andres Stehli (Hotel Nord) in Heiden und, auf Vermittlung von Dr. Louis Specker, aus dem Museum im Kornhaus Rorschach sowie wiederum, gewissermassen als «sicherer Wert», von Hans-Ueli Gubser, Gründer und Präsident des Club Grand Hôtel & Palace in Basel. Zahlreiche weitere Aufnahmen stammen von verschiedenen Leihgebern gemäss Fotonachweis, denen hiermit für ihre wertvolle Mitarbeit ebenfalls gedankt sei. Als wahre Fundgruben für historische Dokumente zur Hotel- und Tourismusgeschichte offenbarten sich die Dokumentationsbibliotheken von Davos und St. Moritz, wo sich Dr. Timothy Nelson und Corina Huber als zuvorkommende und interessierte Fachleute für mein Thema begeistern liessen. Die im schweizerischen Rahmen einzigartigen Archive über die bedeutendsten Bündner Tourismusorte sollten als Modell dienen für die Erfassung und Bewahrung der schweizerischen Hotel- und Tourismusgeschichte, der leider vielerorts ein unwiederbringlicher Untergang droht, wenn nicht in absehbarer Zeit ein entsprechendes Archiv realisiert werden kann.

«Weniger Architektur und mehr Einfachheit wäre hier passender gewesen»
(MAX WÖHLER, 1911)

Hochblüte, Ablehnung und Wiederentdeckung der Hotelbauten aus der Belle Époque

VOM FRÜHTOURISTISCHEN GASTHOF UM 1800 ZUM HOTELBAU UM 1900 – EIN ÜBERBLICK

Bis ins frühe 19. Jahrhundert benützte der Tourist auf seiner Reise eine Infrastruktur, die bereits für vortouristische Reisende geschaffen worden war, also für Pilger, Händler, Soldaten, fahrende Gesellen oder Beamte in obrigkeitlichem Auftrag.[1] Zu dieser Infrastruktur gehörten Gasthöfe, Herbergen und Hospize sowohl im flachen Mittelland als auch in den damals erschlossenen Alpentälern (Abb. 1). Bei einem längeren Aufenthalt logierten die frühen Reisenden meistens in den Häusern von Privatpersonen, aus denen sich die ersten Gasthöfe für den Aufenthalt von Touristen entwickelten. Diese unterschieden sich deshalb in ihrem Aussehen kaum von der jeweils ortsüblichen Bauweise: Holzhäuser in den mehrheitlich ländlichen Gegenden, Steinbauten in den städtischen Siedlungen (Abb. 2). In den 1830er-Jahren entstanden die ersten Gasthöfe, die sich mit ihren klassizistischen Fassaden deutlich von der traditionellen Bauweise unterschieden und damit dem standesbewussten Touristen eine entsprechende Unterkunft anbieten konnten (Abb. 3). In grösseren Städten wie Genf (Des Bergues), Zürich (Baur en Ville), Lausanne (Gibbon), Vevey (Trois Couronnes), Basel (Drei Könige) oder Luzern (Schweizerhof) wurden in dieser Zeit die ersten bedeutenden Hotels entweder in optimaler Verkehrslage oder in vorzüglicher Aussichtslage erbaut. Bei diesem ersten Hotelmodell des 19. Jahrhunderts griff man in der Regel auf die damals weit verbreiteten Architekturformen des Klassizismus zurück (Abb. 4). In der Mitte des 19. Jahrhunderts verbreitete sich der von Anfang an als Hotel konzipierte stattliche Neubau in allen damals dem Tourismus erschlossenen Gegenden der Schweiz. Besondere Beliebtheit erlangte das Aussichtshotel am Wasser (Abb. 42, 64) oder in freier Aussichtslage über einem See (Abb. 5, 28) sowie das Berggasthaus an einem einsamen Standort im Gebirge (Abb. 6, 49).

In den 1860er-Jahren etablierte sich mit dem fünfteiligen, stark gegliederten Baukörper ein neuer Hoteltyp, der bereits dem Modell für die Zeit der Belle Époque nach 1880 den Weg ebnete. Mit dem Übergang von den eher schlichten klassizistischen Formen der Fassadengestaltung zu immer pompöseren neobarocken und eklektizistischen Ausdrucksweisen unterschied sich dieser neue Hoteltyp deutlich von seinem älteren Vorbild aus den 1830er-Jahren (Abb. 42, 62). Die um 1860 ausgelöste Baueuphorie für den Tourismus fand in der Mitte der 1870er-Jahre einen abrupten Unterbruch. Mit dem Börsenkrach vom Herbst 1873 in Wien, New York und Berlin nahm eine mehr oder weniger in der ganzen Schweiz spürbare Wirtschaftskrise ihren Anfang, die mancherorts bis gegen 1890 andauerte. Besonders stark betroffen war das Berner Oberland. In Interlaken beispielsweise lag der Hotelbau bis weit in die 1890er-Jahre vollständig darnieder.[2]

Mitte der 1880er-Jahre kam der Hotelbau in den meisten Regionen wieder in Schwung. Um die Jahrhundertwende finden sich kaum Orte, die vom damals überstürzten Wachstum nicht profitieren konnten. Von Jahr zu Jahr steigerten sich die

1

2

Übernachtungszahlen, und der Hotelbau entwickelte sich mancherorts zu einem eigentlichen Wettrennen. Zählte man um 1880 in der ganzen Schweiz etwa 1000 Gastwirtschaftsbetriebe, stieg die Zahl bis 1912 auf knapp 3600 Hotels und Pensionen. Den grössten Zuwachs verzeichnete der Kanton Bern mit einer Steigerung von 107 auf 665 Betriebe, dicht gefolgt von Graubünden, wo für diese Zeit eine Zunahme von 179 auf 626 Gaststätten statistisch erfasst ist. Kurz vor dem Ersten Weltkrieg standen in Hotels und Pensionen insgesamt 168 625 Gästebetten zur Verfügung, und knapp 50 000 Angestellte fanden in diesen Häusern ihr Auskommen. Im Vorkriegsjahr 1913 erzielte die Schweizer Hotellerie das sagenhafte Ergebnis von 22 Millionen Logiernächten, eine Zahl, die in den folgenden 50 Jahren unerreicht blieb. Erste Anzeichen einer Krise wurden aber bereits vor dem Ersten Weltkrieg deutlich sichtbar. Dessen Ausbruch traf eine durch Überproduktion wirtschaftlich bereits angeschlagene Branche, die ausserdem zu rund 80 Prozent von ausländischen Gästen abhängig war.[3]

Der Wettlauf um die Gunst des rapid anschwellenden Fremdenstroms gehörte zur prägenden Charakteristik der Belle Époque nach 1880. Diese Tatsache äusserte sich mancherorts in einem eigentlichen Wettbauen, das in zahlreichen Gegenden vollständig neu gestaltete Landschaften und Ortsbilder entstehen liess. Einige bisher kaum überbaute Regionen erhielten gegen Ende des 19. Jahrhunderts eine völlig neue Siedlungsstruktur. Sie mutierten in dieser Zeit zu eigentlichen Experimentierfeldern für die Gebäude und Infrastrukturanlagen der damals beinahe explosionsartig sich steigernden Fremdenindustrie (Abb. 7).

DAS GRAND HOTEL UND DAS PALACE IN DER BELLE ÉPOQUE
Der neue Hoteltyp

Mit dem allgemeinen Aufschwung der Bautätigkeit in den 1880er-Jahren entwickelte sich ein neuer Hoteltyp, der sich immer ausgeprägter an den Wohnstätten der Aristokratie orientierte. Schloss und Palast dienten dabei nicht nur als architektonische Versatzstücke, der Vorbildcharakter umfasste auch die Organisation des Zusammenlebens. Als das gehobene Bürgertum den Adel im letzten Viertel des 19. Jahrhunderts nicht mehr bekämpfte, sondern beerbte und imitierte, präsentierte sich das neue Hotel als «Schloss des Grossbürgertums»,[4] und seine Gäste waren Könige auf Zeit (Abb. 22). Diese Häuser erhielten nun, gewissermassen als Kumulierung von höfischen Prestigesymbolen, die Namen «Grand Hotel» oder «Palace», «Majestic» oder «Royal» oder sogar, wie in Gstaad, «Royal Hotel & Winter Palace» (Abb. 23). Zu den häufigen Gästen in diesen neuen Nobelherbergen gehörte aber immer noch die Aristokratie, die sich durch die Architektur offensichtlich nicht karikiert fühlte. Somit diente dieser neue Hoteltyp in einer gewissen Weise als Ort der Begegnung und Assimilierung zwischen den beiden sich früher noch bekämpfenden Ständen des Adels und des gehobenen Bürgertums. Zwar beschränkte sich die Begegnung auf diejenigen Menschen, die sich den Pensionspreis leisten konnten und über die notwendige Freizeit verfügten. Der vorerst noch sehr beschränkte Kreis von Begünstigten hatte aber schon mit der Einführung organisierter Pauschalreisen durch Thomas Cook in den 1860er-Jahren eine ständige Ausweitung erfahren. Über diese Entwicklung ärgerten sich etliche Mitglieder der gesellschaftlichen Oberschicht gelegentlich in aller Öffentlichkeit und forderten für ihre Bedürfnisse die Errichtung immer exklusiverer Hotelpaläste an immer abgelegeneren Standorten.[5] Ein erstes Projekt, dem aber noch kein dauerhafter Erfolg beschieden war, entstand 1884 mit dem Hôtel-Kursaal de la Maloja in der Einsamkeit des Oberengadins (Abb. 237). Weitere, nun erfolgreichere «Inseln für die Oberschicht» wurden um die Jahrhundertwende geschaffen: 1897 mit dem Waldhaus in Vulpera im abgelegenen Unterengadin (Abb. 14), 1902 mit dem Caux-Palace hoch über dem Genfersee (Abb. 20), 1904 mit dem Palace als drittem Grosshotel auf dem Bürgenstock, 1908 mit dem Waldhaus in Sils Maria, abgehoben auf einem Hügel über dem Dorf (Abb. 197), 1912 mit dem Suvretta House in gebührender Distanz zu St. Moritz oder 1913 mit dem Royal Hotel & Winter Palace hoch über Gstaad im Berner Oberland (Abb. 23).

Das neue Grosshotel der Belle Époque hob sich nicht nur mit seinem Namen von den meisten seiner Vorgängerbauten ab, es stellte diese auch mit seiner Erscheinung in den Schatten. Aus dem bereits früher definierten Bauschema übernahmen die Hotelarchitekten in der Regel den fünfteiligen Baukör-

Seiten 12/13:
Vergrösserung von Abb. 32

Interlaken, Höheweg, mit den Hotels Splendide und du Cerf. Fotografie um 1910.

1
Das Hospiz auf dem Grossen St. Bernhard diente bereits den mittelalterlichen Reisenden als Unterkunft. Fotografie um 1900.

2
Interlaken, Höheweg mit den im frühen 19. Jahrhundert für die ersten Touristen eingerichteten Pensionen. Lithografie um 1830.

3
«Hôtel de Belvéder à Interlaken». Das 1839 eröffnete Hotel Belvédère am Höheweg war in der ersten Jahrhunderthälfte mit Abstand der vornehmste Hotelbau in Interlaken. Lithografie um 1850.

4
Zürich, Hotel Baur en Ville. Das erste grosse Hotel in der Stadt Zürich wurde 1838 bei der damals wichtigsten Posthaltestelle am Paradeplatz eröffnet. Ansichtskarte vor dem Umbau durch die Architekten Pfleghard & Haefeli 1907.

3

4

per, der nun mit einem Lift ausgestattet war und dadurch um ein bis zwei Stockwerke höher ausfiel. Über einem markanten Gebäudesockel schichteten sie die Zimmergeschosse mit einer nach oben markant verringerten Höhe. Das Fassadenbild erhielt durch reich gestaltete Fensteröffnungen und schwungvolle Balkone eine spielerische Auflockerung. Üppige Zierformen, wie mehrstöckige Pilaster, Säulen oder so genannte Karyatiden, stockwerkhohe Mädchenfiguren nach klassischen Vorbildern, kennzeichneten nun die Mittel- und Seitenrisalite (Abb. 11, 13). Das Rückgrat des Grundrisses bildete in der Regel ein langer Erschliessungsgang mit einer zentralen Eingangshalle und der Haupttreppe mit Liftanlage im Mittelbau. Diese Zone war, bevor sich die elektrische Beleuchtung verbreitete, meistens mit einem Lichthof mit Galerie in den Obergeschossen ausgestattet (Abb. 8). Zahlreiche Gesellschaftsräume im Erdgeschoss lassen in diesen Grosshotels eine Betonung der Geselligkeit sowie eine äusserste Beschränkung der individuellen oder familiären Privatsphäre erkennen. Selbst recht private Angelegenheiten wie das Briefe schreiben spielten sich nicht auf den Etagen in den Gästezimmern ab, sondern im Schreib- und Lesezimmer, in der Bibliothek oder in einem der verschiedenen Salons (Abb. 107). Zum zentralen Erdgeschossraum entwickelte sich im Grand Hotel der Belle Époque der Speisesaal, der wegen seiner Grösse meistens auf der Schmalseite angeordnet war, vermehrt aber auch in einem Anbau zu liegen kam, weil sich sein Volumen nicht mehr auf rationale Weise im Hauptbau unterbringen liess (Abb. 9, 189a).

Das Palace oder Grand Hotel der Belle Époque unterschied sich von seinen Vorgängerbauten auch deutlich in der virtuoseren Gestaltung der Dächer, die sich mehrheitlich auf das im Schweizer Hotelbau um 1870 eingeführte Mansartdach stützte. Für zahlreiche Bauten wurde im letzten Viertel des 19. Jahrhunderts die Dachkuppel zum prägenden Gestaltungselement, nachdem der Architekt Horace Edouard Davinet mit seinem Giessbachhotel am Brienzersee im Jahr 1875 ein erstes Vorbild geschaffen hatte (Abb. 10). 1886 setzte der Luzerner Architekt Arnold Bringolf dem Hotel Schweizerhof in Luzern zusammen mit einem vierten Geschoss eine mächtige Kuppel über dem Mitteltrakt auf (Abb. 11). Gewissermassen als Antwort darauf errichtete Arnold Cattani 1897 auf dem Erweiterungsbau zum Hotel du Lac am Reussufer die zweite grosse Hotelkuppel Luzerns. Zusammen mit der 1896 erstellten neuen Bahnhofkuppel bildete die Du-Lac-Kuppel während Jahrzehnten ein markantes Wahrzeichen im linksufrigen Stadtbild von Luzern (Abb. 12). In der Westschweiz erhielt das Grand Hôtel von Territet 1888 das erste Kuppeldach und das Montreux-Palace von 1906 die wohl imposantesten Hotelkuppeln (Abb. 13). Im Berner Oberland, wo sich die Dachkuppel nur in einzelnen Beispielen verbreitete, ergänzte Horace Edouard Davinet 1899 das Hotel Victoria in Interlaken durch einen markanten Turmanbau mit spitzer Kuppel (Abb. 100); drei Jahre später erhielt das neue Park Hotel Bubenberg in Spiez eine mächtige Hotelkuppel mit elegantem Turmaufsatz.[6] Auch in Graubünden konnte sich die Dachkuppel auf einigen besonders repräsentativen Hotelbauten verbreiten, so beim Hôtel-Kursaal Maloja 1884 auf dem Mitteltrakt (Abb. 238), beim Waldhaus in Vulpera 1897 im Eckpunkt des L-förmigen Baukörpers (Abb. 14) oder beim Grand Hotel in St. Moritz von 1905 über dem Mittelrisalit (Abb. 201).

Seit den 1880er-Jahren verbreiteten sich die Treppen- und Blendgiebel nach dem Vorbild der Renaissance-Architektur an zahlreichen Hotelbauten. Eine erste solche Gestaltung erhielt das Hotel Gütsch in Luzern 1883 (Abb. 19). Um die Jahrhundertwende wurden diese Zierelemente zum Kennzeichen etlicher Hotelfassaden in den bedeutenderen Fremdenorten. Einen mit floralen Jugendstilelementen besonders reich verzierten Giebel erhielt das Hotel Savoy in Interlaken (Abb. 15). In Luzern wurde das direkt neben dem Bahnhof gelegene Hotel St. Gotthard-Terminus anlässlich der Bahnhofseröffnung 1896 mit einer neuen Giebelgestaltung versehen (Abb. 16). Kurze Zeit später entwarf der junge Architekt Emil Vogt beim neuen Hotel Waldstätterhof in Bahnhofsnähe eine Neorenaissance-Fassade mit einem markanten, die Strassenecke dominierenden Eckgiebel (Abb. 17). Kurz vor der Jahrhundertwende wurde das Hôtel du Grand Pont in Lausanne durch den Architekten Francis Isoz neu eingekleidet und dabei mit einem repräsentativen Treppengiebel ausgestattet (Abb. 18).

Hotelburg und Hotelschloss

Burgen und Schlösser vereinigten in der Symbolik der Architektur seit alter Zeit das Bedürfnis nach Schutz und Sicherheit

5
Aeschi bei Spiez, Hotel Blümlisalp, ein Werk des Architekten Horace Edouard Davinet, eröffnet 1868. Aeschi über dem Thunersee war in den 1860er-Jahren einer der neuen Hotelstandorte in Aussichtslage. Ansichtskarte um 1900.

6
Kleine Scheidegg, Hotel Bellevue. Fotografie nach der Eröffnung der Wengernalpbahn 1893 und vor dem Bau des Hotel des Alpes im Jahr 1896.

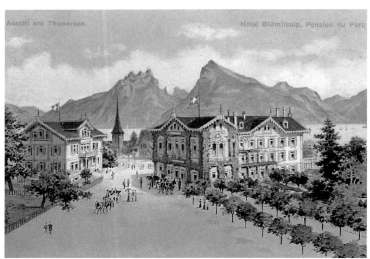

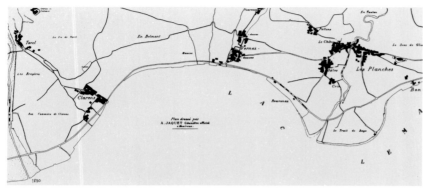
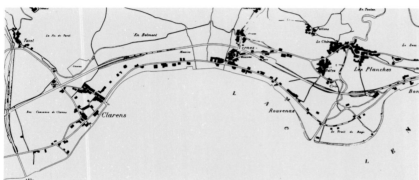
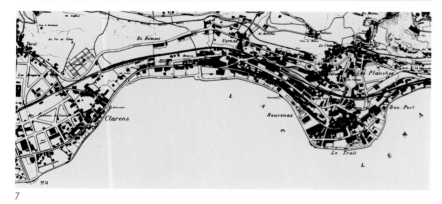

7

8a8b9

mit dem Verlangen nach besonderer Repräsentation. Im Lauf des 19. Jahrhunderts verbreiteten sich zahlreiche aristokratische Bauformen in der zeitgenössischen Architektur, ausgehend vom angelsächsischen Raum vorerst im Villenbau des Grossbürgertums, nach 1850 auch bei den öffentlichen Grossbauten und im Wohnungsbau. Über diesen Umweg eroberten sie im späten 19. Jahrhundert den Hotelbau, denn die damalige bürgerliche Oberschicht, aus der sich die Kundschaft in den grossen Hotelbauten hauptsächlich rekrutierte, schätzte ein solches Ambiente besonders. Zudem vereinigte das Hotelschloss oder die Hotelburg offenbar in idealer Weise den spielerischen Umgang mit dem Heimweh nach der verlorenen guten alten Zeit und der Ferienidylle, bei der sich ein Hotelgast ungeniert seinen Träumereien und Stimmungen hingeben konnte.

Ein frühes Hotelschloss entwarfen die Westschweizer Architekten Ernest Burnat und Charles Nicati 1874 mit dem National in Montreux. Mit diesem Gebäude im Stil der Renaissance-Schlösser von Louis XIII fand die Schlossarchitektur im Westschweizer Hotelbau einen prominenten Auftakt.[7] Als architekturgeschichtlich bedeutender Hotelbau entstand von 1881 bis 1883 nach Plänen von Edouard Staempfli aus Montreux und unter Beizug des Luzerner Architekten Othmar Schnyder die theatralische Inszenierung des Hotel Gütsch in Luzern. Diese an Neuschwanstein erinnernde Anlage wurde zu einer Ikone im Stadtbild, blieb aber vorerst ohne Nachahmung (Abb. 19).[8] Zahlreiche weitere Hotelbauten der Jahrhundertwende weisen Bezüge zum Schlossbau auf, realisiert wurden aber längst nicht alle Projekte. Einen der schwungvollsten Entwürfe schuf Eugène Jost für das 1902 in Caux eröffnete Palace, das imposanteste in der Schweiz je realisierte Hotelschloss überhaupt (Abb. 20).

Die romantische Burganlage konnte sich im Schweizer Hotelbau nur in vereinzelten Beispielen durchsetzen. In den frühen 1890er-Jahren gestaltete der Lausanner Architekt Francis Isoz mit dem Abbruch der mittelalterlichen Schlossanlage von Ouchy und dem neu interpretierenden Wiederaufbau als Hôtel Château d'Ouchy die markanteste Reminiszenz an die mittelalterliche Burgenarchitektur (Abb. 21). Die 1897 eröffnete, von den Zürcher Architekten Chiodera & Tschudy entworfene Hotelburg für das neue Palace in St. Moritz (Abb. 22) mar-kierte im Engadin den Beginn einer neuen Bauepoche. Entwer-fer zahlreicher Engadiner Hotelburgen und -schlösser war in der Folge der aus Ragaz stammende Architekt Karl Koller (1873–1946),⁹ der von 1898 bis 1900 als Mitarbeiter der Zür-cher Architekten Chiodera & Tschudy in Vulpera das neue Hotel Schweizerhof erstellte (Abb. 205) und danach mit dem Park-Hotel in Vitznau seine erste Hotelburg entwarf. Diese Anlage am Ufer des Vierwaldstättersees, die der Architekt realisier-te, nachdem er zusammen mit dem Hotelier eine Studienreise nach England und Deutschland gemacht hatte, galt damals als eines der schönsten Hotels in der Schweiz.¹⁰ Zwei Jahre später wurde das nach verschiedenen Vorstudien von Koller entworfene Grand Hotel in St. Moritz eröffnet – eine eigentliche touristische Trutzburg über dem St. Moritzersee und damals das grösste Hotel der Schweiz (Abb. 196, 201). 1908 waren das Waldhaus in Sils Maria, eine weitere Hotelburg von Koller auf einem Hügel über dem Oberengadiner Dorf (Abb. 197), und das zum Schlosshotel umgestaltete ehemalige Hotel Enderlin in Pontresina vollendet (Abb. 195).

Höhepunkt und Abschluss einer langen Reihe von schwei-zerischen Burg- und Schlosshotels bildete das auf die Win-tersaison 1913/14 eröffnete Royal Hotel & Winter Palace in Gstaad. Die unregelmässige Hotelburg wird sowohl durch die trutzig-wehrhafte Fassadengestaltung wie auch durch die thro-nende Situierung auf einem Hügel noch zusätzlich akzentuiert (Abb. 23). Mit dem Gstaader Palace war der Zenit der Hotel-burgen und -schlösser überschritten. Das nahende Ende dieser Epoche belegte eine Publikation über Gasthäuser und Hotels bereits im Jahr 1911. Nachdem der Autor das Parkhotel von Vitznau als «mustergültiges Beispiel für ein Berghotel auf mitt-lerer Höhe in aussichtsreicher Lage» vorgestellt hatte, stellte er zum Abschluss der Beschreibung betrübt fest: «Ein Fehler des Hauses ist sein schlossartiges Äussere. Weniger Archi-tektur und mehr Einfachheit wäre hier passender gewesen.»¹¹

Die Dreiflügelanlage mit Ehrenhof

Mit der Ausbildung eines von Seitenflügeln umgebenen Hofs zum offenen «Cour d'honneur» und der Anlage eines anschlies-senden prachtvollen Gartenparterres entwickelte sich im Lauf des 18. Jahrhunderts die klassische Form eines Barock-schlosses, mit den wegweisenden Beispielen in Versailles und Schönbrunn. Die Dreiflügelanlage fand auch Eingang in die städtische Architektur des späten 19. Jahrhunderts, beispiels-weise für repräsentative Wohnbauten oder für öffentliche Bauten wie Verwaltungsgebäude und Museen. Im letzten Viertel des 19. Jahrhunderts verbreitete sich diese Gestaltung auch im europäischen Hotelbau. 1873 veröffentlichte die «All-gemeine Bauzeitung» erstmals einen solchen Hotelgrundriss. Das neue Hotel Donau «vis-à-vis dem Hauptbahnhof in Wien» wies als Gesamtanlage drei offene Höfe auf, nachdem zuvor in der gleichen Zeitschrift ausschliesslich Hotels mit einem all-seitig geschlossenen Innenhof abgebildet worden waren.¹²

Der Schweizer Hotelbau kennt nur eine kleine Zahl von Dreiflügelanlagen, die zudem alle in der freien Landschaft und nicht im städtischen Raum ausgeführt wurden. 1882 bis 1884 entstand mit dem Hôtel-Kursaal Palace Maloja die erste und zugleich eindrücklichste auf diesem Prinzip aufbauende Hotel-anlage in der Schweiz, eine eigentliche «Titanic» in den Bünd-ner Bergen (Abb. 237). Zwei bedeutende Dreiflügelanlagen erstellte der Westschweizer Architekt Louis Maillard: 1888 das Grand Hôtel in Territet, wo die engen Platzverhältnisse eher einen längs gerichteten Grundriss erwarten liessen, und 1893 das Grand Hôtel in Caux oberhalb von Montreux, das bis zum Umbau 1900 in der äusseren Erscheinung grosse Ähnlichkeit mit dem Hôtel-Kursaal Palace in Maloja aufwies (Abb. 24). 1908 schliesslich entstand das Palace in Lausanne-Ouchy, ein Erwei-terungsbau zum Beau-Rivage von 1861, als U-förmige Hotel-anlage, die auf kleinem Raum die Anordnung von möglichst vielen Zimmern mit guter Seesicht ermöglichte (Abb. 120).

Weitere Dreiflügelanlagen entstanden durch Umbauten bestehender Gebäude. So verlor das Hôtel des Trois Couronnes in Vevey sein klassizistisches Gesicht innert eines knappen Jahrzehnts und bildete nach 1894 eine neobarocke Dreiflügel-anlage um einen nordseitig neu geschaffenen Hof. Als Erstes war um 1890 der grosse Festsaal auf der Westseite angefügt worden, kurz darauf wurde der neue Ostflügel errichtet, und der gesamte Bau erhielt ein neues Mansartdach (Abb. 25).¹³ 1892/93 liess Johannes Boss-Schläppi, der «Hotelkönig» von Grindelwald, auf den Fundamenten seines abgebrannten Hotel Bären eine neue Dreiflügelanlage erbauen, das einzige solche

7
Die bauliche Entwick-lung der «Hotelstadt» Montreux: Siedlungs-struktur um 1830, 1870 und 1914.

8a, b
Genf, Hôtel Beau-Rivage. Das 1865 vom Architekten Antoine Krafft erbaute Hotel erhielt eine repräsen-tative Eingangshalle mit Lichthof. Fotografie um 1910 (siehe Abb. Seite 1).

9
Sils Maria, Hotel Bar-blan (seit 1930 Hotel Schweizerhof). Das vom Zürcher Architek-ten Arnold Huber entworfene und 1907 eröffnete Hotel mit angebautem Speise-saal wurde 1984 abge-brochen und durch einen Neubau ersetzt. Fotografie um 1910.

10
Hotel Giessbach am Brienzersee. 1875 vom Architekten Horace Edouard Davinet als erstes schweizerisches Hotel mit Dachkuppeln eröffnet. Fotografie des ursprünglichen Ge-bäudes vor dem Brand 1883.

11
Luzern, Hotel Schwei-zerhof mit der Dach-kuppel, nach dem Umbau von 1886 durch den Architekten Arnold Bringolf. Ansichts-karte um 1920.

10

11

12

J. J. 6462 Montreux — Palace

13

Hotel im Berner Oberland (Abb. 26).¹⁴ Von 1896 bis 1898 wurde das Hotel Kronenhof in Pontresina, zum Abschluss einer langen Baugeschichte in einzelnen Etappen, zu einer repräsentativen Dreiflügelanlage umgestaltet (Abb. 202).¹⁵

Vom Schweizer Holzstil zum Heimatstil

Um die Jahrhundertwende steigerte sich nicht nur die Zahl der neu errichteten Hotelbauten, auch die Architekturgestalt erreichte zu dieser Zeit eine vorher kaum bekannte Vielfalt. Neben massiven Steinbauten kamen Gebäude mit dekorativen Holzzierformen wieder in Mode. Wohnhäuser, öffentliche Gebäude und vor allem Bauten für den Verkehr (Bahnstationen und Güterschuppen) und für die Fremdenindustrie (Hotels und Pensionen) entstanden seit den 1890er-Jahren vermehrt als Holzbauten im Schweizer Holzstil (Seiten 22/23). In dieser Zeit etablierte sich zudem eine bedeutende Industrie, die solche Häuser auf Bestellung vorfabrizierte und teilweise auch als Katalogware anbot. Zahlreiche dieser Unternehmen sind über die Parkettproduktion ins Geschäft mit dem Hausbau und -verkauf eingestiegen.

Nationalistische Kräfte, die nach dem Sonderbundskrieg und der darauf folgenden Gründung der Eidgenossenschaft in der zweiten Hälfte des 19. Jahrhunderts virulent wurden, suchten nach urschweizerischen Symbolen. Mit Friedrich Schillers Erfolgsstück «Wilhelm Tell» und mit der symbolträchtigen Rütliwiese am Vierwaldstättersee wurden touristisch wirksame Elemente gefunden; in der Holzbauweise der schweizerischen Bauernhäuser und der Alphütten entdeckten die «Nationalisten» das gebaute Symbol für eine «ur-schweizerische» Architektur. Dieses gesteigerte Bewusstsein schweizerischer Eigenart stand der auf einem fremdländischen Hofzeremoniell aufbauenden Grand-Hotel-Architektur entgegen.¹⁶ Der im Grunde genommen deutliche Widerspruch mündete vorerst noch nicht in eine direkte Konfrontation. Er bereitete aber die Auseinandersetzungen um die Belle-Époque-Architektur in der Nachkriegszeit vor und legte bereits einen wichtigen Grundstein für den staatlich unterstützten Kampf gegen die Grosshotels im 20. Jahrhundert.

Der am Ende des 19. Jahrhunderts wieder beliebte Schweizer Holzstil wurde mancherorts mit Gestaltungselementen aus der traditionellen ländlichen Architektur bereichert. So entstand beim Wiederaufbau des 1894 durch einen Brand zerstörten Hotel Victoria in Beatenberg ein siebenteiliger, asymmetrisch gegliederter Monumentalbau mit einer bewegten Dachlandschaft aus Krüppelwalm, Gehrschild und Ründe nach dem Vorbild ländlicher Bauten im Bernbiet.¹⁷ Einer der wichtigsten Vertreter der vom Schweizer Holzstil inspirierten Architekten aus der Zeit der Jahrhundertwende war der Zürcher Jacques Gros (1858–1922), der seine Ausbildung bei Nicolaus Hartmann senior in St. Moritz und in der Firma Bucher & Durrer absolviert hatte. Sein 1899 eröffnetes Grand Hotel Dolder in Zürich brachte die Elemente des Schweizer Holzstils mit der Idee eines romantischen Hotelschlosses in vorzüglicher Weise zum Ausdruck (Abb. 30).

Mit dem beginnenden 20. Jahrhundert vermehrten sich die regionaltypischen Gestaltungselemente im Bauwesen. Sie prägten eine neue Bauweise der nationalen Romantik, den so genannten Heimatstil, der durch den 1905 gegründeten Schweizer Heimatschutz eine engagierte Förderung erhielt.¹⁸ Im Bernbiet und in Graubünden waren die Einflüsse des neuen Heimatstils auf die touristischen Bauten besonders ausgeprägt. Im Vordergrund standen dabei Fassaden mit Vor- und Rücksprüngen sowie Lauben, Erkern und Loggien. Beliebt waren auch ländliche Gestaltungselemente wie die Ründi des Berner oder die Sgraffiti des Engadiner Bauernhauses. Steinbauten erhielten romantisierende Obergeschosse mit Holzverkleidungen und Fachwerkgiebeln sowie mehrfach aufgelöste Dachformen. Das Grundmotiv eines Entwurfs, sei es die Campagne aus dem 18. Jahrhundert, das Bauernhaus mit Korbbogenründe, das Renaissancepalais mit angebautem Treppenturm oder das Engadiner Haus des 17. Jahrhunderts, wurde stets angereichert mit weiteren Versatzstücken aus der lokalen Architekturgeschichte. Die aus dem traditionellen Bauvokabular entwickelte Architektursprache wurde also regionaltypisch weiterentwickelt, sodass für den fachkundigen Betrachter die Neuinterpretation offensichtlich wurde. Damit war der neue Heimatstil, trotz seiner in die weite Welt der architekturgeschichtlichen Strömungen ausgreifenden Grundhaltung, stark in der regionalen Baukultur verankert. Diese neue Architektur war traditionalistisch, idyllisierend und lieblich; sie

12
Luzern, Stadtbild mit den Dachkuppeln des Bahnhofs von 1896 und des Hotel du Lac von 1897 (1948 abgebrochen). Fotografie um 1900.

13
Montreux, Palace von 1906 mit markanten Dachkuppeln, entworfen vom Architekten Eugène Jost (Abb. 80). Ansichtskarte um 1900.

14
Vulpera, Hotel Waldhaus. Der 1896/97 von Nicolaus Hartmann erbaute Hotelpalast war der bedeutendste Hotelneubau des 19. Jahrhunderts im Unterengadin neben dem Kurhaus in Tarasp (1989 abgebrannt). Fotografie um 1900.

14

Der Schweizer Holzstil

In der Mitte des 19. Jahrhunderts entwickelte sich ein neuartiger Baustil, der auch die schweizerische Hotelarchitektur nachhaltig beeinflusste. Die als «Schweizer Holzstil» oder «Swiss Style» bezeichnete Bauweise kann als Kombination von ländlich-schweizerischer Architektur mit klassischen Stilelementen charakterisiert werden. Sie verbreitete sich auch in zahlreichen europäischen Gegenden, besonders ausgeprägt war sie in Skandinavien und in Osteuropa. In der Schweiz finden sich bereits in der ersten Hälfte des 19. Jahrhunderts erste Wohnhäuser in diesem Stil, später folgten Tourismusbauten, zum Beispiel Hotels und Sanatorien oder Gartenrestaurants und -pavillons, aber auch Bahngebäude aller Art und sogar kirchliche Bauten. Typische Merkmale sind grosse Fenster, breite Balkone und vorgelagerte Veranden sowie mächtige Giebeldächer. Wegen der verschiedenartigen, aus Holzbrettern ausgesägten Zierformen an Giebeln und Vordächern erhielt diese Bauweise auch die Bezeichnung «Zimmermannsgotik» (Abb. 27).[19]

Massgeblich initiiert wurde dieser neuartige Baustil bereits im ausgehenden 18. Jahrhundert durch den romantischen Zeitgeist, vor allem durch die Verherrlichung idyllischer Naturlandschaften und der Alpenwelt mit ihren Sennhütten. Bereits 1779 hatte der deutsche Philosoph Christian Lorenz Hirschfeld das «Schweizer Haus» wegen seiner einfachen und soliden Bauart gepriesen.[20] In den 1820er-Jahren begannen sich bedeutende europäische Architekten für das Schweizer Bauernhaus zu interessieren: Peter Frederik Robinson entwarf damals erste Musterprojekte für so genannte Schweizer Häuser. Um 1840 suchten die Berner Architekten Adolf de Graffenried und Ludwig von Stürler mit der zeichnerischen Aufnahme und der Publikation von Berner Bauernhäusern erstmals nach einer «schweizerischen Architektur», wie sie selbst bemerkten.[21] Fünf Jahre nach der Gründung des schweizerischen Bundesstaates schrieb der Genfer Architekt Jacques Louis Brocher in einem Preisausschreiben der Genfer École des Beaux-Arts 1853 über die schweizerische Architekturgeschichte pathetisch: «Style Helvétique. Il faut le chercher non dans les Villes, mais au-delà des Monts, mais dans les hautes Alpes. Chalet. Son fronton qui rappelle le fronton du temple grec, sans l'avoir copié. Vrai Style. Style complet, construction et décoration.»[22] Brocher war einer der Ersten, der die antike Klassik in den Schweizer Alpen suchte und fand, aber nicht der Einzige seiner Zeit. Auch in den Schriften des französischen Architekten Eugène Viollet-le-Duc und Jean-Jacques Rousseaus wurde das ländliche Schweizer Haus, das Chalet, zum Vorbild für eine «natürliche Behausung» in den romantischen Landschaftsgegenden und damit zum Sinnbild für eine idealistische Architektur. Diese Publikationen trugen entscheidend dazu bei, dass eine solche Bauaufgabe fortan als Arbeit eines akademisch gebildeten Architekten akzeptiert werden konnte. Die konstruktive Basis für die Festigung des neuen Schweizer Holzstils entwickelte aber der Deutsche Ernst Georg Gladbach, der seit 1857 den Lehrstuhl für Baukonstruktion am Zürcher Polytechnikum innehatte und seit 1868 die Schweizer Bauernhausarchitektur mit ihrem Detailreichtum in zahlreichen Veröffentlichungen darstellte.[23] Auf dieses Grundlagenwerk stützten sich in der Folge zahlreiche Architekten, sodass der neue Schweizer Holzstil gegen Ende des 19. Jahrhunderts zu einem salonfähigen Baustil avancierte.

Bereits im ausgehenden 18. Jahrhundert war das Schweizer Holzhaus zum begehrten Exportartikel für europäische Höfe geworden. 1783 stattete die Comtesse d'Albon ihren englischen Garten in Franconville-la-Garenne mit einem Chalet aus.[24] Wilhelm I., der als Kronprinz die Schweiz bereist und sich an den ländlichen Häusern besonders erfreut hatte, liess sich 1822 als König von Württemberg nach Entwürfen des italienischen Architekten Giovanni Salucci ein Berner Haus erstellen, das auf ein genaues Studium dieser ländlichen Architekturformen schliessen lässt.[25] In den 1830er-Jahren erstellte der Architekt Karl Friedrich Schinkel in Potsdam ein Schweizerhäuschen, das durch die Publikation in einer zeitgenössischen Zeitschrift in ganz Europa bekannt wurde.[26] An der Weltausstellung von 1851 in London, die das Ende des Klassizismus als Architekturstil einleitete, stand im Schweizer Sektor ein Berner Bauernhaus.[27] 1854 liess die englische Königin Victoria in einem neu geschaffenen Park mit Alpenblumen in Osborne House ein «richtiges» Schweizer Chalet errichten.[28] Der Schweizer Pavillon an der Weltausstellung von 1867 in Paris schliesslich enthielt Elemente von Schweizer Bauernhäusern in Kombination mit griechischen Säulenordnungen. Eine wichtige Rolle bei der Wiederbelebung des Schweizer Holzstils am Ende des 19. Jahrhunderts leisteten die Schweizerischen Landesausstellungen von 1883 in Zürich und 1896 in Genf sowie die Weltausstellung im Jahr 1900 in Paris. In Genf und Paris fand das «Village Suisse» mit echten, ins Ausstellungsgelände versetzten oder nach Originalen kopierten Häusern aus allen

Gegenden der Schweiz ein grosses Publikumsecho. Die Häuser waren umgeben von «echt» gestalteten Landschaften mit Bergen und Wasserfällen, und täglich fand in dieser Szenerie ein «Alpaufzug» mit Kühen statt.[29]

Erste Wohnhäuser in diesem neuartigen Baustil entstanden bereits in den 1830er-Jahren. Besonders viele Beispiele finden sich in der Frühzeit am unteren Genfersee und in den Vororten der damals stark wachsenden Stadt Genf.[30] In der 1850 gegründeten «Parquet- & Chalet-Fabrik Interlaken» wurden erstmals vorgefertigte Parkettböden und bald auch ganze Chalets hergestellt. Das erste Holzhaus aus Interlaken soll auf dem Seeweg nach Paris transportiert worden sein. Dank der persönlichen Freundschaft von Friedrich Seiler aus Unterseen, einem Gründer der Interlakner Fabrik, mit Napoleon III. erhielt diese das Vorrecht zum Verkauf von Sommer- und Gartenhäuschen in der Umgebung von Paris. Bald einmal standen deshalb im Pariser Bois de Boulogne Chalets aus dem Berner Oberland.[31] Im Jahr 1868 schliesslich gründeten Franz Josef Bucher und Josef Durrer in Kägiswil eine Parkettfabrik, die sich zum Zentrum des wirtschaftlichen Imperiums der beiden berühmten Geschäftspartner entwickelte.[32] Weitere bekannte Unternehmen für die Parkett- und Chaletproduktion waren die Firmen der Gebrüder Kuoni in Chur (Abb. 240), das von Architekt Gaudenz Issler in Davos gegründete Unternehmen «Baugeschäft und Chaletfabrik AG in Davos und Celerina» (Abb. 220, 221), die Parketterie Sugenbach in Bern oder die «Entreprise Spring frères» in Genf.[33]

Seit den 1850er-Jahren entstanden auch Gasthäuser und Hotelbauten im Schweizer Holzstil. Die erste Chalet-Pension wurde 1855 in Glion ob Montreux als Hôtel du Righi Vaudois errichtet (Abb. 28). Nach 1860 findet sich der Schweizer Holzstil in den meisten Fremdenorten des Landes, besonders aber in der Westschweiz (Abb. 29). Stark geprägt durch den Schweizer Holzstil wurde seit den späten 1860er-Jahren auch das Berner Oberland, wo als frühestes Beispiel eines Hotelbaus im Schweizer Holzstil das 1863/64 von Architekt Robert Roller erbaute Hotel Jungfraublick in Interlaken entstand.[34] 1865 folgte, ebenfalls in Interlaken, das vom Kantonsbaumeister Friedrich Salvisberg umgebaute Hotel Ritschard.[35] Etwa zur gleichen Zeit entstanden am Thunersee die ersten Pensionen im Schweizer Holzstil, erbaut von der lokalen Bauunternehmung Frutiger aus Oberhofen,[36] die in der Belle Époque den Hotelbau im Berner Oberland weitgehend dominierte (Abb. 40, 47). Die frühesten Beispiele dieses Baustils am Vierwaldstättersee stammen vom Zürcher Architekten Ferdinand Stadler: das 1857 eröffnete «Regina Montium» auf Rigi-Kulm[37] und die beiden Projekte für das Hotel Waldstätterhof in Brunnen (Abb. 51) sowie der Erweiterungsbau zum Hotel Sonnenberg auf Seelisberg von 1860. In Graubünden gehörten die Bauten im Schweizer Holzstil in den 1860er-Jahren zu den frühesten touristischen Gebäuden. Ein Schwerpunkt bildete sich im aufstrebenden Kurort Davos, wo eine eigene Chaletfabrik die Produktion aufnahm. Das 1868 vom dortigen Tourismuspionier Alexander Spengler erbaute «Curhaus» diente als Holzbau mit Satteldach und Zierelementen zahlreichen nachfolgenden Pensionen im Landwassertal als Vorbild (Abb. 210).

verabscheute einen regelmässigen, geometrischen Entwurf und die Symmetrie in der Fassadengestaltung. Die Häuser erhielten weit auskragende, asymmetrische Sattel-, Walm- oder Mansartdächer, die von Quergiebeln oder Dachgauben durchbrochen und mit Türmen oder Dachaufsätzen bereichert waren. Der Heimatstil war konsequent asymmetrisch in der Fassadengestaltung und unregelmässig im Grundriss, genau das Gegenteil der von seinen Förderern abgelehnten Historismusarchitektur aus dem 19. Jahrhundert (Abb. 31, 87).

Zu den führenden «Ideologen» des neuen Heimatstils gehörten die Architekten Karl Indermühle (1877–1933)[38] aus Bern und Nicolaus Hartmann junior (1880–1956) aus St. Moritz. Die Bauten von Indermühle, der keine grösseren Hotels zu seinem Werk zählen darf, sind geprägt von der barocken Architektur, von ländlichen Bauformen und idyllisch-malerischen Zierformen (Abb. 35). Hartmann wurde zum eigentlichen Erfinder eines neuen Bündner Heimatstils. Auch er entwarf, unter Vermeidung jeglicher Symmetrie, malerisch arrangierte Baukörper. Die von ihm neu erbauten Hotels, zum Beispiel das La Margna in St. Moritz (Abb. 194), oder die von ihm umgebauten Hotel Alpenrose und La Margna in Sils Maria gliederte er in ein dominierendes Giebelhaus und einen untergeordneten, traufständigen Seitenflügel. Damit verlieh er ihnen das Aussehen eines überdimensionierten Bauernhauses (Abb. 31, 198).

Gegen 1910 verebbte der Einsatz von Fachwerk und Holzteilen in der Fassadengestaltung in zahlreichen Gebieten. Vor dem Ersten Weltkrieg kamen vielerorts wieder vermehrt Steinbauten zur Ausführung, die aber immer noch zahlreiche Gestaltungselemente des neuen Heimatstils aufwiesen. Das vom einheimischen Architekten Alfred Vifian 1907 in Interlaken nach einem Brand wieder aufgebaute Hotel Royal St. Georges ist ein charakteristischer Vertreter dieser Haltung, die sich wiederum auf den barocken Formenschatz bezog, den sie aber ländlich-regional neu interpretierte (Abb. 32). Zu den charakteristischen Architekten dieser neuen Romantik mit Steinbauten gehören etwa die Luzerner Möri & Krebs (Seite 25). Von 1912 bis 1914 erstellten sie in Weggis die Hotels Bellevue und Schweizerhof (Abb. 33), die zusammen mit dem 1913 am gleichen Ort eröffneten Hotel Central als prägnanteste Beispiele dieser neuen Architekturhaltung erscheinen. Ihre Architektur identifizierte sich noch klar mit der nationalen Romantik, gleichzeitig distanzierte sie sich aber bereits deutlich vom Übermass an Holzzierelementen der Jahrhundertwende.

Mit diesen vielfältigen architektonischen Strömungen schien der Reichtum an Formen, Farben und Zierelementen zur Fassadengestaltung im Jahrzehnt vor dem Ersten Weltkrieg beinahe unbegrenzt. Die prunkvollen Historismusbauten aus dem 19. Jahrhundert hatten aber als Vorbild für den Hotelbau endgültig ausgedient. Bevorzugt wurden in den letzten Vorkriegsjahren Putzbauten mit Heimatstilelementen, daneben vereinzelt aber immer noch Chalets im Schweizer Holzstil oder Fachwerkbauten ländlicher Prägung. Die Formenvielfalt war auch bei den Dächern frappant: Mansartdächer, Kuppeln, monumentale Blendgiebel und verwinkelte Dachformen prägten das bunte Bild der Vorkriegsarchitektur. Daneben entstanden weiterhin Bauten mit traditionellen Walm- und Satteldächern. Die Gestaltungselemente für die Gebäudehülle waren für die damaligen Architekten nach Belieben aus dem Repertoire der Architekturgeschichte auswechselbar.[39] Damit konnte der flexible Entwurfsarchitekt jeden Wunsch eines Auftraggebers erfüllen und seinen Hotelbauten eine regionaltypische, eigenständige und unverwechselbare Erscheinung verleihen. Der im Hotelbau stark engagierte Luzerner Architekt Emil Vogt fasste diesen Grundsatz bereits 1897 treffend zusammen, als er in einem Brief an einen Freund schrieb: «Die ganze Zufriedenheit meiner Klientel ist schlicht das Wichtigste in meiner Arbeit.»[40]

DIE ABLEHNUNG DER BELLE-ÉPOQUE-BAUTEN IM FRÜHEN 20. JAHRHUNDERT

Die gewaltigen Zuwachsraten im Hotelwesen zu Beginn des 20. Jahrhunderts weckten kurz vor dem Ersten Weltkrieg vielerorts den Widerstand gegen die so genannte Fremdenindustrie. Man warf dem Hotelbau öffentlich die Verschandelung der Landschaft und die Zerstörung der heilen Natur vor. Dazu gesellte sich das gesteigerte Bewusstsein schweizerischer Eigenart, das sich auch in der Architektur prägnant äusserte und auf Kollisionskurs geriet zum fremdländisch-höfischen Zeremoniell der Grand-Hotel-Kultur. Als wichtige Plattform für den Widerstand gegen die Fremdenindustrie etablierte sich

15
Interlaken, Hotel Savoy. Die Fassaden des 1905 eröffneten Hotels an der Höhematte waren geprägt von den damals aufkommenden Jugendstilformen. Fotografie 1943.

16
Luzern, Hotel St. Gotthard-Terminus. Das 1870 beim Luzerner Bahnhof erbaute Hotel wurde mehrmals erweitert. 1896 erstellte Arnold Bringolf einen neuen Dachaufbau mit manieristischen Blendgiebeln (Hotel 1964/65 abgebrochen). Ansichtskarte um 1910.

17
Luzern, Hotel Waldstätterhof. Der Neubau von 1900 (1901 erweitert) wurde vom Architekten Emil Vogt mit einem markanten Renaissancegiebel versehen. Fotografie aus dem Eröffnungsjahr.

15

16

1905 der Schweizer Heimatschutz, der vor allem die Verunstaltung ganzer Landschaften mit Bergbahnen und Hotelgrossbauten kritisierte und die fehlenden Bezüge der Architektur zur Landschaft und zur örtlichen Bautradition attackierte. In der ersten Ausgabe ihrer neuen Zeitschrift publizierte diese landesweit tätige Organisation das Bildpaar einer mittelalterlichen Kirche und eines Hotelneubaus. Die Legende dazu lautete: «Ein schönes und ein hässliches Gebäude – Un bel édifice et une vilaine construction moderne sur les bords du lac Léman».[41] Der junge Heimatschutz nahm also von Anfang an den Kampf gegen die angeblich hässlichen Hotelbauten auf, die in der Zeitschrift in der Folge immer wieder mit Beispielpaaren «gut – schlecht» in Erinnerung gerufen wurden (Abb. 34).

Der Heimatschutz lehnte aber den Hotelbau des 19. Jahrhunderts nicht generell ab, sondern er prangerte primär die Grossbauten aus der Belle Époque an. Gleichzeitig engagierte er sich aktiv in der Ausarbeitung von Um- und Neubauprojekten nach seinen Vorstellungen. 1906 beauftragte die Berner Sektion beispielsweise den Architekten Karl Indermühle mit der Ausarbeitung eines Konkurrenzprojekts für den Neubau eines Kurhauses in Lauenen im Berner Oberland. Das Siegerprojekt eines vorher veranstalteten nationalen Wettbewerbs hatte, sehr zum Missfallen von Heimatschutzkreisen, einen massigen Baukörper mit symmetrischer Fassadengestaltung vorgesehen. Das Gegenprojekt gliederte das Bauvolumen dagegen in mehrere ungleichmässige, niedrige Baukörper, die asymmetrisch angeordnet werden sollten (Abb. 35).[42]

Der zu Beginn des Jahrhunderts intensiv begonnene Kampf gegen die Hotelgrossbauten war so erfolgreich, dass man die Hotelarchitektur aus der Belle Époque und mit ihr die Mehrzahl der Historismusbauten aus dem 19. Jahrhundert bald einmal nicht nur in Heimatschutzkreisen mit Ablehnung und Unverständnis betrachtete. Gegen Ende des Ersten Weltkriegs schrieb Samuel Guyer in einem «Beitrag zum Hotelbau-Problem der Gegenwart» in der «Schweizerischen Bauzeitung»: «Seit Jahren tobt im Schweizerland der Krieg gegen die unsere schönsten Gegenden entstellenden Hotelkästen.» Im Gegensatz zur Heimatschutzkritik, die sich zentral gegen «grosse, kastenförmige Baublöcke» richtete, fand Guyer die Hotelgrossbauten hässlich, «weil ihnen eine, einmal nach sentimentaler Romantik, ein andermal nur nach Pomp und Protz riechende Maske aufgesetzt ist».[43]

Die Kritik an der Hotelarchitektur aus der Belle Époque war bereits nach dem Ersten Weltkrieg so radikal, dass auch ehemalige Hotelarchitekten von ihren angeblichen Fehlleistungen sprachen. So bemerkte Horace Edouard Davinet – einer der begabtesten und am meisten beschäftigten Hotelarchitekten des späten 19. Jahrhunderts, der unter anderem die Hotels

17

ALFRED MÖRI (1880–1936) bildete sich bei Othmar Schnyder in Luzern aus und besuchte anschliessend das Technikum in Burgdorf. Während vier Jahren war er dann Mitarbeiter bei Emil Vogt in Luzern, wo er sich 1903/04 in Lugano mit dem Hotelumbau des Du Parc zum Palace (Abb. 144) und 1904/05 in Locarno mit dem Umbau des Du Parc (Abb. 149) befasste. Anschliessend absolvierte er einige Semester an der Technischen Hochschule in Karlsruhe. 1907 eröffnete er in Luzern ein Architekturbüro, in das KARL-FRIEDRICH KREBS (1880–1945) 1908 als Mitarbeiter eintrat. Dieser hatte das Technikum in Biel absolviert und danach bei Gustav Gull in Zürich und bei Karl Koller in St. Moritz gearbeitet. Nach dem Besuch der Technischen Hochschule in München war Krebs in Hannover und von 1905 bis 1908 bei Curjel & Moser in Karlsruhe tätig. 1908 übernahm er bei Möri die erfolgreiche Planbearbeitung für das Hotel Montana in Luzern, worauf er 1910 zum Teilhaber in Möris Büro aufstieg. Möri & Krebs waren neben Heinrich Meili-Wapf sowie Theiler & Helber die bedeutendsten Architekten ihrer Zeit in Luzern. Obwohl sie erst zu Beginn des 20. Jahrhunderts mit dem Hotelbau begannen, konnten sie in der Innerschweiz noch ein beachtliches Werk schaffen. Nach dem «grossen Wurf» des Hotel Montana in Luzern erstellten sie kurz vor dem Ersten Weltkrieg die beiden Hotels Bellevue und Schweizerhof in Weggis (Abb. 33).

Die Architektur des Hotel Montana war durch die Praktikumsjahre von Karl-Friedrich Krebs bei Curjel & Moser in Karlsruhe stark beeinflusst, wo er den vor allem in Deutschland weit verbreiteten «geometrisierenden Jugendstil» kennen gelernt hatte. Bei den Weggiser Hotelbauten entwickelten Möri & Krebs einen damals zeitgemässen und vom Heimatschutz propagierten neuen Heimatstil. Die mit Elementen aus der traditionellen ländlichen Architektur (Walmdächer mit Gehrschild, schindelverkleidete Fassaden, Laubenbögen) versehenen Bauten wiesen sowohl im Grundriss als auch in der Fassadengestaltung kaum noch Symmetrien auf.

HENNIG 1998 – SKL 4, 549 (Krebs), 567f. (Möri) – INEICHEN, ZANONI 1985, 59ff. – ALS, 383.

18 Lausanne. – Hôtel du Grand Pont

19 Luzern, Hotel und Restaurant Château Gütsch.

20

Giessbach (Abb. 10), Seelisberg, Spiezerhof, Rigi-Kulm und die Kurhalle in Heiden (Abb. 170) erbaut hatte – im Jahr 1920 als 81-Jähriger in seinen Memoiren entschuldigend: «Par suite des Expositions internationales et de l'établissement de nombreux Kurorten, on était alors loin de penser au Heimatschutz, l'on cherchait, au contraire, à implanter les styles les plus bizarres, afin de détruire le cachet trop casernel de ces immenses Caravansérails.»[44]

In den Publikationen der 1920er-Jahre über das Gastgewerbe erhielt die Geschichte des Hotelbaus wohl ihren Platz, die Zeit nach 1850 wurde dabei aber ausgeblendet.[45] Diese Epoche stand nicht mehr im Interesse der damaligen Architektenschaft. 1929 veröffentlichte Werner Amstutz sein Fachbuch über «Neue Wege im Hotelbau», und er meinte mit diesem Titel die bedingungslose Ablehnung der Historismusarchitektur.[46] Damals kämpften alle fortschrittlichen Architekten für eine neue, moderne und «ehrliche» Architektur. Sie empfanden deshalb das Hotel aus der Belle Époque als Symbol einer alten, überlebten Ordnung. In jenen Jahren erschienen in der Fachpresse die ersten Beispiele von Radikalkuren an alten «Hotelkästen» im Sinn der Vertreter des damals tonangebenden «Neuen Bauens». So wurde die Sanierung des Hotel Reber in Locarno 1928 mit der Eliminierung des Mansartdachs und einer Aufstockung um ein Geschoss mit einem Flachdach durch den Architekten Armin Meili in der «Schweizer Bauzeitung» 1940 als beispielhaft vorgestellt (Abb. 36).[47]

Zur Zeit des Zweiten Weltkriegs setzte der Architekt und Kunsthistoriker Peter Meyer (1894–1984)[48] in der Zeitschrift «Werk» einen wichtigen Meilenstein im Kampf gegen die monumentalen Hotelkästen aus der Belle Époque. In der ersten architekturgeschichtlichen Übersicht zum Schweizer Hotelbau des 19. Jahrhunderts überhaupt bezog er 1942 dezidiert Stellung und klassierte die Hotelbauten in Architektur «vor und nach dem Sündenfall». Die Grenze zog er zwischen der «schlichten» klassizistischen Architektur des frühen 19. Jahrhunderts, die er befürwortete oder doch mindestens akzeptierte, und den Bauten des Historismus, die er rundweg ablehnte. Die in der freien Natur errichteten Grosshotels der Belle Époque deklassierte Meyer als «Sündenböcke für die Landschaftsverschandelung.» Zum Bild des Rigi-Kulms schrieb er:

«Völlige Zerrüttung des Landschaftsbildes.» (Abb. 38) Seine Sympathie galt aber den Versuchen einer Anpassung an einen regionalen Baustil im Sinn der Bemühungen des Heimatschutzes. Diese Beurteilung wiederholte er in seiner «Schweizerischen Stilkunde» von 1944 und auch noch in der Festschrift des Schweizer Hotelier-Vereins im Jahr 1956.[49]

Das Urteil des damals in der Fachwelt geachteten Peter Meyer bildete auch die Grundlage für die Qualifizierung der Hotelbauten in der 1943/44 durch den Architekten und Planer Armin Meili im Auftrag des Bundes erstellten Studie «Bauliche Sanierung von Hotels und Kurorten». In Meilis Expertenbericht wurden, im Hinblick auf die nach Kriegsende befürchtete allgemeine Arbeitslosigkeit, für alle bedeutenden Schweizer Kurorte und ihre Hotelbauten bauliche Sanierungsmassnahmen vorgeschlagen. Darunter finden sich Vorschläge für das Abtragen von Spitzhelmen und Kuppeln bis zum Abräumen ganzer Anlagen: das Hotel Palace in Lugano (Abb. 144), der Kursaal in Luzern oder das Grand Hotel in St. Moritz (Abb. 201) gehörten unter anderen zu dieser Liste. Bei den zum Umbau vorgesehenen Bauten schlugen die Experten durchwegs die Entfernung aller baulichen Stimmungsträger wie Türme, Zinnen und Kuppeln oder historische Interieurs vor. «Säuberung der Baukörper von den unzweckmässigen und hässlichen Zutaten aus dem Ende des letzten Jahrhunderts», lautete das immer wieder vorgefundene Leitmotiv in diesem Bericht, der 1945 als gedrucktes Buch erschien (Abb. 37).[50]

Damit war die Zielrichtung vorgegeben, mit der in den Nachkriegsjahren von offizieller Seite und mit grosser finanzieller Unterstützung gegen die «alten Hotelkästen» gekämpft wurde. Dabei ging man teilweise sehr gründlich ans Werk. Zahlreiche Hotelsanierungen und -abbrüche im dritten Viertel des 20. Jahrhunderts finden ihren Kern in der Studie von Meili. 1948 konnte der Architekt Theo Schmid in der Zeitschrift «Werk» mit Befriedigung Rückschau halten auf «Sechs Jahre Hotelerneuerung». Dabei stellte er den Erfolg der Aktion in den Mittelpunkt seines Aufsatzes, in dem er nochmals dazu ermunterte, die Historismusbauten aus dem 19. Jahrhundert im Geist der Moderne zu erneuern. Gleichzeitig klagte er über eine zu erkennende Mutlosigkeit: «Der Verdacht liegt nahe, dass diese allzuoft und allzulaut gepriesene ‹architektonische Anpassung an das Landschaftsbild› der offensichtliche Ausdruck mangelnden Gestaltungswillens ist und ein Zeichen für das Fehlen der elementaren Freude, Neues zu gestalten.»[51]

Auch nach dem offiziellen Abbruch der Aktion im Jahr 1948 ging man weiterhin mit der gleichen Philosophie an die Sanierung von Hotelbauten und publizierte die entsprechenden «Erfolge». In den 1950er-Jahren wurden zahlreiche kleinere, aber auch etliche bedeutende Hotels ohne Scheu ihrer historischen Fassaden beraubt. Zu den berühmtesten, heute noch existierenden «Opfern» gehörten etwa der Schweizerhof in Luzern, die Bürgenstockhotels oder das Victoria-Jungfrau in Interlaken. Als Höhepunkt der Abbruchwelle in den Nachkriegsjahren inszenierte der Schweizer Heimatschutz Mitte der 1950er-Jahre eine «Säuberung des Rigi-Gipfels». Der Erlös des Talerverkaufs von 1951 wurde dazu verwendet, den berühmten Berggipfel all seiner historischen Hotels zu entledigen, die dort oben teilweise ein Jahrhundert überstanden hatten (Abb. 38).[52] Letztmals holte der mittlerweile zum Professor avancierte Peter Meyer im Jubiläumsbericht des Schweizer Hotelier-Vereins 1956 zum verbalen Schlag gegen den Hotelbau der Belle Époque aus. Unter dem Titel «Hotelbau einst und jetzt» liest sich seine Kritik allerdings schon etwas moderater. Konsequent ablehnend verhielt er sich nur noch gegenüber den Bauten aus dem späten 19. Jahrhundert, die er als «Stimmungskulissen ohne Anspruch auf Ernsthaftigkeit» bezeichnete. Für die «romantischen» Bauformen aus den früheren Epochen sowie für die «Türmchen und Zinnen» und das «Laubsäge-Holzwerk» fand er bereits positive Worte, er warnte vor deren «bedenkenlosem» Abbruch. Im gleichen Heft stellte der Architekt Theo Schmid allerdings nochmals solche «Türmchen- und Laubsäge-Hotelbauten» vor, die in der Sanierungsaktion nach dem Zweiten Weltkrieg mit moderner Nachkriegssachlichkeit neu eingekleidet worden waren.[53]

18
Lausanne, Hôtel du Grand Pont. Fotografie der Fassade mit Treppengiebeln nach dem Umbau von 1898 durch den Architekten Francis Isoz (1910 Abbruch und Neubau für die Nationalbank).

19
Luzern, Hotel Gütsch. Das imposante Schlosshotel über der Stadt Luzern wurde 1883 eröffnet. Ansichtskarte des 1888 nach einem Brand wiederaufgebauten Gebäudes.

20
Caux bei Montreux, Palace. Das vom Architekten Eugène Jost entworfene Gebäude hoch über dem Genfersee ist das imposanteste in der Schweiz erbaute Hotelschloss. Fotografie kurz nach der Eröffnung 1902.

21
Lausanne-Ouchy, Hôtel du Château. 1893 erbaut durch den Architekten Francis Isoz als inszenierte «mittelalterliche» Schlossanlage. Fotografie um 1900.

22
St. Moritz, Palace Hotel. Die erste Hotelburg im Engadin entstand 1896/97 nach Plänen der Zürcher Architekten Chiodera & Tschudy. Fotografie nach dem Neubau des Speisesaaltrakts 1913.

21

22

23

24

25

26

23
Gstaad, Royal Hotel & Winter Palace. 1913/14 erbaut durch die Architekten van Dorsser und Bonjour aus Lausanne als letzte Hotelburg in der Schweiz. Fotografie um 1940.

24
Caux bei Montreux, Grand Hôtel. 1893 erbaut vom Architekten Louis Maillard. Fotografie vor der Aufstockung 1900.

25
Vevey, Hôtel des Trois Couronnes. 1842 als klassizistischer Hotelbau eröffnet, in den 1890er-Jahren zur neobarocken Dreiflügelanlage umgestaltet (Abb. 95). Fotografie 1943.

26
Grindelwald, Hotel Baer. Die neue Dreiflügelanlage wurde 1894 auf den Fundamenten von Vorgängerbauten errichtet (1941 abgebrannt). Fotografie um 1900.

27

28

29

30

DIE WIEDERENTDECKUNG HISTORISCHER HOTELBAUTEN AM ENDE DES 20. JAHRHUNDERTS

Wegbereiter einer neuen Epoche im Fachurteil über historische Hotelbauten war Professor Adolf Reinle, der dem Hotelbau im vierten Band seiner Kunstgeschichte der Schweiz 1962 ein eigenes Kapitel widmete. Er war der erste Kunsthistoriker des 20. Jahrhunderts, der die Hotels aus der Belle Époque nicht mehr mit negativen Attributen versah. Mit seinem grundlegenden Beitrag läutete er gewissermassen deren Rehabilitierung in der schweizerischen Architekturgeschichte ein.[54] In den 1970er-Jahren ermöglichte das damals begonnene «Inventar der neueren Schweizer Architektur (INSA)» einen ersten neutralen Blick auf diese Bauepoche. In den ersten Bänden über Davos und Genf wurde dem Hotelbau des 19. Jahrhunderts im Jahr 1982 ein wichtiger Platz eingeräumt.[55] Bereits 1975 hatte Jürg Ganz in den Münchner «Studien zur Kunst des 19. Jahrhunderts» eine erste Übersicht zur schlossartigen Hotelarchitektur in der deutschen Schweiz zusammengestellt.[56] 1984 schliesslich beschrieb Emil Maurer in seinem «Kunstführer Oberengadin» eine Reihe von Hotels aus dem ganzen Engadin.[57]

Als eigentliches Schlüsselereignis für die Wiederentdeckung historischer Hotelbauten erwies sich die Rettung des Hotel Giessbach am Brienzersee durch die vom Tier- und Umweltschützer Franz Weber ins Leben gerufene Stiftung «Giessbach dem Schweizervolk». Nachdem 1981 ein Jumbo-Chalet als Ersatzbau für das 1875 erbaute Hotel von Horace Edouard Davinet (Abb. 10) bewilligt worden war, hagelte es Einsprachen, und eine breit abgestützte Arbeitsgruppe suchte nach Alternativen zur Erhaltung. Innerhalb eines Jahres trug die landesweit agierende Stiftung den Betrag von zwei Millionen Franken zusammen, von der Gemeinde und dem Kanton erhielt sie eine weitere Million als Spende. Die anschliessend in mehreren Etappen und mit viel Publizität durchgeführte, fachgerechte Restaurierung von Hotel und dazu gehörender Standseilbahn hatte grosse Signalwirkung: Historische Hotels waren für Fachleute der Architektur und der Kunstgeschichte wieder salonfähig geworden.

Trotz den wegbereitenden Arbeiten von Adolf Reinle und den INSA-Bänden haben sich bis in die späten 1980er-Jahre nur wenige Forschungsarbeiten zur schweizerischen Architekturgeschichte mit dem Hotelbau auseinandergesetzt: 1976 untersuchte Roman Ottiger, nota bene als Doktorand von Adolf Reinle, die Entstehung der ersten Luzerner Hotelbauten zwischen Schwanenplatz und Nationalquai.[58] 1988 formulierte Anne Wyssbrod erstmals grundlegende Thesen zur Entwicklung des Hotelbaus im 19. Jahrhundert am Beispiel von Montreux, der Schweizer «Hotelstadt par excellence».[59] 1989 unternahm Isabelle Rucki in ihrer Dissertation über die Hotelbauten im Oberengadin eine Ausweitung des Themas auf die schweizerische Alpenregion.[60] Diese Arbeiten enthielten Ansätze zur typologischen Behandlung des Phänomens «Hotel» in der Geschichte der schweizerischen Architektur nach der Überwindung der doktrinären Ablehnung durch Peter Meyer. Auch nach diesen pionierhaften Arbeiten «der ersten Stunde» blieben die geschichtlichen Analysen zum Hotelbau aber punktuell. So hat die Aufarbeitung ihrer hundertjährigen Geschichte durch die Hotelgesellschaft von Leukerbad im Jahr 1996 bis heute kaum Nachahmung gefunden,[61] und Lugano hat als einziger grösserer Fremdenort seine Hotelgeschichte nach den Regeln der Wissenschaft untersucht.[62]

Um die Jahrtausendwende erhielten zwei Architekten, die den Hotelbau der Belle Époque in besonderem Mass geprägt haben, eine architekturgeschichtliche Würdigung: 1998 analysierte das Museum im Bellpark Kriens in einer Ausstellung mit Begleitpublikation das Werk des im Hotelbau sehr aktiven Emil Vogt.[63] 1999 beendete Dave Lüthi seine Lizenziatsarbeit über den im Westschweizer Hotelbau der Belle Époque dominanten Architekten Eugène Jost. Zwei Jahre später wurde das Werk dieses Architekten in einer Ausstellung an der ETH Lausanne gewürdigt.[64] Im gleichen Jahr erschien mit «Hotelträumen zwischen Gletschern und Palmen» eine erste Übersicht zur schweizerischen Tourismusgeschichte und zum Hotelbau zwischen 1830 und 1920 mit einer Analyse der Fremdenregionen am Genfersee, an den Berner Oberländer Seen, am Vierwaldstättersee und im Wallis.[65] Etliche Tourismuskantone haben ihren wertvollen Hotelbestand in architekturgeschichtlichen und denkmalpflegerischen Inventaren speziell erfasst: bereits um 1980 pionierhaft der Kanton Graubünden mit einem Schwergewicht im Engadin, seit 1995 der Kanton Luzern, vorerst mit

27
Bönigen, Pension Schlössli. Wohnhaus von Peter Paul Ober, dem Sohn des Interlakner Tourismuspioniers Peter Ober. Fotografie um 1890.

28
Glion bei Montreux, Hôtel du Righi Vaudois. Das Hotel-Chalet hoch über dem Genfersee wurde 1855 als erste Pension in Höhenlage eröffnet. Aquarell um 1880.

29
Montreux-Veytaux, Hôtel Masson. Die 1859 eröffnete und 1876 durch einen Querflügel erweiterte Pension ist ein charakteristischer Vertreter der zahlreichen Pensionen im Schweizer Holzstil. Aquarell um 1900.

30
Zürich, Grand Hotel Dolder. Das majestätische Hotelschloss mit verspielter Fassadengestaltung wurde 1899 als Projekt des Architekten Jacques Gros eröffnet. Fotografie 1910 (siehe Abb. 88 und Seiten 4/5).

31
Sils Maria, Hotel Alpenrose nach dem Umbau durch Nicolaus Hartmann junior 1907/08 (siehe Abb. 87; 1999 Umbau in Eigentumswohnungen). Rechts oben das 1908 eröffnete Hotel Waldhaus. Foto um 1910.

32
Interlaken, Höheweg, mit den Hotels Splendide und du Cerf. Fotografie um 1910 (siehe Abb. Seiten 12/13).

31

32

einem umfassenden Inventar in der Stadt Luzern, und 1999 der Kanton Wallis mit einem Kurzinventar über das ganze Kantonsgebiet.⁶⁶

Seit den späten 1970er-Jahren ergänzten weitere Bücher den Reigen von Publikationen, in denen das historische Hotel unter anderen Themen ebenfalls Erwähnung fand. 1976 erschien auf Initiative der Schweizerischen Verkehrszentrale das Gemeinschaftswerk von Louis Gaulis und René Creux über die Geschichte der grossen Schweizer Hotelpioniere.⁶⁷ Seit dieser Zeit publizierte Fred Ammann eine lange Serie von Heften über die bedeutenden Schweizer Gastgeberfamilien.⁶⁸ 1990 schrieb Thierry Ott einen zusammenfassenden Überblick zu den schweizerischen Palace-Hotels im Taschenbuchformat.⁶⁹ 1992 schliesslich hat Quintus Miller mit dem Sanatorium, wie er im Vorwort selbst anmerkt, eine «Randerscheinung» im Hotelwesen untersucht.⁷⁰

Auch im europäischen Rahmen hat die Erforschung der Hotelbauten aus der Belle Époque in den 1980er-Jahren eingesetzt. 1982 charakterisierte der deutsche Kunsthistoriker Michael Schmitt das Palast-Hotel zwischen 1870 und 1920 im europäischen Überblick.⁷¹ Einige Publikationen über den Bautyp des Hotels und seiner «Verwandten» stammen aus dem französischen Sprachraum. 1985 erschien eine umfangreiche, im Zusammenhang mit einer Ausstellung realisierte Übersicht zu den französischen Thermalkurorten unter dem Titel: «Villes d'eaux en France», in der die Hotelbauten einen wichtigen Platz erhielten.⁷² Im gleichen Jahr verglich ein prächtiger Bildband die Hotel- und Tourismusbauten der französischen Riviera mit den Bauten rund um den französisch-schweizerischen Genfersee.⁷³ Einen für die Hotelgeschichte wertvollen Beitrag stellte das Musée Carnavalet 1998 mit dem Ausstellungskatalog «Du Palais au Palace – Des Grands Hôtels de voyageurs à Paris au XIXᵉ siècle» zusammen, in dem die Entwicklung der bedeutenden Hotelbauten in der Seinestadt analysiert wird. Ein Blick auf die dort abgedruckte Bibliografie mit nur 18 Titeln aus zwei Jahrhunderten französischsprachiger Literatur widerspiegelt aber auch für Frankreich mit aller Deutlichkeit die weitgehend vernachlässigte Forschung zum Thema Hotelbau.⁷⁴

Eine entscheidende Etappe in der Wiederentdeckung und Anerkennung historischer Hotelbauten konnte im schweizerischen Rahmen 1995 erreicht werden. Mit der von ICOMOS Schweiz in Zusammenarbeit mit dem Schweizer Hotelier-Verein in Luzern durchgeführten Fachtagung zum Thema «Historische Hotels – erhalten und betreiben» hat das Umdenken erstmals offiziell die verantwortlichen Gremien von Hotellerie und Tourismus erfasst.⁷⁵ Die an dieser Luzerner Tagung ins Leben gerufene und seit 1997 verliehene Auszeichnung «Das historische Hotel/Restaurant des Jahres» verbreitet den Gedanken des wertvollen Kulturguts historischer Gasthäuser in der Schweiz, aber auch im interessierten Ausland, in immer weiteren Kreisen. In der vom Europarat im Herbst 1999 in Nizza organisierten Tagung «Patrimoines du tourisme et du voyage» fand diese Auszeichnung grosse Anerkennung als vorbildliches Beispiel eines Qualitätslabels im denkmalpflegerischen Sinn.⁷⁶ Mit dieser internationalen Anerkennung hat die fast ein Jahrhundert andauernde und von allen offiziellen Stellen unterstützte Geringschätzung von historischen Hotelbauten in der Schweiz wohl ihr Ende gefunden und die touristischen Instanzen interessieren sich vermehrt für die historischen Betriebe.

Weggis, Hotel Schweizerhof. Romantische, von lokalen Bauelementen geprägte Architektur aus dem frühen 20. Jahrhundert, 1914 erbaut durch die Architekten Möri & Krebs. Fotografie um 1940.

34
Beispielpaar «gut» (Kirche Montreux) – «schlecht» (Hôtel des Alpes in Territet) des jungen Heimatschutzes von 1906 (Heimatschutz 1906/1).

35
Lauenen, Kurhaus mit Schwefelbad. Gegenprojekt zu einem symmetrisch gestalteten Siegerprojekt eines nationalen Architekturwettbewerbs, ausgearbeitet vom Architekten Karl Indermühle im Auftrag des Berner Heimatschutzes (Heimatschutz 1906/2).

36a, b
Locarno, Hotel Reber. Abbildungen vor und nach dem Umbau 1929 im Sinn der damaligen Moderne durch den Architekten Armin Meili, Luzern (SBZ 1929).

37
Kurhaus Walzenhausen, Südfassade. Zustand 1945 und Vorschlag zur Umgestaltung gemäss Projekt zur «Sanierung von Hotels und Kurorten» (MEILI 1945).

38
Rigi-Kulm, Ansichtskarte mit den zahlreichen Rigi-Hotels vor der «Säuberung» in den 1950er-Jahren.

«Der Styl sollte mehr in Einklang mit der Umgebung gebracht werden»

(AUS DEM JURYBERICHT ZUM ARCHITEKTURWETTBEWERB FÜR DAS HOTEL THUNERHOF, 1875)

Schweizer Hotelarchitekten, ihre Ausbildung und ihr Engagement im Hotelbau

Eine Analyse über das Wirken der Baufachleute im schweizerischen Hotelwesen seit dem frühen 19. Jahrhundert lässt drei charakteristische Elemente erkennen: erstens das Fehlen von akademisch ausgebildeten Architekten in zahlreichen Gebieten bis in die zweite Hälfte des 19. Jahrhunderts und mancherorts sogar bis um 1900, zweitens die Realisierung von wegweisenden Pionierbauten durch mehrheitlich von auswärts beigezogenen Hochschularchitekten und drittens die relativ geschlossenen Wirkungskreise der einzelnen Berufsleute in ihren angestammten Regionen. Wegen der vielerorts lückenhaften oder sogar gänzlich fehlenden Gemeinde- und Hotelarchive sind Aussagen über die Urheberschaft von Hotelbauten allerdings kaum lückenlos möglich. Teilweise muss man sich mit fragmentarischen Ergebnissen zufrieden geben, und einige Lebensläufe und Werkverzeichnisse von Architekten basieren nur auf punktuellen und statistisch wenig aussagekräftigen Resultaten.

Das folgende Kapitel gliedert sich in vier Abschnitte. Die Klärung der Frage nach dem Einfluss der frühen Hochschularchitekten auf den Schweizer Hotelbau erfordert im ersten Teil einen allgemeinen Blick auf die europäische Architektenausbildung im 19. Jahrhundert. In einem weiteren Abschnitt wird das Verhältnis zwischen Baumeistern und Architekten untersucht und schliesslich das Wirken von einheimischen und von auswärts beigezogenen Spezialisten in den einzelnen Fremdenregionen dargestellt. Den Abschluss bildet ein Überblick zum Wettbewerbswesen im Hotelbau, das leider nur in einigen wenigen Beispielen zum Tragen kam.

DIE ARCHITEKTENAUSBILDUNG IM 19. JAHRHUNDERT
Schweizer Hotelarchitekten an europäischen Architekturschulen

Vor der Eröffnung des Zürcher Polytechnikums im Jahr 1855 mussten die angehenden Schweizer Architekten ihre Ausbildung an einer Hochschule im Ausland absolvieren.[1] In der Region des Vierwaldstättersees waren bereits in der ersten Hälfte des 19. Jahrhunderts zahlreiche Hochschularchitekten tätig, die mehrheitlich deutsche Bauakademien besucht hatten. Während Graubünden im späten 19. Jahrhundert einheimische Hochschularchitekten kannte, wirkten im Berner Oberland und im Wallis bis zum Ersten Weltkrieg nur vereinzelt akademisch ausgebildete Architekten, die ihr Büro zudem in benachbarten Regionen hatten oder aus diesen zugezogen waren. Am Genfersee dagegen arbeiteten seit dem zweiten Viertel des 19. Jahrhunderts im Hotelbau zahlreiche Architekten mit einer Hochschulausbildung, die sie mit wenigen Ausnahmen an der École des Beaux-Arts in Paris geholt hatten. Die gegen 1900 im Tessiner Hotelbau tätigen Architekten hatten sich in der Regel in Italien ausgebildet. Bevorzugt wurde dabei die Accademia delle Belle Arti di Brera in Mailand, etliche Tessiner hielten sich auch in Turin auf. Paolito Somazzi allerdings, der Tessiner Architekt mit dem bedeutendsten Werk im Hotelbau, hatte seine Ausbildung am Technikum Winterthur abgeschlossen (Abb. 141–143, 153).

Die private Bauschule von Friedrich Weinbrenner (1766–1826) in Karlsruhe, aus der 1825 das dortige Polytechnikum

39

hervorging, erfreute sich als eine der ersten Ausbildungsstätten für Architekten im deutschsprachigen Europa einer grossen Beliebtheit bei Deutschschweizer Studenten.[2] Im frühen 19. Jahrhundert waren vorwiegend Basler und Zürcher Architekten mit Hans Caspar Escher an vorderster Front dort anzutreffen, die nach ihrer Rückkehr Weinbrenners Vorliebe für den römischen Hochklassizismus in die Schweiz trugen. Zu den Studenten in Karlsruhe gehörte der Zürcher Ferdinand Stadler (1813–1870), der von 1832 bis 1835 bei Heinrich Hübsch und Friedrich Eisenlohr studierte und anschliessend beim Klassizisten Georg Moller in Darmstadt seine Ausbildung vervollständigte (Abb. 51).[3] Louis Maillard (1838–1923), einer der wenigen Architekten aus der Westschweiz an deutschen Architekturschulen, war nach Studien in Karlsruhe und Paris ein viel beschäftigter Architekt am Genfersee (Abb. 24).[4] Der wohl berühmteste Hotelarchitekt mit einer Ausbildung in Karlsruhe war aber Robert Roller junior (1832–1898) aus Burgdorf, der sich von 1852 bis 1854 am dortigen Polytechnikum aufhielt. Gleich anschliessend übernahm er eine führende Rolle im Schweizer Hotelbau (Abb. 44, 49), über den er, als einziger Schweizer Architekt im 19. Jahrhundert, 1879 aus eigener Erfahrung in schriftlicher Form berichtete.[5]

Etliche Schweizer besuchten die 1827 gegründete Polytechnische Zentralschule in München, die aus der Akademie des 18. Jahrhunderts hervorgegangen war. Als erster Schweizer in München wurde Felix Wilhelm Kubly (1802–1872) nach seiner Rückkehr zu einem der bedeutendsten Architekten in der Deutschschweiz (Abb. 181, 203). In München studierten auch etliche Luzerner, unter ihnen Joseph Plazidus Segesser (1803–1878),[6] der älteste im Hotelbau bekannte Architekt aus der Innerschweiz. Von den zwischen 1820 und 1840 geborenen Luzerner Architekten absolvierten drei zumindest einen Teil ihrer Ausbildung in München: Johann Meyer (1820–1902),[7] Erbauer der Hotels Axenstein und Waldstätterhof in Brunnen (Abb. 52); Gustav Mossdorf (1831–1907),[8] Entwerfer des Hotel Europe und des Verwaltungsgebäudes der Gotthardbahn in Luzern, sowie Alphons Maximilian Pfyffer von Altishofen (1834–1890),[9] Architekt der Luzerner Hotels Luzernerhof[10] und National. Auch Heinrich Viktor Segesser (1843–1900),[11] der Erbauer des ersten Hotel St. Gotthard beim Bahnhof Luzern von 1870, hatte in München bei Riehl und Degen studiert (Abb. 16).

An der 1827 durch König Wilhelm I. ins Leben gerufenen Polytechnischen Schule in Stuttgart hielten sich ebenfalls einige Schweizer Architekturschüler auf. Antoine (Antony) Krafft (1831–1910)[12] aus Vevey profilierte sich anschliessend im Genfer Hotelbau mit dem Beau-Rivage und dem Angleterre, beide am prominenten Quai du Mont-Blanc gelegen (Abb. 39).[13] Othmar Schnyder (1849–1928)[14] aus Luzern studierte nach einer Lehre im Luzerner Baugeschäft der Gebrüder Keller ebenfalls am Polytechnikum in Stuttgart. Vor seiner Wahl zum Baudirektor der Stadt Luzern im Jahr 1900 war er an mehreren Luzerner Hotelbauten beteiligt, beispielsweise an der Erweiterung des Hotel St. Gotthard am Bahnhof oder am Wiederaufbau des Hotel Gütsch nach dem Brand von 1888 (Abb. 19). Hans Frutiger (1877–1967),[15] Sohn des bekannten Baumeisters am Thunersee und einer der ganz wenigen aus dem Berner Oberland stammenden und im Hotelbau tätigen Hochschularchitekten, wagte nach dem Studienabschluss in Stuttgart bei seinen Projekten den Schritt zum modernen Mansartdach (Abb. 40).[16] Nicht am Polytechnikum, aber als Praktikant bei Professor Wilhelm Bäumer, hielt sich der später in der ganzen Schweiz tätige Horace Edouard Davinet (1839–1922) von 1862 bis 1864 in Stuttgart auf (Abb. 10, 170).[17]

Erst im späten 19. Jahrhundert entdeckten schweizerische Studenten die Berliner Bauakademie, die seit 1879 in der Technischen Hochschule integriert war, sowie die im frühen 19. Jahrhundert nach dem berühmten Pariser Vorbild eröffnete Polytechnische Schule in Wien. Antoine (Antony) Krafft aus Vevey (Abb. 39) hat als einer der wenigen Schweizer Hotelarchitekten zumindest einen Teil seiner Ausbildung in Berlin absolviert. In Wien sind dagegen bis zum Ersten Weltkrieg offenbar keine bekannten Schweizer Hotelarchitekten ausgebildet worden.

An der Pariser École Polytechnique war Jean Nicolas Louis Durand (1760–1834) im frühen 19. Jahrhundert einer der einflussreichsten Architekturlehrer Frankreichs. In seinen «Précis des leçons d'architecture données à l'École Royale Polytechnique» stellte er zwischen 1802 und 1805 zahlreiche Tabellen und Schemata einzelner geometrischer Grundformen

Seiten 34/35:
Vergrösserung von Abb. 43
Engelberg mit drei Tourismusbauten des Architekten und Semperschülers Arnold Cattani: das Grand Hotel Terrasse (1902 erbaut) mit eigener Drahtseilbahn, das Grand Hotel (1902 eröffnet als «Winterhaus der Kuranstalt», seit 1954 Hotel Europäischer Hof) und die Kuranstalt (1898 eröffnet, 1954 abgebrochen).

39
Genf, Hôtel Angleterre. Entwurf von Antoine (Antony) Krafft, einer der wenigen Westschweizer Architekten, die sich an einer deutschen Hochschule ausbildeten. Fotografie um 1940.

40
Hotel Continental, «Hotel-Project für nach Spiez, v. Herrn A. Allenbach, Hotelier in Algier», Pläne 1906 datiert. Nicht ausgeführter Entwurf von Hans Frutiger, einem der wenigen einheimischen Hochschularchitekten, die sich im Berner Oberland im 19. Jahrhundert mit dem Hotelbau auseinandersetzten. Originalpläne des Architekten.

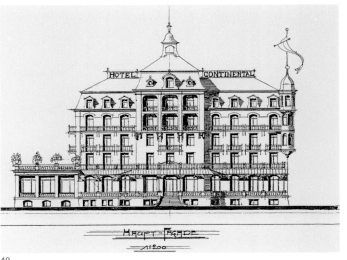

40

41
Villeneuve, Hôtel Byron. 1838–1841 von den Genfer Architekten Junod als erstes Hotel in einsamer Aussichtslage neben dem Schloss Chillon erstellt (1933 abgebrannt). Lithografie nach der Eröffnung der Eisenbahnlinie 1861.

42
Vevey, Grand Hôtel du Lac. 1868 durch die einheimischen Architekten Ernest Burnat & Charles Nicati, Absolventen der École des Beaux-Arts in Paris, erstellt. Ansichtskarte um 1900.

43
Engelberg mit drei Tourismusbauten des Architekten und Semperschülers Arnold Cattani: das Grand Hotel Terrasse (1904/05 erbaut) mit eigener Drahtseilbahn, das Grand Hotel (1902 eröffnet und als Winterhaus der Kuranstalt geführt, seit 1954 Hotel Europäischer Hof) und die Kuranstalt (1898 eröffnet, 1954 abgebrochen); (siehe Abb. Seiten 34/35).

zusammen und beschrieb ihre funktionelle und ästhetische Verwendbarkeit als Grundrisse im Bauwesen. Durands doktrinäre Formulierungen machten Paris im ersten Viertel des 19. Jahrhunderts zu einem bedeutenden Zentrum des akademischen Bauens im Sinn des Klassizismus.[18] Die meisten Westschweizer Architekten holten sich ihre akademische Ausbildung in Paris aber an der 1794 gegründeten École des Beaux-Arts, deren Wurzeln in der noch mehr als ein Jahrhundert älteren Académie royale d'Architecture liegen.[19] Das Studium war dort, nach dem Prinzip von Durands Lehre, in einen Grundkurs und einen fortgeschrittenen Entwurfskurs eingeteilt. Zudem waren genaue Zulassungsverfahren für die jeweiligen Studienjahre festgelegt, die den zeichnerischen Leistungen der Kandidaten grosses Gewicht beimassen.[20] Einen ähnlichen Studienaufbau hat Semper später auch an der neuen Bauschule des Zürcher Polytechnikums eingeführt.[21]

Zu den im Westschweizer Hotelbau tätigen Beaux-Arts-Architekten gehörten Jean Marc Louis (John) Junod (1806–1873), der zusammen mit seinem Vater Jean Louis Junod (1770–1846)[22] das 1835 eröffnete Genfer Hôtel de la Couronne (Abb. 94) und danach das Hôtel Byron beim Schloss Chillon erstellte (Abb. 41). Die Architekten Ernest Burnat (1833–1922) und Charles Nicati (1833–1884) aus Vevey,[23] die den grössten Teil ihrer Studien in Paris zusammen absolviert hatten, gehörten zu den bedeutenden Hotelspezialisten in der Region Vevey-Montreux: 1868 war mit dem Grand Hôtel du Lac in Vevey ihr erster grosser Hotelbau vollendet (Abb. 42), 1869 folgte das Grand Hôtel des Salines in Bex, 1874 das schlossartige Hôtel National in Montreux.[24] Die im Nekrolog erwähnten Beaux-Arts-Studien von Louis Maillard (1838–1923) aus Vevey,[25] dem Erbauer unter anderem der Grand Hôtels in Territet 1888 und Caux 1893 (Abb. 24), werden in den publizierten Schülerlisten nicht belegt.[26] Jacques-Elysée Goss (1839–1921),[27] der nach einer Lehre bei Brocher & Reverdin in Genf ebenfalls an der École des Beaux-Arts studierte, profilierte sich im Hotelbau mit dem palastartigen Hôtel National von 1875 am Genfer Seeufer. Dessen Publikation in der «Schweizer Baufachpresse» war ein echtes Novum zu seiner Zeit.[28] Eugène Jost (1865–1946) aus Vevey war einer der wenigen Westschweizer Architekten, die ihre Studien an der École des Beaux-Arts mit dem seit 1867 verliehenen Diplom abschlossen, sich also «Architecte diplomé par le Gouvernement français» nennen durften (Abb. 13, 20).[29] Der in Holland geborene Adrien van Dorsser (1866–1957)[30] war ebenfalls ein von der École des Beaux-Arts diplomierter Architekt, der im Westschweizer Hotelbau, zusammen mit dem ETH-Architekten Charles François Bonjour und teilweise mit Charles Mauerhofer, eine bedeutende Rolle spielte (Abb. 23).

Nur wenige Deutschschweizer Hotelarchitekten liessen sich in Paris ausbilden, unter anderen der Luzerner Joseph Plazidus Segesser (1803–1878),[31] Entwerfer des Luzerner Schweizerhofs, der sich zuvor auch in München aufgehalten hatte. Paul-Adolphe Tièche (1838–1912),[32] der als einer der ersten Schüler von Semper das Polytechnikum in Zürich absolvierte, schloss von 1861 bis 1867 ein weiteres Studium an der École des Beaux-Arts in Paris an. Im schweizerischen Hotelbau wurde er bekannt als Entwerfer des Grand Hotel in Baden (1872–1874) sowie des Thunerhofs (1873–1875) (Abb. 65, 66).

Die Frage nach dem Stellenwert des Hotelbaus im Ausbildungsprogramm der Architekturschulen im 19. Jahrhundert lässt sich aus heutiger Sicht kaum beantworten. Immerhin ist bekannt, dass der Nachlass von Eugène Jost aus dessen Pariser Studienzeit keine Zeichnungen und Entwurfsstudien zu Tourismus- oder Hotelbauten enthält.[33] In der grossen touristischen Bauphase der 1860er-Jahre hat die École des Beaux-Arts das Thema der Hotel- und Tourismusbauten allerdings nachweislich zweimal aufgegriffen. 1864 wurde der Grand Prix de Rome, die bedeutendste Preisausschreibung der Schule, unter das Thema «Hospice dans les Alpes» gestellt. Die Studenten hatten ein Hospiz für Reisende mit allen zugehörigen Bauten und Anlagen (inklusive Kirche und Kloster) zu entwerfen. Im Jahr darauf war die «Hôtellerie pour voyageurs» das Thema dieser Konkurrenz unter den ältesten Studenten. Der zu entwerfende Hotelbau stand gemäss Ausschreibungstext am Ufer eines nicht näher bezeichneten grossen Schweizersees.[34]

Das Eidgenössische Polytechnikum und die Semperschüler

Im Herbst 1855, sieben Jahre nach der Gründung des schweizerischen Bundesstaates, begannen in Zürich am Eidgenössischen Polytechnikum die ersten Vorlesungen.[35] Die neu ge-

schaffene technische Ausbildungsstätte war nach dem Vorbild des Karlsruher Polytechnikums organisiert, und dieses wiederum nach dem Muster der Pariser École des Beaux-Arts. Die Architekturabteilung, bis 1866 als Bauschule bezeichnet, war erst bei der Beratung des Hochschulgesetzes im Nationalrat auf Antrag des Lausanner Architekten und Beaux-Arts-Schülers Louis Wenger (1809–1861)[36] ins Programm aufgenommen worden. Der erste Gesetzesentwurf hatte noch keine solche Abteilung vorgesehen, weil die Schweiz zur «Ausführung von künstlerischen Hochbauten wenig Gelegenheit bietet», wie in der damaligen Botschaft an das Parlament nachzulesen ist.[37]

Die neue Bauschule ermöglichte nun auch in der Schweiz eine akademische Architektenausbildung. Zum ersten Professor berief der Bundesrat auf Empfehlung der Zürcher Architekten Gustav Adolf Wegmann, Ferdinand Stadler und Johann Caspar Wolff den in England im Exil lebenden deutschen Architekten Gottfried Semper (1803–1879).[38] Mit seinem Unterricht begründete Semper in der Schweiz eine neue Ära des Bauwesens, in der zahlreiche bedeutende Repräsentationsbauten für den jungen Bundesstaat geschaffen wurden. Sein akademischer Rationalismus und seine Vorliebe für die italienische Renaissance übten auf die repräsentative Architektur der deutschen Schweiz bis zur Jahrhundertwende einen bedeutenden Einfluss aus. Semper wurde auch für seine Baulogik bekannt, mit der er alle Bauten streng analysierte und organisierte. Unter seiner 16-jährigen Lehrtätigkeit bildete sich eine Generation von Schülern und Bewunderern aus, die streng funktional gegliederte Bauten schufen, seine Formensprache kopierten und dabei stolz auf ihren «Semperstil» verwiesen, den sie als etwas Besonderes betrachteten.[39]

Von den zahlreichen Schweizer Semperschülern haben sich nur wenige im Hotelbau betätigt,[40] ganz im Gegensatz zu den zahlreichen öffentlichen Bauten für die junge Eidgenossenschaft wie Bahnhöfe oder Verwaltungs- und Postgebäude, bei denen man im späten 19. Jahrhundert zahlreiche «Jünger» von Semper findet. Dort konnte sich die akademisch geschulte Architektenelite auch in nationalen Wettbewerben messen. Im Hotelbau dagegen fanden kaum solche Konkurrenzen statt, touristische Bauaufträge wurden vorwiegend im Direktauftrag an einen Architekten vergeben. Hier liegen die wichtigsten Gründe für die weitgehende Abstinenz ehemaliger Studenten von Gottfried Semper im touristischen Bauwesen. Der bedeutendste im Hotelbau tätige Semperschüler war Arnold Cattani (1846–1921) aus einer Engelberger Hotelierfamilie,[41] der am Vierwaldstättersee und in Engelberg einige bedeutende Hotels erstellte und umbaute — 1897/98 die Kuranstalt, 1902 das Grand Hotel und 1904/05 das Grand Hotel Terrasse (Abb. 43). Weitere im Hotelbau engagierte Semperschüler waren Paul-Adolphe Tièche (1838–1912),[42] Architekt des Grand Hotel in Baden und des Thunerhofs in Thun (Abb. 65, 66) sowie der Luzerner Paul Segesser (1847–1897),[43] Sohn des Architekten Josef Plazidus und Mitentwerfer des Hotel National in Luzern sowie Erbauer des 1875 auf Rigi-First eröffneten imposanten Hotelneubaus.

Nach der Ära von Semper absolvierten einige weitere später im Hotelbau tätige Schweizer ein Studium in Zürich: Der aus Lausanne stammende Charles François Bonjour (1870–1961) schloss das Polytechnikum 1897 mit dem Diplom ab. Zusammen

43

Eine im Hotelbau der Westschweiz während langer Zeit aktive Bürogemeinschaft begründete CHARLES-BENJAMIN MAUERHOFER (1831–1919), der in der zweiten Hälfte des 19. Jahrhunderts am Genfersee als geschätzter Fachmann tätig war, über den aber kein verlässlicher Lebenslauf, sondern nur einzelne Episoden bekannt sind. 1883 beispielsweise fragte ihn der Gemeinderat von Châtelard zur Begutachtung einer in der Gegend ungewohnten Konstruktionsweise an, die offenbar von den Obwaldner Unternehmern Bucher & Durrer beim Neubau des Hôtel Breuer in Montreux angewendet wurde. Sein Sohn Henri war erfolgreicher Absolvent der École des Beaux-Arts in Paris, verstarb aber 1891 im Alter von nur 33 Jahren. Um 1900 ging Charles Mauerhofer eine Zusammenarbeit mit Charles-François Bonjour und Adrien van Dorsser ein. CHARLES FRANÇOIS BONJOUR (1870–1961) studierte nach der École Industrielle in Lausanne an der Architekturabteilung der ETH in Zürich, wo er 1897 mit dem Diplom abschloss. Im gleichen Jahr eröffnete er in seiner Geburtsstadt Lausanne ein eigenes Architekturbüro, in dem bald Adrien van Dorsser als Partner mitwirkte. Der in Holland geborene ADRIEN VAN DORSSER (1866–1957) bildete sich an der École des Beaux-Arts in Paris aus, wo er 1891 zum Studium zugelassen wurde. 1893 promovierte er zum Schüler der ersten Klasse und diplomierte 1895. Im Hotelbau erschien van Dorsser erstmals 1902, als er zusammen mit Charles Mauerhofer eine Villa in Ouchy zur Pension Florissant umbaute. Nachdem Bonjour das neue Hotel Eden an der Rue de la Gare erstellt hatte, bauten van Dorsser, Bonjour und Mauerhofer von 1907 bis 1909 zusammen das Hôtel Royal in Ouchy; Mauerhofer konnte den jungen Partnern bei diesem Werk wohl die nötige Erfahrung vermitteln. In der Zeit von 1910 bis 1914 wurden in Lausanne mehrere Hotelbauten durch das erfolgreiche Duo Bonjour und van Dorsser erstellt (Mirabeau, Jura-Simplon und Balmoral) oder umgebaut (Beau-Séjour). Das Meisterwerk aus diesem Büro entstand 1912/13 mit dem Royal Hotel & Winter Palace in Gstaad im Berner Oberland (Abb. 23). 1914 erstellten sie auch den Erweiterungsbau für das Grand Hôtel des Rasses auf der Jurakrete bei Ste-Croix.

DELAIRE 1907, 343 und NEUENSCHWANDER FEIHL 1990, 244 (zu Mauerhofer) – SKL 1, 174 und ALS, 69 (zu Bonjour) – DELAIRE 1907, 49, 77, 419 und ALS, 69 (zu van Dorsser).

mit Adrien van Dorsser und Charles Mauerhofer erbaute er mehrere Hotels in der Westschweiz sowie das Royal Hotel & Winter Palace in Gstaad im Berner Oberland (Abb. 23).

HOCHSCHULARCHITEKTEN UND BAUMEISTER

In den 1830er-Jahren etablierte sich das Hotel in den grösseren Schweizer Städten als eigenständige Bauaufgabe, sodass sich die wenigen damaligen Hochschularchitekten sogleich diesem Thema annahmen. Von diesem vermehrten Engagement profitierten vor allem die touristisch früh erschlossenen Orte am Genfersee sowie in der Innerschweiz. Die dort errichteten Gebäude unterschieden sich in ihrem architektonischen Ausdruck deutlich von der traditionellen Architektur: Auguste Miciol (1804–1876),[44] Schüler der École des Beaux-Arts von Lyon, war der Entwerfer des Hôtel des Bergues in Genf, des ersten grossen Schweizer Stadthotels (Abb. 59, 60). Der an der École des Beaux-Arts in Paris ausgebildete Jean Marc Louis (John) Junod erbaute 1834/35 das erste Genfer Hotel mit innerem Lichthof und Galerie (Abb. 94), von 1838 bis 1841 befasste er sich mit dem Bau des Hôtel Byron beim Schloss Chillon, dem ersten Grosshotel in freier Landschaft an einem Schweizer See (Abb. 41). Der in Rom und Paris ausgebildete Henri Fraisse (1804–1841)[45] entwarf das imposante Hôtel Gibbon in Lausanne, das erste Grosshotel in dieser Stadt. In Luzern zeichnete der in München und Paris ausgebildete Josef Plazidus Segesser den Schweizerhof von 1845 als erstes klassizistisches Grosshotel in der Innerschweiz.[46] Der in Stuttgart und bei Giovanni Salucci ausgebildete Robert Roller aus Burgdorf erstellte in den 1850er-Jahren die ersten bedeutenden Hotels von Interlaken (Abb. 44). Auf Rigi-Kulm war das 1857 vollendete Hotel Regina Montium als erstes grösseres Hotel an diesem Berg ein Werk des am Polytechnikum in Karlsruhe ausgebildeten Zürchers Ferdinand Stadler. Im gleichen Jahr entwarf Stadler zwei Projekte für ein neues Hotel in Brunnen (Abb. 51).[47] In Montreux erstellte der vermutete Weinbrenner-Schüler[48] Philippe Franel (1796–1867) das stattliche Hôtel du Cygne von 1864, dessen klassizistische Gestaltung sich deutlich von der damaligen Hotelarchitektur von Montreux unterschied (Abb. 45).[49]

Neben diesen Pionierbauten von Hotelarchitekten dominierten aber einheimische Baumeister und autodidaktisch ausgebildete Architekten den schweizerischen Hotelbau in seiner Frühzeit. Diese Fachleute entstammten in der Regel einem handwerklichen Beruf; sie waren ursprünglich Maurer, Schreiner oder Zimmermann. In verschiedenen Gegenden hielt sich ihr Einfluss sogar bis in die Belle Époque des ausgehenden 19. Jahrhunderts. Die Bauformen, die in der Frühzeit noch vollständig aus der traditionellen (ländlichen oder städtischen) Architektur der Umgebung abgeleitet wurden, die wenigen aus der Frühzeit des Hotelbaus übermittelten Architektennamen und die damals in ganz Europa nur vereinzelt existierenden Ausbildungsstätten sind wohl dafür verantwortlich, dass Hochschularchitekten im frühen touristischen Bauwesen weitgehend fehlen.

Eine besondere Dominanz entwickelten die Baumeister-Architekten im Berner Oberland sowie in den alpinen Regionen des Wallis und Graubündens. Architekten aus der ersten Hälfte des 19. Jahrhunderts sind in jenen Regionen nur ausnahmsweise bekannt. Zu den wenigen im Berner Oberland vor 1850 bekannten Architekten im touristischen Bereich gehören der Stadtwerkmeister Friedrich Anneler in Thun, der von 1781 bis 1783 das dortige Hotel Freienhof umbaute, und Robert Roller senior aus Burgdorf, der kurz nach 1840 in Thun beim Bellevue das Hotel du Parc und die englische Kirche erstellte. Das bis ins späte 19. Jahrhundert andauernde Vakuum an ausgebildeten einheimischen Architekten mag wohl auch ein Grund gewesen sein für die recht häufige Präsenz von auswärtigen Architekten im Berner Oberland. Im Engadin wurden die ersten bescheidenen Pensionen als Umbauten bestehender Bauernhäuser in der Regel ebenfalls von einheimischen Bauunternehmern ausgeführt. Ein typischer Vertreter dieser autodidaktisch ausgebildeten Bündner Baumeister war Nicolaus Hartmann senior (1838–1903) aus Chur, der sich zu Beginn der 1870er-Jahre im Engadin niederliess (Abb. 14).

Aber auch in den Fremdenregionen der ersten Stunde wurden, mancherorts bis ins ausgehende 19. Jahrhundert, viele kleinere Pensionen und Hotels von Baumeister-Architekten erstellt. Ein charakteristischer Vertreter aus dem frühen 19. Jahrhundert war der bereits genannte Jean Louis Junod aus Genf (Abb. 94). In Luzern, wo die Quellen zum Bauwesen

44
Interlaken, Hotel Schweizerhof/Suisse. Der klassizistische Holzbau mit Zierformen im Schweizer Holzstil wurde 1855/56 von Robert Roller senior erbaut, die Flügelbauten 1862/63 durch Robert Roller junior (Abb. 72). Die Architekten Roller hatten im Schweizerhof ihr Baubüro für Interlaken eingerichtet (Brand des Hauptgebäudes 1971). Fotografie vor der Aufstockung 1898.

45
Montreux, Hôtel du Cygne II. 1864 durch den Architekten Philippe Franel als Gebäude mit strenger klassizistischer Fassadengestaltung errichtet (1904–1906 Umbau als Ostflügel des Montreux-Palace). Lithografie um 1870.

vor 1850 besonders aussagekräftig vorhanden sind, lassen sich etliche Baumeister als Erbauer von kleinen Hotels und Pensionen nachweisen. So erstellte Baumeister Thadde Mülle 1838 ein Wohnhaus am Seeufer, das kurz danach zur Pension Tivoli umgebaut wurde.[50] Noch im Jahr 1866 unterschrieb Baumeister Dürig zusammen mit dem Bauherrn und Architekten Alphons Maximilian Pfyffer von Altishofen die Pläne für den Bau des Hotel Luzernerhof am Schweizerhofquai.[51]

Als wohl berühmtester Autodidakt unter den Schweizer Hotelarchitekten kann der aus Frankreich stammende, in Bern und später in Interlaken tätige Horace Edouard Davinet (1839–1922) genannt werden,[52] der nie an einer Architekturschule studiert hat (Abb. 10, 170). Als Autodidakten kann man auch Arnold Bringolf (1851–1946) bezeichnen, der die Luzerner Architektur des späten 19. Jahrhunderts und den Hotelbau im Allgemeinen stark beeinflusste (Abb. 11, 16, 192).

In der Hochkonjunktur am Ende des 19. Jahrhunderts haben sich nochmals zahlreiche Baumeister-Architekten im Hotelbau engagiert. Beispielhaft für ein solches Unternehmen waren die Luzerner Gebrüder Keller, die im neuen Hirschmattquartier beim Bahnhof unter anderem die Hotels Viktoria (1891, Abb. 82), Furka (1897), Schiller (1899) und Diana (1908) erstellte.[53] Sogar bedeutende Hotelbauten wurden in dieser Zeit von Baumeister-Architekten ausgeführt. In Thun vergrösserte Baumeister Johann Matdies 1886 die Pension Baumgarten, und die Bauunternehmung Grütter und Schneider erstellte 1904 das grosse Hotel Beau-Rivage neben dem Thunerhof am Aareufer.[54] Der später zum Regierungsrat des Kantons Bern gewählte Baumeister Karl Könizer aus Worb (1854–1915)[55] erbaute das 1902 eröffnete Park-Hotel Bubenberg in Spiez mit einer markanten Eckkuppel.[56] Den grössten Einfluss auf die Berner Oberländer Tourismusarchitektur in der Belle Époque übte aber das Büro von Baumeister Johann Frutiger (1848–1913) aus Oberhofen aus.[57] Frutiger hat wie kein Zweiter die Dörfer aus seiner Region am rechten Thunerseeufer und in weiten Teilen des Oberlandes geprägt (Abb. 47). Im Oberengadin gehörten die Baumeister-Architekten Nicolaus Hartmann senior (1838–1903) und Georg Ragaz (1857–1909) im letzten Viertel des 19. Jahrhunderts zu den Dominatoren des Hotelbaus von St. Moritz und Pontresina (Abb. 187, 188, 190, 195).

EINHEIMISCHE FACHLEUTE IN DEN EINZELNEN REGIONEN

Wie ein roter Faden zieht sich eine Feststellung durch die Geschichte des Hotelbaus im 19. Jahrhundert: Baumeister und Architekten bauten in der Regel in ihrer angestammten Region, Grenzüberschreitungen bildeten die Ausnahme. Fehlende Kommunikationsmöglichkeiten, aber auch die traditionelle Bevorzugung einheimischer Fachkräfte führten zu dieser an

ARNOLD BRINGOLF (1851–1946) aus Unter-Hallau im Kanton Schaffhausen war einer der bedeutendsten Neuerer in der Luzerner Architektur des späten 19. Jahrhunderts. Seine Ausbildung begann er in der Baugewerkschule Stuttgart, dann verbrachte er einige Wanderjahre zwischen Wien und Budapest, schliesslich war er Hospitant am Polytechnikum in Zürich bei Ferdinand Stadler und Georg Lasius. 1881 kam er für die Erneuerung des Hotel Schweizerhof nach Luzern. Nach seinem Konzept erhielt das Hauptgebäude 1885/86 ein Mansartdach und eine mächtige Kuppel (Abb. 11); es waren die ersten Stilelemente dieser Art im Hotelbau der Innerschweiz. Kurz danach entwarf er den kleinen Saal als Anbau an den Schweizerhof. Mit diesen Arbeiten begann für Bringolf, der die Tochter des Schweizerhofbesitzers Hauser heiratete, eine überaus erfolgreiche Architektentätigkeit in der neuen Wahlheimat. In seinem Büro, in dem auch der junge Heinrich Meili-Wapf arbeitete, entstanden die Pläne für zahlreiche Villen sowie Miets- und Geschäftshäuser. Die bekanntesten Werke aus Bringolfs Büro waren das 1892 eröffnete Hotel Stahlbad in St. Moritz (Abb. 192), das Hotel Guggisberg in Burgdorf von 1897 sowie Umbauten am Hotel Sonnenberg in Engelberg und auf Rigi-Scheidegg. Auch an zahlreichen Hotelbauten im Ausland (Heidelberg, Lindau, Mailand, Brüssel und Stresa) war Bringolf offenbar beteiligt; 1906 bis 1908 erbaute er das Hotel Miramare in Genua. In Luzern war er bis zur Jahrhundertwende verantwortlich für alle Umbauten beim Hotel St. Gotthard am Bahnhofplatz (Abb. 16) und bis 1907 bei der Pension Tivoli. Bis zum Ersten Weltkrieg blieb Bringolf «Hofarchitekt» beim Hotel Schweizerhof.

Die Hotelentwürfe von Arnold Bringolf waren sehr oft avantgardistisch, seine Grundrisslösungen solide, zuverlässig und erfolgreich. In den 1880er-Jahren war seine Architektur geprägt von den damals neuzeitlichen neobarocken Formen mit Mansartdach, die er in Luzern oft anwendete. Das 1892 eröffnete Neue Stahlbad in St. Moritz (Abb. 192) verlieh ihm grosses Ansehen in der Fachwelt: Der von den Davoser Hotels inspirierte Flachdachbau war zu einem Zeitpunkt, als in Luzern noch das Mansartdach als Dachform vorherrschte, äusserst fortschrittlich. Bei der Aufstockung des Hotel St. Gotthard beim neuen Luzerner Bahnhof mit manieristischen Neorenaissancegiebeln wandte er sich erneut avantgardistischen Stilformen zu (Abb. 16). Der Zwischentrakt beim Hotel Tivoli von 1907/08, einer der letzten Hotelbauten Bringolfs in Luzern, reflektierte die neuen Formen des von Curjel und Moser beeinflussten «geometrisierenden Jugendstils», bevor Möri und Krebs 1908 bis 1910 mit dem Hotel Montana das Hauptwerk dieser Stilrichtung in Luzern entwarfen. Seine stets avantgardistischen Entwürfe und sein bedeutendes Werk im internationalen Hotelbau verleihen Bringolf den Status eines wichtigen Schweizer Hotelarchitekten im späten 19. Jahrhundert.

FLÜCKIGER-SEILER, OMACHEN 1997ff., Inventare Hotel St. Gotthard, Schweizerhof, Tivoli – ALS, 93 – Luzerner Tagblatt, 3.5.1946 (Nekrolog).

sich verständlichen Verhaltensweise, die nicht in ihrem Grundsatz, aber doch in ihrer konsequenten Umsetzung erstaunt. Als der Genfer François Gindroz 1858 den Wettbewerb für den Hotelneubau in Lausanne-Ouchy gewonnen hatte, zog der Verwaltungsrat der «Société immobilière d'Ouchy» zur Realisierung aus praktischen Gründen die einheimischen Architekten Achille de la Harpe und Jean-Baptiste Bertolini dem auswärtigen Genfer vor. «… il était donc d'une importance capitale que l'architecte eût son domicile ici, pour que le Conseil pût conférer chaque jour avec lui,… ce qui n'aurait pas été possible avec un architecte fixé et travaillant à Genève», lautet die Rechtfertigung zu diesem Schritt im Rechenschaftsbericht der Gesellschaft (Abb. 61, 62).[58] Auf anderen Baustellen behalf man sich mit dem Einsatz eines lokalen Architekten oder Bauunternehmers als Bauführer, wenn die Pläne weit entfernt angefertigt worden waren. So beauftragte man den einheimischen Architekten François-Ulrich Vaucher mit der Bauleitung beim Hôtel des Bergues in Genf von 1830 bis 1834 nach Plänen des Architekten Miciol aus dem fernen Lyon (Abb. 59).[59] Die Ausführung des von Felix Wilhelm Kubly aus St. Gallen entworfenen Kurhauses in St. Moritz wurde vom lokalen Bauunternehmer Ulysses von Gugelberg übernommen (Abb. 181).[60] Das neue Grand Hotel Sonnenberg in Seelisberg entstand 1872 unter der Leitung des Baumeister-Architekten Carl Christoph Hürlimann (1848–1925) aus Brunnen[61] nach Plänen des bekannten Hotelarchitekten Horace Edouard Davinet, der sein Büro in Interlaken hatte. Für den Bau des Schlosshotel Gütsch in Luzern von 1881 bis 1883 nach Plänen des Bauunternehmer-Architekten Edouard Staempfli aus Montreux, über den kaum Angaben vorhanden sind, engagierte man den Luzerner Hochschularchitekten Othmar Schnyder (Abb. 19).[62] Emil Vogt aus Luzern schliesslich realisierte von 1911 bis 1913 in St. Moritz die Hotels Chantarella, Carlton und Monopol mit Hilfe der einheimischen Architekten Koch & Seiler (Abb. 199).[63]

Interessant ist die Feststellung, dass zahlreiche so genannte Pionierbauten, also Hotels, die in einem Ort oder einer Region bezüglich Grösse des Gebäudes oder Komfort der Ausstattung neue Massstäbe setzten, von auswärtigen Architekten entworfen wurden. Zu den berühmtesten, teilweise bereits genannten Beispielen gehören die Bauten der Architekten Miciol aus Lyon in Genf (Des Bergues, 1834), Junod aus Genf in Villeneuve (Byron, 1841), Clerichetti aus Mailand in Lugano (Du Parc, 1855), Stadler aus Zürich auf Rigi-Kulm (Regina Montium, 1857), Kubly aus St. Gallen in St. Moritz und Tarasp (Kurhäuser, 1864), Hartmann aus Chur in Davos (Kurhaus, 1868) oder Roller aus Burgdorf in Thun (Bellevue, seit 1840) und Interlaken (Schweizerhof, 1856) sowie in Zermatt (Riffelalp, 1884). Dabei zeigt sich sogar eine Parallele zu den Hoteliers, unter denen auch auffallend oft eingewanderte Fachleute als Pioniere wirkten.[64]

Genfersee

Am schweizerischen Genferseeufer zwischen Genf und Villeneuve errichtete im ganzen 19. Jahrhundert kaum ein Architekt aus der Deutschschweiz ein Hotel. Der Bau des Hôtel Breuer in Montreux durch die Obwaldner Unternehmer Bucher & Durrer 1883/84 gehört zu den wenigen bisher bekannten Ausnahmen. Für diesen Bau musste der erfahrene Architekt Charles-Benjamin Mauerhofer die lokalen Behörden beraten, weil diese der Konstruktion des auswärtigen Fachmanns vorerst misstrauten.[65] Auch innerhalb der einzelnen Städte und in den Regionen am Genfersee war der Austausch minim. Der Hotelbau am Genfersee war unter allen Gebieten am ausgeprägtesten «hausgemacht», die Genfer und Lausanner bauten in ihrer Stadt, die Architekten aus Vevey-Montreux vorwiegend in ihrer Region. Als frühe Ausnahme erscheint das 1841 eröffnete Hôtel Byron in Villeneuve, das von Architekt Junod aus Genf erbaut wurde (Abb. 41). Späte Beispiele sind das 1895 nach Plänen von Ernest Moachon aus Lausanne eröffnete Hôtel Bristol in Montreux-Territet oder das kurz vor dem Ersten Weltkrieg vom Büro van Dorsser und Bonjour aus Lausanne errichtete Hôtel Rive-Verte in Montreux. Erst gegen Ende des 19. Jahrhunderts haben sich Architekten aus der Gegend des Genfersees auswärts als Hotelbauer betätigt. Bekannt sind etwa der Entwurf für das Hotelschloss Gütsch in Luzern durch Edouard Staempfli aus Montreux (Abb. 19) oder der Entwurf für die Pension Bellevue auf Seelisberg am Vierwaldstättersee von 1910 durch die Gebrüder Charles und Michel Volkart aus Montreux (Abb. 46).[66] Nach der Eröffnung der durchgehenden Simplon-Eisenbahnlinie 1906 wurden einige Lausanner Architekten in entfernteren Regionen tätig. Louis Bezencenet beispielsweise erstellte danach zahlreiche touristische Bauten im Oberwallis.⁶⁷ Das 1913 eröffnete Royal Hotel & Winter Palace in Gstaad im Berner Oberland schliesslich war das Werk des Lausanner Büros van Dorsser und Bonjour (Abb. 23).

Berner Oberland

Aus dem Berner Oberland haben, im Gegensatz zur Genferseegegend oder zur Innerschweiz, kaum Einheimische den Weg an eine Architekturschule gefunden. Dieses Vakuum ermöglichte dort offenbar zahlreichen auswärtigen Fachleuten eine Betätigung im Hotelbau, wobei aber bis in die 1860er-Jahre kaum Entwerfer bekannt sind. Zu den wenigen überlieferten Namen gehören die Architekten der Pionierbauten in Thun und Interlaken, die von auswärts kamen: Der ursprünglich aus Württemberg eingewanderte Robert Roller und dessen Sohn führten ein Architekturbüro in Burgdorf; sie leiteten ihre zahlreichen Arbeiten in Interlaken seit den 1850er-Jahren von einem Baubüro im Hotel Schweizerhof aus (Abb. 44). Horace Edouard Davinet, ein gebürtiger Franzose, führte die von seinem Berner Schwager Friedrich Studer 1865 in Interlaken eröffnete Filiale bis 1876 als erfolgreiches Büro (Abb. 10). 1865 wurde der damalige Berner Kantonsbaumeister Friedrich Salvisberg (1820–1903)⁶⁸ zum Umbau des Hotel Ritschard am Höheweg in Interlaken beigezogen.⁶⁹ Im folgenden Jahr entwarf er für die Gemeinde Interlaken einen «Alignementsplan» zur Überbauung des Gebiets um den Höheweg, der in dieser Form nicht realisiert wurde, der aber ein beachtliches städtebauliches Dokument der damals stark aufstrebenden Tourismusgemeinde darstellt.⁷⁰ Der Thunerhof als bedeutendster Hotelbau Thuns wurde 1875 nach einem eingeladenen Wettbewerb mit einheimischen Architekten durch den Semperschüler Paul-Adolphe Tièche erbaut (Abb. 65, 66). Das bis ins späte 19. Jahrhundert andauernde Fehlen von ausgebildeten einheimischen Architekten begünstigte im letzten Viertel des 19. Jahrhunderts die Dominanz des Bauunternehmers Johann Frutiger (1848–1913) aus Oberhofen im gesamten Oberland (Abb. 47). Um die Jahrhundertwende war der Anteil an auswärtigen Architekten im Berner Oberland besonders hoch. So erstellte der Luzerner Arnold Cattani im Jahr 1896/97 den prächtigen Neorokokosaal beim Hotel Schweizerhof, und 1899 beteiligte er sich am Wiederaufbau des Hotel Beau-Rivage in Interlaken nach einem Grossbrand.⁷¹ In dieser Zeit konnte sich auch das Zürcher Architekturbüro Pfleghard und Haefeli im Berner Oberland engagieren. 1899 erstellte Max Haefeli für seinen Schwager August Mützenberg einen Anbau an die Hotel-Pension Schonegg in Spiez.⁷² Kurz darauf konnten Pfleghard und Haefeli in Interlaken einen neuen Bautrakt beim Hotel Schweizerhof (1902) und eine Veranda beim Hotel Jungfrau (1903) ausführen.⁷³ Das 1912 durch Armin Meili-Wapf aus Luzern erstellte Projekt für ein Grand Hotel des Alpes & Palace Hotel am Höheweg in Interlaken blieb dagegen unausgeführt.⁷⁴

Vierwaldstättersee

Rund um den Vierwaldstättersee war der Hotelbau bereits nach 1850 keine ausschliessliche Domäne der Einheimischen mehr. Vor allem Zürcher wurden in der Innerschweiz sehr aktiv, wobei der Einfluss der Luzerner Architekten im Lauf der Zeit deutlich zunahm. Aus der ältesten, vor 1820 geborenen Architektengeneration entwarf der Zürcher Ferdinand Stadler (1813–1870) in den späten 1850er-Jahren, als einige junge Luzerner gerade ihre Architektenausbildung absolvierten, am Vierwaldstättersee drei wichtige Hotelprojekte. 1856/57, in der Zeit seiner Professur am Zürcher Polytechnikum, erstellte er das «Regina Montium» als zweites Hotelgebäude auf Rigi-Kulm.⁷⁵ Kurz darauf entwarf er zwei Projekte für den Bau des Hotel Waldstätterhof in Brunnen (Abb. 51), das ein Jahrzehnt später nach Plänen von Johann Meyer ausgeführt wurde (Abb. 52).⁷⁶ 1859/60 errichtete er das erste Hotel Sonnenberg auf dem Seelisberg.⁷⁷ Ein Jahrzehnt später, im Jahr 1865, erstellte ein Zeitgenosse Stadlers, der Zürcher Leonhard Zeugheer (1812–1866),⁷⁸ den Saal- und Küchenanbau an das bestehende Hotel Schweizerhof in Luzern. Die Publikation dieses Projektes durch seinen Schwager Eduard Guyer führte zu zahlreichen Nachfolgeprojekten in der ganzen Schweiz.⁷⁹ Kurz darauf, im Jahr 1869, führte der Zürcher Architekt Adolph Brunner (1837–1909) die Neugestaltung der Schweizerhoffassaden aus.⁸⁰ Zehn Jahre später kleidete er zusammen mit seinem Bruder Fritz auch den Schwanen mit einer neuen Giebelfassade im Stil der Neorenaissance ein.⁸¹ 1873 bis 1875 konnte der damals von Interlaken aus in der ganzen Schweiz tätige Horace Edou-

46
Seelisberg, Pension Bellevue. Die Pension Huser stand in der Mitte des 19. Jahrhunderts am Anfang dieses Hotelkomplexes mit mehreren Gebäuden in schönster Aussichtslage über dem Vierwaldstättersee. 1910 errichteten die Architekten Charles und Michel Volkart aus Montreux den letzten Neubau (1983/84 Abbruch des ganzen Komplexes). Ansichtskarte um 1915 mit dem Bellevue-Neubau von 1910 (links) und der Dependance Villa Maria von 1900.

47
Oberhofen, Hotel Moy. 1906 erstellte Baumeister Frutiger aus Oberhofen den grossen Erweiterungsbau an die bestehende Pension von 1869. Fotografie um 1910.

46

47

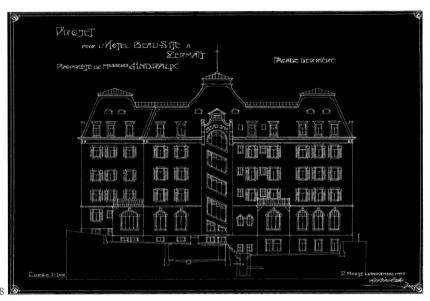
48

49

ard Davinet (1839–1922) zwei bedeutende Hotelbauten am oberen Vierwaldstättersee erstellen: das Hotel Schreiber auf Rigi-Kulm (Abb. 38) und das Grand Hotel Sonnenberg auf Seelisberg. Zur gleichen Zeit führte ein Architekt Meyerhofer die Seeaufschüttung in Weggis aus,[82] auf der danach das imposante Schlosshotel Hertenstein entstand.[83] In wirtschaftlich schwieriger Zeit reichte Edouard Staempfli aus Montreux im Jahr 1881 die Gesuchspläne zum Bau des Hotel Gütsch in Luzern ein (Abb. 19).[84] Kurz nach der Jahrhundertwende schufen in Vitznau zwei auswärtige Architekten die beiden bedeutendsten Hotelbauten: 1900/01 entstand das nach der Plänen von Architekt F. Kühn aus Mannheim erbaute Hotel Vitznauerhof.[85] Kurz danach erstellte der später vor allem im Engadin als Hotelarchitekt bekannt gewordene Karl Koller (1873–1946)[86] das Parkhotel Vitznau, ein durch seine Grundrisslösung als beispielhafter Hotelbau in der zeitgenössischen Fachliteratur angepriesener Entwurf (Abb. 71). 1910 schliesslich erstellten die Gebrüder Charles und Michel Volkart aus Montreux das neue Hotel Bellevue auf Seelisberg (Abb. 46).[87]

Tessin

Kein Tessiner Architekt hat sich in anderen schweizerischen Fremdenregionen mit dem Hotelbau auseinandergesetzt. Andererseits waren auswärtige Architekten im Tessin ebenfalls nur ausnahmsweise tätig. Auch nach der Eröffnung der Gotthardbahn 1882, als viele Hoteliers aus der Innerschweiz in die Südschweiz wechselten, blieb der Tessiner Hotelbau vorwiegend eine Domäne der einheimischen Architekten. Zu den seltenen Ausnahmen gehörte Emil Vogt (1863–1936) aus Luzern,[88] der von 1902 bis 1904 das alte Hotel du Parc in Lugano zum neuen Grand Hotel umbaute (Abb. 144), kurz danach (1904/05) das Hotel du Parc in Locarno erweiterte (Abb. 149)[89] und von 1903 bis 1911 bei der Pensione Villa Castagnola mehrere Umbauten vornahm. Die Zürcher Architekten Walter Henauer und Ernst Witschi[90] erstellten 1911/12 in Orselina das Kurhaus Victoria als erstes Kurhaus im Tessin und im darauf folgenden Jahr in der Gemeinde Minusio das Kurhotel Esplanade (Abb. 150).[91] 1904 entwarf die Thuner Bauunternehmung Grütter und Schneider das Projekt für eine Pensione Meyer-Blumenstein in Lugano, das aber nicht ausgeführt wurde.[92]

Graubünden

In Graubünden dominierten einheimische Bauunternehmer den Hotelbau wohl bis ins dritte Viertel des 19. Jahrhunderts, wobei erste Architektennamen erst in den 1860er-Jahren bekannt werden: 1864/65 erstellte der St. Galler Felix Wilhelm Kubly die beiden grossen Kurhäuser in Tarasp und St. Moritz (Abb. 181, 182, 203). Das Hotel Bernina in Samedan, 1866 als erstes grosses Hotel ausserhalb von St. Moritz erstellt, war ein Entwurf des Architekten Johann Jakob Breitinger (1814–1880) aus Zürich (Abb. 84).[93] Zu dieser Zeit war auch der aus Vicenza stammende Architekt Giovanni Sottovia im Engadin tätig, nachdem er bereits beim Bau des 1857 eröffneten «Albergo Bagni» in Le Prese mitgearbeitet hatte. 1869/70 erstellte er das imposante Hotel Roseg ausserhalb des Dorfes Pontresina, der erste Engadiner Hotelbau mit einem eleganten Mansartdach, dem das von Nicolaus Hartmann senior entworfene und 1875 vollendete Hotel Victoria in St. Moritz Bad in seiner äusseren Erscheinung bei der Eröffnung sehr ähnlich war (Abb. 85, 187, 189).[94] 1876/77 schliesslich war Sottovia Architekt des neuen Hotel Bregaglia in Promontogno im Bergell.[95] Seit den späten 1860er-Jahren etablierten sich im Engadin auch die von auswärts eingewanderten Baumeister Nicolaus Hartmann senior aus Chur und die Gebrüder Ragaz aus Tamins im Churer Rheintal, die zwischen 1870 und 1895 beinahe alle grösseren Hotels in St. Moritz und Pontresina erstellten (Abb. 190, 195). Vor seiner Niederlassung im Engadin hatte Vater Hartmann von 1866 bis 1868 auch das Kurhaus in Davos erbaut (Abb. 210). Am Ende des 19. Jahrhunderts errichteten die auswärtigen Architekten Alfred Chiodera (1850–1916) und Theophil Tschudy (1847–1911) aus Zürich mit dem Palace in St. Moritz 1897 ein weiteres bedeutendes Grosshotel im Oberengadin (Abb. 22). Zwischen 1911 und 1914 schliesslich entwarf der Luzerner Architekt Emil Vogt unter Mitarbeit der einheimischen Architekten Koch & Seiler in St. Moritz zwei bedeutende neue Hotels: die Höhen-Kuranstalt Chantarella (Abb. 199) sowie das Carlton Hotel (Abb. 200).[96] Als berühmtester Bündner Architekt engagierte sich der ursprünglich aus Ragaz stammende, seit 1900 im Engadin niedergelassene Karl Koller (1873–1946) mit dem Vitznauer Parkhotel auch im Hotelbau der Innerschweiz.[97]

Wallis

Im Wallis sind, wie in Graubünden, aus der Frühzeit des Hotelbaus ebenfalls kaum Architektennamen bekannt. Im Gegensatz zu vielen anderen Gebieten stachen die ersten Hotels der 1850er- und 60er-Jahre als Steinbauten mit einem Walmdach eher aus dem traditionellen Ortsbild hervor. Die Vermutung liegt nahe, dass diese Bauten von Baumeistern erstellt wurden, Namen sind bisher aber keine bekannt geworden.[98] Auch die Entwerfer der seit den 1870er-Jahren vor allem in Zermatt erstellten grösseren Hotelbauten bleiben weitgehend unbekannt. Als einzige Ausnahme offenbarte sich bis heute Hans Winkler[99] aus dem Engadin als Erbauer des Zermatter Hotel Beau-Site 1905/06 (Abb. 48).[100] Das 1884 eröffnete Hotel Riffelalp (Abb. 49) ist als Entwurf des im Hotelbau besonders spezialisierten Burgdorfer Architekten Robert Roller bekannt, der dieses Gebäude bereits in seiner Publikation über Hotelbauten aus dem Jahr 1879 erwähnte.[101] Die Erweiterung des Hôtel de la Bella Tola in St-Luc im Jahr 1893 sowie der Neubau des Hôtel Bella Vista (später Grand Hôtel) in Chandolin durch den Bauherrn Pierre Pont aus St-Luc sind als Werk des am Genfersee beheimateten Architekten Louis Maillard (1838–1923)[102] identifiziert. 1910 schliesslich erstellte der Walliser Markus Burgener (1878–1953)[103] das höchstgelegene Hotel im Wallis an der Endstation der Gornergratbahn auf 3 140 Metern über Meer. Weitere Architekten sind nicht bekannt, insbesondere sind keine Hotelbauten des Sittener Architekten Alphonse de Kalbermatten (1870–1960),[104] des einzigen Walliser Semperschülers am Polytechnikum, nachgewiesen.

48
Zermatt, Hotel Beau-Site. Fassadenplan des Architekten Winkler aus St. Moritz, datiert am 1. November 1905.

49
Riffelalp bei Zermatt, Hotel Riffelalp. Das vom Architekten Robert Roller junior entworfene Hotelgebäude entstand 1877–1884 in der Einsamkeit der Walliser Alpenwelt auf 2 220 Metern über Meer mit Blick auf das Matterhorn (Hauptgebäude 1961 abgebrannt). Fotografie vor der Erweiterung des Hotels 1884.

Nicht ausgeführte Hotelprojekte für das Hotel Waldstätterhof in Brunnen und das Grand Hotel Locarno

Nicht ausgeführte Hotelprojekte fanden selten den Weg in die Öffentlichkeit, sie wurden meistens auch nicht archiviert. Funde von Plänen nicht realisierter Hotels sind deshalb noch seltener als Publikationen über ausgeführte Projekte. Die hier präsentierten Pläne – die ersten Entwürfe für den Waldstätterhof in Brunnen und zwei frühe Pläne für ein Grand Hotel in Locarno – gehören zu den seltenen Beispielen. Sie dokumentieren ausserdem avantgardistische Lösungen für die damalige Zeit, die aber nicht zur Ausführung gelangten.

Projekte für den Waldstätterhof in Brunnen

In den Jahren 1857 und 1858 gab Fridolin Fassbind (1821–1893),[105] der initiative Gastwirt im Rössli, die ersten Projekte für den Bau eines Grand Hotel am Seeufer von Brunnen in Auftrag. In seiner Autobiografie schrieb er dazu: «Einsehend, dass der Besuch von Fremden in Brunnen von Jahr zu Jahr sehr stark zunahm, die jedoch der grössten Zahl nach am See wegen der Aussicht wohnen wollten, drängte es mich unwiderstehlich an den See.»[106] Ein erstes Projekt für sein neues Hotel am Wasser liess er von Karl Reichlin, «Ingenieur & Architekt in Schwyz», zeichnen. Die 1857 datierten Pläne zeigen einen von zwei seitlichen Pavillons flankierten stattlichen Hotelbau (Abb. 50). In den folgenden beiden Jahren bestellte Fassbind «von dem berühmten Architekten Ferdinand Stadler (1813–1870) in Zürich», wie er voller Stolz schrieb, zwei weitere Projekte. Stadler war damals in der Tat einer der bekanntesten Schweizer Architekten.[107] Durch seinen ersten Platz im Wettbewerb für das neue Bundeshaus in Bern von 1850 hatte er nationale Berühmtheit erlangt. 1855 war er neben Semper als Architekturlehrer ans Zürcher Polytechnikum geholt worden, und 1856/57 entstand nach seinen Plänen das neue Hotel Regina Montium auf Rigi-Kulm, dem damals berühmtesten Schweizer Berggipfel.[108]

Beide Projekte von Stadler weisen klassizistische Grundzüge auf, die dieser von seiner Ausbildung am Polytechnikum in Karlsruhe bei Hübsch und Eisenlohr mitgebracht hatte. Klar gegliederte Fassaden ohne hervorstechende Schmuckformen mit rasterartig eingefügten Fensteröffnungen und schwach geneigte Walmdächer verleihen den Entwürfen ein regelmässiges und äusserst konsequentes Aussehen. In beiden Projekten sind die Hotelzimmer auf den Aussenseiten des U-förmigen Grundrisses angeordnet, auf der Rückseite findet man nur Treppenanlagen sowie Service- und Toilettenräume. Beim ersten, 1858 datierten Projekt wird der Hauptbau mit drei Etagen von einem zentralen, turmartig vortretenden Mittelrisalit dominiert. Zwei kurze Seitenflügel sind im Grundriss markant zurückgesetzt. In den Gelenkstellen zwischen Hauptbau, Mittelrisalit und Seitenflügeln bilden Holzbalkone eine gestalterisch geschickte Verbindung. Der in einem seitlichen Anbau geplante Speisesaal wäre eine absolute Novität auf Schweizerboden gewesen.[109] Mit den für diesen Anbau vorgeschlagenen Holzfassaden und den Zierformen im Schweizer Holzstil nahm Stadler Formen auf, die er beim kurz zuvor fertig gestellten Hotel Regina Montium verwendet hatte (Abb. 51). Beim zweiten, ein Jahr später datierten Projekt orientierte sich Stadler noch konsequenter am klassizistischen Gedankengut. Ein Mittel- und zwei Seitenrisalite, gegenüber dem zweistöckigen Hauptbau um ein Stockwerk erhöht, bilden eine strenge Vorderfront, die eher an ein Schulhaus oder an eine Kaserne als an eine Bauweise zur Beherbergung von lockeren und ausgelassenen Touristen denken lässt. Dieses Projekt weist keine Anbauten auf, der Speisesaal wäre im Erdgeschoss des westlichen Seitenflü-

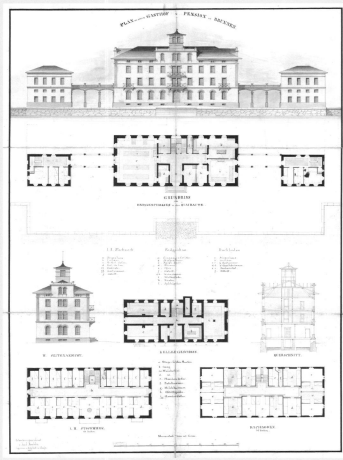

50

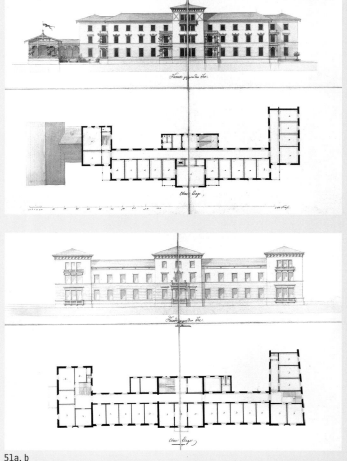

51a, b

gels untergebracht gewesen (Abb. 51). Fassbind war offensichtlich zufrieden mit Stadlers Plänen; in seiner Autobiografie bezeichnet er sie als eine dem Zeitgeist entsprechende Variante.¹¹⁰

Keines der beiden Hotelprojekte von Stadler wurde aber realisiert, weil der Schwyzer Regierungsrat eine Abtretung des Strandbodens an Fassbind zunächst ablehnte. Erst ein Wechsel in der dem Tourismus ablehnend gegenüberstehenden Regierung im Jahr 1868 ermöglichte Fassbind die Realisierung seiner alten Vision eines Hotels am See. Von 1869 bis 1871 (mit einer Eröffnungsfeier am 17. Juli 1870) wurde ein vollständig neues Projekt von Architekt Johann Meyer verwirklicht, der kurz vorher das benachbarte Hotel Axenstein erbaut hatte. Meyers Hotelbau war von den neusten Modeformen des Neobarocks mit Mansartdach beeinflusst, die Stadler ein Jahrzehnt früher noch nicht angewendet hatte. Der gedrungene Baukörper war in drei Teile gegliedert, die einen H-förmigen Grundriss ergaben. Im leicht zurückgesetzten Mittelteil lag an zentraler Stelle das schwungvolle Halbrund der Treppenanlage. Eine Freitreppe auf der Südseite führte durch die mit dorischen Säulen verzierte Veranda zum Eingang. Zwei Säulen trugen je einen mächtigen zylinderförmigen Gasleuchter. Die beiden seitlichen Gebäudetrakte hatten auf drei Seiten, rund um einen inneren Lichthof, Zimmer angeordnet (Abb. 52). Die massige, gedrungene Grundrissform wurde vor allem durch die langwierigen Ankäufe der einzelnen Parzellen diktiert, musste Fassbind doch seinen Bau zwischen die bis kurz vor Baubeginn noch nicht erworbenen Gärten einfügen.¹¹¹ Die Umgebung war dagegen besonders grosszügig ausgeführt worden. Die ganze Landzunge zwischen dem Leewasser und dem See bildete eine grosse Parkanlage, dazu kam die von Fassbind gleichzeitig mit dem Hotel errichtete Quaianlage mit einer doppelreihigen Allee. So hiess es in der Werbung dazu: «Eine schattige Platanen-Allee und bedeutend vergrösserte und vollständigen Schutz gegen die Einwirkungen der Sonne gewährende Anlagen im Umfang von mehr als zwei Jucharten, unmittelbar um das ganze Haus, gehören zu den Vorzügen dieses Etablissements.» (Abb. 53)¹¹²

50
Brunnen, Hotel Waldstätterhof. Erstes Projekt von Karl Reichlin, Schwyz, aus dem Jahr 1857.

51a, b
Brunnen, Hotel Waldstätterhof. Erstes und zweites Projekt des Architekten Ferdinand Stadler, 1858 und 1859 datiert.

52
Brunnen, Hotel Waldstätterhof. Ausführungsprojekt des Architekten Johann Meyer, 1869.

53
Brunnen, Hotel Waldstätterhof. Fotografie um 1905 von der Axenstrasse aus.

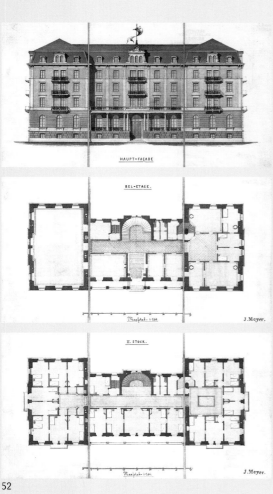

52

53

Zwei Projekte für das Grand Hotel Locarno

Zusammen mit den ersten Ideen für den Bau von Eisenbahnlinien verbreiteten sich im Tessin mancherorts auch Projekte für touristische Vorhaben. Zu diesen gehörten bereits in den 1860er-Jahren Studien für den Bau eines neuen grossen Hotels in Locarno. 1866 entstand ein Initiativkomitee, das unter anderem auch vom späteren Architekten des ausgeführten Baus, Francesco Galli, Projektstudien ausarbeiten liess. Aus dieser frühen Planungszeit datieren zwei in mehreren Plänen hervorragend dokumentierte Projekte, von denen weder die Entstehungsgeschichte mit ihren Hintergründen noch die daran beteiligten Personen bekannt sind.[113]

In einer der beiden Planserien, dem 1866 datierten, so genannten Belle-Vue-Projekt, findet sich auf dem Gebäudequerschnitt als Titelemblem eine Jünglingsfigur mit Weinflasche, die auf einem Weinfass sitzt. Auf der Stirnseite des Weinfasses ist der Vermerk «1866 – Coupe – EH» angebracht, der die Datierung des Projektes ermöglicht; dessen Zuschreibung an einen Architekten ist bisher allerdings nicht gelungen.[114] Die rückseitige Eingangsfassade ist mit der Aufschrift «HÔTEL BELLE VUE» beschriftet (Abb. 54). Die zweite Planserie ist weder datiert noch signiert (Abb. 55).

Die beiden Projekte stellen die zwei damals üblichen Hotelgrundrisse einander exemplarisch gegenüber: Das Belle-Vue-Projekt weist einen breit gelagerten Grundriss mit innerem Lichthof auf (Abb. 54), die undatierte Planserie einen linearen Grundriss mit zentralem Mittelgang (Abb. 55). Ausgeführt wurde ein Jahrzehnt später ein Hotelbau mit linearem Grundriss (Abb. 56).

Beim Belle-Vue-Projekt von 1866 schliessen beidseits an die zentrale Hotelhalle zwei imposante Treppenanlagen an und in deren Flucht je ein weiterer rechteckiger Lichthof, um den sich alle Hotelräume reihen. Die zahlreichen Gesellschaftsräume nehmen beinahe das ganze Erdgeschoss in Beschlag, der grosse Speisesaal befindet sich auf der nördlichen Schmalseite. Auf der Rückseite des Erdgeschosses und in den Obergeschossen finden sich die Gästezimmer, die untereinander zu kleinen Suiten von jeweils drei bis fünf Räumen zusammengefasst sind. Die Sanitärräume liegen alle auf der Rückseite im Mittelrisalit. Die Fassaden bestechen durch ihre klassizistische Grundkonzeption mit einem zweistöckigen Mauerwerk aus bossierten Quadersteinen und Rundbogenöffnungen. Die Fenster im ersten Obergeschoss weisen reich profilierte Gewände und Giebelverdachungen auf, im zweiten Stock sind nur noch stark verkleinerte Rechtecköffnungen vorhanden. Die beiden Seitenrisalite sind leicht vortretend und mit Ecklisenen eingefasst. Der Mittelrisalit erscheint gewissermassen als plastisch inszenierte Baukunst mit halbkreisförmigem Vorbau und imposanter Treppenanlage im Untergeschoss sowie einer der Renaissance nachempfundenen Fassadengestaltung mit Pilastern und einem Flachdach mit Balustrade (Abb. 54).

Beim zweiten, undatierten Projekt reihen sich im Erdgeschoss auf der Vorderseite alle Gesellschaftsräume auf, rückseitig liegt ein breiter Erschliessungsgang. Am einen Ende dieses Ganges findet sich die zweiläufige Treppe in die Obergeschosse. Der Fassadenaufbau weist grosse Ähnlichkeiten mit dem ersten Projekt auf: Bossenquader und Rundbogenöffnungen im talseitigen Untergeschoss und im Erdgeschoss sowie regelmässige Fensteröffnungen in den Obergeschossen, in der ersten Etage teilweise mit kräftigen Profilen und Verdachungen. Die nur einachsigen Seitenrisalite und der durch zwei weitere schmale Risalite gegliederte Mitteltrakt sind von kräftigen Bossenquadern eingefasst. Zwei Dachaufsätze in der Art von Triumphbögen bilden den oberen Abschluss der beiden mittleren Risalite. Auf der Nordseite schliesst sich ein kleiner, schlossartiger Ergänzungsbau mit ei-

54a, b

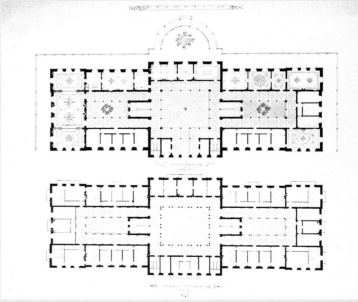

54c, d

nem Eckturm an. Verbunden werden die beiden Baukörper mit einem offenen loggiaartigen Zwischentrakt mit monumentaler Treppenanlage in den Garten (Abb. 55).

Beide Projekte sind massgeblich beeinflusst vom so genannten Rundbogenstil, den Heinrich Hübsch in seiner Publikation «In welchem Style sollen wir bauen» im Jahr 1828 lancierte. Er riet den zeitgenössischen Architekten in diesem epochalen Werk, sich «von den Fesseln der Antike zu befreien». Der aus einer mittelalterlichen Romantik abgeleitete monumentale Baustil fand seit den 1830er-Jahren weite Verbreitung durch die Karlsruher Schule unter Heinrich Hübsch und Friedrich Eisenlohr. In diesem Umfeld werden auch der oder die Entwerfer dieser beiden frühen Hotelprojekte für Locarno aus der Mitte der 1860er-Jahre zu suchen sein, die den Stand der damaligen Entwurfskunst im Hotelbau mit zwei Vergleichsprojekten exemplarisch zur Darstellung brachten.

54a–d
Locarno, Grand Hotel. Projekt, datiert 1866, Architekt E. H.

55a–e
Locarno, Grand Hotel. Projekt undatiert (1866?), Architekt unbekannt.

56
Locarno, Grand Hotel. Fotografie kurz nach der Eröffnung 1875 (Abb. 147).

DREI BEDEUTENDE ARCHITEKTUR-WETTBEWERBE IM HOTELBAU DES 19. JAHRHUNDERTS

Die Tatsache, dass Architekten und Baumeister in der Mehrheit in ihrer eigenen Region tätig waren, lässt auf ein gut funktionierendes Beziehungsnetz in den entsprechenden Kreisen schliessen. Hotelprojekte gingen als Direktaufträge an persönlich bekannte Architekten oder an Fachleute, die von Kollegen empfohlen wurden. Architekturaufträge kamen also im touristischen Bereich nicht auf Grund einer vertieften Auseinandersetzung über Ästhetik zu Stande, wie dies im öffentlichen Bauwesen des späten 19. Jahrhunderts häufig der Fall war, sondern vielmehr durch ein direktes und persönliches Beziehungsnetz zwischen Auftraggeber und Bauwirtschaft. Im Hotelbau des 19. Jahrhunderts war der Architekturwettbewerb deshalb, ähnlich wie die Veröffentlichungen über diese Baugattung, beinahe unbekannt.[115] Die wenigen öffentlich ausgeschriebenen Kokurrenzen, die im 19. Jahrhundert in schweizerischen Fremdenorten den Hotelbau zum Thema hatten, lassen sich an einer Hand abzählen. Das touristische Bauwesen war zu dieser Zeit auch an einer möglichst raschen Befriedigung einer konstant steigenden Nachfrage interessiert, ganz besonders in den Phasen intensiver Bautätigkeit in den 1860er-Jahren sowie in der Zeit von 1880 bis 1914. Architekt Davinet hat dies in seinen Memoiren deutlich festgehalten, als er schrieb: «... devant, avec le moins de dépenses loger le plus grand nombre d'hôtes ...»[116]

Die fehlende Auseinandersetzung unter Architekturfachleuten auf überregionaler Ebene hat auch dazu geführt, dass etliche Neuerungen in gestalterischer und technischer Hinsicht im schweizerischen Hotelbau vergleichsweise spät eingeführt wurden. So verbreitete sich das Mansartdach dort erst kurz vor 1870, nachdem es bei den Hotels der europäischen Grossstädte bereits zu Beginn der zweiten Jahrhunderthälfte heimisch geworden war.[117] Bei den Grundrissen konnte sich die Dreiflügelanlage mit Ehrenhof nur in einigen wenigen Beispielen etablieren (Abb. 24–26). Bei der technischen Ausstattung, insbesondere im sanitären Bereich, gehörten die schweizerischen Hotels ebenfalls nicht zu den fortschrittlichsten im europäischen Raum. Baderäume und Toiletten für einzelne Zimmer erhielten auch die vornehmsten Schweizer Betriebe erst um 1900, als dieser Standard in den Grosshotels in Nordamerika und in den europäischen Grossstädten bereits seit geraumer Zeit zum Normalfall gehörte.[118]

Die drei bedeutendsten Wettbewerbe im schweizerischen Hotelbau des 19. Jahrhunderts wurden für Grosshotels am Wasser ausgeschrieben: 1829 für das Hôtel des Bergues in Genf, 1858 für das Beau-Rivage in Lausanne-Ouchy und 1872 für den Thunerhof in Thun.[119] Eine weitere Kokurrenz fand im Jahr 1902 für die Erweiterung der «Kur- und Seebadanstalt Waldhaus-Flims» statt, die nicht einen Hotelneubau zum Thema hatte, die aber zur Ergänzung des bestehenden Hotels von 1877 mit einem Sommer-Kurhaus führte (Abb. 57, 58).[120]

Der Wettbewerb für das Hôtel des Bergues in Genf von 1829

Der Genfer Wettbewerb wurde im April 1829 durch die «Société anonyme des Bergues», die erste Immobiliengesellschaft in der Rhonestadt, ausgeschrieben. Diese durch den Genfer Politiker James Fazy gegründete Gesellschaft erstellte von 1827 bis 1837 ein vollständig neues Quartier vor den Toren der Altstadt nach Plänen des Architekten Samuel Vaucher und des Ingenieurs Guillaume-Henri Dufour, damals Genfer Kantonsingenieur.[121] In diesen Plänen war, integriert in die vorgegebene Bebauungsstruktur, auch ein neues Hotel vorgesehen. Eine beschränkte Anzahl Architekten aus der Westschweiz und dem benachbarten Ausland erhielt eine Einladung zur Teilnahme am Wettbewerb für das erste grosse Stadthotel in der Schweiz: Maurice Secretan aus Lausanne, Augustin Miciol aus Lyon, William Lemann und Jean Béranger aus Rom sowie der in Genf ansässige Mailänder Louis Bagutti. Weil das Volumen durch die vorgegebene Quartierstruktur bereits definiert war, diente der Wettbewerb primär zur Evaluation eines optimalen Grundrisses, in zweiter Linie aber auch zur Auswahl einer passenden Fassadengestaltung für diese neuartige Bauaufgabe.

Den Sieg in dieser ersten schweizerischen Auseinandersetzung um Tourismusarchitektur errang Augustin Miciol aus Lyon, Louis Bagutti erhielt den zweiten Preis. Die Überarbeitung der Pläne nach den Wünschen der Immobiliengesellschaft wurde Architekt Samuel Vaucher übertragen, die Bauaus-

57
Flims Waldhaus, Kur- und Seebadanstalt Waldhaus. 1904 entstand der neue Casinobau nach Plänen des Architekten Emanuel von Tscharner. Fotografie 1906.

58
Flims Waldhaus, Kur- und Seebadanstalt Waldhaus. Zeichnerische Darstellung der Gesamtanlage um 1920.

führung leitete der Genfer Unternehmer François-Ulrich Vaucher-Guédin.[122]

Das Hôtel des Bergues markierte in der Schweiz den Beginn einer neuen Epoche im Hotelbau. Seine Grösse war damals im Landesvergleich einmalig, und mit seiner klassizistischen Fassadengestaltung hatte der Hotelbau auch in der Schweiz einen eigenständigen architektonischen Ausdruck gefunden, der sich vom Gasthofbau vor 1830 deutlich unterschied (Abb. 59). Der Einfluss des Genfer Vorbilds auf die schweizerische Hotelarchitektur wurde noch im gleichen Jahrzehnt offensichtlich. Innert kürzester Zeit entstanden eine ganze Reihe von städtischen Grosshotels mit klassizistischer Fassadengestaltung: 1838 das Hotel Baur en Ville bei der damals wichtigsten Posthaltestelle am Zürcher Paradeplatz (Abb. 4), 1839 das Hôtel Gibbon am Rand der Altstadt von Lausanne in schönster Aussichtslage, 1842 das Hôtel des Trois Couronnes in Vevey direkt am Genferseeufer (Abb. 25), 1844 das neue Hotel Drei Könige am Rheinufer in Basel und das Baur au Lac als Dependance am See zum älteren Baur en Ville in Zürich; 1845 entstand schliesslich der Schweizerhof am gleichnamigen Quai in Luzern (Abb. 11).

Mit seinen neuen, prächtigen Gemeinschaftsräumen setzte das neue Hôtel des Bergues auch im Innern neue Massstäbe. Der grosse Festsaal, der Damensalon sowie mehrere Spielsalons und Restaurants folgten Vorbildern aus amerikanischen und französischen Grossstädten (Abb. 60). Unmittelbar vor Augen hatte der entwerfende Architekt offenbar das Hôtel Meurice in Paris, das im Jahr 1818 speziell für die zahlreichen Engländer in der Seinestadt eingerichtet worden war und damals in ganz Europa als Inbegriff der fortschrittlichen und luxuriösen Hotellerie galt.[123] Gemäss den zeitgenössischen Reiseführern waren die dortigen Nobelräume einmalig, und die Gäste aus dem britischen Weltreich erfreuten sich besonders am Umstand, dass die französischen Bediensteten dort mehrheitlich Englisch sprachen.[124]

Der Wettbewerb für das Hôtel Beau-Rivage in Ouchy von 1857

Das Hôtel Beau-Rivage in Ouchy entstand als Resultat des zweiten bedeutenden Architekturwettbewerbs im Schweizer Hotelbau. Dieser wurde im Jahr 1857 von der «Société immobilière d'Ouchy» lanciert mit dem Ziel, an schönster Lage am Seeufer einen Hotelneubau zu errichten.[125] Als Jurymitglieder hatte man die erfahrenen Architekten Louis Châtelain aus Neuenburg, Louis Wenger aus Lausanne,[126] den Initianten der Bauschule am Polytechnikum in Zürich, sowie den jungen Jean Franel aus Vevey engagiert. Aus dem Hotelfach berief man die Hoteldirektoren Gabriel Monnet vom Trois Couronnes in Vevey sowie Alexandre Rufenacht vom Hôtel des Bergues in Genf ins Preisgericht. Aus den neun eingereichten, heute leider nicht mehr bekannten Projekten wurden die Pläne des Genfer Architekten François Gindroz (1822–1878),[127] der sich vorher im Hotelbau nicht besonders ausgezeichnet hatte, auf den ersten Platz gesetzt (Abb. 61). Nach eingehender Beratung erteilte der Verwaltungsrat den mit ihrem Projekt auf dem zweiten Rang platzierten, aber in Lausanne ansässigen Architekten Achille de la Harpe (1807–1887)[128] und Jean-Baptiste Bertolini (1822–1883)[129] den Auftrag zur Bauausführung. Diese hatten bereits die drei erstplatzierten Projekte (und damit auch ihr eigenes!) bezüglich der zu erwartenden Kosten verglichen. Sie erhielten den Auftrag, die positiven Teile des Projektes von Gindroz zu übernehmen, eine in damaliger Zeit verbreitete Praxis, die offensichtlich von allen Beteiligten akzeptiert wurde (Abb. 62, 63).[130]

Beim Bau des Hôtel Beau-Rivage wurde der fünfteilige Baukörper als neues Modell im schweizerischen Hotelbau eingeführt. Ein Mittel- und zwei Seitenrisalite, die gegenüber dem Hauptbau etwas hervorragen, gehörten fortan zum fortschrittlichen Erscheinungsbild des vornehmen Grosshotels. Die horizontale Gliederung der Fassaden erfolgte durch kräftige Gurtgesimse, Fensterverdachungen sowie durch einige Balkone. Noch nicht durchzusetzen vermochte sich das von Gindroz vorgeschlagene, damals noch avantgardistische Mansartdach; der ausgeführte Bau behielt die alte Tradition von Flachdach und schwach geneigtem Walmdach bei (Abb. 64).

Der Wettbewerb für das Hotel Thunerhof von 1872

Der dritte bedeutende Architekturwettbewerb im Schweizer Hotelbau wurde 1872 in Thun zur Erbauung eines neuen Grand Hotels durchgeführt. Kantonsbaumeister Friedrich Salvisberg

58

und der Thuner Baumeister Eduard Hopf hatten in einem Gutachten 1869 die Anlage eines neuen Quartiers am rechten Aareufer zur Ankurbelung des darnieder liegenden Tourismus empfohlen. In der Folge beschloss die Burgergemeinde die Erstellung eines grossen modernen Hotels an attraktiver Lage. 1872 wurden vier nicht mehr namentlich bekannte Architekten zu einem Wettbewerb eingeladen, zu dem Baumeister Hopf und der Direktor des Thuner Hotel Bellevue das Programm erstellt hatten. Der Jury gehörten als Baufachleute die Architekten Adolph Brunner aus Zürich und Jean Franel aus Genf an. Als Hotelspezialisten wurden Jakob Hauser, der Besitzer des Gurnigelbads, und Direktor Alexandre Rufenacht vom Beau-Rivage in Ouchy engagiert.

Nach der Beurteilung der eingereichten Projekte stellte die Jury in ihrem Bericht mit Enttäuschung fest: «Ein Landhotel erfordert nach unserer Ansicht in dieser freien Lage eine andere Disposition, als wie sie von den meisten Concurrenten aufgefasst wurde und eher für ein städtisches Hotel passen würde. Der Styl sollte mehr in Einklang mit der Umgebung gebracht, daher eine ländliche luftige Architektur gewählt werden.»[131] Danach beauftragte der Verwaltungsrat der Baugesellschaft zwei Wettbewerbsteilnehmer mit der Erstellung neuer Pläne: den Berner Architekten Paul-Adolphe Tièche (1838–1912)[132] sowie den Unternehmer Johann Josef Merz aus Thun. Wegen eines Auslandaufenthalts von Merz konnten schliesslich nur die Pläne von Tièche beurteilt werden. Trotz finanziellen Bedenken des als Experten beigezogenen Direktors Schmidlin vom Hotel Bellevue stimmte die Aktionärsversammlung dem Projekt noch im April 1873 zu. Die Arbeiten wurden sofort aufgenommen, und am 15. Juni 1875 konnte das Hotel Thunerhof eröffnet werden (Abb. 65).

Der Grundriss des Thunerhofs nimmt die damals noch weit verbreitete Tradition eines inneren Lichthofs auf (Abb. 66). Bei der Grundrisswahl durch den Architekten Tièche dürfte ganz besonders die Tatsache mitgespielt haben, dass mit dem Architekten Jean Franel ein Fachmann als Experte des Wettbewerbs wirkte, der in den Jahren 1866/67 das Grand Hôtel in Vevey mit beinahe identischem Grundriss erstellt hatte (Abb. 99). Beide Hotelbauten fanden durch die Aufnahme in die Publikation von Eduard Guyer aus dem Jahr 1874 grosse Beachtung.[133] An den inneren Lichthof schliesst sich in Thun, wie beim Grand Hôtel in Vevey, eine monumentale Erschliessungstreppe an, ihr gegenüber befindet sich neben der Portierloge die erste Liftanlage von Thun. Auf der Südseite des Gebäudes liegen die Gesellschaftsräume. Den grossen Speisesaal ordnete Tièche, wie Franel in Vevey, als Anbau neben dem Gebäude an, allerdings in einer anderen Form, nämlich als Längsrechteck parallel zum Hauptgebäude. Der Thunerhof von 1875 strahlt im Gegensatz zu den benachbarten «ländlichen» Bellevue-Bauten der 1830er-Jahre (Abb. 113) die majestätische Würde der inzwischen weit verbreiteten Grosshotels aus. Von Tièche war kein biedermeierlicher Entwurf mehr zu erwarten, vielmehr brachte er im Thunerhof die Einflüsse aus seiner Zürcher Studienzeit bei Semper in eine gekonnte Verbindung mit dem aus Paris mitgebrachten Beaux-Arts-Stil einer zurückhaltenden Neorenaissance.

Wegweisende Wettbewerbe

Mit dem Thunerhof wurde letztmals in der Schweiz ein bedeutendes Hotel mit Hilfe eines Wettbewerbs errichtet. Weitere kleine Projekte folgten später nach, sie übten jedoch kaum mehr grundsätzliche Einflüsse auf den Hotelbau aus.[134] Trotz der geringen Anzahl von Wettbewerben haben diese den Hotelbau nachhaltig geprägt. Die Konkurrenzen in Genf, Lausanne-Ouchy und Thun standen in ihren Orten am Anfang einer Neuorientierung der Hotellerie. In Genf initiierte der Wettbewerb den Bau des ersten grossen Stadthotels am See nach dem Vorbild ausländischer Betriebe, in Ouchy bildete er den Auftakt zur touristischen Erschliessung des Seeufers von Lausanne und in Thun gab er Anstoss zum versuchten (und in der Folge gescheiterten) touristischen Neubeginn. Das Genfer Hôtel des Bergues war im nächstfolgenden Jahrzehnt das gestalterische Modell für die Fassaden der grossen Hotelbauten am Seeufer. Im engeren Kreis der Genfer Hotels war das Hôtel des Bergues ausserdem Vorbild für Treppenanlagen mit eleganten Bogenformen. Mit der fünfteiligen Hotelfassade beim Beau-Rivage in Ouchy wurde dieser damals neue Bautyp im schweizerischen Hotelbau eingeführt. In Thun schliesslich konnte sich der «Semperstil» erstmals im Hotelbau manifestieren.

Interessant sind die personellen Verflechtungen innerhalb der Jurymitglieder bei diesen drei Konkurrenzen, mit einer besonders auffallenden «Seilschaft» zwischen Hotelier Alexander Rüfenacht Vater sowie dessen gleichnamigem Sohn und dem Architekten Jean Franel. Alexander Emanuel Rüfenacht der Ältere (1793–1851)[135] war 1834 als Pächter des Thuner Freienhofs zum ersten Direktor in das neu eröffnete Hôtel des Bergues in Genf berufen worden. Nach dessen Tod 1851 übernahm sein Sohn Alexandre (1817–1880) die Leitung des Genfer Nobelhotels. Dieser wirkte als Jurymitglied beim Beau-Rivage in Lausanne-Ouchy und wurde dessen erster Direktor.[136] In dieser Funktion berief ihn seine Heimatstadt Thun in die Jury des Wettbewerbs für den Thunerhof.[137] Bei den letzten beiden Wettbewerben wirkte auch der Architekt Jean Franel, der wohl durch Rüfenacht zu dieser Ehre gekommen war, im Preisgericht.[138] Die beiden weiteren in der Lausanner Jury engagierten Architekten, Louis Wenger und Louis Châtelain, kannten sich aus ihrer gemeinsamen Studienzeit kurz vor 1830 im Atelier von Achille Leclère an der École des Beaux-Arts in Paris.[139] Der zweite Architekt in der Thuner Jury, Adolf Brunner aus Zürich, hatte 1868/69 das Hotel Schweizerhof in Luzern umgestaltet, das Adolf Hauser gehörte, dem jüngeren Bruder des Jurymitglieds Jakob Hauser.[140] Beim Wettbewerb in Ouchy waren zudem Gabriel Monnet, der Besitzer des Hôtel des Trois Couronnes in Vevey, und Jean Franel, der Sohn des Architekten Philippe Franel, der das Trois Couronnes gebaut hatte, gemeinsam in der Jury vertreten.

Sowohl das Beau-Rivage in Ouchy als auch der Thunerhof wurden, zusammen mit dem Grand Hôtel von Vevey, in Eduard Guyers Standardwerk über den Hotelbau veröffentlicht.[141] Das bei Guyer ebenfalls publizierte Hotel Gurnigelbad gehörte Jakob Hauser, Mitglied der Jury in Thun, und das Hôtel Mont-Blanc in Neuchâtel, ebenfalls mit Grundriss in Guyers Werk enthalten, war vom dortigen Architekten Louis Châtelain, Jurymitglied in Ouchy, erbaut worden.

Trotz ihrer geringen Zahl haben sich die beschriebenen Architekturwettbewerbe im Hotelbau des 19. Jahrhunderts als richtungsweisend erwiesen. Zum einen wurden die Siegerprojekte sowohl in der Praxis als auch in den (wenigen) Publikationen über den Hotelbau als wegweisende Beispiele aufgenommen. Zum anderen haben die Wettbewerbe einen kleinen Kreis von einflussreichen Hoteliers und führenden Architekten zusammengebracht, die im schweizerischen Hotelbau des 19. Jahrhunderts offensichtlich einen bedeutenden Einfluss ausübten. In Kenntnis dieser Verflechtungen zwischen Hoteliers und Architekten aus verschiedenen Regionen ist anzunehmen, dass auch noch weitere bedeutende Entwicklungen im Hotelbau des 19. Jahrhunderts durch solche persönliche Seilschaften eingeleitet worden sind.

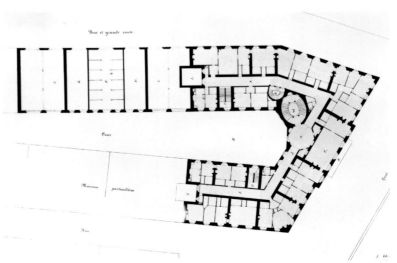

59
Genf, Hôtel des Bergues. Das erste Stadthotel am Wasser in der Schweiz wurde 1834 in Genf errichtet. Hotelprospekt nach der Eröffnung.

60
Genf, Hôtel des Bergues. Grundriss des ersten Obergeschosses.

54

62

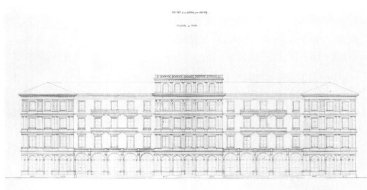

61a

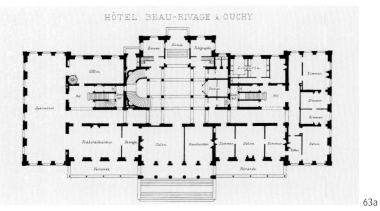

63a

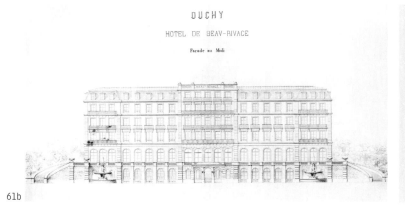

61b

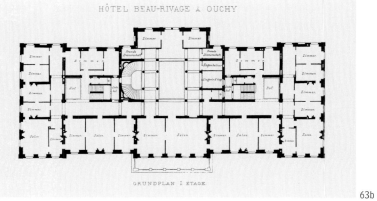

63b

64

65

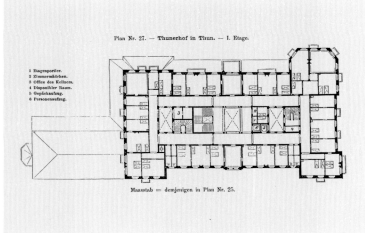

66a

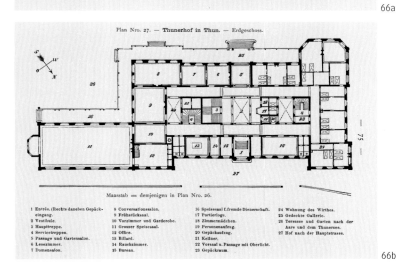

66b

61a, b
Lausanne-Ouchy, Hôtel Beau-Rivage. Wettbewerbsprojekte der Architekten Keser-Doret (a) sowie François Gindroz (b) aus dem Jahr 1857.

62
Lausanne-Ouchy, Hôtel Beau-Rivage. Hauptfassade des 1861 eröffneten Hotelbaus. Nachdem der Architekt François Gindroz den Wettwerb mit seinem Projekt gewonnen hatte, wurden die Architekten de la Harpe & Bertolini mit dessen Realisierung betraut (Album SIA).

63a, b
Lausanne-Ouchy, Hôtel Beau-Rivage. Grundrisse Erdgeschoss und erstes Obergeschoss (Album SIA).

64
Lausanne-Ouchy, Hôtel Beau-Rivage. Aquarell der Hotelanlage am See um 1880.

65
Thun, Thunerhof. Der grösste Hotelbau in Thun entstand 1874/75 nach einem Wettbewerb als Entwurf des Semperschülers Paul-Adolphe Tièche. Ansichtskarte um 1910.

66a, b
Thun, Thunerhof. Grundriss Erdgeschoss und erstes Obergeschoss (GUYER 1885).

«wäre das vollständige Abschliessen der Gesellschaftsräume ... eine Versündigung an der Natur»
(EDUARD GUYER, 1874)

Grundrisse im schweizerischen Hotelbau des 19. Jahrhunderts

Hotelbauten des 19. Jahrhunderts weisen vier verschiedene Grundrisstypen auf: Zu einem ersten Typ werden Grundrisse mit einer linearen Gestalt gezählt, bei denen die Hotelzimmer an einem geraden Erschliessungsgang aufgereiht sind; einen zweiten Typ bilden abgewinkelte Grundrisse in unterschiedlichen Erscheinungsformen; zum dritten Typ gehören zahlreiche Sonderformen mit asymmetrischen Grundrissen; der vierte Typ schliesslich ist die Grundform mit Lichthof, unterteilt in Anlagen mit einem oder mehreren grossen Innenhöfen, dazu gehören auch Hotels mit kleineren Lichtöffnungen bei Eingangshallen, Treppenanlagen oder Korridoren (Abb. 67).

Die Grundrisse der Hotelbauten haben sich im Lauf des 19. Jahrhunderts, parallel zur Entwicklung der Architekturformen und der Fassadengestaltung, stets weiterentwickelt. Waren um 1800 der einfache Grundriss und die Architektur lokaler Wohnbauten das Muster für die ersten Pensionen und Hotels, kulminierte die Entwicklung ein Jahrhundert später in der Verwendung der im Schlossbau für den europäischen Hochadel gebräuchlichen Formensprache. Bei der Analyse der regionalen und zeitlichen Ausbildung der Grundrisstypen ist zwischen 1830 und dem Ersten Weltkrieg in der ganzen Schweiz eine überraschend homogene und parallele Entwicklung erkennbar. Diese Feststellung ist umso erstaunlicher, als die meisten Architekten, wie bereits dargelegt wurde, vorwiegend in ihrer angestammten Gegend tätig waren und zu dieser Zeit nur wenige die Grenzen ihres engeren Arbeitsgebietes überschritten haben.

LINEARE GRUNDRISSE

Der schweizerische wie auch der gesamte europäische Hotelbau verblieb bis zum Ersten Weltkrieg mehrheitlich bei dem in der Frühzeit festgelegten Schema additiv aufgereihter Zimmerfluchten in meist geraden, manchmal auch leicht abgewinkelten Grundrissen. Dieses bereits bei den frühen Gasthäusern im ausgehenden 18. Jahrhundert angewendete Prinzip erfreute sich grosser Beliebtheit. Es wurde laufend weiterentwickelt und erlaubte eine rationelle und zweckmässige Anordnung von Einzelzimmern. Andererseits ermöglichte dieses Muster auch die Vermietung verschiedenartiger Kombinationen von Räumen, die meist untereinander verbunden waren. Damit konnte das im 19. Jahrhundert rapid ansteigende Bedürfnis nach «gehobener» Unterkunft für eine immer anspruchsvollere Kundschaft in idealer Weise befriedigt werden (Abb. 68).

Als Vorbild für das Prinzip der linearen Anordnung werden etwa die Grundrisse barocker Schlossanlagen genannt, bei denen die einzelnen Räume in so genannten Enfiladen wie an einer Perlenkette aufgereiht und durch Türen miteinander verbunden sind.[1] Weitere Grundrissvorbilder für die additive Aufreihung von Einzelzimmern, die mit einem Erschliessungsgang verbunden sind, finden sich bei mittelalterlichen Klöstern, aus denen auch vereinzelt Hotelanlagen entstanden. Das erste europäische Grosshotel im frühen 19. Jahrhundert beispielsweise, das Hotel Badischer Hof in Baden-Baden, entstand in den Jahren 1807 bis 1809 durch den Umbau eines ehemaligen Kapuzinerklosters (Abb. 69).[2]

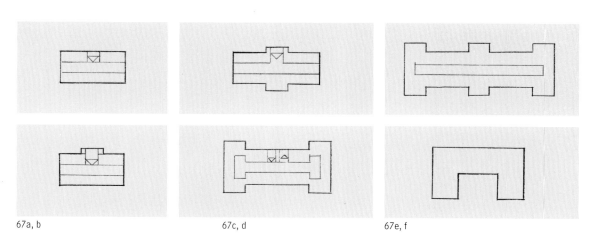

67a, b   67c, d   67e, f

Sucht man nach Gründen für die starke Verbreitung der linearen Zimmeranordnung, so findet man in den zeitgenössischen Publikationen kaum eine Erklärung. Eduard Guyer erwähnte in seinem 1874 veröffentlichten Standardwerk über das Hotelwesen die «klare Disposition der Vestibule, Treppen und Corridors (Gänge)» sowie die «gehörige Lage, Verbindung und Abtrennung der zum Betrieb gehörigen Räume» als «Hauptbedingungen» für eine erfolgreiche «Eintheilung eines Hotels». In diesem Kapitel publizierte er zuerst Pläne des 1861 eröffneten Hôtel Beau-Rivage in Ouchy mit einem Längsgang und einem kleinen Lichthof in der Eingangshalle (Abb. 63). Gleichzeitig stellte er auch die Hofanlagen in den Strassengevierten der europäischen Grossstädte vor. Nirgends in seinem Werk erwähnte er die Vorteile eines linearen Hotelgrundrisses explizit, die zahlreichen dargestellten Grundrisse mit Längsgang bringen diese Lösung jedoch deutlich zur Geltung.[3] Auch Robert Roller äusserte sich in seinem Aufsatz von 1879 kaum zum grundsätzlichen Problem der Grundrissdisposition. Die beiden mit Plänen ausführlich dargestellten Beispiele aus seinem Büro, das Hotel Gurnigelbad und das Hotel Faulenseebad (Abb. 70), weisen aber beide einen linearen Grundriss mit markantem Mittelbau und mit anschliessenden Flügelbauten auf.[4]

Der kleine zweibündige Grundriss

In allen Fremdenregionen zeigt sich bei den ältesten Grundrissen aus dem frühen 19. Jahrhundert, soweit sie überhaupt noch bekannt sind, ein Überwiegen des einfachen Schemas mit einer zweibündigen Anlage (Abb. 67a, b). Ein zentraler Erschliessungsgang führt dabei, gewissermassen als Rückgrat, in der Längsrichtung durch das Gebäude. Die Gästezimmer liegen auf beiden Seiten, manchmal aber auch nur auf der vorderen Aussichtsseite. Eine gerade, zweiläufige Erschliessungstreppe findet sich mehrheitlich in der Gebäudemitte auf der Rückseite, wo kein wertvolles Aussichtszimmer wegfiel. Die Toiletten wurden bei den ältesten Bauten aus hygienischen Gründen in rückseitigen Anbauten angeordnet, sie waren oftmals von den Zwischenpodesten der Treppe aus zugänglich (Abb. 113). Mit der Wasserspülung kamen sie meistens in die Etagen, in der Regel im Bereich der Treppenanlage, zu liegen.

Bei diesem Grundrissschema lassen sich zwei Varianten unterscheiden. Bei der häufigeren Ausführung wurde die Treppenanlage vollständig in den rechteckigen Grundriss des Gebäudes integriert (Abb. 67a, 71). Seltener stösst die Treppenanlage als einziger Vorsprung im sonst geschlossenen rechteckigen Grundriss leicht über die rückseitige Fassadenlinie hinaus (Abb. 67b). Besonders häufig angewendet wurde dieser Grundriss, der vor der Treppenanlage ein grösseres Podest frei lässt, vom Architekten Robert Roller junior. In seiner Schrift über Hotelbauten aus dem Jahr 1879 präsentierte er diesen Plan am Projekt für das Hotel Faulenseebad (Abb. 70) als erweiterungsfähigen Hotelgrundriss, nachdem sein Vater bereits 1856 das Hotel Schweizerhof in Interlaken nach diesem Prinzip erstellt hatte (Abb. 72).[5]

Der kleine zweibündige Grundriss blieb im ganzen 19. Jahrhundert eine der Standardlösungen im Hotelbau. Er fand bei kleineren Hotels oder Pensionen immer wieder Anwendung, so beispielsweise bei der Pension Pfyffer in Vitznau von 1867 zur Zeit der grossen Bauwelle im Tourismus (Abb. 71), oder noch im frühen 20. Jahrhundert beim Hotel Pilatus in Weggis und bei zahlreichen anderen zeitgenössischen Pensionen. Aber auch grössere Hotelbauten wurden zu allen Zeiten nach diesem einfachen Grundrissschema erbaut, zum Beispiel das in den späten 1830er-Jahren erbaute Hôtel Byron am Genfersee (Abb. 41),[6] das 1874 eröffnete Hotel Axenfels bei Morschach[7] oder das Cresta Palace in Celerina mit seinem Ursprungsbau von 1906 und seiner Erweiterung von 1912 (Abb. 73).[8]

Die «Akzentuierung der Mitte»

Bereits bei einigen frühen Hotelbauten lässt sich in der Fassade eine Hervorhebung der Mittelachse erkennen. Bei den klassizistischen Bauten der 1830er-Jahre, dem Hôtel des Bergues in Genf (Abb. 59, 60) oder dem Gibbon in Lausanne, blieb die Akzentuierung aber auf die Gestaltung der Fassade beschränkt, im Grundriss war dieses neue Element vorerst noch kaum zu erkennen.[9] Auch das 1855 als erstes monumentales Hotel in Genf eröffnete Métropole zeichnete sich durch eine Betonung der Fassadenmitte aus, während der Grundriss noch ein kompaktes Viereck bildete (Abb. 74). Auffallend ist bei diesen Bauten die ausgeprägte Inszenierung des Treppenauf-

Seiten 56/57:
Vergrösserung von Abb. 98
Vevey, Grand Hôtel. 1867 eröffnet nach Plänen des Architekten Jean Franel (1956 Sprengung nach Brand). Fotografie des inneren Lichthofs 1943.

67a–o
Die häufigsten Grundrisstypen im Hotelbau des 19. Jahrhunderts: lineare (a–e) und abgewinkelte (f–i) Formen, Gebäude um einen Innenhof (k, l) sowie Grundrisse mit Lichthöfen (m, n) oder kleinen Entlüftungsschächten (o).

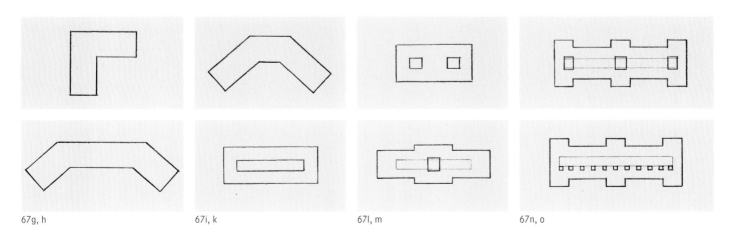

67g, h   67i, k   67l, m   67n, o

gangs, die darauf hindeutet, dass bereits sehr früh auch im Grundriss nach einer Betonung der Gebäudemitte gesucht wurde. Die Treppenanlage blieb aber in der ersten Hälfte des 19. Jahrhunderts bei den meisten grösseren Hotels die einzige Akzentuierung im Grundriss.

Einen entscheidenden Schritt in Richtung Schaffung einer Grundrissmitte unternahmen wiederum die im Hotelbau sehr innovativen Architekten Roller. Bereits beim Hotel Schweizerhof in Interlaken von 1856 war die Mitte des Grundrisses stärker akzentuiert als bei den anderen zeitgenössischen Entwürfen (Abb. 72). Noch prägnanter und in der Fassade sichtbar wurde die Gebäudemitte im Entwurf des jungen Roller 1864 beim Hotel Jungfrau in Interlaken. Nun wurde das Gebäude nicht nur rückseitig durch das Treppenpodest ausgeweitet, sondern auch an der Vorderfassade durch einen deutlich vortretenden Mittelrisalit. Dadurch wirkte sich die neue «akzentuierte Mitte», inspiriert durch die klassizistische Fassadengestaltung, auch auf die Volumetrie des Gebäudes aus. Gleichzeitig setzte Roller im Gebäudegrundriss einen markanten Schwerpunkt: Vor der repräsentativen Treppenanlage entstand ein Vorplatz als deutliche Ausweitung des langen, oft schmalen Ganges (Abb. 75). Diese neu geschaffene Mitte wurde in den 1860er- und 1870er-Jahren zum Kennzeichen zahlreicher repräsentativer Hotelbauten in der ganzen Schweiz. Als prominentester Bau im Engadin entstand beispielsweise 1875 das Hotel Victoria in St. Moritz Bad nach diesem Grundriss (Abb. 189a). Meistens ragte die Treppenanlage auf der Rückseite aus dem Gebäude, und auf der Vorderseite entstand durch die Grundrisserweiterung eine begrenzte Anzahl grösserer Zimmer (Abb. 67c).

In der Zeit der grossen Hotelbauwelle nach 1880 trat dieser Grundriss in den Hintergrund. Er wurde damals, besonders bei Grosshotels, durch den fünfteiligen Plan abgelöst. In Vergessenheit geriet er allerdings nicht, wie auch spätere Beispiele noch deutlich machen. So entwarf beispielsweise Architekt Kühn aus Mannheim das Hotel Vitznauerhof 1901 nach diesem Prinzip und auch bei dem um die Jahrhundertwende eröffneten Hotel Victoria in Lugano-Paradiso verwendete der Tessiner Architekt Paolito Somazzi noch einen Plan mit akzentuierter Mitte.

Der H-förmige Grundriss

Mitte der 1860er-Jahre verbreitete sich ein Grundriss, der den Hotelbau in den folgenden zwei Jahrzehnten stark beeinflussen sollte: der H-förmige Plan mit einem länglichen Zentralbau in der Mitte und zwei Querflügeln auf den Aussenseiten (Abb. 67d). Im mittleren Trakt kamen die Zimmer vorerst auf beiden Seiten des Erschliessungsgangs zu liegen, später meistens nur noch auf der Vorderseite. In den seitlichen Querflügeln lagen die Gästezimmer oftmals nur auf den Aussenseiten. Der erste H-förmige Grundriss entstand 1863/64 in Interlaken für das neue Hotel Jungfraublick der Gebrüder Rappard. Entwerfer des Grundrisses und somit wohl auch Erfinder dieser Grundrissform war der Architekt Robert Roller junior.[10] In den beiden schmalen seitlichen Querbauten war eine auf die Aussenseite ausgerichtete Zimmerreihe angeordnet, erschlossen durch einen schmalen Quergang. Die Treppenanlage erhielt, wie bei etlichen Bauten von Roller, durch ihre dreiläufige Führung mit einem offenen Mittelauge einen repräsentativen Charakter; sie überragte aber, entgegen den früheren Grundrissen von Roller, den Hausgrundriss nicht mehr (Abb. 76).

Seit den späten 1860er-Jahren ist der H-förmige Grundriss in verschiedenen Fremdenorten anzutreffen. Etliche Hotels mit diesem Plan entstanden als Holzbauten mit Zierelementen im Schweizer Holzstil. Besonders viele Beispiele finden sich in der Westschweiz, wo sich dieser Grundriss offenbar einer grossen Beliebtheit erfreute. Der älteste bekannte Bau entstand 1866 mit dem zweiten Hôtel du Righi Vaudois in Glion.[11] 1870 kam in Glion das Nouvel Hôtel du Midi (später Hôtel Victoria) hinzu, 1871 das Hôtel Beau-Séjour au Lac in Montreux. 1872 entstand das Grand Hôtel in Aigle, zwei Jahre später das Grand Hôtel in Les Avants (Abb. 77) und das Hôtel National in Montreux; später kamen noch zahlreiche weitere Betriebe hinzu. In den Deutschschweizer Fremdenregionen trat der H-förmige Grundriss weniger oft auf. Das 1870 von den Gebrüdern Ragaz erbaute Hotel Engadinerhof in Samedan gehört mit dem Eingang auf der Schmalseite zu den aussergewöhnlichen Beispielen dieser Art, der 1871 eröffnete Waldstätterhof in Brunnen (Abb. 52) und der Spiezerhof am Thunersee von 1873 zählen zu den markanten Deutschschweizer Beispielen. Die Liste der nach diesem Schema entworfenen Hotelbauten weist

68

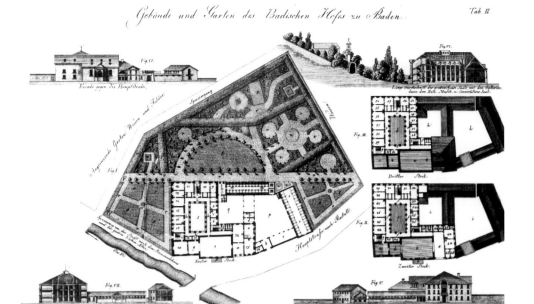

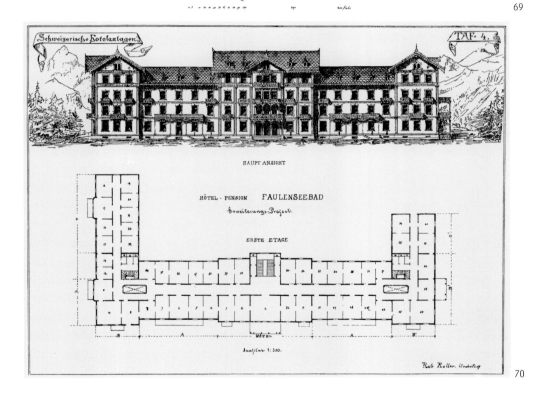

68
Vevey, Park Hôtel Mooser. Charakteristisches Beispiel eines Hotels mit linearem Grundriss und additiv aufgereihten Zimmern (Abb. 79). Fotografie um 1890.

69
Baden-Baden (D), Hotel Badischer Hof. 1807–1809 Umbau einer ehemaligen Klosteranlage durch den Architekten Friedrich Weinbrenner. Pläne und Ansichten 1810.

70
Hotel Faulenseebad. Projektplan mit der von Robert Roller geplanten Gesamtanlage, von der 1875 nur der zentrale Mitteltrakt erstellt wurde (Abbruch der Gesamtanlage 1962); (ROLLER 1879).

71
Vitznau, Pension Pfyffer von 1867 (rechts) sowie Park-Hotel von 1903, Architekt Karl Koller (links). Hotelprospekt um 1913 mit Parterre und 1. Stock.

72
Interlaken, Hotel Schweizerhof. Der Hauptbau (Mitte) von 1855/56 stammt vom Architekten Robert Roller senior; 1862/63 erfolgte der Anbau der beiden Seitenflügel durch den Architekten Robert Roller junior (Abb. 44); für den Saalanbau von 1898 war der Architekt Arnold Cattani aus Luzern verantwortlich; den Neubau Nord aus dem Jahr 1902 erstellten die Architekten Pfleghard & Häfeli aus Zürich. Hotelprospekt um 1920 mit Parterre und 1. Etage.

ihren Höhepunkt eindeutig vor der Wirtschaftskrise der 1870er-Jahre auf, danach entstanden nur noch vereinzelte Beispiele, unter anderem das Hôtel Breuer in Montreux von 1884.[12]

Der fünfteilige Grundriss

Der fünfteilige Grundriss repräsentiert gewissermassen den Höhepunkt des Hotelbaus in der Belle Époque. Die Mehrzahl der seit den 1880er-Jahren erbauten Grand und Palace Hotels entstand nach dem Prinzip, dass sich ein längsgerichteter Grundriss in einem Mitteltrakt sowie in zwei Seitenrisaliten deutlich ausweitet. In der zentralen Mitte wurde in der Regel die vertikale Erschliessung mit Treppe und Aufzug angeordnet. In den Obergeschossen entstanden geräumigere Zimmer, die sich zusammen mit Sanitärräumen zu speziellen Suiten kombinieren liessen. Im Erdgeschoss der Seitenrisalite kamen die Säle zu liegen, oftmals der Speisesaal, wenn er nicht in einem Anbau untergebracht war (Abb. 67e).

Die ältesten Entwürfe von fünfteiligen Grundrissen reichen in die Zeit vor 1850 zurück. Eines der ersten Beispiele im deutschsprachigen Raum, das 1842 in der «Allgemeinen Bauzeitung» präsentierte Hotel Bellevue in Wildbad, entsprach zumindest im Erdgeschoss und in der Beletage bereits diesem Schema (Abb. 78). Einige frühe Projekte blieben unausgeführt, beispielsweise die vom Zürcher Architekten Ferdinand Stadler 1858/59 entworfenen Pläne für das Hotel Waldstätterhof in Brunnen (Abb. 51). Andere Pionierentwürfe hatten eine lange Entstehungsgeschichte, wie das Park Hôtel Mooser in Vevey, dessen fünfteiliger Bau wohl schon vor 1850 geplant, aber erst 1867 und 1877 in zwei Etappen realisiert wurde (Abb. 68, 79).[13]

Die ersten in der Schweiz ausgeführten fünfteiligen Hotelbauten wurden in der Regel von innovativen Architekten entworfen, die ihre Ausbildung an einer ausländischen Hochschule oder bei einem bekannten Berufskollegen absolviert hatten. Von 1858 bis 1861 entstand das Hôtel Beau-Rivage in Lausanne-Ouchy als erstes Schweizer Hotel mit einem solchen Grundriss (Abb. 63). Der Entwurf ging auf den Genfer Architekten François Gindroz zurück, der sich um 1850 in Paris beim Louvre-Architekten Hector Lefuel ausgebildet hatte. 1865 war das Hotel Victoria in Interlaken vollendet, ein Entwurf des Berners Friedrich Studer, Schüler des bekannten Westschweizer

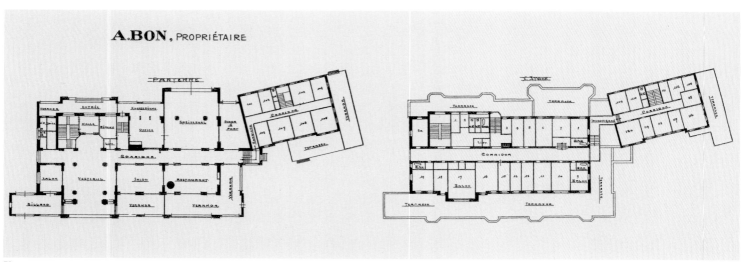

71

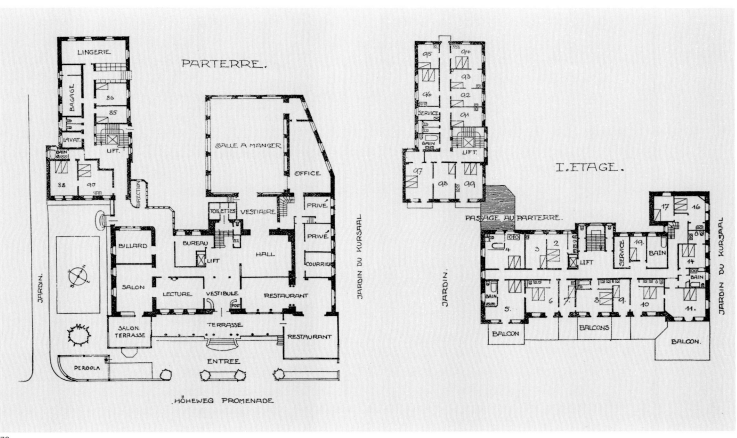

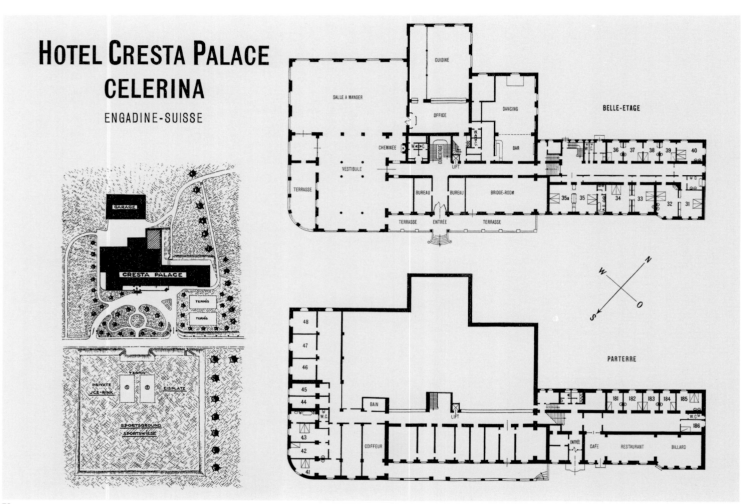

73
Celerina, Hotel Cresta Palace. 1906 erbaut vom Architekten Jost-Franz Huwyler-Boller, Zürich, 1912 erweitert von Koch & Seiler, St. Moritz (rechte Seite). Hotelplan um 1920 mit Parterre und Belle-Etage.

74a, b
Genf, Hôtel Métropole. 1855 erbaut vom Architekten Joseph-Paul Collart. Ansicht aus einem Stich um 1900 und Aufnahmeplan 1943 mit Obergeschoss.

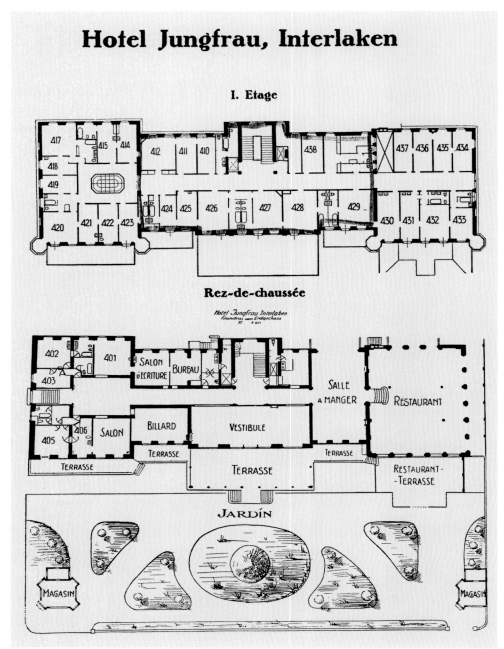

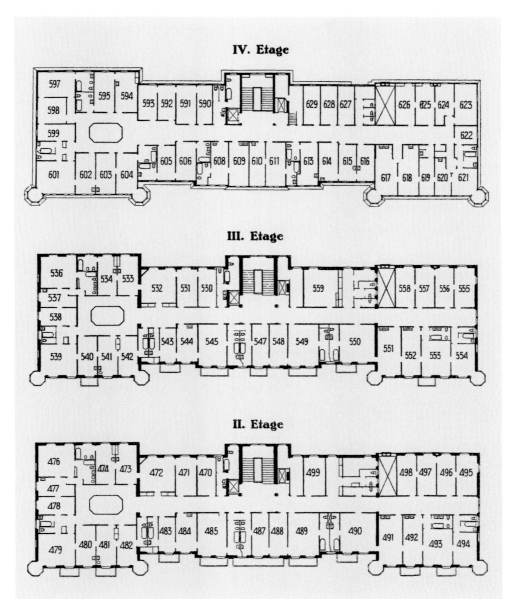

75a, b
Interlaken, Hotel Jungfrau. 1864/65 erbaut nach Plänen des Architekten Robert Roller junior (Mitteltrakt), ergänzt durch Westflügel 1884/85 (links) und Ostflügel 1894/95 (rechts). Aufnahmepläne 1943.

75b

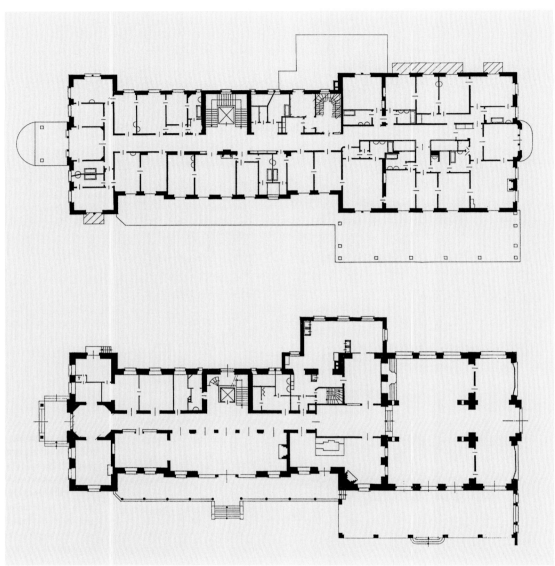

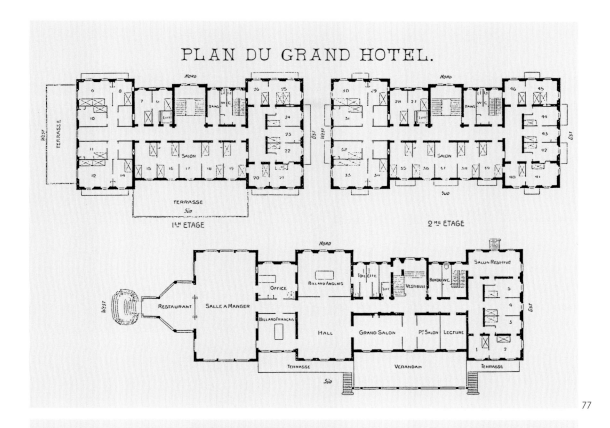

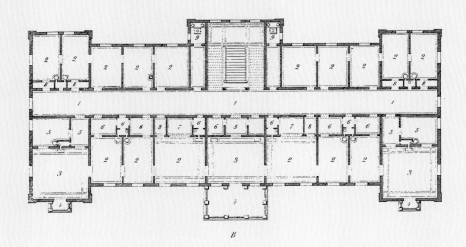

76
Interlaken, Hotel Jungfraublick. 1862–1864 erstellt nach Plänen von Robert Roller junior als erster H-förmiger Grundriss im Schweizer Hotelbau. Aufnahmepläne 1943 mit Parterre und 1. Etage.

77
Les Avants, Grand Hôtel. 1874 als Entwurf eines unbekannten Architekten eröffnet. Grundrisse Erdgeschoss, 1. und 2. Etage (CÉRÉSOLE 1895).

78
Wildbad (Württemberg D), Hotel Bellvue. Erster publizierter Hotelgrundriss, zugleich «Prototyp» des fünfteiligen Grundrissplans. Erdgeschoss (A) und Bel-Etage (B) aus «Försters Allgemeine Bauzeitung» 1842.

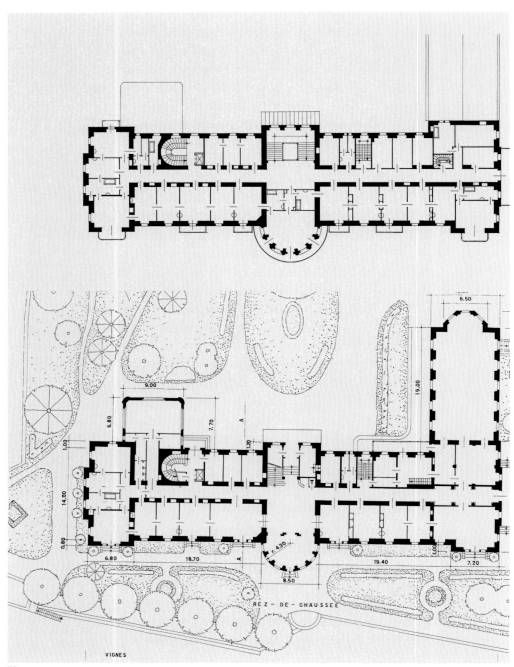

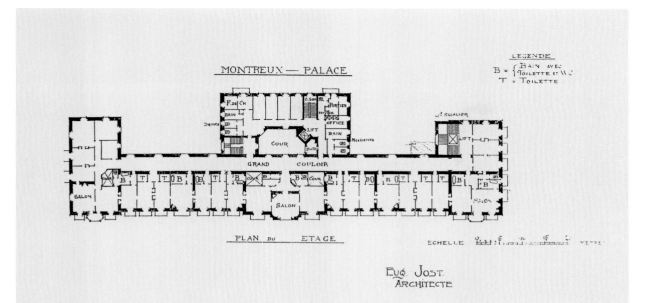

79
Vevey, Park Hôtel Mooser. Entwurf kurz vor 1850 (?), eventuell vom Architekten Philippe Franel, erbaut in zwei Etappen: 1867 der Westflügel (linke Seite) und 1877 der Mitteltrakt mit dem östlichen Flügel (Abb. 68). Aufnahmepläne 1943 mit Erdgeschoss und 1. Etage.

80
Montreux, Montreux-Palace. 1904–1906 erbaut durch den Architekten Eugène Jost (Abb. 13). Fünfteiliger Hotelbau mit Gästezimmern ausschliesslich auf der Seeseite (OSSENT 1910).

81
St. Moritz Bad, Hotel Victoria. 1875 als dreiteiliger Hotelbau mit angebautem Speisesaal (Restaurant) eröffnet (Abb. 189a). 1879 wurde auf dem bestehenden Speisesaal ein erster Flügelbau erstellt, 1888 kam der neue Ostflügel hinzu. 1881 wurde der neue Speisesaal angebaut. Zimmerpläne um 1920 mit zahlreichen nachträglich eingebauten Sanitäranlagen. Grundrisse Erdgeschoss und 2. Etage.

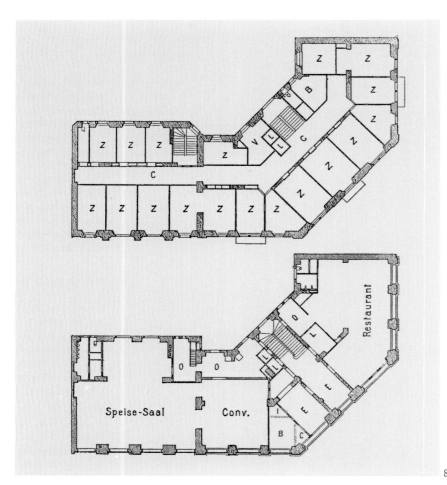

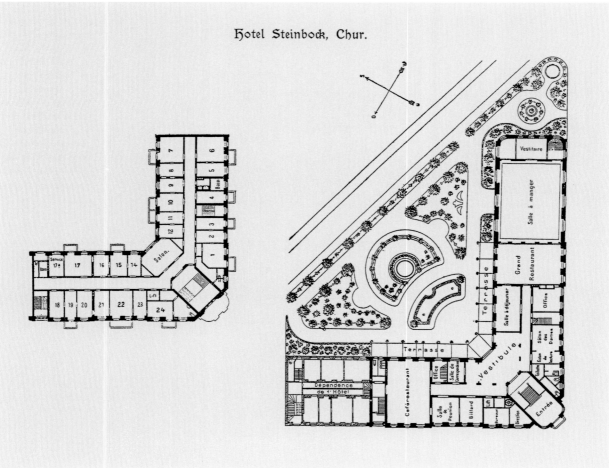

Hotel Steinbock, Chur.

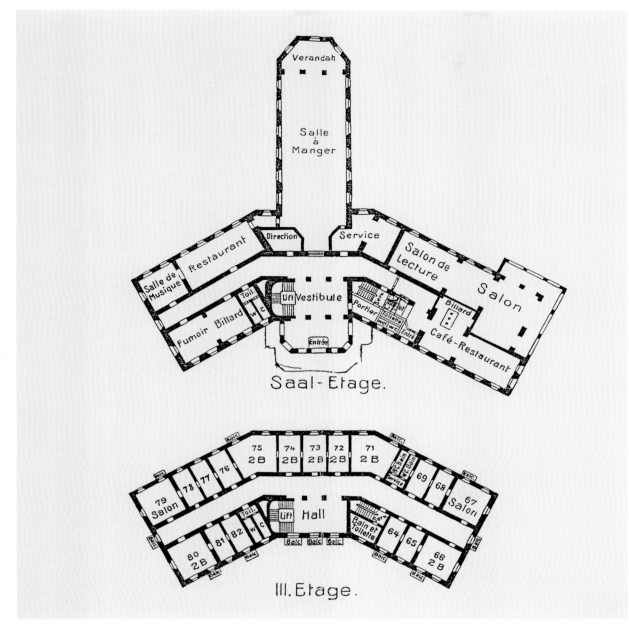

82
Luzern, Hotel Victoria. 1891 durch die Gebrüder Keller als Winkelbau im neuen Hirschmattquartier erstellt. Grundrisse Erdgeschoss und 2. Etage (Festschrift SIA 1893).

83
Chur, Hotel Steinbock. 1899–1901 erbaut durch den Architekten Emanuel von Tscharner als Winkelbau an prominenter Lage am Stadtrand, ausgestattet mit einem sehr spartanischen Sanitärkomfort. Grundrisse Erdgeschoss und 1. Etage (Festschrift SIA 1903).

84
Samedan, Hotel Bernina. 1866 eröffnet als erstes repräsentatives Hotel im Engadin ausserhalb von St. Moritz. Zimmerpläne um 1900 mit den originalen Sanitäranlagen.

85
Pontresina, Hotel Roseg. 1870 eröffnet als imposanter Winkelbau nach Plänen des Architekten Giovanni Sottovia aus Vicenza. Erster Hotelbau im Engadin in freier Aussichtslage abseits historischer Siedlungen (Abb. 187). Grundrisse um 1900.

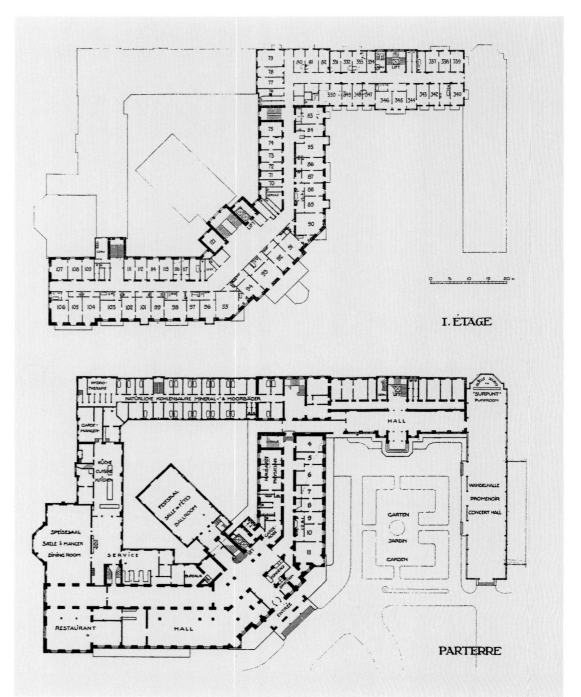

86
St. Moritz Bad, Neues Stahlbad (Abb. 192). 1892 eröffnet nach Plänen des Luzerner Architekten Arnold Bringolf. Grösster Winkelbau im Engadin mit angebautem Bädertrakt (Abbruch nach Brand 1971). Zimmerplan nach dem Anbau des Speisesaals 1906.

87
Sils Maria, Hotel Alpenrose. Der ursprüngliche, 1862 eröffnete Bau (links) wurde 1908 von Nicolaus Hartmann junior umgebaut und mit einem Ergänzungsbau ausgestattet (Abb. 31). Zimmerplan nach 1908.

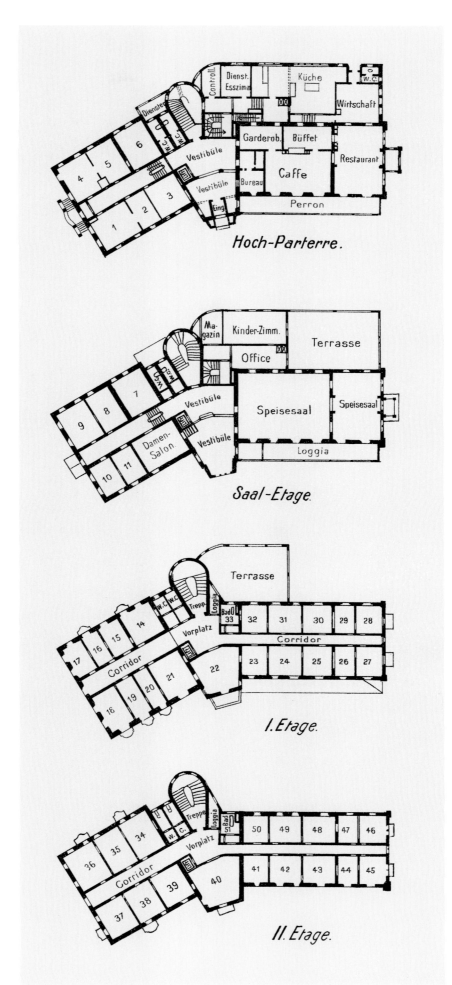

88
Zürich, Grand Hotel Dolder. 1898/99 vom Architekten Jacques Gros nach einem markanten V-förmigen Grundriss erbaut (siehe Abb. 30 und Seiten 4/5) (SBZ 1899).

89
Tarasp, Kurhaus, 1864 nach Plänen des Architekten Felix Wilhelm Kubly als erstes Kurhaus im Unterengadin erbaut (Abb. 203). Zimmerplan um 1910.

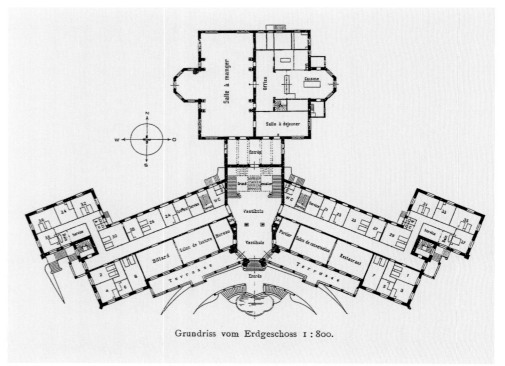

88

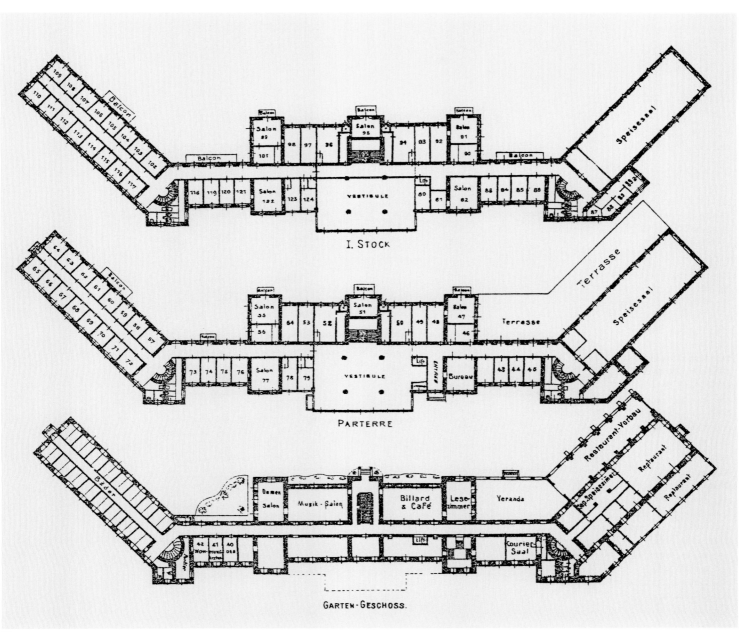

GRAND HOTEL
BRUNNEN (SWITZERLAND)

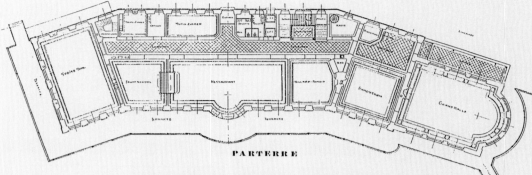
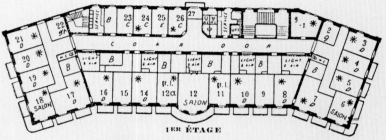
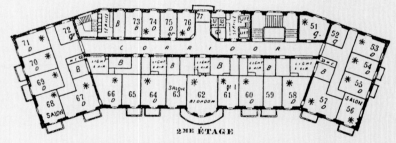
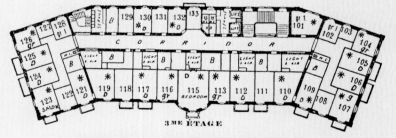
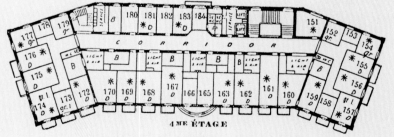
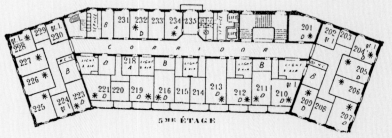

90

Brunnen, Grand Hotel. 1903/04 vom Architekten Emil Vogt als zweifach abgewinkelter Bau an steiler Hanglage erbaut. Hotelprospekt um 1920.

91

Montreux, Hôtel Château Belmont. Projekt des Architekten Louis Villard von 1901 zum Anbau eines asymmetrischen Ergänzungsbaus (links) an den bestehenden, ebenfalls bereits unregelmässigen Bau. Originalplan des Architekten.

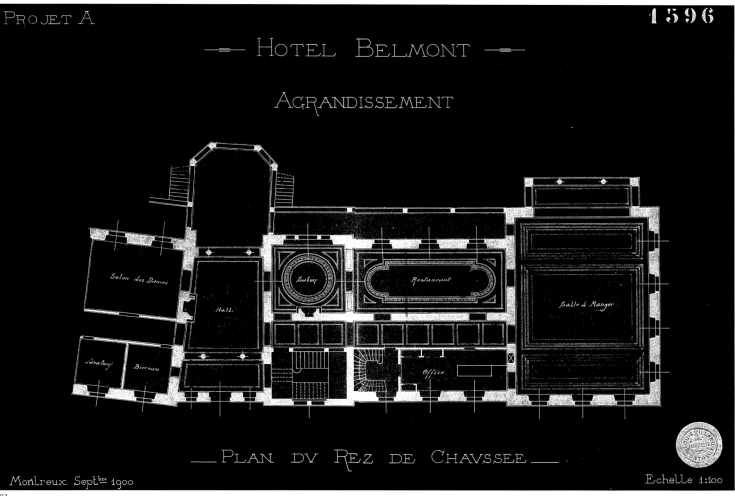

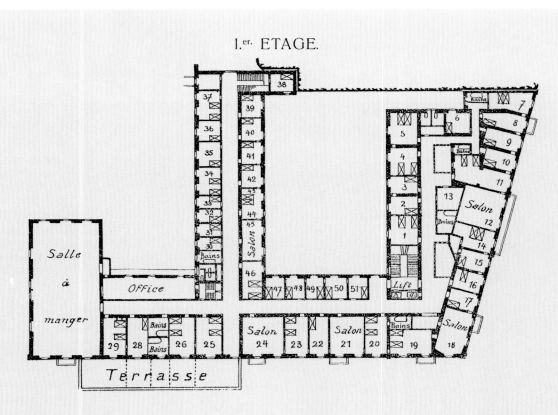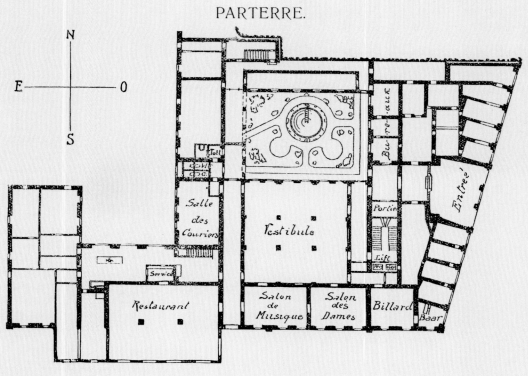

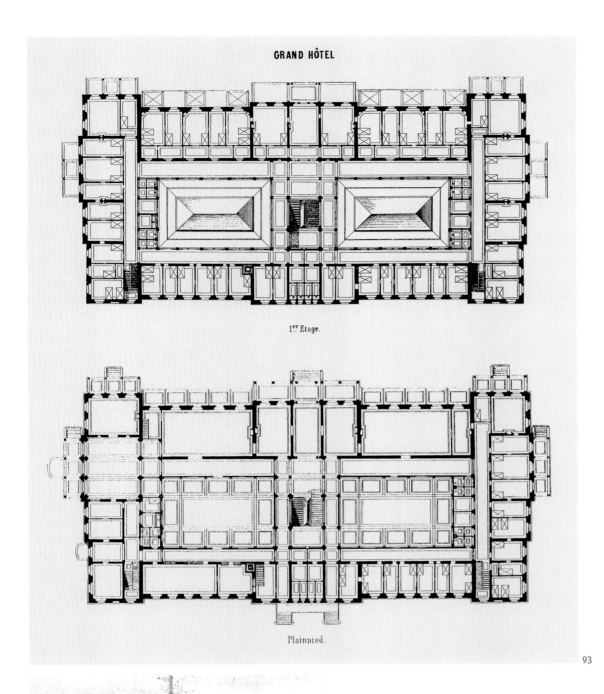

92
Lugano, Grand Hotel (ehemals Hotel du Parc, Abb. 135). 1855 vom Architekten Luigi Clerichetti aus einer Klosteranlage umgebaut, 1903/04 durch den Architekten Emil Vogt umgebaut und erhöht (Abb. 144). Hotelplan um 1920.

93
Unterseen bei Interlaken. Nicht ausgeführtes Projekt für ein Grand Hotel des Architekten Horace Edouard Davinet. Grundrisse aus dem Werbeprospekt von 1868.

94
Genf, Hôtel de la Couronne. 1835 vom Architekten Jean Marc Louis Junod als erstes Genfer Hotel mit einem kleinen Innenhof erbaut. Originalplan 1835.

Architekten Philippe Franel aus Vevey.[14] 1869/70 kam der fünfteilige Grundriss beim neuen Hotel National in Luzern erstmals in der Innerschweiz zur Ausführung.[15] Verantwortlich dafür waren der damals noch junge, in München ausgebildete Alphons Maximilian Pfyffer von Altishofen sowie Paul Segesser, der zu dieser Zeit gerade die Bauschule am Zürcher Polytechnikum absolvierte.[16] 1873 bis 1875 erstellte der nun diplomierte Architekt Paul Segesser das Hotel Rigi-First als ersten grossen Hotelbau an der Rigi nach diesem neuen Schema.[17] Die 1872 vollendete Erweiterung des ehemals dreiteiligen Hotel Axenstein zu einem fünfteiligen Gebäude wird dem in München, Wien und Berlin ausgebildeten Johann Meyer aus Luzern zugeschrieben.[18] Zur gleichen Zeit entwarf Jacques-Elysée Goss, ein Schüler der École des Beaux-Arts in Paris, das imposante Hôtel National am Genfer Quai, das erste von der «Schweizerischen Bauzeitung» publizierte Hotel überhaupt.[19]

Können die 1870er-Jahre im Schweizer Hotelbau als Pionierphase für den fünfteiligen Bauplan gelten, so erlebte er zwischen 1880 und 1914 eine verbreitete Anwendung. Palace und Grand Hotels nach diesem Schema entstanden beinahe in allen Fremdenregionen, sowohl am Wasser als auch im Gebirge, sowohl im städtischen Kontext als auch in freier Aussichtslage. Vor 1880 zeichnete der Tessiner Architekt Augusto Guidini ein erstes Projekt für das Grand Hotel in Brissago nach einem fünfteiligen Plan (Abb. 152). Zu den bekanntesten ausgeführten Tessiner Beispielen mit fünfteiligem Grundriss gehören das Hotel Europe von 1899 in Lugano-Paradiso (Abb. 140) und die beiden Bauten des Architekten Paolito Somazzi – das Hotel Bristol in Lugano von 1903 (Abb. 142) und das Grand Hotel in Brissago von 1909 (Abb. 154).[20] In Montreux gehört das von Victor Chaudet entworfene Hotel Continental von 1894 zu den kleineren Vertretern dieses Typs, das 1893 eröffnete Grand Hôtel in Caux von Louis Maillard zählt zu den imposantesten Beispielen (Abb. 24). Als eindrückliche Bauten mit dieser Grundrissform erscheinen die vom Architekten Eugène Jost entworfenen Palace Hotels in der Westschweiz, das Caux-Palace von 1902 (Abb. 20), das Hôtel des Alpes in Territet von 1905 und das Montreux Palace von 1906 (Abb. 80). Die Anordnung aller Gästezimmer auf der Aussichtsseite ergab bei diesen Bauten lange Zimmerfluchten, sodass sich diese Hotels zu eigentlichen «Hotelschlangen» entwickelten.

Auch im alpinen Raum finden sich einige fünfteilige Grundrisse. 1875 wurde in St. Moritz Bad als erstes fünfteiliges Hotel in Graubünden das vom Architekten Nicolaus Hartmann senior entworfene Hotel du Lac eröffnet (Abb. 190).[21] Von 1877 bis 1884, mehr als ein Jahrzehnt vor dem Bau der Gornergratbahn, erstellte der Burgdorfer Architekt Robert Roller junior im Auftrag der Hotelierfamilie Seiler aus Zermatt das Hotel auf der Riffelalp, eine eigentliche «Hotelikone» in den Alpen (Abb. 49). 1879 und 1888 entstand in zwei Etappen aus dem ehemals dreiteiligen Hotel Victoria in St. Moritz Bad durch Anbau von zwei Seitenflügeln ein markanter fünfteiliger Hotelbau (Abb. 81, 189).[22] In Champex im Unterwallis wurde die 1889 eröffnete Pension von Emil Cretex kurz nach der Jahrhundertwende zum fünfteiligen Grand Hotel umgebaut.[23] Weitere Beispiele solcher Um- und Neubauten finden sich im frühen 20. Jahrhundert im ganzen Alpenraum. 1905 konnte beispielsweise das von Karl Koller entworfene Grand Hotel von St. Moritz nach diesem Grundrissschema eröffnet werden. Mit seiner dominanten Erscheinung wurde es zum unverkennbaren Symbol für die ungestüme Hotelbautätigkeit in der Belle Époque und bis zum Brand im Zweiten Weltkrieg zum Fixpunkt in allen Ansichten der Oberengadiner Tourismusmetropole (Abb. 201, Umschlagbild). Im Dorf Zermatt entstand im Jahr 1907 das vom Engadiner Architekten Hans Winkler entworfene Hotel Beau-Site als einer der eher seltenen fünfteiligen Bauten im Wallis (Abb. 48).[24]

ABGEWINKELTE GRUNDRISSE

Winkelbauten als Hotelgrundrisse weisen verschiedenartige Erscheinungsformen auf, die sich nicht auf einen einfachen gemeinsamen Nenner bringen lassen. Die Vielfalt der Anlagen und ihrer baulichen Ausprägung ist beachtlich (Abb. 67f–h). Oftmals wurden abgewinkelte Grundrisse durch die Geländesituation oder durch die baulichen Gegebenheiten bestimmt. In den europäischen Grossstädten wurden Hotels in der Ecke einer Blockrandbebauung aus dem 19. Jahrhundert zu einem häufigen Bautyp, in den Schweizer Städten dagegen finden sich solche Bauten kaum. Abgewinkelte Grundrisse entstanden im schweizerischen Rahmen eher an prominenter Aussichtslage am Wasser und in den Bergen. Zu den abgewinkelten Grundrissen können auch die in den schweizerischen Fremdenregionen nur ganz selten realisierten freistehenden Dreiflügelanlagen gezählt werden (Abb. 67i).

Der Winkelbau im Strassengeviert

Zu den im europäischen Hotelbau weit verbreiteten Winkelbauten gehören die Eckhotels in einem städtischen Strassengeviert. Diese Grundrissform entwickelte sich aus der charakteristischen Blockrandbebauung des 19. Jahrhunderts. Das erste bedeutende Stadthotel in der Schweiz, das 1834 eröffnete Hôtel des Bergues in Genf, gehörte zu diesem Bautyp (Abb. 59, 60). Weitere Beispiele von dieser Bedeutung finden sich in Schweizer Städten aber kaum. Die im städtischen Kontext als Winkelbau in eine Gebäudezeile eingebundenen Hotels blieben bis ins ausgehende 19. Jahrhundert Ausnahmefälle. Repräsentative, für Fremde eingerichtete Stadthotels, wie das Baur en Ville in Zürich (Abb. 4), das Drei Könige in Basel oder alle Hotels am Luzerner Quai (Abb. 11) wurden in der Regel als Einzelbau errichtet und nicht in eine Gebäudezeile integriert. Genf ist in der Schweiz die Stadt mit den meisten in Häuserzeilen integrierten Hotels am Wasser. Die am rechten Ufer gelegenen Hôtel de la Paix (1865), Russie (1869), Angleterre (1872, Abb. 39) und Bellevue (1901) belegen aber ausnahmslos nur einen rechteckigen Grundriss in der Häuserreihe oder in einer Gebäudeecke, sie bilden keinen abgewinkelten Grundriss.[25] Einzig das Genfer Beau-Rivage entwickelte sich in mehreren An- und Umbauphasen zu einem verwinkelten Eckbau.[26]

Erst im späten 19. Jahrhundert, beim Ausbau neuer städtischer Quartiere, entstanden einige winkelförmige Hotels. Die meisten Beispiele finden sich im Luzerner Hirschmattquartier, das unmittelbar nach dem Bahnhofneubau in den Jahren 1894 bis 1896 entstand.[27] Im Hinblick auf diesen Ausbau errichteten die Gebrüder Keller als Bauunternehmer-Architekten bereits 1891 an der Ecke Hirschmattstrasse / Pilatusstrasse das Hotel Victoria (Abb. 82). Zu den bekanntesten in Luzern neu erstellten Winkelbauten gehören die von Architekt Emil Vogt erstellten Hotel Monopol von 1899 und Waldstätterhof von 1900/01 (Abb. 17).[28] Durch mehrere Erweiterungsbauten wurde auch das unmittelbar neben dem Luzerner Bahnhof gelegene Hotel St. Gotthard-Terminus zum Winkelbau (Abb. 16). Ein prominenter und oft abgebildeter Winkelbau im städtischen Kontext ist das von 1899 bis 1901 erbaute Hotel Steinbock in Chur, das durch den einheimischen Architekten Emanuel von Tscharner (1848–1918) als symmetrische Anlage an einer Strassenkreuzung erbaut wurde (Abb. 83).[29] 1910 entstand in Lausanne das Hôtel de la Paix der Architekten Monod & Laverrière mit einem abgewinkelten Grundriss, der als eines der wenigen Beispiele in einer Fachzeitschrift publiziert wurde.[30]

Der Winkelbau zur Aussicht

Vollständig frei stehende, abgewinkelte Hotelbauten in V- und L-Form, das heisst mit spitzem oder rechtem Winkel, sind im Schweizer Hotelbau selten. Ihr an sich bestechendes Anordnungsprinzip zur Schaffung vermehrter Aussichtszimmer konnte sich nicht in grösserem Umfang durchsetzen. Die markanten Schweizer Beispiele finden sich zudem erst in der Belle Époque. Dieser Bauplan fand auch keine Aufnahme in ein Standardwerk über den Hotelbau im 19. Jahrhundert.[31]

Einen der ersten V-förmigen Winkelbauten in Aussichtslage errichtete der Zürcher Architekt Johann Jakob Breitinger 1866 mit dem Hotel Bernina am Dorfrand von Samedan (Abb. 84). Vier Jahre später entwarf der eingewanderte Architekt Giovanni Sottovia aus Vicenza das Hotel Roseg in freier Lage vor dem Dorf Pontresina ebenfalls als Winkelbau mit einem verblüffend ähnlichen Grundriss (Abb. 85). Zwei bedeutende Winkelbauten in Aussichtslage von Architekt Horace Edouard Davinet wurden 1875 eröffnet: Für das Hotel Giessbach am Brienzersee entwarf er einen abgewinkelten Bau mit Aussicht sowohl auf den nahen Wasserfall als auch auf den Brienzersee (Abb. 10). Sein Hotel Schreiber auf Rigi-Kulm mit 150 kleinen, in zwei Flügeln aufgereihten Doppelzimmern wurde zum wohl bekanntesten Winkelbau in freier Aussichtslage (Abb. 38).[32] Bereits 1874 hatte derselbe Architekt das Hotel Ritschard in Interlaken durch einen neuen Flügel rechtwinklig zum Altbau als Winkelbau umgestaltet.[33]

Die meisten Winkelbauten in Aussichtslage entstanden erst im ausgehenden 19. Jahrhundert. Besonders häufig findet sich dieser Grundrisstyp im Engadin. Den Auftakt machte das Neue Stahlbad in St. Moritz Bad von 1892 mit einem der imposantesten Winkelbauten überhaupt. Der in ganz Europa als Hotelarchitekt tätige Wahlluzerner Arnold Bringolf erstellte eine zweifach abgewinkelte Anlage mit einem angebauten Bädertrakt (Abb. 86). Das 1897 eröffnete Hotel Waldhaus Vulpera wurde vom Engadiner Architekten Nicolaus Hartmann senior als L-förmiger Bau an die Kante der natürlichen Terrasse von Vulpera gesetzt (Abb. 14).[34] Während das Hotel Alpenrose in Sils Maria in den 1860er-Jahren bereits als Winkelbau errichtet worden war (Abb. 31, 87), entstand der abgewinkelte Grundriss beim benachbarten Hotel Edelweiss durch den Anbau eines neuen Flügels 1903/04 (Abb. 188).[35]

Einer der wenigen Westschweizer Winkelbauten in freier Aussichtslage wurde 1896 in Chandolin im Val d'Anniviers eröffnet. Das von Architekt Louis Maillard entworfene Hôtel Bella Vista (später Grand Hôtel) nutzte die Lage auf einer Geländekante mit zwei Aussichtsseiten geschickt aus.[36] Einen markanten Winkelbau am See errichtete der Beaux-Arts-Architekt Ernest Moachon 1895 mit dem Hôtel Bristol in Montreux-Territet. Er ergänzte den Altbau einer bestehenden Pension durch einen neuen Zwischentrakt und einen im stumpfen Winkel anschliessenden neuen Westflügel.[37] Einer der prominentesten und zugleich ein oft publizierter Winkelbau war das 1899 über der Stadt Zürich errichtete Grand Hotel Dolder (Abb. 30, 88).[38]

Zweifach abgewinkelte Hotelgrundrisse mit einem markanten Hauptbaukörper entstanden ebenfalls nur in geringer Zahl (Abb. 67h). Ein erstes Vorbild für dieses Grundrissmodell hatte Felix Wilhelm Kubly im Jahr 1864 mit dem Kurhausgebäude in Tarasp im Unterengadin geschaffen (Abb. 89, 203).[39] Eines der wenigen folgenden Beispiele schuf Emil Vogt 1905 für das Grand Hotel in Brunnen. Zwei leicht abgewinkelte Seitenrisalite ermöglichten eine optimale Anpassung an die Geländeform und zugleich eine ideale Aussicht aus allen Zimmern auf der Schmalseite (Abb. 90).[40]

Das majestätische Hotelschloss als Dreiflügelanlage fand in der Belle Époque kaum Anwendung im Schweizer Hotelbau. Als frühester und zugleich mächtigster Vertreter dieses Bautyps entstand von 1882 bis 1884 der Hôtel-Kursaal Maloja in der Einsamkeit des Oberengadins (Abb. 237, 239). Im schweizerischen Rahmen finden sich nur wenige Nachfolgebauten, etwa das Grand Hôtel in Territet von 1888, das majestätische Grand Hôtel in Caux von 1893 (Abb. 24), das neue Hotel Bären (Bear & Grand Hotel) in Grindelwald, das nach einem Grossbrand 1892 in den folgenden zwei Jahren weitgehend auf den alten Fundamenten wieder aufgebaut wurde (Abb. 26),[41] oder das Palace in Lausanne-Ouchy von 1908 als Neubau neben dem bestehenden Hôtel Beau-Rivage von 1861 (Abb. 120).

GRUNDRISSE MIT ASYMMETRISCHEM SCHWERPUNKT

Neben den regelmässigen und auf einer Symmetrie aufbauenden Grundrissen kennt der Schweizer Hotelbau auch zahlreiche unregelmässige und asymmetrische Grundrissformen, die kaum charakteristischen Typen zugeordnet werden können. Oftmals wurden diese Gebäude, wie auch die abgewinkelten Formen, durch die Beschaffenheit des Geländes oder durch den Ausbau in mehreren Etappen geprägt.

Bei einigen Bauten lässt sich in der Asymmetrie ein Zusammenhang mit der architektonischen Entwurfsarbeit des jeweiligen Architekten erkennen. Wichtige Einflüsse auf die Entstehung unregelmässiger Grundrisse lassen sich vom Landhausbau des 19. Jahrhunderts herleiten, bei dem die lineare Reihung von untereinander verbundenen Räumen eine allmähliche Ablehnung erfuhr. Im Rahmen der Wiederentdeckung mittelalterlicher Bauformen griff der englische Landhausbau seit den 1830er-Jahren vermehrt auf vorbarocke, unregelmässig gestaltete Grundrisslösungen zurück. Massgeblich vorangetrieben wurde diese Entwicklung durch Augustus Welby Pugin, dem rührigsten Vertreter des «Gothic Revival» in England.[42]

Die Tendenz zu asymmetrischen Grundrissen ist im Schweizer Hotelbau vor allem in der Belle Époque bei zahlreichen Gebäuden deutlich erkennbar. Besonders zahlreich finden sich solche Beispiele bei den so genannten Burgenhotels um 1900. So weisen beispielsweise alle von Architekt Karl Koller entworfenen Bauten, ausgehend von einem ursprünglich linearen Grundriss, zahlreiche asymmetrische Anordnungen auf (Abb. 71). Ein besonders charakteristisches Beispiel entwarf Louis Villard aus Montreux 1901 mit dem Ausbauprojekt für das seit einem knappen Jahrzehnt bestehenden Hôtel Belmont. Sein Projekt sah den Aufbau von zwei neuen Eckflügeln mit Rundtürmen auf dem bestehenden Bau sowie eine Erweiterung als Schlossanlage im Stil der Neorenaissance vor. Ein markanter «Donjon» sollte den neuen westseitigen Abschluss der erweiterten Anlage mit vollständig asymmetrischem Grundriss bilden (Abb. 91).[43] Einen markanten Hotelbau mit unregelmässigem Grundriss schufen auch die Lausanner Architekten Adrien van Dorsser und Charles François Bonjour mit dem 1913 eröffneten Royal Hotel & Winter Palace in Gstaad (Abb. 23).

Die Verbreitung von unregelmässigen Grundrissen wurde zu Beginn des 20. Jahrhunderts auch durch den Schweizer Heimatschutz gefördert, der sich damals bei der Ausarbeitung von Um- und Neubauprojekten für Hotels besonders engagierte. Das 1906 durch die Berner Sektion beim Architekten Karl Indermühle in Auftrag gegebene Gegenprojekt für ein Kurhaus in Lauenen im Berner Oberland repräsentierte den Willen zur Gliederung des Bauvolumens in mehrere verschiedenartige Baukörper, die alle auf einem unregelmässigen Grundriss aufbauten (Abb. 35).[44]

GRUNDRISSE MIT INNENHOF ODER MIT LICHTHÖFEN

Grundrisse mit Innenhöfen oder mit Lichthöfen treten im Hotelbau in zwei unterschiedlichen Ausprägungen auf. Einerseits findet man grössere Hotelbauten, die sich um einen Innenhof gruppieren, sei es als Einzelbau in der freien Landschaft oder als Geviert in einer städtischen Blockrandbebauung des 19. Jahrhunderts (Abb. 67k, l). Andererseits wurden vor der Installation des elektrischen Lichts bei innen liegenden Räumen wie Treppenhäusern, Hallen oder Gängen sowie bei grossen Gebäudetiefen Öffnungen erstellt (Abb. 67m, n). Kleine Licht- und Entlüftungsschächte im Gebäudeinnern schliesslich dienten der Belichtung und Entlüftung von Sanitärräumen (Abb. 67o).

Das Gebäude um einen Innenhof

Seit alter Zeit findet man in der Architekturgeschichte repräsentative Einzelgebäude oder Gruppierungen von Gebäuden, die einen oder mehrere abgeschlossene Innenhöfe als zentrales Grundrisselement aufweisen. Zu den ältesten Beispielen zählen die Paläste und Wohnhäuser der griechischen und römischen Antike. Eine Wiederaufnahme fand dieses Bauprinzip in den Palastbauten der Renaissance, bei denen sich eine repräsentative Wohnanlage um einen Innenhof entwickelte. Bei den norditalienischen Bauernhäusern hat sich die Gruppierung von Räumen um einen Innenhof bis in die heutige Zeit erhalten.

Bauten mit ausgeprägten Innenhöfen finden sich seit mittelalterlicher Zeit auch im Klosterbau. Als «Prototyp» eines Hotel-Hofgrundrisses bezeichnete Nikolaus Pevsner deshalb das von 1807 bis 1809 durch den Karlsruher Architekten Friedrich Weinbrenner aus einer alten Klosteranlage umgebaute Hotel Badischer Hof in Baden-Baden (Abb. 69).[45] In der Schweiz wurde nur ein Hotel auf diese Weise realisiert: 1855 entstand das Hotel du Parc am Stadtrand von Lugano (seit 1903 als Grand Hotel Palace bezeichnet) als erstes Grosshotel im Tessin durch den Umbau einer Klosteranlage. Die zellenartig aufgereihten Zimmer um einen grossen Innenhof wiesen auch nach dem Umbau deutlich auf das ehemalige Kloster hin (Abb. 92).[46]

Im 19. Jahrhundert entwickelte sich mit der städtischen Blockrandbebauung ein Schema, das die antike Tradition des Bauens um Innenhöfe auf den damaligen Städtebau übertrug. Dabei entstanden mehrstöckige Gebäude (Wohn- oder Geschäftshäuser) entlang von neuen Strassenachsen, die in der Regel unabhängig vom bestehenden alten Strassennetz in einem regelmässigen Raster über das alte Stadtgefüge gelegt wurden. Dieses Bauprinzip hat den Hotelbau im 19. Jahrhundert in den europäischen und nordamerikanischen Grossstädten stark beeinflusst. Eines der ersten Hotels, das nach diesem Schema entworfen und dessen Grundriss mehrmals publiziert wurde, war das 1855 eröffnete Hôtel du Louvre in Paris.[47] Die in Wien herausgegebene «Allgemeine Bauzeitung» publizierte seit den 1870er-Jahren etliche solcher Hotelgrundrisse aus dem deutschsprachigen Raum.[48] Alle zwischen 1875 und 1885 erschienenen Standardwerke über den Hotelbau enthalten ausserdem zahlreiche Beispiele aus den europäischen Grossstädten.[49] In den Schweizer Stadtzentren konnte sich dieser Hoteltyp aber nicht verbreiten. Sowohl in Genf wie auch in Luzern, dort vor allem im neuen Hirschmattquartier nach dem Bahnhofbau von 1896, entstanden keine Grosshotels, die einen ganzen Baublock in Anspruch nahmen. Die schweizerischen Stadthotels waren kleiner, und sie beanspruchten nur einen Teil einer solchen Bebauung. Ein einziges ambitiöses Hotelprojekt dieser Grösse, das 1873 eröffnete Hotel Stadthof in Luzern, ging zwei Jahre nach der Eröffnung bereits Konkurs.[50]

Hotelneubauten als Gebäudegeviert um einen grossen Innenhof in freier Aussichtslage sind in der Schweiz ebenfalls beinahe unbekannt. 1835 entwarf der junge Architekt Henri Fraisse (1804–1841)[51] aus Lausanne, der in seiner Heimatstadt 1838/39 das prominente Hôtel Gibbon erstellte, ein Projekt für den Bau einer Hotelanlage beim Bad von Lavey-les-Bains. Das Gebäudegeviert mit Innenhof wurde aber nur in einer reduzierten Form verwirklicht.[52] Das einzige Schweizer Hotelprojekt in freier Landschaft mit einem Speisesaal im Innenhof entwarf Architekt Horace Edouard Davinet 1868 in Unterseen bei Interlaken für den Besitzer des Hotel Jungfrau, der es in der Folge aber nicht realisierte (Abb. 93).[53] Eine solche Anordnung hätte die Aussicht aus den Sälen auf Berge, den See oder andere Naturschauspiele verunmöglicht, weshalb Eduard Guyer diesen Grundriss in seinem Standardwerk über den Hotelbau als «Versündigung an der Natur» bezeichnete.[54]

Innere Lichthöfe

Bis zur Einführung des elektrischen Lichts gab die Belichtung von innen liegenden Gemeinschaftsräumen oder von breiten Gebäudegrundrissen bei Hotels meistens etliche bauliche Knacknüsse auf. Konnten die Räume nicht mehr von einer Fassade her belichtet werden, mussten Lichtschächte und Lichthöfe errichtet werden. Starke Verbreitung fanden diese vor allem bei Treppenanlagen, Hotelhallen und Gängen (Abb. 67m, n).

Der Hotelgrundriss mit innerem Lichthof fand am Genfersee eine besonders frühe Anwendung. Als erstes Gebäude dieser Art entstand im Sommer 1835 das Hôtel de la Couronne in Genf. Dieses war in die Häuserreihe am neuen Grand Quai eingebaut und besass in seiner Mitte einen längsgerichteten Innenhof, um den die Hotelzimmer angeordnet waren und an den sich auf der Ostseite eine dreiläufige, zweifach abgewinkelte Treppenanlage anschloss (Abb. 94).[55] Das 1841 eröffnete Hôtel de l'Ecu de Genève erhielt als freistehendes Hotel erstmals einen Innenhof mit einer halbkreisförmigen Treppenanlage.[56]

In den 1840er-Jahren verbreitete sich der Grundriss mit einem inneren Lichthof bei zahlreichen weiteren Hotelbauten. 1842 wurde in Vevey das Hôtel des Trois Couronnes eröffnet, das auf seiner gesamten Länge drei schmale innere Lichthöfe aufwies. Im Gegensatz zum Hôtel de l'Ecu de Genève, wo sich die Galerie mit Rundbogenöffnungen zur Halle öffnete, entwarf der Architekt Philippe Franel beim Trois Couronnes eine Folge von drei eleganten Lichthöfen mit marmorierten Säulen im Erdgeschoss und massiven, von Säulen rhythmisch unterbrochenen Balustraden in den Obergeschossen (Abb. 25, 95). 1844/45 erbaute der Badener Architekt Kaspar Joseph Jeuch (1811–1895)[57] in seinem Geburtsort sein einziges bedeutendes Hotel, den Verenahof. Zwei elegante innere Lichthöfe führten vor der Elektrifizierung das notwendige natürliche Licht ins Gebäudeinnere. Die Säulen nach klassischen Vorbildern stützten sich auf eine durchgehende, geschlossene Stockwerkbrüstung (Abb. 97).

Seine grösste Verbreitung fand der Hotelgrundriss mit innerem Lichthof in der Zeit von 1850 bis 1875, also vor der Einführung des elektrischen Lichts. Eine elegante Lösung zur Belichtung der Eingangshalle fand der Berner Kantonsarchitekt Friedrich Salvisberg 1854 beim Umbau des Hotel Ritschard in Interlaken mit einem Lichthof und einer anschliessenden halbkreisförmigen Treppenanlage.[58] Diese Disposition erhielt ein Jahrzehnt später auch der Neubau des benachbarten Hotel Victoria.[59] Eine grosszügige Eleganz strahlt auch der innere Lichthof des 1859 eröffneten Hotel Bernerhof in Bern aus. Dessen Architekt Friedrich Studer, der beim Bau des Trois Couronnes in Vevey bei Philippe Franel gearbeitet hatte, entwarf für dieses erste Grand Hotel in der jungen Bundeshauptstadt einen inneren Lichthof, der stark an die Genfer Vorbilder mit halbkreisförmiger Treppe erinnert (Abb. 96).[60] Auch das 1861 eröffnete Hôtel Beau-Rivage in Lausanne-Ouchy, das erste Grand Hotel in Lausanne, erhielt in der Eingangshalle einen zentralen inneren Lichthof, an den sich eine halbkreisförmige Treppe anschloss (Abb. 63). Nach diesem in mehreren Lehrbüchern publizierten Hotelbau verbreitete sich der Hotelgrundriss mit Innenhof Mitte der 1860er-Jahre markant.[61] Eine Vielzahl von Neubauten wurde bis zur Wirtschaftskrise der 1870er-Jahre mit diesem beliebten Element der Innenbelichtung ausgestattet, so etwa die 1865 eröffneten Hotels Luzernerhof in Luzern, Victoria in Interlaken[62] und Hôtel Beau-Rivage in Genf (Abb. 8) oder das kurz danach von Jean Franel entworfene Grand Hôtel in Vevey (Abb. 68).[63] Um 1870 besassen in der Stadt Genf mit

Ausnahme des Hôtel des Bergues alle bedeutenden Hotels am Wasser im Innern einen Lichthof.

In den 1870er-Jahren entstanden nur noch vereinzelte Hotels im städtischen Kontext mit einem Lichthof, beispielsweise das 1873 eröffnete Hotel Blume in Baden oder der Thunerhof von 1875 (Abb. 66) mit einem dem Grand Hôtel in Vevey nachempfundenen Grundriss des Semperschülers Adolphe Tièche. Mit diesem Grundriss war die Reihe der Hotels mit inneren Lichthöfen vorerst abgeschlossen. Die verbreitete Einführung des elektrischen Lichts rückte diese Form in den 1880er-Jahren stark in den Hintergrund, bis sie um 1900 in der Westschweiz und im Tessin eine Art Renaissance erlebte. In Lausanne erstellte Architekt Louis Bezencenet 1895 die Pension Mont Riant und 1906 das Hôtel Victoria wiederum mit einem solchen Belichtungselement. 1899 wurde das vom Architekturbüro Chessex & Chamorel-Garnier entworfene und mit einem Lichthof versehene Hôtel Beau-Site eröffnet, das seit 1915 den östlichen Gebäudeteil des Hôtel Lausanne Palace bildet.[64] In Genf entstand 1901 das Hôtel Bellevue, der letzte Hotelneubau am Quai du Mont Blanc, mit einem an das grosse Treppenhaus anschliessenden Innenhof.[65] In Lugano schuf der Tessiner Architekt Paolito Somazzi von 1902 bis 1904 das Grand Hôtel du Parc & Beau-Séjour, das im Innern eine repräsentative Treppenanlage mit abwechslungsweise ein- und zweiläufiger Treppe sowie einen grossen Lichthof aufwies, indem er eine bestehende Villa am Seeufer umbaute (Abb. 143).[66] 1908 wurde mit dem Hotel Lloyd in Lugano ein weiteres Hotel mit einem Innenhof erstellt, das im gleichen Jahr bewilligte Projekt für ein Palace Hotel Excelsior wurde aber nicht mehr ausgeführt.[67]

Licht- und Entlüftungsschächte

Mit dem vermehrten Einbau von Sanitärräumen gegen Ende des 19. Jahrhunderts mussten zusätzliche Licht- und Entlüftungsschächte zum Erhellen und Entlüften von innen liegenden Bädern und Toiletten erstellt werden. Die in der Regel kleinen, schachtförmigen Kanäle brachten einerseits das Tageslicht zu den gewünschten Stellen im Gebäudegrundriss. Andererseits ermöglichten sie die Entlüftung von innen liegenden Räumen ohne Fenster, in der Regel Bäder und Toilettenanlagen. Die Hotels mit solchen Licht- und Entlüftungsschächten bilden keine eigene Grundrissgruppe im eigentlichen Sinn. Sie finden sich bei allen beschriebenen Typen, mehrheitlich aber bei den linearen fünfteiligen Grundrissen (Abb. 67o, 119). Ein besonderes Grundrissprinzip mit Lichtschächten entwickelte der Luzerner Architekt Emil Vogt. Beim so genannten Appartementsystem waren um einen inneren Licht- und Entlüftungsschacht ein «Sanitärblock» mit Baderäumen, Toiletten und mehreren Hotelzimmern angeordnet, die sich in verschiedenartigen Kombinationen zu grösseren Suiten kombinieren liessen. Die Anwendungen des Appartementsystems beim Osttrakt des Luzerner National von 1900 und beim Grand Hotel in Brunnen von 1905 (Abb. 90, 117) gehören zu den zwei prominentesten Anwendungen dieser klug durchdachten Grundrissdisposition im schweizerischen Hotelbau der Belle Époque.[68]

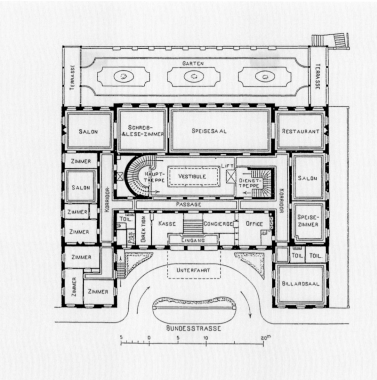

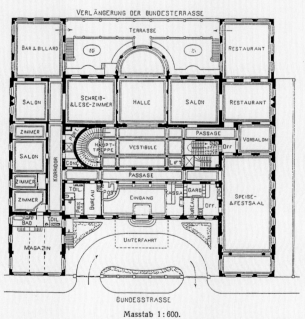

95
Vevey, Hôtel des Trois Couronnes. Das 1842 eröffnete Gebäude des Architekten Philippe Franel weist als einziges Hotel in der Schweiz drei elegante Lichthöfe auf (Abb. 25). Fotografie um 1940.

96
Bern, Hotel Bernerhof. 1859 als erstes Grand Hotel in der jungen Bundesstadt eröffnet nach Plänen des Architekten Friedrich Studer. Grundriss Erdgeschoss vor (oben) und nach (unten) dem Umbau durch den Luzerner Emil Vogt 1907/08. Seit 1923 Sitz des eidgenössischen Finanzdepartements (SBZ 1910).

97
Baden, Hotel Verenahof. 1845 durch den Architekten Kaspar Joseph Jeuch mit zwei Lichthöfen erbaut. Fotografie 1966.

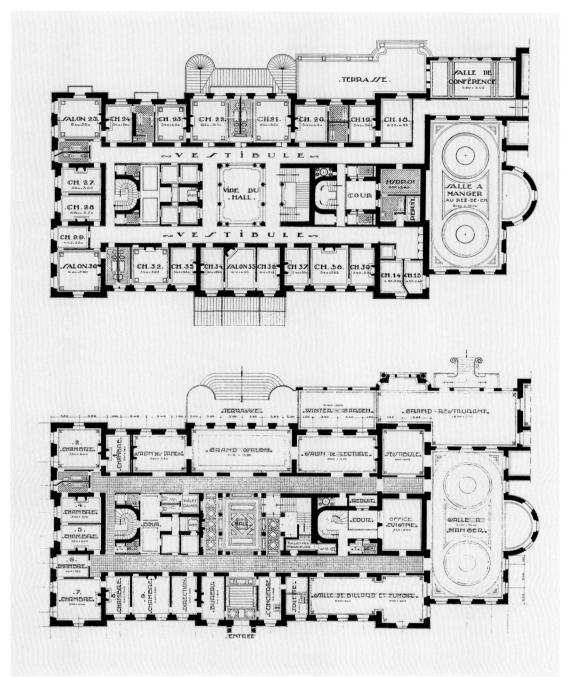

98
Vevey, Grand Hôtel. 1867 eröffnet nach Plänen des Architekten Jean Franel (1956 Sprengung nach Brand). Fotografie des inneren Lichthofs 1943 (siehe Abb. Seiten 56/57).

99
Vevey, Grand Hôtel. Grundriss Erdgeschoss (unten) und 1. Etage (oben) nach einem Aufnahmeplan um 1900, eventuell als Nachzeichnung der Originalpläne des Architekten Franel. Deutlich sichtbar sind die nachträglich zu Lasten von Gästezimmern eingebauten Sanitäranlagen.

«eine Zugmaschine für Personen und eine andere für Gepäck»
(AUS EINER WERBESCHRIFT FÜR DAS NEU ERÖFFNETE GRAND HÔTEL IN VEVEY, 1867)

Technische Installationen in den Hotels der Belle Époque

Der umfangreiche Ausbau der Fremdenindustrie im letzten Viertel des 19. Jahrhunderts kreierte das Modell eines von der damaligen technischen Ausrüstung entscheidend geprägten Grand Hotels. Hinter den rückwärts gewandten Bauformen der Neorenaissance und des Neobarocks mit den ritualisierenden Verhaltensmustern ihrer Benützer verbarg sich aber ein äusserst bemerkenswerter technischer Fortschritt, der zur Fassadengestaltung in einem immer markanteren Widerspruch stand. Die touristischen Grossbauten der Grand Hotels und Palaces widerspiegelten gegen aussen eine nostalgische, vorindustrielle Schlossherrlichkeit, gleichzeitig beherbergten sie aber die neusten Errungenschaften des fortschrittlichen Industriezeitalters. Sie gehörten in der Regel zu den Pionierbauten bei der Einführung von elektrischem Licht, Personenaufzügen und Heizungsanlagen. So weist beispielsweise der Werbeprospekt für das 1888 eröffnete Grand Hôtel in Territet detailliert auf alle technischen Installationen hin, die dieser neuste Hotelpalast am Genfersee hinter seinen Historismusfassaden beherbergte: «… soit au point de vue de l'hygiène, de la ventilation (par les moyens électriques), du drainage, du chauffage et de l'éclairage, comme au point de vue de l'espace, de la distraction, du confort et des lieux de réunions. La lumière est obtenue par l'électricité, la chaleur par un calorifère unique à vapeur. Plusieurs ascenseurs sont mis en activité par un moteur hydraulique.»[1] Im Suvretta House in St. Moritz war bei der Eröffnung im Jahr 1912 nebst elektrischem Licht im ganzen Haus, zahlreichen Privatbädern und WC-Anlagen bei den verschiedenen Appartements, einer leistungsfähigen Zentralheizung mit vier Wasserkesseln sowie einer Ventilation von Gesellschaftsräumen, Bädern, Toiletten und allen Küchenräumen sogar noch eine eigene «Kehricht-Verbrennungseinrichtung» vorhanden, die mit der Warmwasseraufbereitung gekoppelt war.[2]

Neben den nachfolgend beschriebenen wichtigsten technischen Installationen im direkten Zusammenhang mit dem Hotelbetrieb – dem künstlichen Licht mit Gas oder Elektrizität, den Sanitärinstallationen, den Zentralheizungen und den Personenaufzügen – finden sich in zahlreichen Hotels der Belle Époque noch weitere Elemente des jeweiligen technischen Fortschritts. Als Dienstleistung für die Öffentlichkeit beteiligten sich seit den späten 1860er-Jahren zahlreiche Hoteliers als Pioniere am Aufbau des öffentlichen Telegrafennetzes. Im neuen Kurhaus in St. Moritz Bad von 1856 wurde um 1860 die erste Telegrafenstation im Oberengadin in Betrieb genommen.[3] 1867 bot das neue Grand Hôtel in Vevey ebenfalls ein Telegrafenbüro an, 1868 folgte das Hôtel des Alpes in Territet.[4] 1869 erstellte der initiative Urner Regierungsrat Michael Truttmann-Borsinger eine eigene Telegrafenleitung von Beckenried zu seinem Hotel Sonnenberg in Seelisberg, 1871 eröffnete Hotelier Alexander Seiler im Monte Rosa das erste Telegrafenbüro von Zermatt, und 1875 wurde im Kurhaus Beatenberg, nach dem Besuch des Kronprinzen Friedrich Wilhelm von Preussen, ein Telegrafenbüro in Betrieb genommen.[5] Bereits um 1880 war der Telegraf zur alltäglichen Einrichtung geworden, der bei der raschen Übermittlung von Nachrichten eine führende Rolle übernahm. Um die Jahrhundertwende fand man in zahlreichen Hotels eine eigene Telegrafenstation. Zu den in den Hotels bald einmal stark verbreiteten technischen Errungenschaften gehörte das interne Telefon als Verbindung von den Zimmern zum Concierge. 1879 wurde die erste Hoteltelefonanlage der Schweiz im Hôtel des Alpes in Territet in Betrieb genommen, und 1881 eröffnete der dortige Hotelier Chessex eine Telefonlinie zwischen seinen Betrieben in Territet und Mont-Fleuri.[6] Als in den 1880er-Jahren die ersten Ortsnetze und Überlandleitungen entstanden, wurden die wichtigen Hotels bald einmal mit der «weiten Welt» verbunden. In den späten 1880er-Jahren waren in der Schweiz allerdings erst wenige Hotel-Telefonstationen in Betrieb und das «Telephonieren auf grössere Distanzen» beschäftigte damals noch die Spalten der Wochenzeitschrift «Die Eisenbahn».[7] 1896 waren im Engadin nur St. Moritz und Scuol (mit Tarasp, Ardez und Ftan) direkt mit Chur verbunden, aus Pontresina und Samedan konnte man über Umschaltstationen mit St. Moritz sprechen.[8] Erst zu Beginn des 20. Jahrhunderts besassen dann die bedeutendsten Hotels einen eigenen Telefonanschluss. Eher als technische Episode aus der Zeit der fortschrittsgläubigen Jahrhundertwende lassen sich die in zahlreichen Hotels installierten Staubsaugeranlagen mit festen Anschlüssen in den Gängen bezeichnen. Das 1905 eröffnete Grand Hotel in St. Moritz beispielsweise wies in seiner Werbung voller Stolz auf die im ganzen Haus montierte «Vacuum-Entstaubungsanlage» hin, und 1914 ersuchte das Hôtel Suisse in Montreux um eine Bewilligung zum Einbau eines solchen «appareil de nettoyage par le vide», zusammen mit dem neuen «ascenseur électrique» der Firma Stigler.[9]

BELEUCHTUNG MIT GAS

Bis in die zweite Hälfte des 19. Jahrhunderts war auch in zahlreichen Hotels der ersten Klasse noch die Kerzen- oder Petrolbeleuchtung an der Tagesordnung. In der Jahrhundertmitte wurden Kerzen, je nach Modell, für etwa einen Franken zusätzlich zum Zimmerpreis verkauft. Um 1860 kostete die billigste Kerze im Hotel drei Könige in Basel bereits einen Franken fünfzig, ein stolzer Aufpreis bei einer Zimmermiete von fünf bis sechs Franken pro Nacht.[10] Nicht verwunderlich, dass sich immer wieder zahlreiche Gäste über diese Zusatzpreise ärgerten, zumal eine Kerze nicht gerade zur optimalen Ausleuchtung eines Zimmers beitrug. Eine erste Verbesserung, von den Gästen im Allgemeinen sofort begrüsst, war das Gaslicht, das sich in den schweizerischen Grossstädten seit den 1840er-Jahren durchzusetzen begann.

Die moderne Gasbeleuchtung war, wie viele andere technische Erfindungen des 19. Jahrhunderts, eine Entwicklung der englischen Industriegesellschaft. Die ersten Gaslampen leuchteten offenbar bereits um 1800 bei der Firma Watt & Boulton in Soho bei Birmingham. Die Erfindung des Systems einer räumlich getrennten Produktion, Speicherung und Konsumation sowie deren Verbreitung mit einem an eine Zentrale angeschlossenen Röhrensystem durch William Murdoch war Grundlage zur Verbreitung des Gases für die Beleuchtung.[11] In der Schweiz kam das erste Gaswerk 1842 in der Stadt Bern in Betrieb, zwei Jahre später folgte die Fabrik in Genf, 1846/47 wurden zwei Zentralen in Lausanne erstellt.[12] In den 1850er-Jahren erhielten alle grösseren Schweizer Städte ihr Gasnetz.[13] Die kleineren Siedlungen kamen etwas später an die Reihe: 1862 Thun, im Jahr darauf Vevey, zwei Jahre später Lugano.[14] 1865 wurde Montreux an das Netz von Vevey angeschlossen und 1866 erhielt Interlaken, auf Initiative der einflussreichen Hoteliers, ein Gaswerk mit einem Verteilnetz. Neben vier öffentlichen Strassenlaternen am Höheweg (Abb. 44, 100) und an der Höhematte wurden dort alle grösseren Hotels an die neue Leitung angeschlossen.[15] Erst 1882, als die meisten Fremden längst nach dem höher gelegenen Luftkurort Heiden entschwunden waren, hielt auch in Rorschach am Bodensee die Gasbeleuchtung Einzug.[16]

Die Hoteliers der grösseren Betriebe waren von der technischen Neuerung der Gasbeleuchtung in der Regel rasch fasziniert. Die bedeutenderen städtischen Betriebe finden sich deshalb bei der Einführung an erster Stelle, gefolgt von den grössten Häusern in den neuen Fremdenorten. Bereits 1844, im Jahr der Eröffnung des dortigen Gaswerks, liess der Direktor des Hôtel des Bergues in Genf die ersten beiden Gasleuchter im Speisesaal installieren, zwei Jahre später kam der dritte hinzu.[17] Der damals bedeutendste Betrieb in der Rhonestadt konnte sich damit auch als schweizerischer Pionier bei diesem

Seiten 92/93:
Vergrösserung von Abb. 108
St. Moritz Bad, Hotel Victoria. Speisesaal mit elektrischen Leuchtern von 1891. Fotografie um 1900.

wichtigen technischen Fortschritt auszeichnen. Seit den 1860er-Jahren schlossen sich die grösseren Hotels jeweils bei ihrer Eröffnung an ein Gaswerk an, wenn ein solches vorhanden war. Damit konnte bei den Gästen mit einem zusätzlichen Komfort geworben werden. So wurde der neue Festsaal im Luzerner Schweizerhof bei seiner Eröffnung 1865 selbstverständlich mit Gaslicht ausgerüstet, das in der Stadt seit einem knappen Jahrzehnt erhältlich war. Zur Eindämmung der lästigen Rauch- und Russbelästigung wurde die Beleuchtung zusätzlich mit einem «ventilating sun burner», einer ausgeklügelten Zu- und Abluftreglierung, ausgerüstet.[18]

Mancherorts gehörten die Hoteliers zu den Initianten der lokalen Gasproduktion oder sie stellten ihr Gas in einem hoteleigenen Werk sogar selbst her. 1864 brachte Hotelier Müller das Gaslicht in seinem neuen Etablissement in Gersau seinen Gästen mit grossem Stolz zur Kenntnis.[19] 1869 konnte im Hotel Adler in Grindelwald die hoteleigene Gasbeleuchtung bestaunt werden, obschon dort noch kein Ortsnetz vorhanden war, und 1874 hatte auch das Hotel Schreiber auf Rigi-Kulm Gaslicht installiert.[20] In den Bündner Fremdenorten war die Gasbeleuchtung ausnahmslos auf Initiative der jeweiligen Hoteliers entstanden. 1874 wurde in St. Moritz Bad ein erstes Netz aufgebaut, an das sich die beiden neuen Hotels Victoria und du Lac sogleich anschlossen. Zur gleichen Zeit tauchte das erste Gaslicht auch in Pontresina auf, zuerst im Hotel Roseg, später in den Hotels Weisses Kreuz, Kronenhof und Saratz.[21] 1878 pries sich der aus Vicenza stammende und damals im Engadin tätige Architekt Giovanni Sottovia als Spezialist für Gasbeleuchtungen an.[22] Bereits in den Jahren 1874 bis 1876 war in Davos, auf Initiative des unermüdlichen Tourismuspioniers Willem Jan Holsboer, ein Gasnetz entstanden, an das sich erste Pensionen und das Kurhaus anschlossen.[23]

Die fortschrittsgläubigen Hoteliers nahmen für die Einrichtung der ersten Beleuchtung teilweise immense finanzielle und technische Anstrengungen auf sich. So verlegte Ami Chessex vom Hôtel des Alpes in Territet im Jahr 1865 eine zehn Kilometer lange Leitung vom Gaswerk in Vevey durch ganz Montreux bis zu seinem Betrieb auf seine Rechnung. Solche finanziellen Abenteuer konnten die damals führenden Hoteliers nicht abschrecken, denn die Werbewirkung war riesig und dem Betrieb war damit ein unmittelbarer finanzieller Erfolg garantiert.

In den meisten Fällen erleuchtete das Gas in den Hotels vorerst nur Gemeinschaftsräume im Erdgeschoss: in der Regel den Speisesaal und die Eingangshalle, manchmal auch weitere Aufenthaltsräume. Die relativ starke Verrussung und die unangenehme Erwärmung der Räume sowie die aufwändige Leitungsführung waren grosse Nachteile dieses Beleuchtungssystems. Zudem konnte das Gaslicht nur ungenügend reguliert werden, und die Ausleuchtung der Räume war, bedingt durch die technischen Grenzen der Lampenkonstruktion, nicht optimal. Deshalb wohl verbreitete sich das Gaslicht erst in den 1860er-Jahren in grösserem Ausmass in den Gästezimmern. 1861 bot beispielsweise das neu eröffnete Beau-Rivage in Ouchy als absolute Neuheit einige Suiten mit Gaslampen an.[24]

Trotz seinen zahlreichen technischen und betrieblichen Mängeln kannte die Gasbeleuchtung bis in die späten 1880er-Jahre aber keine ernsthafte Konkurrenz. So stellte Ambros Eberle in der Werbeschrift für sein Hotel Axenstein das Gaslicht noch 1875 als «neuste Verbesserung» vor.[25] Erst nach 1890 begannen die vornehmeren Hotels mit der Installation der viel saubereren und besser regulierbaren elektrischen Beleuchtung. Zu Beginn des 20. Jahrhunderts wagten dann nur noch kleinere Betriebe, ihre Gasbeleuchtung speziell zu erwähnen. In den grösseren Hotels und in den Städten gehörte zu dieser Zeit das elektrische Licht bereits zum allgemeinen Standard.[26]

In den privaten Wohnhäusern dagegen war die Petrollampe noch um 1900 die am weitesten verbreitete Beleuchtungsart.[27] Auch in zahlreichen Hotels an abgelegenen Orten und in Gegenden ohne Gaswerk blieb die Petrollampe oder sogar die Kerze und das Öllicht bis zur Einführung der Elektrizität die einzige Lichtquelle. Der 1844 geborene Josef Schmid, Initiator des 1883 eröffneten Berghotels Ofenhorn im Walliser Binntal,[28] beschrieb seine Erlebnisse als Hotelangestellter in Leukerbad in seinen Lebenserinnerungen wie folgt: «1862 war ich angestellt im Hotel ‹Maison Blanche› in Leukerbad … In den Sälen waren grosse Standlampen mit Öl und spendeten Licht. In den Zimmern aber gab es nur Schmalzkerzen und in einigen Gängen und Stiegen wurden in kleinen Laternen die Resten der Zimmerkerzen verwendet, was wahrlich für ein Hotel mit sehr feinen Gästen eine armselige Beleuchtung war. 1864 oder 1865 kam dann das erste Petrol mit den noch sehr einfachen Lampen hinzu. Das war doch ein erstaunenswerter Fortschritt.»[29]

DIE ELEKTRISCHE BELEUCHTUNG

In den späten 1870er-Jahren entstanden in der Schweiz die ersten vorerst probeweisen elektrischen Beleuchtungen. Am Eidgenössischen Schützenfest von 1876 in Lausanne sollen die frühesten Versuche mit elektrischem Licht stattgefunden haben.[30] Von der Jahresversammlung der Schweizer Naturforschenden Gesellschaft in Bex Ende August 1877 berichtet der «Walliser Bote»: «Nachmittags in den Salinen elektrische Beleuchtung.»[31] An der Landwirtschaftsausstellung in Freiburg einen Monat später bildeten zwei elektrische Lampen in den Restaurationsräumen eine grosse Attraktion.[32] Im Januar 1878 erstrahlte in einer Färberei in Thalwil am Zürichsee versuchsweise eine Bogenlampe.[33] An Pfingsten 1879 brannten am Kantonalen Schützenfest St. Gallen in Flawil zwei Bogenlampen, für deren Betrachtung die Vereinigten Schweizer Bahnen Extrazüge einsetzten.[34]

Die erste ständig installierte elektrische Beleuchtung wurde im Sommer 1879 vom St. Moritzer Hotelpionier Johannes Badrutt in seinem Hotel Engadiner Kulm in Betrieb genommen.[35] Mit einem eigenen kleinen Kraftwerk produzierte er den Strom für sechs «Jablochkoff'sche Kerzen» in der Eingangshalle, im Speisesaal, in der Küche und in einem Salon. Badrutt war mit dieser technischen Pionierleistung seiner Zeit weit voraus: Auch am Jahresende war seine Beleuchtung immer noch die einzige fest installierte Elektroanlage der Schweiz im Dauerbetrieb.[36]

Um 1880 begann sich die Kenntnis über den elektrischen Strom in der Schweiz erst langsam zu verbreiten. Zu den heute wohl nur noch zum Teil bekannten Pionieranlagen gehörten vor allem industrielle und touristische Installationen. Im Sommer 1880 illuminierte beispielsweise der Luzerner Wilhelm Amrein-Troller versuchsweise den Gletschergarten und das Löwendenkmal in der Innerschweizer Touristenmetropole Luzern, und beim Eidgenössischen Sängerfest im Juli des gleichen Jahres wurden einige Plätze und Strassen Zürichs vorübergehend elektrisch beleuchtet.[37] Damit hatte eine Entwicklung ihren Anfang genommen, die später im alltäglichen Leben zahlreiche technische Revolutionen herbeiführte und auch die Entwicklung des Tourismus entscheidend beeinflusste.

Erfindungen zum elektrischen Licht

Das erste elektrische Licht stand als so genanntes Bogenlicht bereits in der ersten Hälfte des 19. Jahrhunderts zur Verfügung. Bei diesem System wurden Kohlenfaden zur Weissglut gebracht, sie «brannten» also und wurden dadurch, wie eine Kerze, langsam aufgebraucht. Nach diesem Prinzip funktionierten alle elektrischen Beleuchtungen bis zur Erfindung der Kohlenfaden-Glühlampe.[38] Seit 1850 berichten Fachzeitschriften über erste Anwendungen im öffentlichen Raum: 1850 wurde in St. Petersburg eine elektrische Strassenbeleuchtung ausprobiert, und 1855 liess man die Rue Impériale in Lyon im elektrischen Glanz erleuchten. Im Winter 1854/55 leuchteten auf der Baustelle der neuen Westminsterbrücke in London nachts elektrische Leuchten «mit einer Intensität von ungefähr 1000 Wachskerzen».[39] Das Interesse an diesen technischen Pionierleistungen war gross und die Reaktionen waren durchwegs positiv: «Das Licht war kräftig, ohne indessen dem Auge beschwerlich zu fallen, es war bei weitem stärker als das des Mondes», schrieb der Berichterstatter in der «Allgemeinen Bauzeitung» über die Londoner Beleuchtung.[40] Alle diese frühen Versuche waren aber noch mit vielen technischen und betrieblichen Mängeln behaftet. Weil dieses System zudem gegenüber dem Gaslicht, das zum Brennen ebenfalls Sauerstoff benötigte, keinen entscheidenden technischen Fortschritt brachte, löste das elektrische Licht vorerst nur wenig Begeisterung aus, und seine Anwendung blieb in der Anfangszeit auf öffentliche Anlagen beschränkt.[41]

Die 1876 von Pawel Jablochkoff[42] entwickelten «Jablochkoffschen Kerzen», eine Weiterentwicklung des Bogenlichts, konnten sich in den späten 1870er-Jahren als Standardbeleuchtung für Strassen und Plätze, aber auch zur Beleuchtung zahlreicher öffentlicher Gebäude auf der ganzen Welt etablieren. Im Mai 1877 kamen in den Pariser Magasins du Louvre sechs solche Lichter versuchsweise zur Anwendung. Im folgenden Sommer, als das Bogenlicht an der Pariser Weltausstellung erstmals einer grossen Öffentlichkeit präsentiert

100
Der Höheweg als Promenieralle von Interlaken mit einer Gaslampe von 1866 und einer 1888 hinzugefügten elektrischen Lampe. Ansichtskarte um 1900.

100

Gasbeleuchtung: öffentliche Anlagen und Hotels (Beispiele)

		QUELLE
1842	Bern: öffentliche Beleuchtung, *erstes Gaswerk der Schweiz*	INSA 1, 349
1844	Genf: öffentliche Beleuchtung	INSA 4, 251
	Genf: Hôtel des Bergues (zwei Leuchter, 1846 dritter Leuchter)	DE SENARCLENS 1993, 71
1846/47	Lausanne: Gaswerke Riponne (31.12.1846), Ouchy (1847)	POLLA 1969, 185 – INSA 5, 229
1849	Lausanne: öffentliche Beleuchtung	INSA 5, 229
1852	Basel: öffentliche Beleuchtung	INSA 1, 30
1856	Zürich: öffentliche Beleuchtung	SAVOY 1987, 4
1857/58	Luzern: Gaswerk, öffentliche Beleuchtung (1858)	HUBER 1986, 94 – INSA 6, 362
1862	Thun: öffentliche Beleuchtung (55 Gaslaternen)	SAMELI 1946, 5 – INSA 9, 300
1863	Vevey: Gaswerk, öffentliche Beleuchtung	INSA 9, 426
1864	Gersau: Hotel Müller	MÜLLER 1867
	Lugano: öffentliche Beleuchtung (75 Strassenlampen)	INSA 6, 210
1865	Montreux: Anschluss an Gaswerk Vevey	PASCHOUD 1977, 40 – INSA 7, 14
	Territet: Hôtel des Alpes	Archives de Montreux, Planches, A 48, 24.12.1864
1866	Interlaken: öffentliche Beleuchtung, Hotels am Höheweg	50 Jahre Ind. Betriebe Interlaken, 7
1869	Grindelwald: Hotel Adler	Schweizer Handels-Courier 24.3.1869
1874	Rigi-Kulm: Hotel Schreiber	WEBER 1991, 108
	St. Moritz Bad: Kurhaus	MARGADANT, MAIER 1993, 95
vor 1875	Pontresina: Hotel Roseg	MARGADANT, MAIER 1993, 95
1875	Genf: Hôtel National	BROILLET et al. 1997, 325
	Thun: Hotel Thunerhof	Stadtarchiv Thun, Bauabrechnung
	Morschach: Hotel Axenstein	EBERLE 1875, 8
	Locarno-Muralto: 12 Strassenlampen, Grand Hotel	INSA 6, 29
	St. Moritz Bad: Hotel du Lac, Hotel Victoria	MARGADANT, MAIER 1993, 95
	Davos: Kurhaus und weitere Pensionen	INSA 3, 452
vor 1880	Pontresina: Hotel Weisses Kreuz, Hotel Kronenhof, Hotel Saratz	CAVIEZEL 1881, 161
1880	Davos: öffentliche Beleuchtung der Promenade	INSA 3, 452
1882	Rorschach: öffentliche Beleuchtung	SPECKER 1985, 26

wurde, ersetzte man alle Gasleuchter in den unteren Räumen dieses Pariser Kaufhauses durch 80 «Jablochkoffsche Kerzen». Gleichzeitig wurde die Avenue de l'Opéra in Paris mit solchen Lampen erhellt, was weltweites Aufsehen hervorrief, denn erstmals wurde eine grosse öffentliche Strasse mit elektrischem Licht ausgeleuchtet. Seit 1879 erstrahlte auch der Quai zwischen der Westminster- und der Waterloobrücke in London dank 20 Jablochkoffschen Lampen in elektrischem Glanz.[43] Am Ende das Jahres 1880 waren gemäss einer zeitgenössischen Statistik weltweit bereits über 160 solcher Beleuchtungskörper in Betrieb, davon acht im St. Moritzer Kulm-Hotel.[44] Im Herbst 1882 brannten endlich auch die ersten Bogenlampen an der Zürcher Bahnhofstrasse und im dortigen Bahnhof.[45]

Die bedeutungsvollste Entwicklung für die später flächendeckende Verbreitung der elektrischen Beleuchtung war die Kohlenfaden-Glühlampe mit Schraubsockel, die Thomas Alva Edison im Jahr 1879 erstmals präsentierte. Dieser neuen Lampe war sogleich ein grosser Erfolg beschieden. Im Gegensatz zum alten Bogenlicht und zum Gaslicht fand keine Verbrennung von Luft mehr statt, das Licht wurde nun durch einen von Strom durchflossenen Leiter mit hohem Widerstand erzeugt.[46] An der grossen Elektrizitätsausstellung 1881 in Paris sowie an den nachfolgenden Ausstellungen in München 1882 und in Wien 1883 stand Edisons Glühlampe im Mittelpunkt des öffentlichen Interesses.[47] Damit öffneten sich die Türen für die grossflächige Anwendung der Elektrizität, und die Gasbeleuchtung war mit einem Schlag veraltet. Bereits im gleichen Jahr erhielt die Galleria Vittorio Emanuele in Mailand 26 elektrische Glühlampen von Siemens & Halske.[48] 1882 wurden in Chicago das Palmer House und in New York das Hotel Blue Mountain Lake mit 300 elektrisch beleuchteten Zimmern in Betrieb genommen.[49] In diesem Jahr empfahl der Berichterstatter im «Conteur Vaudois», abgeleitet aus den Erfahrungen in Lausanne, Glühlampen der Firma Swan für Innenräume und das Konkurrenzprodukt von Werdermann für öffentliche Räume, Strassen und Plätze zu benutzen.[50]

Elektrisches Licht in Schweizer Hotels
Die grosse Propaganda für Glühlampen an der Pariser Elektrizitätsausstellung von 1881 beschleunigte offensichtlich die Einführung solcher Lampen in den ersten Schweizer Hotels. Am 10. Juli 1882 berichtete die «Berner Post» aus Interlaken: «Das Hotel Viktoria hat elektrische Beleuchtung eingeführt. Fünf Lampen erleuchten den neuen, grossen Speisesaal und drei am Schluss der Tafel den neuen Garten.» (Abb. 100) Ein Dynamo von Siemens-Halske erzeugte den notwendigen Strom, dessen Leistung aber nur zur wahlweisen Beleuchtung des Speisesaals oder des Gartens genügte.[51] Kurze Zeit später, am 5. August 1882, meldete das «Feuille d'Avis de Montreux» die bevorstehende Elektrifizierung des Hôtel des Alpes in Territet sowie des Hôtel Mont-Fleuri, zwei Betriebe des Hotelkönigs Chessex aus Territet. Gleichzeitig wurde auch das elektrische Licht für das Hôtel des Trois Couronnes in Vevey angekündigt.[52] Im gleichen Monat beantragte Ami Chessex bei der Gemeinde Territet die Bewilligung zur Kanalisation des dortigen Baches, offensichtlich zur Erzeugung der gewünschten elektrischen Energie. Die Gemeinde erteilte ihm die Bewilligung umgehend.[53] Im Winter 1882/83 baute Johannes Badrutt, im Hinblick auf die Eröffnung der grossen Konkurrenz im benachbarten Maloja, seine Beleuchtungsanlage im Engadiner Kulmhotel nach nur vier Betriebsjahren vom Jablochkoffschen Bogenlicht auf die neuzeitliche Technik der «Swan-Glühlampen» um, von denen er gleich 200 installieren liess.[54] Am 1. Juli 1884 wurden im neu eröffneten «Hôtel-Kursaal de la Maloja» alle Erdgeschossräume mit modernsten Kohlenfaden-Glühlampen beleuchtet, die ihren Strom aus einem von der Gesellschaft erbauten eigenen Kraftwerk am Inn bezogen.[55] 1885 erleuchteten elektrische Lampen auch das Hotel Bernina in Samedan.[56] Bei der Eröffnung des nach einem Brand wieder aufgebauten Hotel Giessbach am Brienzersee im Juli 1884 leuchteten dort die ersten elektrischen Lampen, eingerichtet durch die «Fabrik für elektrische Apparate in Uster» (Abb. 101).[57] 1885 warb das Hotel Uzwil im «St. Galler Tagblatt» für seine elektrische Beleuchtung.[58]

Innert kürzester Zeit hatten also die fortschrittlichsten Hotels einen neuen Massstab gesetzt, und sie spornten eine immer grössere Schar von innovativen Hoteliers und Tourismuspionieren zur Nachahmung an. Grosses Interesse weckte auch die an der Schweizerischen Landesausstellung 1883 in Zürich installierte «Beleuchtungsorgie», über die landesweit viel geschrieben wurde.[59]

101
Hotel Giessbach, Werbung für elektrische Beleuchtung. Im Sommer 1884 wurde in dem nach einem Grossbrand wieder aufgebauten Hotel am Giessbach das elektrische Licht in Betrieb genommen (Luzerner Tagblatt 15. 8. 1884).

9021*] Zu angenehmem Aufenthalt eignet sich vorzüglich das brillant gelegene (M 1988 Z)
Berner-Oberland Hôtel Giessbach Berner-Oberland
elektrisch beleuchtet durch die Fabrik für elektrische Apparate in Uster.

101

102
Bürgenstock, Grand Hotel. 1873 eröffnet, 1888 mit elektrischem Licht ausgerüstet.

103
Die erste elektrische Bahn in der Schweiz wurde im Jahr 1888 als Strassenbahn zwischen dem Grand Hôtel von Vevey und dem Schloss Chillon eröffnet. Die Wagen mit offenem Oberdeck erschlossen auf der über zehn Kilometer langen Strecke alle am Seeufer gelegenen Hotels von Vevey und Montreux. Fotografie beim Hôtel Splendid in Montreux um 1910.

Die Schweizer Hoteliers waren also bei der Einführung des elektrischen Lichts, ganz im Gegensatz zum Einbau von Sanitäranlagen, auch im internationalen Vergleich an vorderster Front. In der zweiten Hälfte der 1880er-Jahre begann ein intensiver Wettlauf um die Einführung dieser technischen Neuheit in den vom Tourismus erschlossenen Schweizer Gegenden, wobei auch einige höher gelegene Betriebe erfolgreich mitwirkten. 1885 entstand in Davos das erste Kraftwerk am Schiabach, mit dem das Hotel Buol elektrifiziert wurde; im folgenden Jahr bezogen das Hotel Rhätia und die Promenade ihren Strom von einem zweiten Kraftwerk am Landwasser und 1889 belieferte ein weiteres Werk am Dorfbach die Hotels Flüela und Seehof.[60] Bereits seit 1887 erleuchtete elektrisches Licht das Engelberger Hotel & Kurhaus Titlis.[61] Mit der Eröffnung der elektrischen Drahtseilbahn von Kehrsiten auf den Bürgenstock im Juli 1888 erhielt auch das hoch über dem Vierwaldstättersee gelegene Hotelimperium von Franz-Josef Bucher-Durrer elektrischen Strom (Abb. 102).[62] In diesem Jahr konnte sogar das Hotel des Alpes in Mürren, inmitten einer von der Bahn noch nicht erschlossenen Bergwelt im Berner Oberland und als wohl erstes Hotel in dieser Höhenlage, eine elektrische Beleuchtung anpreisen.[63] Die nach Mürren führende elektrische Bahn wurde erst im Sommer 1891 eröffnet, und im benachbarten Grindelwald brannten die ersten elektrischen Lampen im Sommer 1897.[64]

Pioniergesellschaften der Elektrizität

Bei den ersten elektrischen Anlagen wurde der Strom für jedes Objekt an Ort und Stelle produziert. Bereits zu Beginn der 1880er-Jahre entstanden aber auch Gesellschaften, die nach dem Vorbild der frühen Gasanstalten elektrische Energie produzierten und über ein kleines Verteilnetz an private Kunden abgaben. Da der Stromtransport über grössere Distanzen jedoch bis 1891 noch nicht möglich war, mussten in den Städten quartierweise Kraftwerkzentralen erstellt werden.[65] 1881 hatte die britische Stadt Godalming als Erste in Europa begonnen, ihre Gasbeleuchtung konsequent durch elektrisches Licht zu ersetzen.[66] 1882 wurden in London und New York erste Quartiernetze in Betrieb genommen.[67] In der Schweiz entstanden, beeinflusst durch die Elektrizitätsausstellung von 1881 in Paris, die frühesten Pioniergesellschaften in der Romandie. Das Lausanner Unternehmen, das im April 1882 mit dem Verkauf von elektrischer Energie an private Haushalte begann, erstellte das erste öffentliche Verteilnetz auf dem europäischen Festland. An dieses schlossen sich zuerst einige Gewerbebetriebe und auch ein Restaurant an, im folgenden Jahr kam das Kantonsspital und als erster Hotelbetrieb das Grand Pont (Abb. 18) hinzu.[68] 1886 konstruierten die Gebrüder Troller mit ihrem Kraftwerk in Thorenberg bei Littau und einer Übertragungsleitung nach Luzern die erste funktionstüchtige Lösung zum Problem von zentraler Produktion und dezentralem Verbrauch von Elektrizität in der Schweiz.[69]

Bereits in den frühen 1880er-Jahren versuchten initiative Männer, in der Region von Vevey-Montreux eine Gesellschaft für den Bau einer elektrischen Strassenbahn und für die Lieferung von elektrischem Strom zu gründen. Obschon sie die Konzession im Frühling 1884 erhielten, gestaltete sich die Finanzierung schwierig, denn der neuartigen Energie begegnete man vorerst noch mit Skepsis. Erst die Unterstützung durch den damaligen Nestlé-Direktor führte im August 1886 zur Gründung der «Société électrique Vevey-Montreux», aus der später die «Société Romande d'Electricité» hervorging. Am 1. Mai 1888 konnte diese Gesellschaft die zwischen dem Grand Hôtel in Vevey und dem Schloss Chillon verkehrende erste elektrische Strassenbahn der Schweiz einweihen. Sie war gleichzeitig die allererste elektrische Bahn in der Schweiz überhaupt, und sie erschloss alle bedeutenden Hotels von Vevey und Montreux (Abb. 103). Bereits an Weihnachten 1887 hatten die ersten Geschäftshäuser der Region elektrische Lampen eingeschaltet. Im August 1889 war die Stromleitung bis ins Hôtel Byron in Villeneuve verlängert worden, sodass nun auch dort elektrisches Licht erstrahlte.[70]

Gegen Ende der 1880er-Jahre gingen die ersten Fremdenorte dazu über, ihre Promenierstrassen mit elektrischem Licht auszurüsten, was einigen dort gelegenen Hotels den Anschluss an die elektrische Beleuchtung ermöglichte. In Luzern gehörten die am Quai gelegenen Hotels Schweizerhof und du Lac zu den ersten Abonnenten des 1886 in Betrieb genommenen Verteilnetzes.[71] Auf die Sommersaison 1888 errichtete man in Interlaken eine «Centralanlage für electrische Bogenlicht-

102

103

Elektrizität: öffentliche Beleuchtung und Hotels

		QUELLE
1876	Lausanne: elektrische Lampen am Eidgenössischen Schützenfest	Le Conteur Vaudois 29. 4. 1882
27. 8. 1877	Bex: elektrische Beleuchtung in den Salinen anlässlich der Versammlung der Naturforschenden Gesellschaft der Schweiz	Walliser Bote 1. 9. 1877
17.–24. 9. 1877	Freiburg: 2 Bogenlampen an der Landwirtschaftsausstellung	Nouvelliste Vaudois 3. 8. und 22. 9. 1877
29./30. 6. 1879	Flawil (SG): elektrisches Licht in der Festhütte am Kantonalsängerfest	RÖLLIN 1981, 223
Juli 1879	St. Moritz: elektrische Lampen im Hotel Engadiner Kulm (Erdgeschoss): *erste fest installierte Anlage in der Schweiz*	Fögl d'Engiadina 19. 7. 1879
Oktober 1879	*Erfindung der Kohlenfaden-Glühlampe durch Thomas A. Edison*	
1880	Luzern: versuchsweise Beleuchtung des Gletschergartens und des Löwendenkmals	INSA 6, 363
	Zürich: 12 elektrische Lampen am Eidgenössischen Sängerfest	Die Eisenbahn 1880/XIII, 24f.
1881	Paris: *Internationale Elektrizitätsausstellung*	Die Eisenbahn 1881/XV, 115
	Vevey: elektrischer Antrieb der Mühle in Gilamont	KOENIG, SCHWAB 1973, 208 – INSA 9, 428
Januar 1882	Lausanne: *erstes Kraftwerk mit Quartiernetz*	SAVOY 1988, 21ff.
26. 1. 1882	Lausanne: Hôtel de l'Ours (Glühlampen Swan)	Le Conteur Vaudois 29. 4. 1882
1882	Genf: elektrisches Licht im Magasin Maunoir und im Theaterfoyer	DE SENARCLENS 1993, 71
	Interlaken: Hotel Victoria (Speisesaal und Garten)	Berner Post 10. 7. 1882
	Territet: Hôtel des Alpes (?)	Feuille d'Avis de Montreux 5. 8. 1882
	Zürich: Bogenlampen an der Bahnhofstrasse und im Bahnhof	Die Eisenbahn 1882/XVII, 48, 68
1883	Lausanne: Hôtel du Grand Pont	INSA 5, 232
1884	Brienz: Hotel Giessbach	Luzerner Tagblatt 15. 8. 1884
	Maloja: Hôtel-Kursaal	Festschrift SIA 1903, Tabelle
1885	Davos: Hotel Buol (EW Schiabach)	INSA 3, 321
1886	Luzern: Elektrizitätswerk Thorenberg: *erstes Kraftwerk mit Fernleitung*	WYSSLING 1946, 174
	Luzern: Aussenbeleuchtung bei den Hotels Schweizerhof, National und Gütsch	NZZ 18. 9. 1886
	Luzern: Hotels Schweizerhof (1 600 Glüh- und 2 Bogenlampen), Gotthard, du Lac	SBZ 1886/VIII, 76 – HUBER 1986, 98ff.
	Davos: Promenade und Hotel Rhätia	INSA 3, 321
	St. Gallen: Elektrizitätswerk, öffentliche Beleuchtung	WYSSLING 1946, 174
1887	Vevey: Elektrizitätswerk, erstes Netz in Vevey & Montreux	SBZ 1887/X, 41 – HADORN 1979, 99
	Vevey: Hôtel des Trois Couronnes, Hôtel du Lac	HADORN 1979, 99
	Engelberg: Hotel & Kurhaus Titlis	FLEINER 1890, 216
vor 1888	Mürren: Hotel des Alpes	MARTI 1888, 11
1888	Genf: öffentliche Beleuchtung	INSA 4, 254
	Vevey – Montreux – Chillon: *erste elektrische Bahn der Schweiz*	HADORN 1979
	Interlaken: Strassenbeleuchtung mit 65 Bogenlampen	SBZ 1888/XII, 78
	Meiringen: öffentliche Beleuchtung	WYSSLING 1946, 174f.
	Bürgenstock: Hotels von Franz-Josef Bucher-Durrer	ODERMATT, FREY 1948, 51
	Samedan: Hotel Bernina	Internetseite Hotel
1889	Villeneuve: öffentliche Beleuchtung, Hôtel Byron	Rapport Société d'Electricité Vevey – Montreux 1888, 5
	Lausanne: Hôtel Beau-Site & Belvédère	Archives de la ville de Lausanne, Baubewilligungen
	Meiringen: öffentliche Beleuchtung, Hotel Wilder Mann	GUGERLI 1996, 54ff.
	Leukerbad: öffentliche Beleuchtung, vier Hotels	VON WERRA 1891
	Davos: Hotels Flüela, Seehof (Elektrizitätswerk Dorfbach)	INSA 3, 321
	Klosters: Hotel Silvretta	Festschrift SIA 1903, Tabelle

		QUELLE
1890	Pilatus Kulm: Hotel Pilatus Kulm	SBZ 1890/XVI, 26
	Lugano: öffentliche Beleuchtung (Elektrizitätswerk Maroggia), Hotel Beauregard	INSA 6, 212 – Hotelarchiv
	Films: Kur- und Seebadanstalt Waldhaus	Festschrift SIA 1903, Tabelle
	Pontresina: öffentliche Beleuchtung	Festschrift SIA 1903, Tabelle
1891	Vevey: Beleuchtung der Quaianlagen	KOENIG, SCHWAB 1973, 208
	Luzern: Beleuchtung Schweizerhofquai	INSA 6, 364
	St. Moritz Bad: Kurhaus, Hotel Victoria, Hotel du Lac	Die Eisenbahn 1890/XV, 153
1892	Bad Ragaz: Kuranstalten und Hotels (2000 Glüh- und 42 Bogenlampen)	SBZ 1893/XXII, 135
	St. Moritz Dorf: öffentliche Beleuchtung (24 Bogenlampen), diverse Hotels	MARGADANT, MAIER 1993, 94
	Chur: Stadtnetz	Festschrift SIA 1903, Tabelle
1892–1895	Lugano: Hotel Splendide	Hotelarchiv
1893	Caux: Grand Hôtel	Feuille d'Avis de Montreux 4.7.1893
	Locarno-Muralto: öffentliche Beleuchtung, Grand Hotel	MONDADA 1981, 23 – INSA 6, 30
1894	Vulpera: Hotels der Hotelgesellschaft	Festschrift SIA 1903, Tabelle
	Zermatt: öffentliche Beleuchtung	125 Jahre Seiler-Hotels 1982, 68
1895/96	Lausanne-Ouchy: Hôtel Beau-Rivage	Hotelarchiv, Nr. 089
vor 1896	Morschach: Hotel Axenfels	Hotels der Schweiz 1896
1896	Thun: öffentliche Beleuchtung, Grand Hotel Thunerhof	SAMELI 1946, 5 – INSA 9, 303
	Rorschach: öffentliche Beleuchtung	SPECKER 1985, 26
	Poschiavo: öffentliche Beleuchtung	Festschrift SIA 1903, Tabelle
1897	Arosa: öffentliche Beleuchtung, diverse Hotels	50 Jahre EW Arosa 1897–1947
	Grindelwald: öffentliche Beleuchtung, Hotel Victoria und andere	Schweizer Handels-Courier 29.6.1897 – RUBI 1993, 136
1898	Samedan: öffentliche Beleuchtung	Festschrift SIA 1903, Tabelle
	Weggis: öffentliche Beleuchtung	Gedenk-Schrift Kurverein Weggis 1893–1918, 15
1899	Spiez: Elektrizitätswerk	STETTLER 1975, 4
	Davos: Sanatorium Schatzalp	Festschrift SIA 1903, 105f.
1900	Thusis: öffentliche Beleuchtung	Festschrift SIA 1903, Tabelle
	Splügen: Gasthaus Rössli	Festschrift SIA 1903, Tabelle
1901	Vitznau: Hotel Vitznauerhof	Hotelprospekt (SLB)
	Heiden: öffentliche Beleuchtung	Heiden 1652–1952, 108
	Sils Maria: Hotel Edelweiss	Hotelarchiv
1902	Morschach: Hotel Axenstein (eigenes Elektrizitätswerk)	KELLER 1985, 12
	Tarasp: Kurhaus	Festschrift SIA 1903, Tabelle
	Champéry: öffentliche Beleuchtung	Schweizer Lexikon I, 845
1903	Vitznau: Hotel du Parc	Hotelprospekt (SLB)
	Lugano: Hotel Bristol	Privatarchiv Muntwyler-Camenzind
1904	Locarno: Hotel Reber au Lac	Hotelprospekt (SLB)
	Lugano: Grand Hotel Palace	Lugano Hotels 1998, 214
1905	Brunnen: Grand Hotel	Hotelprospekt (SLB)
1906	Lugano: Hotel International	Hotelarchiv

104a

104b

Beleuchtung». Die ersten, seit dem 5. Juli beleuchteten Strassen und Plätze des Ortes beschrieb der Berichterstatter in der Presse als «Märchen aus Tausend und eine[r] Nacht».[72] An diese «erste Bogenlicht-Centrale der Schweiz», installiert von der Firma R. Alioth & Cie. aus Basel, waren nebst privaten Bezügern vor allem Hotels, der Kursaal sowie Strassen und Plätze angeschlossen. Insgesamt beteiligten sich in Interlaken 16 «Fremdenetablissemente» (Hotels und Pensionen) am ersten Netz, was den grossen Erfolg der Elektrizität im touristischen Bereich eindrücklich dokumentiert (Abb. 100). Gemäss den zeitgenössischen Quellen wurden die 65 öffentlichen Bogenlampen im Zentrum von einem «Rondendienst» gewartet, der jeweils die abgebrannten Kohlenstifte auswechseln musste (Abb. 104).[73] 1890 leuchteten die ersten elektrischen Lampen am Quai von Lugano (Abb. 136), ein Jahr später, im Sommer 1891, an den Quaianlagen in Vevey und am Luzerner Schweizerhofquai.[74] Innert kürzester Zeit hatte sich also die Beleuchtung mit elektrischen Bogenlampen als Standard für die touristischen Promenieranlagen etabliert.

Bald einmal beteiligten sich auch kleinere und vor allem zahlreiche alpine Stationen an der technischen Entwicklung. So funktionierte in Meiringen seit dem Sommer 1888 ein erstes kleines Stromnetz.[75] Im Jahr 1889 hielt die Elektrizität in Leukerbad Einzug, wo nebst einer Strassenbeleuchtung auch vier Hotels mit elektrischem Licht ausgerüstet wurden (Abb. 105).[76] In den späten 1880er-Jahren hatte Brunnen ebenfalls ein öffentliches Stromnetz, 1890 kamen Klosters und Pontresina hinzu. Auf die Sommersaison 1891 wurde in St. Moritz Bad ein Leitungsnetz für die Strassenbeleuchtung eingerichtet, an das sich die Hotels Kurhaus, Victoria und du Lac anschlossen (Abb. 189a und b, 190); der Strom wurde aus der Zentrale in Silvaplana mit einer Freileitung nach St. Moritz Bad transportiert.[77] Die Liste der bis Ende 1890 mit «Centralanlagen» ausgestatteten Orte liest sich, mit wenigen Ausnahmen, als Zusammenstellung der damals fortschrittlichsten Fremdenorte in der Schweiz: Airolo, Bellinzona, Brunnen, Faido, Genf, Interlaken, Klosters, Lausanne, Le Locle, Leukerbad, Lugano, Luzern, Martigny, Meiringen, Pontresina, Vevey-Montreux, Wildegg und Zürich-Aussersihl.[78] Waren die frühen 1880er-Jahre die Zeit der experimentellen Festbeleuchtungen und der Installationen in den avantgardistischen Hotels gewesen, so bildete die Elektrizität ein Jahrzehnt später die conditio sine qua non für einen erfolgreichen Fremdenkurort oder für ein städtisches Repräsentationsbedürfnis. Aus diesem Blickwinkel ist es nicht erstaunlich, dass die erste elektrische Strassenbahn der Schweiz gerade die Hotelregion von Montreux und Vevey an der Waadtländer Riviera erschloss (Abb. 103).

Hoteliers als Pioniere

Zahlreiche Schweizer Hoteliers gehörten zu den Pionieren in der Anwendung der elektrischen Beleuchtung. Die technische Neuerung entsprach genau dem Bedürfnis der fortschrittlich gesinnten Patrons, die ihren Gästen stets den neusten Komfort anzubieten versuchten. In einer ersten Phase wurde das elektrische Licht in der Regel im Speisesaal und im Restaurant (Abb. 108), den gesellschaftlichen Zentren des Hotels, sowie in der Hotelhalle (Abb. 110, 111) installiert. Bald einmal kamen weitere Salons und Erdgeschossräume hinzu (Abb. 106, 107). Der Fantasie zur Gestaltung der Leuchter waren oft kaum Grenzen gesetzt: Je öffentlicher der Raum, desto fantasievoller dessen Gestaltung (Abb. 108), die auch auf Besonderheiten des Hotels Rücksicht nehmen (Abb. 111) und sich dem Zeitgeist anpassen konnte (Abb. 112). Die einfachsten Leuchten fand man meistens in den Zimmern (Abb. 109). Zu den frühesten Installationen gehörte oftmals auch die Ausleuchtung des Hotelgartens, weil damit beim Publikum eine besonders grosse Werbewirkung erzielt werden konnte (Abb. 100, 102).

In der Pionierphase der elektrischen Einrichtungen bemühten sich viele Unternehmungen, die Nützlichkeit der Elektrizität mit der Ästhetik der Raumgestaltung in Einklang zu bringen. Anlässlich der Münchner Elektrizitätsausstellung von 1882 beispielsweise veranstaltete der Bayrische Kunstgewerbe-Verein einen Wettbewerb für die Herstellung geschmackvoller Entwürfe für verschiedene Lampen.[79] Der Glaube an diese neue Beleuchtungsart äusserte sich in dieser Zeit in vielen Publikationen. So beschrieb Eduard Guyer in der Zweitausgabe seines Buches 1885 ausführlich die vielen Vorteile, welche die Elektrizität gegenüber den herkömmlichen Beleuchtungssystemen biete, während in der Erstausgabe von 1874 die Elektrizität noch unerwähnt geblieben war.[80]

Trotz der stetigen Entwicklung blieb aber die elektrische Beleuchtung auch in der zweiten Hälfte der 1880er-Jahre noch eine Exklusivität, die als Luxusinstallation nur in den Hotels der Nobelklasse in den Städten und in den eleganten Kurorten anzutreffen war. Ende des Jahres 1889 waren in der Schweiz 30 Hotels elektrifiziert, aber erst drei Bahnhöfe, 28 Dampfboote, 12 Restaurants und Bierhallen und bloss 15 Wohnhäuser. Im Jahr 1890 kamen sieben neue Hotels hinzu.[81] Auffallend ist in dieser Statistik also die führende Stellung der Hotellerie in jenen Jahren. Damals konnten sich aber vorerst nur die vermögenden Touristen in ihren Zimmern im Schein elektrischer Lampen bedienen lassen (Abb. 109). Die mässig betuchten Gäste dagegen stiegen vor 1890 in Hotels ab, in denen das elektrische Licht etwa im Speisesaal leuchtete, oder sie waren sogar darauf angewiesen, den Schein elektrischer Lampen abends auf öffentlichen Strassen (Abb. 104), an Quaianlagen (Abb. 136) oder bei Wasserfällen zu bestaunen.

Waren die 1880er-Jahre die Pionierjahre der Elektrizität in der Schweiz, so kann das folgende Jahrzehnt als die Zeit der grossen Verbreitung bezeichnet werden. Im Hotelführer von 1901 weisen beispielsweise in Montreux und Umgebung bereits 34 von 37 detailliert beschriebenen Hotels elektrisches Licht auf.[82] Zu Beginn des 20. Jahrhunderts gehörte elektrisches Licht in den bedeutenden Betrieben zur üblichen Ausstattung, die keiner besonderen Erwähnung mehr bedurfte. Bis zum Ersten Weltkrieg war die Elektrizität auch in viele kleinere Orte sowie in abgelegene Hotels und Pensionen vorgestossen; 1914 machten etwa drei Viertel aller schweizerischen Hotels und Pensionen von dieser technischen Neuerung Gebrauch.[83]

Die Einführung des elektrischen Lichts zog auch einige Veränderungen in den Grundrissen von Hotelbauten nach sich. In der Zeit des Kerzen-, Petrol- und Gaslichts finden sich noch zahlreiche Dispositionen mit einem inneren Lichthof, bei den Neubauten in den 1890er-Jahren, die nun mit elektrischem Licht ausgestattet waren, trat dieses Element sukzessive in den Hintergrund. Der schmucke Leuchter (Abb. 110) löste in jenen Jahren den Lichthof in der Eingangshalle (Abb. 8) oder in den Hotelgängen ab. Bei den Gästezimmern hingegen sind durch die Einrichtung der elektrischen Beleuchtung kaum Veränderungen zu beobachten. Privatbäder wurden in der Regel

104a, b
Die ersten Bogenlampen benötigten tägliche Wartungsarbeiten: Auswechseln der Kohlenstifte in St. Moritz um 1895.

105
Leukerbad, «Hôtel de Belle vue». Werbekarte für die in den frühen 1890er-Jahren installierte elektrische Beleuchtung.

erst eingerichtet, als diese auch elektrisch beleuchtet werden konnten. Die um 1900 errichteten Schächte zu innen liegenden Sanitärräumen dienten von diesem Zeitpunkt an primär der Entlüftung (Abb. 117, 119).

Obwohl die Anwendung der Elektrizität in ihrer Frühzeit noch mit zahlreichen Unsicherheiten behaftet war und die Industrie oftmals noch kaum zuverlässige Apparate und Instrumente liefern konnte, wagten sich etliche Hoteliers als Pioniere an dieses Risiko. Die frühen Prestigeanlagen entstanden teilweise unter schier unglaublichen finanziellen Aufwendungen. Für seine 1879 eröffnete Installation im Engadiner Kulm hatte der wagemutige Hotelbesitzer Badrutt rund 11 000 Franken aufgewendet. Auch zwei Jahrzehnte später war die Einrichtung des elektrischen Lichts immer noch eine äusserst kostspielige Angelegenheit. Die bis 1896 in Leukerbad für die Elektrifikation von sechs Hotels investierte Summe erreichte knapp 15 Prozent des gesamten Liegenschaftswertes dieser Betriebe.[84] Es mag deshalb kaum erstaunen, dass man elektrische Installationen in der Regel vorsichtig evaluierte. So besuchte Hoteldirektor Tschumi vom Beau-Rivage in Ouchy im Herbst 1894 vor dem Entscheid zur Elektrifizierung des eigenen Hotels die bereits bestehenden Anlagen in den Hotels Baur au Lac in Zürich und Schweizerhof in Luzern sowie die 1892 eröffnete Beleuchtung in Bad Ragaz, die ihn gemäss seinem schriftlichen Bericht offensichtlich am meisten beeindruckte.[85]

Die zur Installation von elektrischen Anlagen befähigten Unternehmungen waren in der Pionierphase der Elektrizität noch äusserst selten, weshalb Spezialisten oft von weither geholt werden mussten. 1879 hatte der Basler Ingenieur Emil Bürgin eine elektrotechnische Unternehmung gegründet, in der erstmals in der Schweiz Dynamos hergestellt wurden und die in der ganzen Schweiz tätig war. 1883/84 wurde die Maschinenfabrik Oerlikon dank der Initiative von Charles Brown zu einer schweizerischen Pionierfirma in der Elektrotechnik. In den 1880er-Jahren gelang auch den Firmen Zellweger in Uster und Alioth in Basel der Einstieg ins Elektrogeschäft. Diese Unternehmen gehörten in der Frühphase zu den am häufigsten genannten Betrieben beim Bau von Kraftwerken und Verteilanlagen sowie bei der Installation von elektrischen Beleuchtungen (Abb. 101).[86]

Nebst den teuren Installationskosten waren die frühen elektrischen Anlagen im Verbrauch gegenüber vergleichbarem Gaslicht bis zu 70 Prozent teurer, und sie benötigten eine intensive Betreuung. So musste das Park Hotel in Flims Waldhaus nach der Elektrifizierung von 1890, die den horrenden Betrag von 40 000 Franken gekostet hatte, für den Unterhalt der 550 Glühlampen, 24 Standleuchten und 8 Bogenlampen einen vollamtlichen Techniker anstellen.[87] Die Einführung des elektrischen Lichts verursachte zudem, nebst einem grossen Aufwand für den Unterhalt, manchem Betreiber unverhofften Ärger im Umgang mit den neuen Geräten. So sah sich die Elektrizitätsgesellschaft an der waadtländischen Riviera im Jahr 1904 unverhofft mit der Klage eines Hoteliers aus Glion konfrontiert. Dieser verlangte von der Gesellschaft eine finanzielle Entschädigung von fünfzig Franken für den Schaden, der entstanden war, als der offenbar von der Elektrizitätsgesellschaft montierte Kronleuchter auf den Billardtisch gefallen war.[88]

SANITÄRANLAGEN: FLIESSENDES WASSER, TOILETTEN UND BADEZIMMER
Fliessendes Wasser

In der ersten Hälfte des 19. Jahrhunderts war fliessendes Wasser im Haus die absolute Ausnahme. Auch Hotels konnten diesen Komfort nur anbieten, wenn sie über eine eigene Quelle verfügten oder wenn ein leistungsfähiges Ortsnetz das benötigte Wasser lieferte. Mancherorts wurde das Wasser auch dem nahen Bach entnommen, wie für die Auberge du Chasseur des Alpes in Territet bei Montreux.[89] Als wohl erstes Hotel in der Schweiz bot das 1834 eröffnete Des Bergues in Genf seinen Gästen fliessendes Wasser in den Etagen an. Zwei Jahre nach seiner Eröffnung konnte sich die Stadt dank der ersten städtischen Trinkwasserversorgung der Schweiz vertraglich zur Lieferung von mindestens «3 pots d'eau par minute» für die Verteilung in der Küche und in den Etagen verpflichten.[90] Genf war damit den meisten anderen Schweizer Grossstädten um mindestens zwei Jahrzehnte voraus.[91] In den 1860er-Jahren entstanden in den bedeutenderen Fremdenorten, etwa zur gleichen Zeit wie in den grossen Städten, die ersten Trinkwassernetze mit Hausanschlüssen. So verlegte man in Montreux 1869 Wasserleitungen in den Strassen, und

106
St. Moritz Bad, Hotel du Lac. Elektrisch beleuchtetes Schreibzimmer. Fotografie um 1900.

107
St. Moritz Bad, Hotel du Lac. Salon mit elektrischem Leuchter von 1891. Fotografie um 1900.

108
St. Moritz Bad, Hotel Victoria. Speisesaal mit elektrischen Leuchtern von 1891. Fotografie um 1900 (siehe Abb. Seiten 92/93).

109
St. Moritz Bad, Hotel du Lac. Zimmer mit einfacher elektrischer Lampe. Fotografie um 1900.

108

109

1870 nahm Interlaken das erste Versorgungsnetz mit Frischwasser aus dem nahen Saxetental in Betrieb.[92] Das Jahrzehnt zwischen 1865 und 1875 kann deshalb als Zeit der generellen Verbreitung von fliessendem Wasser in den Schweizer Städten und Fremdenorten bezeichnet werden. Von dieser Komfortsteigerung machten die fortschrittlichsten Hotels sogleich Gebrauch.

Die Einführung des Warmwassers erfolgte in den meisten Hotels in einer zweiten Stufe, nach der Installation des fliessenden kalten Wassers. Dass dieser Komfort in der Frühzeit aber mancherorts noch mit Skepsis aufgenommen wurde, zeigt das Beispiel des Hôtel Beau-Rivage in Ouchy, wo zur Eröffnung 1861 das fliessende Kaltwasser in allen Stockwerken eingerichtet wurde, die Installation von Warmwasserleitungen in die Etagen aber auf Intervention des designierten Direktors Alexandre Rufenacht[93] unterblieb. Im Bericht des Verwaltungsrats heisst es dazu: «Les tuyaux sont une cause d'ennuis et de dégâts et … le personnel est fait pour monter les brocs d'eau chaude dans les chambres des clients.»[94] Damals gehörte es offenbar noch zur Selbstverständlichkeit, dass das Zimmerpersonal den Gästen das gewünschte Warmwasser ins Zimmer trug. Ein gutes Jahrzehnt später hatte sich die Meinung diesbezüglich geändert: Das 1874 umgebaute Hotel Ritschard in Interlaken wies in seiner Werbung stolz auf die «Kalt- und Warmwasserleitungen bis in die oberste Etage» hin.[95] Eine weitere Komfortstufe bildeten die «chambres de toilette» als Vorraum zu einem Gästezimmer mit fliessendem Kalt- und Warmwasser, wie sie beispielsweise das Hôtel Bristol in Territet im Neubautrakt von 1895 anbot.[96] Damit war ein neuer Standard gesetzt, der um die Jahrhundertwende von zahlreichen Luxushotels vor allem im Genferseeraum übernommen wurde. Andernorts blieben diese separaten «chambres de toilette» eher die Ausnahme, das Lavabo mit fliessendem Wasser wurde damals noch mehrheitlich direkt im Zimmer angeordnet.

Die nachträgliche Installation von fliessendem Wasser in den Hotelzimmern war eine Aufgabe, die sich über Jahrzehnte hinzog und vielerorts noch am Ende des 20. Jahrhunderts nicht abgeschlossen war. Bei Ausbruch des Ersten Weltkriegs konnten in der Regel nur die Hotels der oberen Preisklasse diesen Komfort anbieten. In der Zwischenkriegszeit lässt sich in dieser Hinsicht kaum eine Entwicklung erkennen, die finanziellen Mittel für diese Investitionen waren damals nicht vorhanden. 1929 wiesen beispielsweise in Locarno nur knapp die Hälfte der 54 Hotels in allen Zimmern fliessendes Warmwasser auf.[97] Eine spätere Installation erfolgte in den meisten Fällen in mehreren, oft über Jahrzehnte verteilten Etappen, ganz im Gegensatz etwa zum elektrischen Licht, das in der Regel auf allen Geschossen eines Hauses in einem Schritt eingerichtet wurde.

Das «water closet»

In den Hotelbauten des frühen 19. Jahrhunderts waren die Toiletten meistens neben den Treppen an der hinteren Aussenseite des Hotelgrundrisses angeordnet und oftmals von den Zwischenpodesten aus zugänglich (Abb. 70, 72). Idealerweise wurden sie in den verschiedenen Stockwerken übereinander angelegt und am gleichen Fallstrang angeschlossen. Mancherorts baute man, wie beim Hotel Bellevue in Thun, einen eigenen «WC-Turm» an das Hotelgebäude (Abb. 113). Die Bedeutung dieser Anordnung erläuterte der Aufsatz «Das Riechen der Abtritte», der 1836 in der «Zeitschrift über das gesammte Bauwesen» erschien.[98] Diese Disposition blieb meistens auch erhalten, als in der zweiten Hälfte des Jahrhunderts die Wasserspülung im Hotelbau Einzug hielt und Geruchsimmissionen nicht mehr das zentrale Problem von Toilettenanlagen bildeten.

Die Einführung der Wasserspülung vollzog sich in mehreren Schritten, nachdem das System des «water closet» 1778 in England erstmals patentiert worden war. Seit der Mitte des 19. Jahrhunderts fand es auf dem europäischen Festland Verbreitung, vor allem nach der grossen Choleraepidemie von 1868 (Abb. 114). In der Schweiz wurden die ersten Toiletten mit Wasserspülung 1842 im neuen Zürcher Kantonsspital eingebaut.[99] Eines der ältesten Zeugnisse über deren Einbau in einem Hotel liefert das Protokoll der Generalversammlung der Société de l'Hôtel des Bergues in Genf vom 25. Februar 1847, in dem über dieses Thema wie folgt berichtet wird: «L'eau alimentera des appareils de garderobes inodores pour remplacer les latrines dont l'odeur était désagréable.»[100] Mancherorts musste zuerst die Einrichtung eines Wassernetzes abgewartet werden, bevor dieser Fortschritt überhaupt erst in Erwägung

110
St. Moritz Bad, Kurhaus. Elektrischer Leuchter in der Eingangshalle anstelle eines Lichthofs. Fotografie um 1900.

111
Pontresina, Hotel Kronenhof. Hotelhalle mit «Kronen»-Leuchter. Fotografie um 1900.

112
Bergün, Kurhaus. Eingangshalle von 1906 mit Jugendstil-Leuchter.

Sanitäranlagen in Schweizer Hotels (Auswahl einiger charakteristischer Beispiele)

Jahr	Beschreibung	QUELLE
1847	Genf, Hôtel des Bergues: Einbau von Toiletten mit *Wasserspülung*	DE SENARCLENS 1993, 70
1866	Samedan, Hotel Bernina: pro Etage vier WC und ein Badezimmer	Archiv der Kant. Denkmalpflege GR
1867	Vevey, Grand Hôtel: pro Etage vier WC und ein Badezimmer	Archives de Vevey
1873	Spiez, Hotel Spiezerhof: pro Etage zwei WC und zwei Bäder	Privatarchiv Stettler
1874	Interlaken, Hotel Ritschard: eigenes Badehaus (12 Badewannen), «*Kalt- & Warmwasserleitungen in die obersten Etagen*»	BERLEPSCH 1875, 6
1875	Genf, Hôtel National: pro Etage «2 cabinet de toilette, 1 salle de bain, 4 WC»	Die Eisenbahn 1879/XI, 174
	St. Moritz Bad, Hotel Victoria: pro Etage eine WC-Anlage und ein Baderaum	Archiv der Kant. Denkmalpflege GR
1881	Lugano, Hotel du Parc: «Warme Bäder im ersten Stock»	BÉHA 1881, 42
1884	Maloja, Hôtel-Kursaal: acht Badekabinen im Erdgeschoss für 255 Zimmer, je zwei «waterclosets» für Damen und Herren pro Etage (70 Zimmer)	Festschrift SIA 1903
1888	Territet, Grand Hôtel: pro Etage vier WC und ein Etagenbad	Territet 1889, 8
1893	Caux, Grand Hôtel: «a chaque étage se trouvent une chambre de bains ...»	Feuille d'Avis de Montreux 4.7.1893
1895	Territet, Hôtel Bristol: 23 von 28 Zimmern mit «*chambre de toilette*»	Archives de Montreux, Baubewilligungen
	Beatenberg, Hotel Victoria (Wiederaufbau): pro Etage vier WC und ein Bad	Hotelarchiv
1896	Villars, Grand-Hôtel: «Salle de bain à chaque étage»	Journal et Liste des Étrangers de Montreux 21.8.1897
1897	St. Moritz, Palace Hotel: *Mehrere Appartements mit eigenem Bad*	BTSR 1904/30, 154
1898	Lausanne, Hôtel du Grand Pont: pro Etage zwei WC	Archives de Lausanne, Baubewilligungen
1899	Lausanne, Hôtel Beau-Site & Belvédère: pro Etage ein Bad	Archives de Lausanne, Baubewilligungen
1900	Luzern, Hotel National: *Seezimmer mehrheitlich mit Bad* («Appartementsystem»)	Stadtarchiv Luzern, Baubewilligungen
	Interlaken, Hotel Beau-Rivage: sieben Südzimmer mit eigenem Bad	Archiv Interlaken, Baubewilligungen 1899/12
1901	Vitznau, Hotel Vitznauerhof: pro Etage drei Zimmer mit Bad, restliche mit Etagenbad	Hotelprospekt (SLB)
	Chur, Hotel Steinbock: pro Etage zwei WC-Anlagen und zwei Baderäume	Festschrift SIA 1903
1902	Caux, Palace Hôtel: zahlreiche Seezimmer mit Bad, restliche mit «chambre de toilette»	Archives de Montreux, Baubewilligungen
	Spiez, Park Hotel Bubenberg: pro Etage zwei WC und ein Bad	ALBISSER, STOLLER 1977, 7
1903	Lugano, Hotel Bristol: pro Etage ein WC und drei Bäder	Privatarchiv Muntwyler-Camenzind
1904	Brunnen, Grand Hotel: Mehrzahl der Seezimmer mit Bad («Appartementsystem»)	Originalpläne
	Genf, Hôtel Angleterre (Anbau): pro Etage zwei WC und zwei Bäder	BROILLET et al. 1997, 319
	Glion, Hôtel du Parc: pro Etage ein WC und zwei Bäder	Archives de Montreux, Baubewilligungen
1905	Territet, Hôtel des Alpes: einige Zimmer mit Bad, viele mit «chambre de toilette»	Archives de Montreux, Baubewilligungen
1906	Luzern, Hotel Palace: *alle seeseitigen Zimmer mit Privatbad*	Stadtarchiv Luzern, Baubewilligungen
	Montreux, Hôtel Palace: alle Seezimmer mit «chambre de toilette», 150 Bäder	Archives de Montreux, Baubewilligungen
	Montreux, Hôtel Eden: pro Etage (28 Zimmer) drei WC und zwei Bäder	Archives de Montreux, Baubewilligungen
	Lugano, Hotel International: vier Bäder im ganzen Haus	Hotelarchiv
	Brissago, Grand Hotel: *alle (200) Zimmer mit fliessendem kaltem und warmem Wasser, 40 Bäder*	Festschrift SIA 1909
1907	Montreux, Hôtel Suisse: pro Etage (26 Zimmer) zwei WC und zwei Bäder	Archives de Montreux, Baubewilligungen
1908	Montreux, Hôtel Excelsior: Doppelzimmer mit Bad, Einzelzimmer mit «chambre de toilette», Etagen-WC	Archives de Montreux, Baubewilligungen
	Lausanne-Ouchy, Hôtel Beau-Rivage (Neubau Palace): mehrere Seezimmer mit Privatbad	OSSENT 1910, 6
	Lugano, Palace Hotel Excelsior: 7 Bäder für 19 Zimmer pro Etage	Dicastero del territorio di Lugano, 1908/31
1909	Lausanne-Ouchy, Hôtel Royal: *alle Zimmer mit WC, 64 mit Privatbad*	Revue polytechnique 1910, 45
1912	Interlaken, Grand Hotel des Alpes & Palace (unausgeführtes Projekt): 1/3 aller Zimmer mit Bad	Archiv Interlaken, Baubewilligungen 1912/43
	St. Moritz, Suvretta House: südseitige Appartements mit eigenem Bad	Archiv der Kant. Denkmalpflege GR
1913	Locarno-Minusio, Hotel-Kurhaus Esplanade: pro Etage fünf WC und drei Bäder	SBK 1913/20, 298

gezogen werden konnte. So ist wohl die Erwähnung der «Closets mit Spülapparat» im 1875 eröffneten Faulenseebad durch den Architekten Robert Roller in seiner Publikation von 1879 als Hinweis auf den technischen Fortschritt in diesem Gebiet zu verstehen. Diese Toiletten waren immer noch auf beiden Seiten der Treppe angeordnet (Abb. 70).[101] Wohl aus Gründen der einfachen Leitungsführung und des Schallschutzes blieb dieses Anordnungsprinzip auch in den meisten nach 1900 neu eröffneten Hotels erhalten (Abb. 73).

Von den Baderäumen auf der Etage zum Privatbad

Bei der Planung des neuen Hôtel Beau-Rivage in Ouchy im Jahr 1860 verbannte der designierte Direktor die ursprünglich geplanten Badezimmer noch aus dem Haus, weil sie zu viel Wasser verbrauchen würden. Die zwei Badekabinen, die er zuliess, wurden in einem separaten Badegebäude neben dem Hotel eingerichtet.[102] Zu dieser Zeit wiesen auch die gepflegtesten Wohnhäuser in den Städten höchstens eine Toilette und ein Badezimmer pro Haus auf.[103] Ein Jahrzehnt später hatte sich die Meinung in dieser Hinsicht bereits gewandelt. Die in einem speziellen Raum auf der Etage eingebaute Badewanne war in den 1860er-Jahren in den bedeutenden Hotels der europäischen Grossstädte zum Standard geworden. Auch in der Schweiz finden sich die ersten «Badecabinets» bereits vor 1870. Das 1866 eröffnete Hotel Bernina in Samedan, ein Entwurf des Zürcher Architekten Johann Jakob Breitinger, hatte auf jedem Stockwerk mit etwa 18 Zimmern je zwei WC-Anlagen (eine Anlage mit «WC Bain» angeschrieben) und dazu einen Baderaum anzubieten («Bain et Toilette»), was zur Zeit der Eröffnung als Spitzenleistung im Sanitärbereich galt (Abb. 84). Dieser Sanitärkomfort fand sich damals nur in den grössten Hotels. So bot das Grand Hôtel in Vevey, bei seiner Eröffnung 1867 immerhin mit dem ersten Personenlift der Schweiz ausgestattet, pro Etage je vier Toiletten und eine Badewanne an, die alle im Innenbereich angeordnet waren (Abb. 99).[104]

In den 1870er-Jahren wurde dieser Komfort zum Standard. Alle zeitgemässen Hotels boten damals ein bis zwei Baderäume pro Geschoss an. So wies der 1873 eröffnete Spiezerhof pro Stockwerk zwei WC und zwei Bäder auf, während das altehrwürdige Hotel Ritschard in Interlaken auch nach dem Umbau von 1874 immer noch ein eigenes Badehaus mit zwölf Badewannen anpries.[105] In den Hotels Victoria und du Lac in St. Moritz Bad, 1875 als erste eigentliche Grosshotels im Oberengadin gebaut, finden sich auf jeder Etage nur ein Baderaum und beidseits der Treppe je eine WC-Anlage (Abb. 81).[106] Das im gleichen Jahr in Genf eröffnete Hôtel National bot pro Geschoss zwei «cabinets de toilette», eine «salle de bain» und vier «water closets» an.[107] Die älteren Häuser, die diesen Komfort noch nicht kannten, wurden zu dieser Zeit bereits kritisiert, wie das Hôtel Métropole in Genf, über das in einem Reiseführer 1872 stand: «Des cabinets de toilette y manquent.»[108] 1874 empfahl Eduard Guyer in seinem Standardwerk zum Hotelbau deshalb: «Badeeinrichtungen, Badezimmer sollten in keinem guten Hotel gänzlich fehlen.»[109] Um 1880 war man auch im übrigen Europa noch nicht überall fortschrittlicher: Das Victoria als eines der bedeutendsten Häuser von San Remo beispielsweise soll damals lediglich zwei Badezimmer angeboten haben.[110]

Bereits in der Jahrhundertmitte wiesen die ersten amerikanischen Grosshotels eigene Baderäume zu den Gästezimmern auf. So hatte beispielsweise das 1863 eröffnete Lindell Hotel im amerikanischen St. Louis 175 «water-closets» und 14 Suiten mit Baderaum sowie fliessendes Wasser in allen Gästezimmern.[111] Erst in den 1880er-Jahren boten vereinzelte europäische Hotels Privatbäder an, die jeweils einem Appartement zugeordnet waren. 1885 schrieb Guyer deshalb in der Zweitauflage seines Buches: «In England ist bereits in mehreren Hotels das zuerst in Amerika eingeführte System einer Verbindung der Schlafzimmer mit eigenen Badecabinets nachgeahmt worden, freilich bei Weitem nicht in dem umfassenden Maasstabe wie auf der westlichen Seite des atlantischen Oceans.»[112] Die Betriebe des Hotelkönigs Cäsar Ritz waren die ersten Häuser in Europa, die diesen neuartigen Sanitärkomfort einführten und jedem Appartement konsequent ein Badezimmer zuordneten: 1893 wurde das Grand Hotel in Rom so eingerichtet, 1898 das Ritz in Paris und 1899 das Carlton in London. Bis zum Jahr 1898 hatte in Paris noch das Bristol, das in jedem Stock ein einziges Badezimmer anbot, als Nonplusultra im Sanitärkomfort gegolten.[113] Dass die neuen Massstäbe im Sanitärkomfort damals aber noch nicht überall zur Kenntnis genommen wurden, zeigen prominente Beispiele. Der 1884

113
Thun, «Hôtel des Bains de Bellevue». Mit einem markanten WC-Anbau auf der Rückseite. Lithografie um 1835.

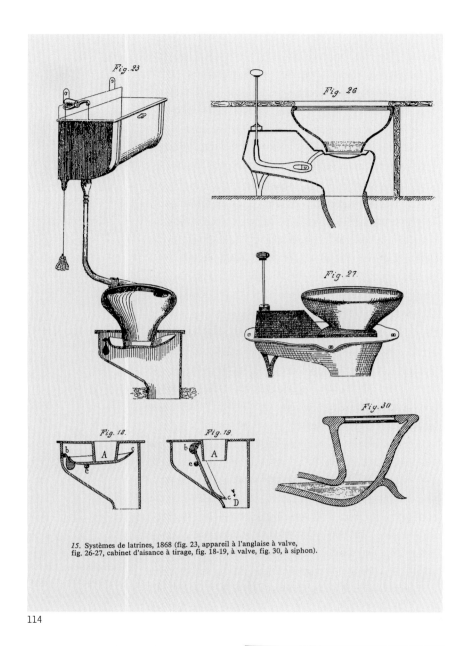

15. Systèmes de latrines, 1868 (fig. 23, appareil à l'anglaise à valve, fig. 26-27, cabinet d'aisance à tirage, fig. 18-19, à valve, fig. 30, à siphon).

eröffnete Hôtel-Kursaal de la Maloja, von einem belgischen Adligen als «Reunionsplatz der hocharistokratischen konservativen Welt»[114] geplant und vom damaligen Präsidenten der belgischen Architekten entworfen, erhielt für seine mehr als 250 Zimmer nur acht Badekabinen im Erdgeschoss und je zwei «water closets», für Damen und Herren auf einem Geschoss mit etwa 70 Zimmern (Abb. 239). 1893 hatte auch das mit allem übrigen Komfort (elektrisches Licht, Zentralheizung und Lift) ausgerüstete Grand Hôtel in Caux pro Stockwerk nur ein Badezimmer: «... a chaque étage se trouvent une chambre de bains...», heisst es dazu in der lokalen Presse (Abb. 24).[115] Mit dem gleichen Komfort war das 1895 nach einem Brand wieder aufgebaute Hotel Victoria auf dem Beatenberg ausgestattet, ebenso das 1896 eröffnete Grand Hôtel in Villars («salle de bains à chaque étage»), das gleichzeitig einen Personenlift und in allen Zimmern elektrisches Licht anbot. Als wohl eines der letzten bedeutenderen Hotels der Schweiz erhielt das Suisse in Montreux 1907 auf 26 Zimmer pro Stockwerk nur zwei Etagenbäder.[116] Auch in den europäischen Grossstädten wurden die Vorgaben von Cäsar Ritz nicht in allen Grosshotels befolgt. So hatte das 1906 neu eröffnete Hotel am Pariserplatz in Berlin auf 1280 Zimmer erst 100 Badezimmer; in eine Badewanne mussten sich also 12 Gästezimmer teilen.[117]

Der Einbau von Badewannen und Wasserclosets war im späten 19. Jahrhundert noch nicht Sache aller Installateure. 1886 boten sich beispielsweise in Zürich nur drei Firmen dafür an. Oft holte man die Fachleute für diese Arbeiten von weither, wie die Referenzliste der Firma «G. Helbling & Comp. Paris – Zürich – London» beweist, die nach dem Bau des Grand Hotel von St. Moritz speziell in Rätoromanisch in Umlauf kam (Abb. 115). Beim Bau des Kurhauses in Bergün sollen 1905/06 Spezialisten in Frack und mit Zylinder aus England angereist sein, um aus dem mit der Eisenbahn herbeigeschafften Bleimaterial an Ort Siphons und Leitungsrohre zu formen. Noch im Jahr 1923 wurden Badezimmer im Hotel Schweizerhof in Interlaken durch die darauf spezialisierte Firma Diémand aus Lausanne und Montreux eingerichtet, die auch die entsprechenden Apparate auf die Kleine Scheidegg im Berner Oberland lieferte.[118] Manchmal befassten sich auch lokale Spengler mit dem Einbau von Sanitärapparaten (Abb. 116). Bis zum Ersten Weltkrieg stammten die in der Schweiz montierten Sanitärapparate beinahe alle aus dem Ausland, zum grössten Teil aus England, später auch aus Deutschland und Frankreich. Zahlreiche emaillierte Badewannen wurden sogar aus Amerika importiert.[119] Die 1884 im neuen Hôtel-Kursaal in Maloja installierten Wannen wurden von der Firma Jennings aus London geliefert.[120] 1903 bemerkte die Werbeschrift für das Hôtel de Jaman in Les Avants stolz: «Toutes les installations sanitaires, soit drainages, bains, cabinets de toilette, W.-C., etc., sont pourvus des derniers perfectionnements et proviennent de la maison Th. Lowe & fils, de Londres.»[121] Als bekannte Lieferantin von Luxusbadeeinrichtungen etablierte sich seit 1880 in der Schweiz auch die englische Firma Shanker & Barrhead.[122] Die ersten schweizerischen Wasserhähne wurden 1857 in Baden hergestellt, zum berühmtesten Hersteller entwickelte sich in den 1870er-Jahren die Firma Kugler in Genf.[123]

Der Sanitärkomfort zu Beginn des 20. Jahrhunderts

Beim Erweiterungsbau des Hotel National in Luzern wurden die Prinzipien von Cäsar Ritz, der im Verwaltungsrat dieses Hotels sass, im Sommer 1900 erstmals in der Schweiz konsequent angewendet. Das vom Luzerner Architekten Emil Vogt entworfene und als «Appartementsystem» bezeichnete Prinzip ermöglichte eine fast beliebige Kombination mit Sanitärräumen (Abb. 117, 118).[124] Zu einer Gruppe von zwei bis drei Zimmern, die wahlweise abgetrennt werden konnten, wurden jeweils ein bis zwei Badezimmer hinzugefügt. Da die vornehme Kundschaft in der Regel mehrere Zimmer in Anspruch nahm, erfreute sich diese Anordnung bald einer grossen Beliebtheit. Dieses Raumsystem, das er kurz darauf auch beim Grand Hotel in Brunnen verwirklichte, blieb eine Spezialität von Architekt Vogt (Abb. 90). Ähnliche Dispositionen zeigen auch die Hotelbauten des Westschweizer Architekten Eugène Jost in Montreux, Caux und Lausanne. Beim Erweiterungsbau an das Beau-Rivage in Ouchy 1908 lautet die Beschreibung im Werbeprospekt: «Du côté de la vue, chambres à un ou deux lits avec dépendances, water-closets et salle de bain; chambres plus simples, sans cabinet de toilette sur la façade latérale. Deux salles de bains par étage sont à la disposition des hôtes occupant des chambres sans dépendances.»[125] (Abb. 120) Gegen Ende des 19. Jahrhunderts wurden auch ältere Hotels mit zusätzlichen Sanitärräumen ausgestattet. So erhielten im Grand Hôtel in Vevey die vornehmeren Zimmer auf der Seeseite in den 1890er-Jahren als Erste ein eigenes Badezimmer (Abb. 99).[126]

Wenn auch die Vorgaben von Ritz nicht in allen Grosshotels konsequent umgesetzt wurden, so verbesserte sich der Sanitärkomfort zu Beginn des 20. Jahrhunderts doch markant. Beim 1903 eröffneten Hotel du Parc in Vitznau wurden bereits drei Zimmer pro Stockwerk mit einem eigenen Bad ausgestattet, und sie konnten zusammen mit einem anschliessenden Salon vermietet werden (Abb. 71). Eine ähnliche Grundrissanordnung übernahmen die Architekten Möri und Krebs beim 1912 eröffneten Parkhotel Bellevue in Weggis.[127] Das im Sanitärbereich wohl fortschrittlichste Schweizer Hotel vor dem Ersten Weltkrieg erstellte der Luzerner Architekt Heinrich Meili-Wapf 1905/06 im Auftrag des Hotelkönigs Franz-Josef Bucher-Durrer in Luzern. Beim dortigen Palace erhielten alle seeseitigen Zimmer ein Privatbad mit Badewanne und Toilette (Abb. 119).

In den alpinen Regionen war der Sanitärkomfort um 1900 noch nicht gleichermassen fortschrittlich. Beim Wiederaufbau des abgebrannten Hotel Beau-Rivage in Interlaken waren im Berner Oberland im Jahr 1900 erstmals sieben Südzimmer mit einem eigenen Privatbad ausgerüstet worden.[128] Bei den übrigen Hotels am Thuner- und Brienzersee blieb der Einbau von Bädern für jedes Zimmer bis zum Ersten Weltkrieg die Ausnahme. Beim Ausbau des vierten Stockwerks im Hotel Jungfrau im Jahr 1908 realisierten die Architekten Studer & Davinet, nebst den beiden Ecksuiten mit eigenem Bad und WC, für die verbleibenden 36 Zimmer nur zwei Räume mit Bad und WC.[129] Mit teilweise ähnlicher Verspätung verlief die Entwicklung in Graubünden, wo das 1901 neu eröffnete Hotel Steinbock in Chur noch mit einem äusserst spartanischen Sanitärkomfort aufwartete: Jeder Etage mit 24 Gästezimmern ordnete der einheimische Architekt Emanuel von Tscharner nur zwei Baderäume zu, und beidseits der Haupttreppe war je eine WC-Anlage vorhanden (Abb. 83). Beim 1897 eröffneten Palace in St. Moritz hingegen hatten die Zürcher Architekten Chiodera & Tschudy bereits mehrere Appartements mit einem eigenen Bad ausgerüstet.[130] Auch beim Cresta Palace in Celerina von 1906 hatten alle Südzimmer einen eigenen Toilettenraum, einige wie-

114
«water closet», Systeme von frühen WC-Anlagen um 1870 (HELLER 1979).

115
Referenzliste und Prospekt der Firma G. Helbling & Comp. Paris, Zürich, London, um 1910.

116
«Spezialität in Bad-Einrichtungen». Inserat im «Schweizer Handels-Courier» vom Juli 1887.

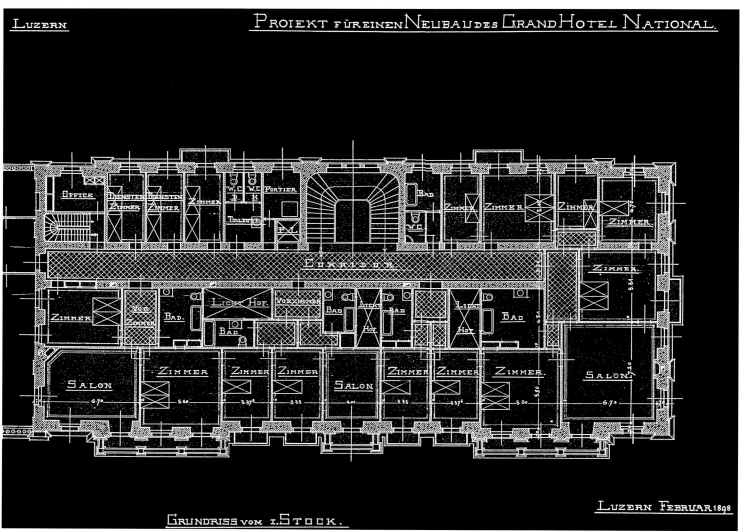

117

118

sen sogar einen Toilettenraum mit Badewanne auf (Abb. 73). Den grössten Sanitärkomfort im Engadin bot das 1912 eröffnete Suvretta House in St. Moritz an, bei dem die zahlreichen Appartements auf der Südseite mit einem eigenen Bad ausgestattet waren.[131]

Im Tessin liess der Fortschritt im Sanitärbereich ebenfalls etwas länger auf sich warten. Das 1903 eröffnete Hotel Bristol in Lugano hatte nur drei Bäder pro Etage. Beim 1908 geplanten, aber nicht realisierten Palace Hotel Excelsior waren pro Stockwerk bereits sieben Bäder auf 19 Zimmern vorgesehen, eines davon hätte wahlweise zwei Zimmern zugeordnet werden können.[132] Im Grand Hotel in Brissago von 1906 schliesslich waren, wie die Werbung stolz bemerkte, alle Zimmer mit fliessendem kaltem und warmem Wasser ausgestattet, und im ganzen Haus waren 40 Badezimmer mit WC installiert (Abb. 154).

Den wohl höchsten Sanitärkomfort wiesen die um die Jahrhundertwende erbauten Hotels der Luxusklasse am Genfersee auf. 1902 bot das Palace von Caux in jedem Zimmer fliessendes Wasser in einer separaten «chambre de toilette» an, und etwa jedes dritte Zimmer auf der Seeseite war mit Badewanne und «water closet» ausgerüstet, was ungefähr den Vorgaben von Cäsar Ritz entsprach.[133] Ähnliche Dispositionen wiesen die von Eugène Jost ausgeführten Hotels auf: das Des Alpes in Territet von 1905, das Palace in Montreux von 1906 (Abb. 80) und das Palace in Lausanne-Ouchy von 1908 (Abb. 120). Das 1908 eröffnete Grand Hôtel Excelsior in Montreux bot ebenfalls in allen seeseitigen Doppelzimmern ein Bad an; in den dazwischen liegenden, mit diesen kombinierbaren Einerzimmern war eine «chambre de toilette» mit Lavabo angebaut; die Eckzimmer hatten ein eigenes WC.[134] Beim Royal Hôtel in Ouchy von 1909 erhielten alle Zimmer fliessendes Wasser und ein WC, ungefähr drei Viertel waren zusätzlich mit einer Badewanne ausgestattet. Das 1915 eröffnete Palace in Lausanne, das letzte in der Schweiz bis zum Ersten Weltkrieg erbaute Grand Hotel, bot schliesslich in allen Zimmern ein Privatbad an.

1911 stellte Max Wöhler in seiner Zusammenstellung über moderne Gasthäuser und Hotels fest: «Jedes moderne Hotel enthält heute ausser den gesondert liegenden Bädern solche, die in unmittelbarer Nähe der Schlafzimmer liegen und mit einem solchen zusammen vermietet werden.»[135] (Abb. 121) War die Installation von Privatbädern bei Hotelneubauten zu Beginn des 20. Jahrhunderts für die Luxusklasse unabdingbar und für die restlichen Hotels zumindest erwünscht, so geschah die Nachrüstung bereits bestehender Gebäude in den meisten Hotels als sukzessive Verbesserung in mehreren Etappen. Im Hôtel Breuer in Montreux beispielsweise kamen die ersten Privatbäder erst im Jahr 1925 durch eine Reduktion der Korridorbreite zum Einbau. Mehrere weitere Umbauten waren notwendig, bis das Haus im Jahr 1959 schliesslich als erstes Hotel von Montreux in allen Zimmern auf der Seeseite eigene Bäder und Toiletten anbieten konnte.[136] Im Hôtel Beau-Rivage in Ouchy begann man 1895 mit dem Einbau von Badezimmern, während im Neubautrakt von 1908 bereits die meisten seeseitigen Zimmer ein eigenes Privatbad hatten (Abb. 120). Die letzten Bäder und Toiletten wurden in diesem Haus aber erst in den 1960er-Jahren eingebaut.[137] Beim Hotel Splendide in Lugano fand der Einbau von Sanitärräumen noch später statt: 1941 wurden die ersten zwei Privatbäder eingerichtet, in den 1950er-Jahren besassen im ganzen Haus nur 16 von 76 Zimmer ein eigenes Bad, und erst 1960 waren alle seeseitigen Hotelzimmer mit einem eigenen Privatbad ausgestattet.[138]

Die Installation des fliessenden Wassers in den Schweizer Hotels war ein Prozess, der in der Mitte des 19. Jahrhunderts einsetzte, sich aber bei vielen Betrieben über mehrere Jahre, oft über Jahrzehnte, hinzog und auch am Ende des 20. Jahrhunderts mancherorts noch nicht abgeschlossen war. In den 1860er-Jahren boten fortschrittlichere Häuser, sobald sie an eine Wasserversorgung angeschlossen waren, so genannte «water closets» an. Um 1870 war das warme Wasser auf der Etage – und damit auch die ersten Badewannen – in den vornehmsten Hotels zur Selbstverständlichkeit geworden, vorerst entstanden ein bis zwei Badezimmer pro Geschoss. Bis zur Einrichtung von Privatbädern für jedes Zimmer vergingen aber nochmals einige Jahre, oft Jahrzehnte. Die ersten separaten, einem einzelnen Zimmer zugeordneten Waschräume tauchten in den 1880er-Jahren auf. Um die Jahrhundertwende entstanden in der Schweiz die ersten Hotels mit mehreren Privatbädern, die einzelnen Zimmern zugeordnet werden konnten. Die Vorgaben zu dieser Komfortsteigerung

117
Luzern, Hotel National. Baugesuchspläne für den Erweiterungsbau von 1900 nach dem so genannten Appartementsystem.

118
Luzern, Hotel National. Bad im Erweiterungsbau von 1900. Fotografie 1943.

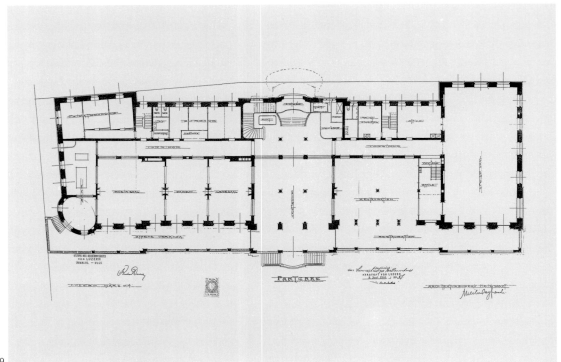

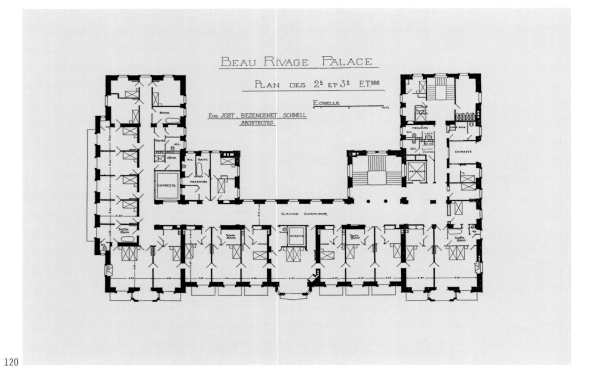

119
Luzern, Hotel Palace. Grundriss mit Privatbad (Badewanne und Toilette) für alle seeseitigen Zimmer. Baugesuchsplan 1904.

120
Lausanne-Ouchy, Hôtel Beau-Rivage Palace. Erweiterungsbau Palace von 1908 zum Hôtel Beau-Rivage von 1861 mit zahlreichen Privatbädern für die Zimmer auf der Seeseite (OSSENT 1910).

121
Montreux, Hôtel Eden. Privatbad aus der Jahrhundertwende. Fotografie 1943.

hatte der Schweizer Hotelkönig Cäsar Ritz formuliert, der sie in den 1890er-Jahren in seinen Hotels der europäischen Grossstädte konsequent angewendet hatte. Das Privatbad mit Badewanne und Toilette für jedes Appartement vermochte sich bis zum Ersten Weltkrieg aber erst in einigen Schweizer Hotels der Luxusklasse durchzusetzen.

HEIZUNGSANLAGEN
Die Wiederentdeckung der Zentralheizung

Die Zentralheizung, die in der zweiten Hälfte des 19. Jahrhunderts langsam Einzug in die Häuser unserer Breitengrade hielt, ist im Grunde genommen keine Erfindung aus dieser Zeit; sie ist eher als Neuentdeckung eines alten Heizungssystems zu bezeichnen. Bereits die Römer hatten Heizungen gekannt, deren Wärmeträger Luft und Wasser in einer Zentrale aufbereitet und über eine Leitung in verschiedene Räume verteilt wurden.[139] Der römische Schriftsteller Vitruv beschrieb solche Anlagen in seinem fünften Buch über die römische Baukunst recht ausführlich.[140]

Die erste neuzeitliche Zentralheizung in einem Hotel ist auf dem amerikanischen Kontinent nachgewiesen: 1846 im Eastern Exchange Hotel in Boston.[141] Im schweizerischen Hotelbau begannen sich die Zentralheizungen in den 1870er-Jahren in grösserem Umfang zu verbreiten. Deshalb bezeichnete Guyer 1874 die Installation einer Zentralheizung «zur Erwärmung der Vestibules, Corridors, Closets u.s.w.» in seinem Lehrbuch generell als sehr wünschenswert.[142] Als Medium für den Wärmetransport in Zentralheizungen etablierten sich innert kurzer Zeit Warmluft und Dampf, etwas später auch Warmwasser.[143] Für die grossen Säle und Zimmer empfahl Guyer im einzelnen Fall eine Abklärung, «ob Dampf-, Luft- und Wasserheizung oder ein Centralofen mit directer Wirkung angewendet werden soll». In der Zweitauflage von 1885 stellte Guyer die Warmwasserheizung gleichwertig neben die Dampfheizung, und er empfahl beide als «zweckmässigste Centralheizung».[144]

Von allen Systemen am frühesten ausgebildet war die Luftheizung, die in der Mitte des 18. Jahrhunderts mit Benjamin Franklins «Pennsylvanian Fireplace» in den USA erstmals bekannt wurde. Bei diesem System strich die Heizluft an erwärmten Oberflächen vorbei, während die Feuergase direkt durch einen Kamin entwichen. Eine erste solche Anlage soll der Zar im Winterpalais von Petersburg eingebaut haben, Friedrich II. liess sie für seine Schlösser in Potsdam kopieren.[145] Später etablierte sich das Heizsystem, bei dem die Luft in einer entfernten Heizanlage erwärmt wird und mit einem Röhren- oder Kanalsystem in die zu beheizenden Räume transportiert und dort ausgeblasen wird. Weit verbreitet war die Zentralheizung mit warmer Luft vor allem in kirchlichen und herrschaftlichen Bauten, seit dem frühen 19. Jahrhundert kam sie vermehrt auch in profanen Gebäuden zur Anwendung. Diese Heizungsart vermochte sich nicht in grossem Umfang durchzusetzen, obwohl sie gerade im Hotelbau noch eine gute Verbreitung fand. Der grosse Brennstoffbedarf sowie ein schlechter Wirkungsgrad, zusammen mit eingeschränkten Steuerungsmöglichkeiten, waren wichtige Gründe für die mehrheitlich schlechte Akzeptanz von Luftheizungen.[146]

Erfolgreicher waren Heizungssysteme mit Dampf. Die ersten überlieferten Versuche zur Verwendung von Maschinen-Abdampf zum Heizen von Räumen erfolgten bereits im späten 18. Jahrhundert durch den bekannten Konstrukteur James Watt. Diese Pionierleistung war, wie viele weitere technische Errungenschaften der damaligen Zeit, im Umfeld der englischen Fabriken entstanden, und ihr primäres Ziel war das Beheizen von Fabrikarbeitsplätzen.[147] Um 1820 standen in England bereits zahlreiche Heizungen in Betrieb, bei denen Wasserdampf in die Heizkörper der zu beheizenden Räume geleitet wurde. Im übrigen Europa war dieses Heizungssystem in der ersten Hälfte des 19. Jahrhunderts dagegen noch beinahe unbekannt, jedenfalls findet sich in der «Allgemeinen Bauzeitung» erst im Jahr 1849 ein Bericht darüber.[148] Der markante zeitliche Vorsprung Englands auf das europäische Festland im Heizungswesen ist charakteristisch für die Zeit der industriellen Revolution und ist auch noch in anderen technischen Anwendungen anzutreffen.

Das in der Entwicklung an dritter Stelle folgende Warmwassersystem wurde erst im späten 19. Jahrhundert zur serienmässigen Anwendung gebracht. Ältere Anwendungen eines Heizungssystems mit warmem Wasser werden zwar bereits 1792 für das Gebäude der Bank of England und 1812 für

122
Maloja, Hôtel-Kursaal de la Maloja. Gebäudeschnitt mit der zentralen Klimaanlage und Grundriss mit den Heizungs- und Ventilationsleitungen (TUCKER 1885).

das Winterpalais in Petersburg genannt. In der ersten Hälfte des 19. Jahrhunderts fand man dieses Heizsystem vorerst aber nur bei einzelnen Pionieranlagen; erst nach 1850 konnte es sich in ganz Europa verbreiten. Sein durchschlagender Erfolg basierte auf einer gegenüber der Dampfheizung technisch einfacheren und weniger wartungsintensiven Konstruktion, die unter anderem auch eine bessere Regulierung der Vorlauftemperatur erlaubte.[149]

Zentralheizungen entwickelten sich im Lauf des 19. Jahrhunderts zu teilweise recht komplexen Anlagen. Manchmal entstanden sogar Kombinationen von zwei verschiedenen, nach Raumgruppen getrennten Heizungssystemen.[150] Beim Grand Hotel von St. Moritz 1905 beispielsweise wurden «Souterrain, Parterre, Saal- und Küchengeschosse» mit einer «Niederdruckdampfheizung» beheizt, während die 700 Heizkörper in den Gästezimmern mit einer «Niederdruckdampf-Warmwasserheizung» erwärmt wurden, gemäss Beschreibung eine Variante der gewöhnlichen Warmwasserheizung für «ausgedehnte Gebäude», bei der Warmwasser als Zirkulationsmedium zur Anwendung gelangte. Insgesamt waren in diesem zwölfstöckigen Hotel sieben Dampfkessel in Betrieb.[151] Das 1913 eröffnete Hotel Bellevue in Bern wurde ebenfalls mit zwei Heizsystemen ausgerüstet. Die Gästezimmer erwärmte man mit Warmwasser, die Verkehrsräume und die Gesellschaftsräume im Erdgeschoss jedoch mit einer Niederdruck-Dampfheizung.[152] Eine kombinierte Anlage mit Dampf und Luft erhielt der Hôtel-Kursaal in Maloja 1884. Der in drei grossen Lokomotivkesseln erzeugte Dampf erwärmte in einem Wärmetauscher die von aussen angesogene Luft. Diese wurde anschliessend durch ein Röhrensystem in alle Räume verteilt, wo sie mit Klappen reguliert werden konnte. Durch Abluftöffnungen in der Nähe der Decke wurde die verbrauchte Luft aus den Zimmern und in einem grossen Kamin über Dach geführt. Auf diese Weise konnte die Luft in allen Gästezimmern in zwei Stunden und in den Gemeinschaftsräumen in einer Stunde vollständig erneuert werden (Abb. 122).

Zentralheizungssysteme in Schweizer Hotels

In den Saisonorten mit Sommerbetrieb war die Heizungsfrage in der Frühzeit des Tourismus zu Beginn des 19. Jahrhunderts

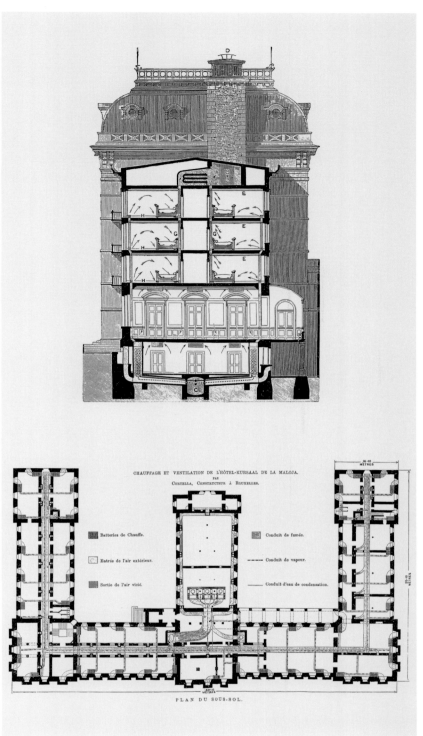

122

Heizungsanlagen in Schweizer Hotels (Auswahl einiger charakteristischer Beispiele)

Luftheizung

		QUELLE
1874	Interlaken, Hotel Ritschard: «Corridors und Säle mit Caloriferen heizbar»	BERLEPSCH 1875, 7
1875	Genf, Hôtel National: «Le chauffage se fait au moyen de 6 calorifères placés dans le sous-sol»	Die Eisenbahn 1879/XI, 136
	Thun, Hotel Thunerhof: Warmluftheizung	Stadtarchiv Thun, Bauabrechnung
um 1880	Lugano, Villa Beauséjour (Dependance zum Hotel du Parc): «Calorifère de cave à air chaud pour chauffages centraux …»	GRASSI 1883, 29
1884	Maloja, Hôtel-Kursaal: mit Dampf erwärmte Luft für Heizung und Klimatisierung	WISE 1885, 79ff.
1886	Grindelwald, Hotel Bär (Winterhaus): «besondere Heizeinrichtung nach Davoser Muster» (Warmluftheizung)	Schweizer Handels-Courier 9.10.1887
1891	Lugano, Hôtel Metropole: Luftheizung	Hotels der Schweiz 1896, 82
1893	Rochers-de-Naye, Hôtel Rochers-de-Naye: Luftheizung	Hotels der Schweiz 1896, 110
1901	Montreux, Hôtel Breuer: «verbesserte Luftheizung»	Hotels der Schweiz 1901, 115
1904	Lugano, Hotel Beau-Séjour: Heissluft-Zentralheizung	BÉHA 1881, 44f.

Dampfheizung

1858	Bern, Bernerhof: Dampf-Zentralheizung, Verteilung mit einer «Röhrenleitung bis ins oberste Stockwerk»	Intelligenzblatt für die Stadt Bern, 12.12.1858
1869	Gurnigelbad, Grand Hotel: «Dampf-Zentralheizung», Verteilung teilweise im Boden	ROLLER 1879, 15
1870	Davos, Hotel Post: erste Dampfheizung in Davos (Gebrüder Sulzer)	INSA 3, 431
	Davos, Hotel Schweizerhof: Dampfheizung (Gebrüder Sulzer)	INSA 3, 432
1873	Davos, Kurhaus: Dampfheizung (Gebrüder Sulzer)	INSA 3, 422
1884	Maloja, Hôtel-Kursaal: mit Dampf erwärmte Luft für Heizung und Klimatisierung	WISE 1885, 79ff.
1888	Territet, Hôtel des Alpes: Dampfheizung	Territet 1889, 8
1892	St. Moritz, Neues Stahlbad: Dampfheizung	Hotels der Schweiz 1896
1893	Caux, Grand Hôtel: «chauffage central à vapeur à basse pression»	Feuille d'Avis de Montreux 4.7.1893
1894	Montreux, Hôtel Continental: Dampfheizung	Hotels der Schweiz 1896, 94
1895	Territet, Hôtel Bristol: Dampfheizung	Archiv der Schweiz. Ges. für Hotelkredit 108/36
1898	Lausanne-Ouchy, Hôtel Beau-Rivage: Ersatz der Luftheizung durch Dampfheizung	Hotelarchiv, Nr. 061, 006
1900	Davos, Sanatorium Schatzalp: Niederdruck-Dampfheizung, teilweise im Fussboden	MILLER 1992, 46ff.
1901	Vitznau, Hotel Vitznauerhof: Niederdruck-Dampfheizung	Hotelprospekt (SLB)
1902	Caux, Palace Hôtel: «chauffage à la vapeur à basse pression»	Feuille d'Avis de Montreux 7.7.1902
1905	St. Moritz, Grand Hotel: Niederdruck-Dampfheizung und Niederdruckdampf-Warmwasserheizung mit 7 Dampfkesseln und 700 Heizkörpern	SBZ 1906/XLVII, 115ff.
1907	Montreux, Hôtel Suisse: Dampfheizung im Neubau	Archives de Montreux, Baubewilligungen
	Zermatt, Hotel Beau-Site: Niederdruck-Dampfheizung (Firma Pärli, Biel)	Hotelarchiv
1913	Bern, Hotel Bellevue: Niederdruck-Dampfheizung für Gesellschaftsräume und Gänge	SBZ 1915/LXV, 15f.

Warmwasserheizung

1892	Luzern, Hotel Tivoli: Warmwasserheizung	Stadtarchiv Luzern, Baugesuche
Einbau vor 1896	Ballaigues, Hôtel Aubépine	Hotels der Schweiz 1896
	Locarno, Grand Hotel (1875 eröffnet, Einbau wohl nachträglich)	
	Muri (AG), Hotel Soolbad Löwen	
	Rüschlikon, Kuranstalt Nidelbad	
	St. Moritz, Hotel Bavier (1871 eröffnet, 1895 umgebaut)	
	Schwefelberg Bad, Kuranstalt	
Einbau zwischen 1896 und 1901	Vevey, Hôtel des Trois Couronnes	Hotels der Schweiz 1896/1901
	Montreux, Hôtel des Palmiers	
1900	Luzern, Hotel National: «Warmwasser-Heizung im ganzen Haus»	Hotelprospekt (SA Luzern)
Einbau zwischen 1901 und 1904	Montreux, Hôtel Breuer, Hôtel Eden & International, Hôtel National	Hotels der Schweiz 1901/1904
	Interlaken, Hotel Schweizerhof	
	Lugano, Hotel Splendide, Hotel Europe	
1903	Lugano, Hotel Bristol: Warmwasser-Zentralheizung im Neubau	Privatarchiv Muntwyler-Camenzind
1913	St. Moritz, Suvretta House: Pumpen-Warmwasserheizung	SBZ 1917/LXIX, 87f.
	Bern, Hotel Bellevue: Warmwasserheizung für die Gästezimmer	SBZ 1915/LXV, 15f.

noch kein Thema. Trotzdem fand man bereits im frühen 19. Jahrhundert geheizte Zimmer, wie ein Protokoll aus dem Jahr 1834 zeigt, das im «Gasthaus des Staates» in Interlaken acht heizbare und neun unbeheizte Zimmer erwähnt. Die Heizung bestand aber noch aus einzelnen Zimmeröfen und im ersten Stock befand sich eine speziell genannte Holzkammer.[153] Seit den 1850er-Jahren wurden, vor allem in den bekannten Fremdenregionen, immer mehr Pensionen mit Heizungen ausgerüstet. Das im Jahr 1855 neu eröffnete Hôtel des Alpes in Territet war beispielsweise speziell für den Winteraufenthalt von Touristen konzipiert worden.[154] In der Mitte des 19. Jahrhunderts gehörten aber Zentralheizungen – wie die Sanitäranlagen, die elektrische Beleuchtung und die Aufzüge – noch nicht zum allgemeinen Komfort eines Hotels. Etliche frühe Gasthäuser erhielten vorerst nur Cheminée-Anlagen, die den Zimmern mehr Wärme entnahmen als sie ihnen zuführten.

Erste gesicherte Nachweise von Luftheizungen in Schweizer Hotels finden sich erst in den 1870er-Jahren, als dieses Heizsystem, vor der starken Verbreitung der Dampfheizungen, auch bereits in seiner Hochblüte stand. Beim Erweiterungsbau zum Hotel Ritschard in Interlaken von 1874 waren «Corridors und Säle mit Caloriferen heizbar», wie im zeitgenössischen Werbeprospekt ausgeführt wurde.[155] Im folgenden Jahr erhielten die beiden neu eröffneten Hotels Thunerhof in Thun und National in Genf («Le chauffage se fait au moyen de 6 calorifères placés dans le sous-sol») ebenfalls eine Warmluftheizung.[156] Auch das 1886 von den Gebrüdern Boss erbaute Winterhaus beim Hotel Bären in Grindelwald wurde mit Luft geheizt, seine «besondere Heizeinrichtung nach Davoser Muster» wurde in der Presse speziell erwähnt.[157] Der Einbau von Luftheizungen hörte aber in den 1880er-Jahren nicht auf, Anlagen dieser Art werden noch bis ins frühe 20. Jahrhundert erwähnt. 1891 erhielt das neu eröffnete Hotel Metropole in Lugano eine Luftheizung, 1893 wurde das Hotel auf dem Gipfel des Rochers-de-Naye mit einer solchen Anlage ausgestattet.[158] Noch im Jahr 1901 hob das Hôtel Breuer in Montreux im Hotelführer seine «kürzlich verbesserte Luftheizung» hervor, und 1904 wurde das Hotel Beau-Séjour in Lugano, als wohl eines der letzten Hotels in der Schweiz, mit einer Heissluft-Zentralheizung ausgerüstet.[159]

Das Zeitalter der Zentralheizungen mit Dampf begann in der Schweiz 1841 mit dem Einbau einer ersten Anlage im Winterthurer Knabenschulhaus durch die einheimische Firma Sulzer. Sie legte den Grundstein zur raschen Entwicklung dieses später in vielen Hotels eingebauten Heizsystems.[160] In den 1860er-Jahren begann seine Verbreitung in den Schweizer Hotels, obschon man bereits früh auch die bedeutenden Nachteile erkannt hatte, vor allem die ungenügende Steuerungsmöglichkeit der Vorlauftemperatur. Zum Aufstieg der Dampfheizung hat wohl auch die in der ersten Jahrhunderthälfte mit grosser Intensität geführte Diskussion um die Erneuerung der «verbrauchten» Luft beigetragen, die speziell die Luftheizung in Misskredit brachte.[161] Die im Erweiterungsbau des Gurnigelbades 1869 von Architekt Robert Roller eingebaute Dampf-Zentralheizung war eine der frühesten bekannten Anlagen dieser Art. Die Verteilung des Dampfes erfolgte dort nicht in Rohrleitungen, sondern, wie Roller selbst beschrieb, in einem Bodenkanal mit Abzweigungen in die Zimmer.[162] 1870 begann in Davos die Zeit der Dampf-Zentralheizungen, die für die Einrichtung des Winterbetriebs notwendig geworden waren. Die ersten beiden Anlagen der Gebrüder Sulzer wurden noch 1870 in den Hotels Post und Schweizerhof (Abb. 211) in Betrieb genommen.[163] 1893 erhielt das neue Grand Hôtel in Caux die erste Anlage dieser Art am Genfersee. 1895 kam auch im Hôtel Bristol in Territet, das in jeder Hinsicht mit dem neusten technischen Komfort ausgestattet war (elektrischer Lift, Mehrzahl der Zimmer mit eigener «chambre de toilette»), eine Dampfheizung in Betrieb.[164] 1898 entschlossen sich die Verantwortlichen im Hôtel Beau-Rivage in Lausanne-Ouchy zum Ersatz der veralteten Luftheizung durch eine Dampf-Zentralheizungsanlage von Sulzer.[165] Das 1900 auf der Schatzalp über Davos eröffnete Sanatorium wurde ebenso mit einer Niederdruck-Dampfheizung ausgerüstet wie der von einem deutschen Architekten entworfene Vitznauerhof von 1901, das Caux-Palace von 1902 oder das Hôtel Suisse in Montreux von 1907.[166] 1913 erhielt das neue Hotel Bellevue in Bern für die Erwärmung der Gänge und Gesellschaftsräume im Erdgeschoss eine Niederdruck-Dampfheizung.[167] 1914 ersetzte man die bereits veraltete erste Anlage im Caux-Palace wiederum durch eine Niederdruck-Dampfheizung.[168]

Die ersten Warmwasserheizungen wurden bei Hotels in den frühen 1890er-Jahren eingebaut. Der Hotelführer von 1896 nennt aber erst sieben solche Anlagen in der ganzen Schweiz: im Hôtel Aubépine in Ballaigues, im Grand Hotel in Locarno (1875 eröffnet, Einbau wohl nachträglich), im Hotel Tivoli in Luzern (Installation bei der Erweiterung 1891/92), im Hotel Soolbad Löwen in Muri (AG), in der Kuranstalt Nidelbad (Rüschlikon), im Hotel Bavier in St. Moritz Dorf (1871 eröffnet, 1895 umgebaut) sowie in der Kuranstalt Schwefelberg Bad.[169] Die Warmwasserheizung konnte sich zu Beginn des 20. Jahrhunderts, nachdem ihre Technologie eine entscheidende Verbesserung erfahren hatte, in grösserem Umfang durchsetzen und die alte Dampfheizung beinahe vollständig ablösen.[170] Kurz vor dem Ersten Weltkrieg etablierte sie sich als beste Lösung zur Heizung von öffentlichen Gebäuden und Gasthäusern. Zahlreiche Schweizer Hotels hatten bereits um 1900 auf diese neue Technik umgestellt, beispielsweise das Hôtel des Trois Couronnes in Vevey oder das Hôtel des Palmiers in Montreux.[171] Zu Beginn des 20. Jahrhunderts folgten weitere, unter anderem die Hotels Breuer und National in Montreux, die damit ihre veraltete Luftheizung ersetzten, oder die Hotels Schweizerhof in Interlaken sowie Bristol, Splendide und Europe in Lugano, die dieses System als erste Heizanlage installierten.[172]

Regionale Unterschiede

Die ersten Zentralheizungen fanden in der zweiten Hälfte des 19. Jahrhunderts vorerst an den Seeufern der wärmeren Gebiete, am Genfersee und im Tessin, grosse Verbreitung. Diese Regionen erfreuten sich als Aufenthaltsort im Winter einer besonderen Beliebtheit, was die erstaunliche Dichte an Zentralheizungen in diesen Gegenden erklären mag. Im Hotelführer von 1896 erwähnen elf von zwanzig näher beschriebenen Hotels und Pensionen von Montreux eine Zentralheizung. Auch in Vevey boten die beiden grossen Hotels, das Trois Couronnes und das Du Lac, 1896 eine Zentralheizung an.[173] Dass einer guten Heizung am Genferseeufer besondere Beachtung geschenkt wurde, zeigt die Tatsache, dass im renommierten Beau-Rivage in Ouchy die veraltete Luftheizung 1898 gegen eine moderne Dampfzentralheizung ausgetauscht wurde, sechs Jahre bevor man sich endlich zum Einbau der elektri-

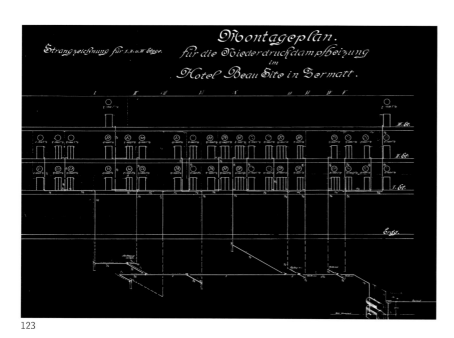

123

schen Beleuchtung entschliessen konnte.[174] Im letzten Viertel des 19. Jahrhunderts, das heisst seit dem Einsetzen eines intensiveren Tourismus im Tessin, verbreiteten sich Zentralheizungen auch in der Südschweiz. In Locarno erhielt das Grand Hotel bereits bei seiner Eröffnung 1875 eine Luftheizung, 1896 wies das in der Stadt gelegene Hotel Krone eine Dampfheizung auf.[175] In Lugano besass das Du Parc als bedeutendstes Hotel im Jahr 1881 gemäss Beschreibung «Zimmer mit Öfen deutscher Art», das heisst eine Luftheizung, die auch die Korridore beheizte. Die um 1880 zur Dependance umgebaute Villa Beauséjour nebenan erhielt «un calorifère de cave à air chaud pour chauffages centraux avec circulation de chaleur dans toutes les étages».[176]

Erstaunlich wenig verbreitet waren die Zentralheizungen am Vierwaldstättersee. Im Hotelführer von 1896 erwähnen in Luzern von den 16 näher beschriebenen Hotels und Pensionen nur deren zwei eine solche Anlage: Die Pension Tivoli besass eine Warmwasserheizung (die bereits bei der Erweiterung 1891/92 eingebaut worden war) und das Union-Hotel eine Dampfheizung. In Weggis, das in den 1860er-Jahren wegen seines milden Klimas als Fremdenort entdeckt worden war und wo sich einige Hotels für den Winteraufenthalt anboten, waren 1896 überhaupt keine Zentralheizungen vorhanden.[177] Im renommierten Hotel Müller in Gersau waren seit der Eröffnung 1862 «alle Zimmer heizbar», eine Zentralheizung fehlte dort aber noch am Ende des Jahrhunderts.[178] In den Berner Oberländer Fremdenorten, Interlaken eingeschlossen, kannte man bis zur Jahrhundertwende ebenfalls kaum Zentralheizungen. Weil die Hotels dort nach der Sommersaison in der Regel ihren Betrieb schlossen, war eine gute Heizung offensichtlich nicht ein vordringliches Anliegen.[179] In seiner Publikation über Hotelbauten erwähnt der Architekt Robert Roller 1879 keine Heizung in seinem 1875 eröffneten Hotel Faulenseebad. Bei dem dort ebenfalls beschriebenen Gurnigelbad, das er 1869 erweiterte, war hingegen eine Dampf-Zentralheizung eingebaut.[180] Noch im Jahr 1896 wies in Interlaken nur das Hotel Ober eine zentrale Heizanlage auf, 1900 kam im Beau-Rivage eine weitere solche Anlage hinzu. 1904 boten erst fünf Betriebe in Interlaken diesen neuen Komfort an, zu Beginn des Ersten Weltkriegs knapp die Hälfte aller dortigen Hotels und Pensionen.[181]

Im Hotelführer von 1896 führten etwa ein Viertel der knapp 400 beschriebenen Hotels und Pensionen in der Schweiz eine Zentralheizung auf.[182] Auffallend sind die zahlreichen Gipfelhäuser (Monte Generoso, Pilatus Kulm, Rochers-de-Naye, Stanserhorn), die alle zentral beheizt waren.[183] Bei den verschiedenen angewendeten Systemen dominierte damals noch die alte Luftheizung, die in 47 von 98 Betrieben vorhanden war. Eine Dampfheizung fand sich in insgesamt 31 Hotels und Pensionen. Mit einer modernen Warmwasserheizanlage waren 1896 lediglich acht Hotels ausgerüstet. Zu Beginn des 20. Jahrhunderts wendete sich das Blatt zu Gunsten der Warmwasserheizung. Die Entwicklung verlief aber nicht so rasch wie beispielsweise bei der Ablösung des Gaslichts durch die elektrische Beleuchtung. Der Ersatz einer Heizanlage erfolgte in der Regel erst bei einem technischen Ungenügen. Im Hotelführer von 1904 wiesen deshalb nur einige wenige Hotels und Pensionen auf die neue Warmwasserheizung hin, unter anderem das Europe in Paradiso, das Victoria in Luzern oder das Hôtel des Palmiers in Montreux.[184] Auch zu Beginn des Ersten Weltkriegs waren in den Schweizer Hotels immer noch zahlreiche inzwischen veraltete Luftheizungen in Betrieb, und die Zahl der Hotels, die noch keine Zentralheizungsanlage besassen, war beträchtlich.[185]

Wie bei den Sanitärinstallationen war auch das Gebiet der Heizanlagen in der Frühzeit eine Domäne von Spezialfirmen, die nicht überall und schon gar nicht in jeder Fremdenstation vorhanden waren. So wurden beispielsweise die ersten beiden Zentralheizungen in Davos 1870 in den Hotels Post und Schweizerhof durch die Winterthurer Firma Sulzer installiert, die in der Folge mehrere solche Heizungen nach Davos liefern konnte.[186] Mit der 1903 eröffneten Kurpension St. Josefshaus in Davos trat erstmals die Firma Oberrauch & Milentz als Lieferantin einer Dampfheizung auf; in der Folgezeit installierte die Firma im Landwassertal die meisten Zentralheizungsanlagen.[187] In Zermatt wurde die im neuen Hotel Beau-Site von 1907 eingebaute Niederdruck-Dampfheizung von der Firma Pärli & Cie. aus Biel geplant und ausgeführt (Abb. 123).[188]

Der Einbau von Heizungsanlagen hatte kaum bauliche Auswirkungen auf den Hotelgrundriss. Die Heizungszentrale wurde mehrheitlich im Kellergeschoss angeordnet. Verteillei-

123
Zermatt, Hotel Beau-Site. Pläne für die Niederdruck-Dampfheizung von 1907.

tungen, die in jedes beheizte Zimmer führten, wurden in der Regel sichtbar geführt, entweder den Wänden entlang oder an den Decken aufgehängt. Nur wenige Anlagen, zum Beispiel die Dampfheizung im Gurnigelbad, hatten Bodenkanäle für die Dampfverteilung.[189] Die Radiatoren standen, wegen der kurzen Leitungsführung zur Hauptleitung, in den Gästezimmern meistens neben der Tür, obwohl damit in den Zimmern keine optimale Wärmeverteilung erreicht werden konnte. Ein neuartiges Verteilsystem verbreitete sich zu Beginn des 20. Jahrhunderts. Das im Jahr 1900 eröffnete Sanatorium auf der Schatzalp bei Davos (Abb. 225) erhielt als Besonderheit, eventuell sogar als Weltneuheit, eine Bodenheizung mit Niederdruckdampf im «ärztlichen Doucheraum» und in den Sälen, während die Zimmer noch konventionell mit Radiatoren geheizt wurden.[190]

Mit der Installation von Zentralheizungen wurden die zahlreich vorhandenen Cheminées in den Zimmern als Wärmequelle entbehrlich und entfernt oder zum Bestandteil eines gediegenen Interieurs umfunktioniert. Dass diese Veränderungen aber gerade bei Traditionalisten nicht überall mit Wohlwollen aufgenommen wurden, zeigen enttäuschte Äusserungen von britischen Touristen: «You cannot sit around a radiator», war ein deutlicher Vorwurf an diese modernen Heizmöbel. Die Firma Sulzer in Winterthur reagierte auf diese Enttäuschung der Hotelgäste sehr rasch mit Aufträgen zur Verbesserung der Gestaltung von Radiatoren an verschiedene Architekten. So bat sie bereits in den 1860er-Jahren den Zürcher Architekturprofessor Alfred Bluntschli um Entwürfe «in Holz, Eisen, Steingut, Marmor etc. oder Kombinationen dieser Materialien» zur Einpassung der neuen Heizkörper ins Interieur einer grossbürgerlichen Villa und einer herrschaftlichen Stadtwohnung, aber auch in die Zimmer der vornehmen Hotels.[191]

AUFZUGSANLAGEN

Der Bericht über den angeblich beweglichen «Thron des Salomon» von Kaiser Konstantin VII. in Konstantinopel aus dem 10. Jahrhundert bewegt sich zwischen Sage und Realität — er kann wohl kaum als Inspiration für die Erfindung von Aufzugsanlagen gelten. Der Bericht zeigt aber das bereits seit alter Zeit vorhandene, starke Bedürfnis der Menschheit nach einem mühelosen Hinauf- und Hinunterfahren. Die Idee eines «fliegenden Stuhls» wurde in der Neuzeit unter anderem von Erhard Weigel (1625–1690), Professor für Mathematik und Astrologie in Jena, wieder aufgenommen, der in seinem eigenen Haus einen Fahrstuhl über mehrere Stockwerke eingebaut hatte.[192] Aufzüge, in ihrer Anfangsphase mehrheitlich von Menschenhand angetrieben, dienten damals aber nur selten dem Transport von Personen, sondern bis in die Mitte des 19. Jahrhunderts mehrheitlich dem Verschieben von Waren in Fabriken oder Lagerhallen.[193] In dem 1833 eröffneten Holt Hotel in New York ist ein erster Aufzug für Waren in einem amerikanischen Hotel nachgewiesen.[194]

Die Geschichte der modernen Aufzugsanlagen begann aber erst mit der Erfindung einer neuartigen Fallbremse durch Elisha Graves Otis und deren Vorführung 1854 im Crystal Palace in New York.[195] Dieses Bremssystem war in der Lage, eine ungesicherte Liftkabine innert kürzester Zeit zum Stillstand zu bringen. Dadurch verwandelte sich der alte, unsichere Lastenaufzug in einen neuzeitlichen, sicheren Personenaufzug. Noch im gleichen Jahr liess der Stahlfabrikant Peter Cooper in dem nach ihm benannten Cooper Union Building einen Personenaufzug einbauen, in dessen Entwicklung er über 10 000 Dollar investiert hatte.[196] Mit der Bekanntmachung der Erfindung von Otis begann für den Personenaufzug ein Triumphzug durch die ganze Welt. Bereits im Frühjahr 1857 standen die staunenden New Yorker und New Yorkerinnen bei Haughwout & Co., einem vierstöckigen Geschäftshaus für Glas- und Silberwaren, Schlange, um mit dem ersten öffentlichen Personenaufzug der Welt in die Höhe zu schweben, den die Firma Otis erbaut hatte. Eine Dampfmaschine im Keller bewegte die Liftkabine für sechs Personen mit einer «atemberaubenden» Geschwindigkeit von 12 Metern pro Minute hinauf und hinunter. 1859 wurde im Fifth Avenue Hotel, ebenfalls in New York, der erste Personenaufzug in einem Hotel in Betrieb genommen. Das von einer Dampfmaschine angetriebene technische Monster erhielt die Bezeichnung «Vertical Screw Railway Elevator». Die Liftkabine wurde wie eine Schraubenmutter um eine immense Schraube gedreht und dabei je nach Drehrichtung in langsamer Fahrt auf- oder abwärts bewegt.[197] 1860 begann das Liftzeitalter in den europäischen Hotels, als im Grosvenor Hotel in London ein als «lifting room» bezeichneter Hotellift mit Dampfmotor in Betrieb kam.[198]

124
«Personen-Aufzug in den Grands Magasins du Louvre zu Paris», ausgeführt als so genannter Stempelaufzug, eine der weit verbreiteten Anlagen mit direkter Hydraulik (Handbuch der Architektur 1892).

125
Luzern, Hotel Luzernerhof. Prospekt der Liftfirma James Hanning, die im Luzernerhof einen Personenlift einbaute.

Neben dem Dampfantrieb kannte man für Aufzugsanlagen auch den Gasmotor. Diese Antriebsart war aber offenbar mit vielen Nachteilen behaftet, sodass sie in einem Fachbuch 1891 schlechthin als ungeeignet für Liftanlagen bezeichnet wurde.[199] Das damalige Handbuch der Architektur nannte eine lange Inbetriebsetzungszeit sowie den geforderten ununterbrochenen Betrieb als Nachteile und bezeichnete das System gesamthaft als teuer und nur für besondere Fälle geeignet.[200] Dass solche Anlagen in Schweizer Hotelbauten kaum bekannt geworden sind, mag deshalb nicht erstaunen. 1891 wurde im Splendide in Lugano durch die Firma Stigler aus Mailand ein Gaslift eingebaut, über dessen Weiterbestand jedoch keine Angaben vorliegen.[201]

Der hydraulische Antrieb

Der Dampfmotor, mit dem die Mehrzahl der frühen Liftanlagen angetrieben wurde,[202] war sehr personalintensiv. Ein Maschinenwärter musste den vorhandenen Druck ständig überwachen und regulieren. Dazu kamen Lärm- und Geruchsimmissionen, die dieses technisch interessante Beförderungsmittel mit negativen Attributen versahen. Deshalb äusserte sich das Handbuch der Architektur 1892 auch über die dampfbetriebenen Lifte negativ: «Von den motorischen Kräften ist für die gewöhnlichen Fälle der Anwendung von Aufzügen in Wohngebäuden, Gasthöfen etc. bei uns die Benutzung der Dampfkraft ausgeschlossen...»[203] In dieser Zeit begann deshalb eine intensive Suche nach neuen einfacheren und leiseren Antriebsmechanismen, die einen gleichen oder noch verbesserten Sicherheitsstandard aufweisen sollten. Eine erste Lösung fanden innovative Ingenieure im hydraulischen Antrieb mit Wasserdruck.[204] Dieses System wurde bereits in den 1840er-Jahren an Nutzlasten ausprobiert. 1860 beschrieb die «Allgemeine Bauzeitung» einen hydraulischen Aufzug für das Gepäck im Bahnhof St. Lazare in Paris sowie einen «Wassersäulenaufzug» in einem siebenstöckigen Getreidemagazin in Paris.[205] 1864 erstellte der später als Lifthersteller berühmt gewordene Léon Edoux in Paris eine erste hydraulische Liftanlage. Seine Weiterentwicklung, ein hydraulischer Aufzug mit zwei parallel laufenden Kabinen, stellte er an der Pariser Weltausstellung von 1867 erstmals einem interessierten Publikum vor.[206] Mit dem

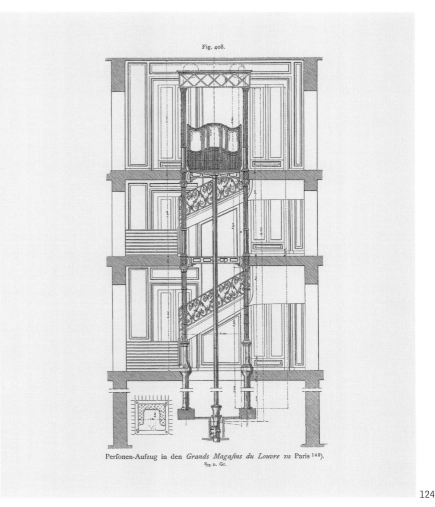

Personen-Aufzug in den *Grands Magasins du Louvre* zu Paris 145).

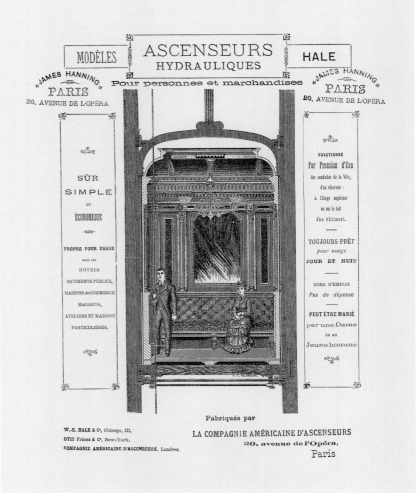

Liftanlagen in Schweizer Hotels

		TYP	LIEFERANT	QUELLE
1857	Lausanne-Ouchy, Hôtel Beau-Rivage: «plancher mobile pour bagages» (nicht ausgeführt)			Hotelarchiv, Nr. 100 – NEUENSCHWANDER 1997, 19
1867	Vevey, Grand Hôtel: «eine Zugmaschine für Personen und eine andere für Gepäck»			BIERFREUND 1867, 50
1873	Genf, Hôtel Beau-Rivage	H		Journal de Genève 3.9.1873 – GUYER 1874, 105
1874	Baden, Grand Hotel			GUYER 1874, 56, Plan Nr. 11
1875	Interlaken, Hotel Victoria	H		Berner Tagespost 23.3.1875
5.6.1875	Genf, Hôtel National	H	Edoux, Paris	BROILLET et al. 1997, 325
15.6.1875	Thun, Grand Hotel Thunerhof	H	Rieter, Winterthur (1892: Stigler, Milano)	Stadtarchiv Thun, 1/9 S 269 AM 11
vor 1884	Genf, Hôtel de la Paix			MURRAY 1884 (nach BAENI 1983, 22)
1884	Luzern, Hotel Luzernerhof	H	Hanning, Paris	Stadtarchiv Luzern, E2a.329
	Maloja, Hôtel-Kursaal	H		ALTENBURG 1896, 30
1884 (?)	Montreux, Hôtel Breuer			Hotelprospekt (SLB)
vor 1885 (?)	Luzern, Hotel National			Schweizer Fremdenblatt 1.7.1885
1887	Engelberg, Hotel & Kurhaus Titlis			FLEINER 1890, 216
1887 (?)	Neuchâtel, Grand Hôtel du Lac			Hotels der Schweiz 1996
1888	Luzern, Hôtel Gütsch	H		Luzerner Tagblatt 15.8.1888
	Lausanne-Ouchy, Hôtel Beau-Rivage	H	Edoux, Paris	Hotelarchiv, Nr. 012
	Territet, Grand Hôtel (mehrere Aufzüge)	H		Territet 1889, 14
1891	Lugano, Hotel Splendide	G	Stigler, Milano	Hotelarchiv
	Lugano, Hotel Metropole			Hotels der Schweiz 1896
	Luzern, Hotel du Lac (Verbindungsbau)			Stadtarchiv Luzern, Baubewilligungen
	Luzern, Hotel Victoria			Festschrift SIA 1893, 94
1892	Leysin, Grand Hôtel (Sanatorium)	H	Edoux, Paris	Sanatorium Leysin, Paris 1893
	Brunnen, Hotel Waldstätterhof			Hotels der Schweiz 1896
	St. Moritz Bad, Neues Stahlbad			Hotels der Schweiz 1896
	Ragaz, Hotel Tamina	E (?)	Schindler & Villiger, Luzern	Firmenchronik Schindler
1893	Caux, Grand Hôtel			Feuille d'Avis de Montreux 4.7.1893
	Montreux, Hôtel Belmont	H (1914: E)		Hotels der Schweiz 1896
1894	Montreux, Hôtel International			Hotels der Schweiz 1896
vor 1895	Glion, Hôtel du Righi Vaudois			Archives de Montreux, Baubewilligungen
1895	Territet, Hôtel Bristol	E (?)		Archives de Montreux, Baubewilligungen
	Glion, Hôtel Victoria			Archives de Montreux, Baubewilligungen
	Pontresina, Hotel Pontresina			Hotels der Schweiz 1896

		TYP	LIEFERANT	QUELLE
vor 1896	Genf und Montreux, verschiedene Hotels			Hotels der Schweiz 1896
	Vevey, Hôtel du Lac			Hotels der Schweiz 1896
	Gersau, Hotel Müller			Hotels der Schweiz 1896
	Seelisberg, Hotel Sonnenberg			Hotels der Schweiz 1896
	Locarno, Grand Hotel			Hotels der Schweiz 1896
	Davos, verschiedene Hotels			Hotels der Schweiz 1896
	Neuhausen, Hotel Schweizerhof			Hotels der Schweiz 1896
	Zürich, Hotel Baur au Lac			Hotels der Schweiz 1896
1896	Rigi-First, Hotel Rigi-First	H		Hotelprospekt (SLB)
1896–1901	Villeneuve, Hôtel Byron			Hotels der Schweiz 1901
1897	Vevey, Hôtel des Trois Couronnes	H (1911: E)	(1911: Stigler, Milano)	Archives de Vevey, 42–555
	Luzern, Hotel Tivoli			Stadtarchiv Luzern, Baubewilligungen
1898	Montreux, Hôtel Europe			Hotels der Schweiz 1901
	Baden, Hotel Blume	H	Schindler, Luzern	INSA 1, 474
1899	Lausanne, Hôtel Beau-Site & Belvédère			Archives de la ville de Lausanne, Baubewilligungen
	Interlaken, Hotel Schweizerhof	H		MICHEL 1956, 17
1900	Davos, Sanatorium Schatzalp	H	Stigler, Milano	SBZ 1902, 13ff.
1901	Vitznau, Hotel Vitznauerhof	H	Stigler, Milano	Hotelprospekt (SLB)
1902	Caux, Palace Hôtel	H		Hotelprospekt (SLB)
	Morschach, Hotel Axenstein			Hotelprospekt (SLB)
1903	Beatenberg, Grand Hotel Kurhaus			Hotels der Schweiz 1904
	Vitznau, Hotel du Parc	H		Hotelprospekt (SLB)
	Lugano, Hotel Bristol	H		Privatarchiv Muntwyler-Camenzind
1904	Morschach, Hotel Axenfels			Hotels der Schweiz 1904
	Locarno, Hotel Reber	E		Hotelprospekt (SLB)
	Lugano, Grand Hotel			Hotels der Schweiz 1904
	Sils Maria, Hotel Edelweiss			Staatsarchiv GR: Architektenarchiv Ragaz 9i
1905	Brunnen, Grand Hotel			Hotelprospekt (SLB)
1906	Lugano, Hotel International	H	Stigler, Milano	Hotelarchiv
	Lugano, Hotel Continental			Hotelarchiv
1907	Montreux, Hôtel Suisse	H (1914: E)	(1914: Stigler, Milano)	Archives de Montreux, Baubewilligungen
1909	Vevey, Park Hôtel Mooser	E	Stigler, Milano	Archives de Vevey, 95.01

H Hydraulik
E Elektrizität
G Gasmotor

von Edoux weiterentwickelten System wurden innert kürzester Zeit alle bedeutenden Pariser Hotels ausgerüstet, und daraufhin begann ein Siegeszug des Personenlifts durch ganz Europa. In wenigen Jahren eroberte diese moderne Aufstiegshilfe Geschäftshäuser und Hotels, zuerst in den amerikanischen und europäischen Grossstädten (mit Paris als frühem Schwerpunkt), kurz danach auch in den kleineren Zentren (Abb. 124). 1869 wurde im Haus des Barons Johann von Liebig der erste hydraulische Personenaufzug in einem Wiener Privathaus eingerichtet.[207] Grosse Propagandawirkung entfalteten die Liftanlagen der drei für die Weltausstellung von 1873 in Wien erstellten Grosshotels. Das Grand Hotel, das Hotel Métropole und das Hotel Britannia erhielten je einen Aufzug für Personen und Gepäck. Auch beim 1872 eröffneten Hotel Kaiserhof in Berlin kam dieser Komfort zur Anwendung und 1874 sogar beim Hotel Astoria im Fremdenort Gmunden im österreichischen Salzkammergut.[208] Nachdem Personenlifte in den europäischen Grosshotels der 1860er-Jahre, beispielsweise im Hotel d'Angleterre in Berlin (1858), im Grand Hôtel in Paris (1862) oder im Astoria in Wien (1862), noch kaum anzutreffen waren,[209] gehörten sie seit der Wiener Weltausstellung zum Standard für die europäischen Hotels der Luxusklasse. 1879 stellte die Zeitschrift des Vereins Deutscher Ingenieure deshalb mit Befriedigung fest, dass der Fahrstuhl in «sämmtlichen comfortabler eingerichteten Hotels der grösseren Städte sich einzubürgern angefangen hat».[210]

Die in den frühen 1870er-Jahren noch vielerorts verbreitete Skepsis gegenüber dieser neuen Einrichtung widerspiegelt sich in einigen Texten, beispielsweise in der Erstausgabe des Buches «Das Hotelwesen der Gegenwart» von Eduard Guyer aus dem Jahr 1874: «Die Aufzüge (Lifts, Elevatoren) zur Beförderung sowohl des Gepäcks als der Personen werden in grösseren Hotels vielfach angewendet … Trotz bedeutenden Fortschritten lassen diese Einrichtungen noch viel zu wünschen übrig, indem diese entweder zu wenig sicher, zu kostspielig oder zu langsam arbeiten; unstreitig die empfehlenswerthesten sind die hydraulischen Lifts, indem dieselben die grösste Sicherheit und Leichtigkeit in der Behandlung bieten. Dennoch ist vielleicht die zweckmässigste und sicherste Hebemaschine für Hotels im Continental Hotel in Philadelphia zu sehen. Eine ungeheure Schraube ohne Ende schiebt in ruhigster und rascher Weise den Lift hinauf und hinunter. Doch ist die Anlage eine sehr kostspielige und wird desshalb schwerlich grosse Nachahmung finden.»[211] Guyer bevorzugte 1874 gegenüber dem modernen hydraulischen Lift also immer noch die alte dampfbetriebene Anlage. Auch in seiner überarbeiteten Zweitausgabe von 1885 wiederholte er noch den gleichen Text, leicht ergänzt mit der Feststellung, dass bei den hydraulischen Anlagen der fehlende Wasserdruck die Schnelligkeit der Anlage stark beeinträchtigen könne. Abschliessend stellte Guyer 1885 aber versöhnlich fest: «Diese Elevatoren werden heutzutage auf's Glänzendste mit Sammt, Gold und Spiegeln ausgerüstet, enthalten Telegraphen, Gasbeleuchtung etc. und sind trotzdem in der Anlage bedeutend billiger geworden.»[212]

Der elektrische Antrieb

Nach einer ersten Euphorie erkannte man bald einmal auch die Nachteile der hydraulischen Technik, wie dies bereits Guyer dargelegt hatte. Die Konstruktion war kostspielig, denn die direkte Hydraulik verlangte eine grosse Brunnenbohrung für die Kolbenanlage, und zudem war der Betrieb den ständigen Druckschwankungen im Wasserleitungsnetz unterworfen, die oftmals zu unliebsamen Störungen führen konnten. Einen entscheidenden Anstoss zur Weiterentwicklung der Lifttechnik löste der Liftunfall im Grand Hôtel Paris vom 24. Februar 1878 aus. Dort brach im normalen Betrieb plötzlich eine gusseiserne Verbindung zwischen dem Kolben und der Plattform, wodurch die Liftkabine zuerst in die Höhe und anschliessend zu Tal katapultiert wurde und die drei Passagiere sofort den Tod fanden.[213] Dieser durch verschiedene Publikationen in ganz Europa bekannt gewordene Unfall trug dazu bei, dass vorerst nur noch so genannte Stempelaufzüge, das heisst Antriebe mit direkter Hydraulik, erstellt wurden. Dieses tragische Ereignis förderte aber auch die rasche Entwicklung der elektrischen Antriebsart.

Im Jahr 1880 liessen die beiden Elektropioniere Werner von Siemens (1816–1892) und Johann Georg von Halske (1814–1890) an der Pfalzgau-Ausstellung in Mannheim eine offene Plattform mit einem dynamoelektrischen Antrieb als eigentliche vertikale Zahnradbahn bis zu 20 Metern in die Höhe

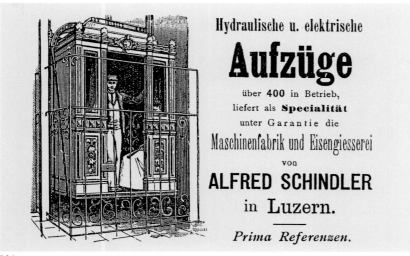

126

fahren. Nur ein Jahr nach den Fahrten der ersten elektrischen Strassenbahn an der Gewerbeausstellung in Berlin 1879 konnte also bereits eine erste senkrechte elektrische Bahn bestaunt werden.[214] Im gleichen Jahr wurde in Salzburg auch ein elektrischer Aufzug mit einem durch einen Elektromotor betätigten Windenwerk in Betrieb genommen. Bei der Anlage, die auf den Mönchsberg führte, fuhren zwei Kabinen an einem Seil über ein Umlenkrad (das 1877 erfundene Prinzip des Seiltriebs) abwechslungsweise hinauf und hinunter.[215] An der grossen Elektrizitätsausstellung in Paris 1881 konnte Siemens bereits eine überarbeitete Version des elektrischen Aufzugs vorführen.[216]

Elektrizität als Antriebsprinzip von Liftanlagen wies gegenüber den alten Antriebsarten mit Dampf und Hydraulik grosse Vorteile auf, weshalb sich der Lift erst mit der Anwendung der Elektrizität entscheidend verbreiten konnte. Nach ersten Versuchen um 1880 verging aber nochmals beinahe ein Jahrzehnt, bis die Kinderkrankheiten überwunden waren und der elektrische Lift seriemässig hergestellt werden konnte. So findet sich im Handbuch für Architektur 1892 über dieses Antriebssystem nur eine kurze Notiz.[217] Eine weltweite Propagandawirkung erzielten die von drei renommierten Firmen erstellten Aufzüge im Eiffelturm an der Pariser Weltausstellung von 1889, an der auch die erste elektrische Rolltreppe vorgestellt wurde.[218] Zwei Jahre zuvor war in Baltimore der erste elektrische Aufzug in den USA eingerichtet und 1888 diese neue Antriebsart mit einem amerikanischen Patent versehen worden. 1893 konnte die erste solche Anlage im Warenhaus von Carl Flohr in Berlin bestaunt werden. Im letzten Jahrzehnt des 19. Jahrhunderts etablierte sich der elektrische Lift in den Grosshotels; kein bedeutendes europäisches Haus verzichtete um 1900 auf einen Personenaufzug.[219]

Liftanlagen in Schweizer Hotels

Die Entwicklung der Lifttechnik wurde in der Schweiz von einigen Hotels am Genfersee an vorderster Front mitgeprägt. Als im Jahr 1857 in New York der weltweit erste Personenaufzug in Betrieb kam, schlug der Genfer Architekt François Gindroz in seinem Wettbewerbsprojekt für das Hôtel Beau-Rivage in Ouchy einen dampfbetriebenen Aufzug für den Gepäcktransport vor: «Au centre du bâtiment, en face du grand escalier est un local avec plancher mobile pour monter ou descendre les effets ...» Auf Intervention des designierten Direktors Alexandre Rufenacht verzichtete man aber auf diese Installation wie auch auf das fliessende Warmwasser in den Etagen.[220]

Der erste Personenlift in einem Schweizer Hotel, wohl die erste solche Anlage überhaupt in der Schweiz, kam in dem 1867 eröffneten Grand Hôtel in Vevey zur Ausführung, im selben Jahr, in dem Léon Edoux seinen hydraulischen Aufzug an der Pariser Weltausstellung einer breiten Öffentlichkeit präsentierte.[221] Ein im Eröffnungsjahr des Hotels erschienener Reiseführer über Montreux und Umgebung beschrieb die Liftanlage auf Deutsch als «eine Zugmaschine für Personen und eine andere für Gepäck» und auf Französisch als «un appareil (grue) servant à monter les personnes et un autre pour les bagages».[222] Die Anlage war also dermassen neu, dass dem Autor des Reiseführers die später verwendeten Bezeichnungen noch nicht bekannt waren! Die beiden Aufzüge wurden im Standardwerk von Eduard Guyer von 1875 noch nicht speziell beschrieben, in den von ihm publizierten Grundrissen sind sie aber enthalten (Abb. 99).[223]

Den nächsten Schweizer Hotellift, 1873 im Genfer Beau-Rivage eingerichtet, bezeichnete Guyer dagegen bereits in der ersten Ausgabe seines Hotelbuchs als «durch Wasser bewegten Pistonlift».[224] In einer Zeit, in der die hydraulischen Lifte in den grossen Hotels der europäischen Grossstädte erst ihren Einzug hielten, bedeutete dieser Genfer Lift, der auch in einer Fotografie festgehalten ist,[225] wohl eine bedeutende Attraktion. Im «Journal de Genève» wurde darüber folgendermassen berichtet: «L'ascenseur se compose d'un charmant petit salon, avec tapis, divan et glaces; quatre boutons marquent les étages et il suffit de pousser le numéro de l'étage où l'on veut se rendre, pour que l'élégante machine se mette aussitôt en mouvement et porte le voyageur à sa destination.»[226]

Im Jahr 1874 erhielt das Grand Hotel in Baden, ein Entwurf des Semperschülers Paul-Adolphe Tièche, den ersten Hotellift ausserhalb der Westschweiz. 1875 kam im Genfer Hôtel National der zweite Personenlift in der Calvinstadt in Betrieb, wiederum eine hydraulische Anlage von Léon Edoux aus Paris.[227] Im Berner Oberland wurden im diesem Jahr bei-

126
Werbung für Aufzüge der Firma Alfred Schindler in der «Schweizerischen Bauzeitung» 1902.

127
«Seul ascenseur à Montreux», undatierter Hotelprospekt für das 1884 eröffnete Hôtel Breuer in Montreux.

128
Montreux-Clarens, Grand Hôtel de Clarens. Der Personenlift wurde, wie bei zahlreichen Hotels, im Treppenauge eingebaut. Fotografie um 1900.

127

128

nahe gleichzeitig zwei Hotellifte erstellt, die ersten in dieser Fremdenregion. Im März 1875 berichtete die «Berner Tagespost» über die Installationsarbeiten für eine hydraulische Liftanlage «mit Wasserdruckpumpe im Keller» beim Hotel Victoria in Interlaken.[228] Im Juni desselben Jahres konnten die Gäste im Thunerhof in Thun einen Lift «nach dem Telescop-System» benützen. Die Firma Rieter aus Winterthur, die diese Anlage konstruiert hatte, war nur kurze Zeit im Liftbau tätig, und die Anlage im Thunerhof blieb ein grosses «Sorgenkind» des Hauses. Nach einer Fachexpertise im Jahr 1891 wurde die erfahrene Firma Stigler aus Mailand mit dem Einbau einer neuen Liftanlage, wiederum mit hydraulischem Antrieb, beauftragt.[229]

In dem um 1875 abgeschlossenen Zeitalter der Pionieranlagen hatte die Westschweiz eine führende Rolle übernommen. Grund dafür ist wahrscheinlich, dass die damals berühmte Konstruktionsfirma der Gebrüder Edoux in Paris beheimatet war. Der Firmenname Edoux taucht in der Frühzeit der Liftkonstruktionen immer wieder auf, wobei sich deren Anlagen vorwiegend in der Westschweiz finden. Nach den Pariser Pionieren war die Firma Stigler aus Mailand die zweite in der Schweiz häufig anzutreffende Liftfirma. Die von Augusto Stigler 1860 gegründete Firma erstellte auch den ersten Tessiner Lift im Hotel Splendide in Lugano beim Umbau von 1888 bis 1891, der von einem sonst kaum verwendeten Gasmotor angetrieben wurde: «All' Jng.re Stigler di Milano per il Lift, motore a gas, pompa … fr. 9 000.—», findet sich als Angabe dazu in der Bauabrechnung.[230] Stigler-Lifte fand man in der Zeit der Belle Époque beinahe in allen schweizerischen Fremdenregionen, neben dem Tessin (International in Lugano) und der Innerschweiz (Vitznauerhof) auch im Berner Oberland (Thunerhof), in Graubünden (Schatzalp, Davos) und am Genfersee (Trois Couronnes und Hôtel Mooser in Vevey), sodass man Grund zur Annahme hat, dass diese Firma bezüglich der Anzahl Ausführungen wohl als schweizerischer Spitzenreiter gelten kann. Dass die Spezialisten für den Liftbau im ausgehenden 19. Jahrhundert noch nicht im eigenen Land zu finden waren, zeigt die Suche nach einer geeigneten Konstruktionsfirma für die geplante Anlage im Hotel Luzernerhof. Nach einer langen Evaluation im Jahr 1883 durch den Architekten Arnold Bringolf konnte die Pariser Firma James Hanning den ersten Personenlift in der Innerschweiz erstellen. Sie verwendete dabei ein System mit Hydraulik ohne Kolbenantrieb, für das die damalige Referenzliste fast ausschliesslich amerikanische Beispiele aufzählte (Abb. 125).[231] Als erste Schweizer Firma etablierte sich in den 1890er-Jahren die Luzerner Unternehmung Schindler & Villiger, die im Jahr 1892 den ersten elektrischen Personenaufzug im Hotel Tamina in Ragaz erstellt haben soll und in der Folge bis zum Ersten Weltkrieg vorwiegend in der Innerschweiz Liftanlagen installierte (Abb. 126).[232] Die in Deutschland stark vertretene Berlin-Anhaltische Maschinenbau-Aktien-Gesellschaft ist als Liftfirma für Schweizer Hotels dagegen unbekannt.[233]

In der zweiten Hälfte der 1870er-Jahre hatten sich die Aufzugsanlagen vorerst in den grösseren Schweizer Hotels eingebürgert, sodass ein Referent vor dem deutschen Architekten- und Ingenieurverein in Hamburg 1877 mitteilen konnte, dass in den Schweizer Hotels «für Fahrstühle zur Personenbeförderung und, getrennt davon, auch für Gepäckaufzüge gesorgt» sei.[234] 1884 hob auch Ludwig Klasen in seiner Architekturgeschichte hervor, dass in den Schweizer Hotels «Fahrstühle zur Personen- und Gepäckbeförderung in die Stockwerke meistens vorhanden» seien.[235] Immerhin traf man aber bis in die frühen 1880er-Jahre noch auf zahlreiche Hotels und Pensionen ohne Personenaufzug. Erst gegen 1890 erfolgte ein neuer Bauschub, der nun die meisten grösseren Hotelanlagen erfasste. Trotzdem blieb beispielsweise in Montreux die beim Neubau 1884 erstellte Liftanlage im Hôtel Breuer einige Jahre die einzige des Ortes, wie der Prospekt stolz vermerkte (Abb. 127).[236] Auch im benachbarten Hôtel des Alpes in Territet, das unter der Leitung des Hotelpioniers Jean François Chessex seit den 1840er-Jahren einen steilen Aufstieg erlebt hatte, wurden erst durch dessen Sohn Ami Chessex im Neubau des Grand Hôtel von 1888 zwei hydraulische Lifte eingebaut.[237] Im gleichen Jahr erhielt das seit mehr als einem Vierteljahrhundert bestehende Hôtel Beau-Rivage in Lausanne-Ouchy endlich eine Liftanlage durch die bekannte Firma Edoux aus Paris.[238] Im Jahr 1884 wurde in der grossen Hotelanlage in Maloja der erste Hotellift im Engadin eingebaut (Abb. 239).[239] Etwa zeitgleich tauchten Liftanlagen auch in den Innerschweizer Hotels auf:

129
Der Hammetschwand-Aufzug auf dem Bürgenstock wurde 1905 vom Hotelkönig Franz-Josef Bucher-Durrer erstellt. Seine kühne Konstruktion fand damals in ganz Europa grosse Bewunderung: Die Aufzugskabine stieg zuerst durch einen Felsschacht und anschliessend in einem an der Felswand direkt über dem Vierwaldstättersee befestigten Eisenfachwerk 150 Meter in die Höhe.

1884 im Luzernerhof, im folgenden Jahr im National in Luzern, 1887 im Hotel Titlis in Engelberg und 1888 im Luzerner Hotel Gütsch beim Wiederaufbau nach dem Brand.[240]

Bezogen auf die Antriebssysteme dominierte in der Belle Époque lange Zeit der hydraulische Aufzug. Dampfmotoren waren in Schweizer Hotels nicht vorhanden, der Gasantrieb ist nur aus dem 1891 eröffneten Hotel Splendide in Lugano bekannt. Der erste elektrische Antrieb soll im Jahr 1892 durch die Firma Schindler & Villiger aus Luzern im Hotel Tamina in Ragaz eingebaut worden sein. 1895 erhielt das Hotel Bristol in Territet ebenfalls eine Aufzugsanlage mit elektrischem Antrieb.[241] Die elektrischen Aufzüge finden sich in den Schweizer Hotels generell erst kurz vor dem Ersten Weltkrieg, wobei auch hier wiederum die Westschweizer Hotels an vorderster Front beteiligt waren.

Gegen die Jahrhundertwende verbreiteten sich die Liftanlagen beinahe flächendeckend in allen touristischen Regionen des Landes. Ein Hotel, das etwas auf sich hielt, konnte im beginnenden 20. Jahrhundert nicht mehr ohne Liftanlage auskommen. Im Hotelführer von 1901 erwähnten etwa die Hälfte der Hotels von Montreux und Umgebung, die sich mit einem Text speziell präsentierten, einen Lift in ihrem Haus (Abb. 128). 1904 war der Anteil bereits auf etwa zwei Drittel angestiegen. Im Hotelführer von 1914 wurde der Lift bei den grossen Hotelbauten gar nicht mehr speziell erwähnt, er gehörte mittlerweile in dieser Hotelklasse zur Selbstverständlichkeit.[242]

In den kleineren Fremdenorten war die Installation eines Liftes auch im frühen 20. Jahrhundert noch ein Ereignis von Bedeutung. So hob der nach dem Umbau von 1904 herausgegebene Prospekt der Hotel-Pension Reber au Lac in Locarno «das Anbringen eines nach modernster Konstruktion gebauten Personenaufzuges» noch besonders hervor.[243] Die wohl spektakulärste Liftanlage in der Schweiz liess der Hotelkönig Franz-Josef Bucher-Durrer zu Beginn des 20. Jahrhunderts mit dem Hammetschwand-Aufzug auf dem Bürgenstock erstellen (Abb. 129). Die Aufzugskabine stieg zuerst durch einen Felsschacht und anschliessend in einem an der Felswand direkt über dem Vierwaldstättersee befestigten Eisenfachwerk 150 Meter in die Höhe. Die Einweihung dieser Anlage im Jahr 1905 markierte vor dem Ersten Weltkrieg einen absoluten Höhepunkt in der Anwendung von Liftanlagen im touristischen Bereich.[244]

Hotelarchitektur und Liftgestaltung

Vor der Erfindung des Aufzugs war die Höhe eines Gebäudes begrenzt durch die Erreichbarkeit der obersten Geschosse; ein Hotelbau durfte über dem Erdgeschoss nicht mehr als zwei bis drei Stockwerke mit Gästezimmern aufweisen. Der Personenlift liess schlagartig bedeutend höhere Gebäude zu, denn dieser übernahm nun den Kraftverlust des mühsamen Treppensteigens. Mit dem Dampfantrieb konnten etwa 12 Stockwerke erschlossen werden, der hydraulische Antrieb ermöglichte noch höhere Anlagen, doch war die Höhe der Gebäude vorerst noch durch die Bautechnik begrenzt. Erst die Anwendung des Stahlskelettbaus sowie die Erfindung des elektrischen Antriebs hoben schliesslich die Grenzen der Höhenentwicklung von Bauten theoretisch auf. Mit der wachsenden Zahl von Wolkenkratzern stieg auch die Geschwindigkeit der Aufzüge kontinuierlich an.

Die Entwicklung der Aufzugstechnik beeinflusste auch den Städtebau in ganz ausgeprägtem Mass. In den amerikanischen Städten des späten 19. und des frühen 20. Jahrhunderts wurden Hochhäuser zu städtebaulichen Akzenten, in denen ganze Städte ihr Wahrzeichen fanden. Die enge Verbindung von Hochhausbau und Aufzugstechnik veränderte zudem das Verhältnis zwischen Ingenieur und Architekt. Der innovative Ingenieur wurde dank weiterentwickelten Konstruktionssystemen zum gleichwertigen Partner des Architekten und konnte auf die Ausgestaltung der Bauten oft einen entscheidenden Einfluss nehmen. Berühmte Konstrukteure erstellten in den 1880er- und 1890er-Jahren vor allem in Chicago zahlreiche Hochhäuser mit 20 und mehr Stockwerken. Bereits 1880 hatte das Pulitzer Building eine sensationelle Höhe von 103 Metern erreicht. Von 1913 bis 1916 entstand, als Symbol des absoluten Fortschritts der Technik, das Woolworth Building in New York, bis 1930 das höchste Gebäude der Welt, in dem 29 Liftanlagen eine Vertikalreise von maximal 207 Metern Höhendifferenz ermöglichten.[245]

Der Hotelbau der Belle Époque wurde in der Schweiz durch den Lift nicht in gleichem Masse beeinflusst wie in Amerika.

Immerhin kamen auch hier mit der Installation von Personen- und Gepäckliften höhere Gebäude zur Ausführung. Im Durchschnitt hatten schweizerische Hotels nach der Einführung von Aufzügen bis zu vier, im Ausnahmefall auch fünf Etagen. Der Palace-Erweiterungsbau zum Beau-Rivage in Lausanne Ouchy erreichte im Jahr 1908 mit sechs Stockwerken über dem Erdgeschoss bereits das schweizerische Maximum. In keiner touristischen Region der Schweiz wurde vor dem Ersten Weltkrieg eine Entwicklung zum Hotel-Hochhaus vollzogen.

Im Grundriss einer Hotelanlage belegte der Aufzug seit seiner Einführung einen wichtigen Platz. Der erste Schweizer Hotellift im Grand Hôtel in Vevey von 1867 lag an zentraler Stelle in der Hotelhalle gegenüber der Treppenanlage, flankiert von den Kämmerchen des Portiers und des Coiffeurs. Damit war bereits eine der häufigsten Varianten der Anordnung im Grundriss definiert, die in repräsentativen Eingangshallen immer wieder Anwendung fand (Abb. 99). Eine weit verbreitete Lösung war sodann der Einbau im Auge einer dreiläufigen Treppe. Damit liess sich der technische Fortschritt eines Aufzugs gegenüber dem mühsamen Treppensteigen besonders augenfällig dokumentieren (Abb. 74, 84). Diese Anordnung kam oft beim nachträglichen Einbau zur Anwendung, sie war aber auch eine bevorzugte Disposition vieler Hotelarchitekten, beispielsweise des Westschweizers Eugène Jost für seine Palacehotels in Montreux und Ouchy (Abb. 80). Demgegenüber verzichtete dessen Zeitgenosse, der Luzerner Emil Vogt, auf einen Lifteinbau im Treppenauge (Abb. 90, 117). Weniger spektakuläre Lösungen mussten oft beim nachträglichen Einbau in engen Grundrissen gewählt werden. Wenn der notwendige Platz in der Eingangshalle nicht vorhanden war oder wenn man der repräsentativen Anordnung wenig Aufmerksamkeit schenkte, installierte man den Lift auch einfach irgendwo in der Nähe der Treppe (Abb. 72, 75).

Liftkabinen bestanden in ihrer Frühzeit aus einem schmiedeisernen Rahmen. Im Innern waren sie holzgetäfelt und manchmal mit kleinen Intarsien ausgeschmückt. Die Türe, durch die man eintrat, hatte eine Verglasung, und bei jeder Station sicherte eine zweite Türe, oft ein schweres Metallgitter, den Zugang. Bei frei stehenden Anlagen war manchmal eine weitere Wand der Kabine verglast, damit man das lautlose Hochsteigen besser erfassen konnte. Sobald man den Fuss auf den Boden der Kabine setzte, erhellte ein Licht an der Decke den kleinen Raum mit einem gelblichen Lichtschimmer. Eine Sitzbank, meistens lederbezogen, in vornehmeren Etablissements ein gepolstertes Sofa, bot den Damen eine standesgemässe Sitzgelegenheit. Ein glänzender Handlauf aus Messing gewährte den ängstlichen Fahrgästen sicheren Halt und bezeugte gleichzeitig den Glanz dieser technischen Erfindung. Die Lenkung des Gefährts über ein beim Zugang angebrachtes Tableau wurde bis zur Erfindung der Druckknopfsteuerung und zum Einbau von automatischen Türen nicht den Gästen überlassen, sondern war Aufgabe eines Liftboys.[246] Dieser hatte stets für Sauberkeit in der Kabine und für glänzendes Messing zu sorgen. In seinem Roman «Der Verschollene» beschrieb Franz Kafka das Erfolgserlebnis von Karl Rossmann, der nach Amerika auswanderte und dort als Liftboy eine erste Tätigkeit ausübte: «Schon nach der ersten Woche sah Karl ein, dass er dem Dienst vollständig gewachsen war. Das Messing seines Aufzuges (im New Yorker Hotel Occidental) war am besten geputzt, keiner der dreissig anderen Aufzüge konnte sich darin vergleichen.»[247]

Hotelbauten im Tessin

FRÜHE FREMDENORTE AM LANGENSEE

Zu Beginn des 19. Jahrhunderts existierten noch keine Touristenwege über die Alpen ins Tessin. Die bekanntesten alpenüberquerenden Routen führten über die Bündnerpässe im Osten sowie den Grossen St. Bernhard- oder den Simplonpass im Westen (Abb. 1) an den Comersee oder an den Langensee. Über den Simplon war zu Beginn des 19. Jahrhunderts auf Befehl Napoleons die erste mit Kutschen befahrbare Hochalpenstrasse entstanden.[1] Nach der Eröffnung 1805 gehörte sie innert kürzester Zeit zur beliebtesten Verbindung aus der Westschweiz nach Italien und zum festen Bestandteil einer Reise durch die Schweiz und Norditalien. Zahlreiche Schriftsteller und Maler befassten sich mit diesem Wunderwerk der Ingenieurkunst. So bemerkte beispielsweise Berlins berühmter Architekt Karl Friedrich Schinkel fasziniert: «Die Hinabfahrt vom Simplon ist das Abenteuerlichste und Grotestke, was man in der Welt sehen kann.»[2] Die technischen Meisterleistungen in der wilden Naturlandschaft, umgeben von Gletschern und Schluchten, fanden auch ihren Niederschlag in mehreren bildlichen Darstellungen. Die Aquarelle von Mathias Gabriel Lory gehören zu den bekanntesten und immer wieder veröffentlichten Ansichten der Strasse.[3]

Die Gegend am Simplonpass war aber nicht dazu angetan, längere Zeit dort zu verweilen. Man bewunderte den Strassenbau, war fasziniert von der pittoresken Landschaft, lobte die bequeme Art, die Alpen zu überqueren und fuhr weiter in den wärmeren Süden. Erst am unteren Langensee, wo die erste Hochalpenstrasse hinführte, machten die Touristen gemeinhin Halt; zahlreiche Fremdenorte dieser Gegend erlebten deshalb im frühen 19. Jahrhundert einen raschen Aufschwung. Baveno, Stresa und Arona gehörten zu den bereits um 1830 von Fremden stark besuchten Ortschaften. Pallanza und Luino, etwas abseits der Simplonstrasse gelegen, entwickelten sich um die Mitte des 19. Jahrhunderts zu touristischen Zentren am Langensee. Alle diese Stationen fanden im 19. Jahrhundert Aufnahme in die Reiseführer über die Schweiz, weil sie in der Regel zum Programm einer «richtigen» Schweizerreise gehörten.[4]

Um 1850, als das Tessin noch im touristischen Dornröschenschlaf steckte, gehörte die Gegend um die Borromäischen Inseln bereits zu den bedeutenden europäischen Fremdenregionen mit mehreren Hotels. Kurz vor 1860 finden sich in den zahlreichen von Touristen besuchten Orten am See und auf der Isola Bella jeweils bis zu drei Hotels und Pensionen.[5] Im Jahr 1862 eröffnete der erfolgreiche Hotelier der Isola Bella auf dem Festland gegenüber, in Stresa, das neue Hotel des Iles Borromées. Der Betrieb in dem von Architekt Antonio Polli entworfenen klassizistischen Gebäude war dermassen erfolgreich, dass ein Jahrzehnt später bereits ein langgestreckter Erweiterungsbau hinzukam und das Haus damit mehr als 100 Zimmer anbieten konnte. 1905 wurde dieser Erweiterungsbau um drei Geschosse aufgestockt und mit einem neobarocken Kuppeldach versehen. Das grösste Hotel in Stresa wies nun insgesamt 240 Fremdenbetten auf (Abb. 130).[6] Seit

130a, b
Stresa, Grand Hotel des Iles Borromées. Der ursprüngliche Bau (rechts) aus dem Jahr 1862 von Architekt Antonio Polli wurde in den 1870er-Jahren mit einem 15-achsigen Neubau erweitert (links) und dieser zu Beginn des 20. Jahrhunderts zum neobarocken Palastbau aufgestockt. Fotografien um 1890 und 1910.

131
Stresa, Regina Palace Hotel. 1908 am Seeufer als monumentale Hotelanlage eröffnet, mit V-förmigem Grundriss, zahlreichen Balkonen sowie Erkern und einer Fassadengestaltung mit Anklängen an den aufkommenden Jugendstil. Fotografie um 1910.

130a

130b

131

den 1860er-Jahren erlebte Stresa einen raschen Aufschwung als Fremdenort. Kurz vor 1870 kam das Hotel du Simplon hinzu, danach das Hotel Milan, das sich später Milan & Kaiserhof nannte.[7] 1908 war mit dem Regina Palace Hotel mit 200 Betten und 40 Bädern ein weiteres imposantes Hotel am See entstanden. Der von Jugendstilformen beeinflusste Palastbau mit V-förmigem, gegen den See ausbuchtendem Grundriss gehörte zu den imposantesten Hotelanlagen in der Gegend (Abb. 131). Krönender Höhepunkt der Entwicklung von Stresa zum Touristenort war die Eröffnung der elektrischen Zahnradbahn auf den Aussichtsberg Mottarone im Jahr 1911.[8]

In Baveno, dem grössten Touristenort in der Nachbarschaft von Stresa, entstand um 1870 das Grand Hotel Bellevue mit 150 Betten, ein knappes Jahrzehnt später das Grand Hotel Baveno und um 1905 das neue Palace & Grand Hotel mit 125 Betten.[9] Auf einer halbinselartigen Landzunge zwischen zwei Seearmen entwickelte sich das sonnig gelegene Pallanza in den 1880er-Jahren zum bedeutenden Touristenort. Den Aufbruch zu dieser Entwicklung markierte das 1873 im Baedeker als «grosses neues Haus in schöner Lage» bezeichnete Grand Hotel Pallanza.[10] Zu Beginn des 20. Jahrhunderts bot es mit «Reisebureau, Park und drei Dependenzen» sowie der Villa Montebello allein 250 Fremdenbetten an.[11] 1910 erhielt Pallanza eine eigene Strassenbahn zur Bahnstation Fondo Toce an der Simplonlinie.[12] Kurz vor dem Zweiten Weltkrieg verzeichnete der Schweizer Baedeker in der ganzen Region mit den Fremdenorten Luino, Pallanza, Baveno und Stresa gegen 40 Grand Hotels, Hotels und Pensionen mit weit über 2300 Fremdenbetten.[13]

TESSINER FREMDENORTE UND -REGIONEN

Die Inbetriebnahme der durchgehenden Fahrstrasse über den Gotthardpass im Jahr 1831 bewirkte eine erste Verlagerung der alpenüberquerenden Fremdenwege über schweizerisches Gebiet. Zwischen diesem bedeutenden verkehrsgeschichtlichen Ereignis und der Eröffnung der Gotthardbahn von Luzern nach Mailand im Jahr 1882 wurde die berühmte Gotthardpost benutzt, eine mit bis zu fünf Pferden bespannte Kutsche. Die verkehrsmässige Anbindung des Tessins an die Innerschweiz bewirkte südlich der Alpen wohl eine Belebung des Tourismus, die Entwicklung verlief aber vorerst noch in langsamen Schritten. 1840 beispielsweise schrieb Johann Jakob Leuthy in seinem Reiseführer über die Hotels in Lugano: «Es sind diese … mit den schweizerischen [sic!] gar nicht in Parallele zu stellen, da die Eigenthümlichkeiten der ersteren, Unreinlichkeit und zeitweiliges Überfordern, sie dem Deutschen als unheimlich darstellen.»[14]

Erst in der zweiten Hälfte des 19. Jahrhunderts bildeten sich mit Lugano und Locarno die beiden bedeutendsten Tessiner Fremdenorte. Beide lagen an einem Seeufer, zu dieser Zeit bereits der beliebteste Aufenthaltsort von Touristen. Die Stadt Lugano etablierte sich in der Mitte des 19. Jahrhunderts als erstes und in der Folge grösstes touristisches Zentrum in der Südschweiz. Erst im letzten Viertel des 19. Jahrhunderts vermochte sich Locarno als wichtiger Fremdenort zu behaupten. Neben diesen beiden Zentren bildeten sich noch einige weitere kleinere Fremdenorte, die in der Regel nur wenige Gasthäuser aufwiesen. Als Aussichtsort am See machte sich beispielsweise Brissago einen Namen; als Aufenthaltsort in den Bergen erlangte der Monte Generoso grössere Bedeutung. Auf Bellavista, an der Südflanke dieses Aussichtsberges, eröffnete der Arzt Carlo Pasta aus Mendrisio 1867 das Hotel Monte Generoso, das sich rasch als Tourismuszentrum etablierte. 1890 wurde die Dampfzahnradbahn zum Gipfel des Monte Generoso eröffnet, zeitgleich mit dem dortigen Kulmhotel (Abb. 132). Im Jahr darauf verband eine hoteleigene Pferdebahn das Hotel Monte Generoso mit der Station Bellavista der Generosobahn.[15]

Kurhäuser für Luft- und Sonnenbäder finden sich im Tessin nur wenige. Als bekannter Luftkurort behauptete sich das in zwei Etappen 1914 und 1925 erbaute Kurhaus in Cademario an der milden Berghalde des Monte Lema (Abb. 133).[16] Zwei Kurhäuser entstanden kurz vor dem Ersten Weltkrieg in der Umgebung von Locarno (Abb. 150). Ein weiterer bedeutungsvoller Luftkurort bildete sich in Faido an der Gotthardachse in der oberen Leventina, wo bereits 1824, also einige Jahre vor der Eröffnung der Fahrstrasse, ein Albergo dell'Angelo nachgewiesen ist. Nach der Eröffnung der Gotthardbahn 1882 wurde Faido zum wichtigsten Luftkurort im oberen Tessin: 1884 entstand als Erstes das Hôtel Suisse, das zu Beginn des 20. Jahrhunderts eine Dependance erhielt; kurz nach der Jahrhundertwende kam das Hotel Milano hinzu. Im benachbarten

Seiten 134/135:
Vergrösserung von Abb. 136
Lugano, Riva Antonio Caccia. Die Quaianlage zwischen dem Hotel du Parc und dem aufstrebenden Fremdenort Paradiso entstand in den Jahren 1906–1908. Im Hintergrund sind die Quaihotels Reichmann au Lac (später Hotel Eden, Abb. 141), Victoria (hinter der Laterne) und Europe (über der Badeanstalt im See, Abb. 140) zu erkennen. Fotografie um 1910.

132
Monte Generoso, Endstation der Zahnradbahn mit dem Kulmhotel Vetta auf dem berühmtesten Tessiner Aussichtsberg in der Belle Époque. Fotografie um 1920.

133
Cademario, Kurhaus. 1914 am Südhang des Monte Lema eröffnet, 1925 erweitert (linker Gebäudetrakt und Aufstockung). Ansichtskarte um 1940.

134
Bodio, Albergo Stazione mit einer reich verzierten Jugendstilfassade. Fotografie 1920.

135
Lugano, Hotel du Parc. 1855 durch den Mailänder Architekten Luigi Clerichetti aus einer Klosteranlage in ein Hotel umgebaut. Der Bau war das erste Grand Hotel am Seeufer im Tessin (Abb. 92, 144).

136
Lugano, Riva Antonio Caccia. Die Quaianlage zwischen dem Hotel du Parc und dem aufstrebenden Fremdenort Paradiso entstand in den Jahren 1906–1908. Im Hintergrund sind die Quaihotels Reichmann au Lac (später Hotel Eden, Abb. 141), Victoria (hinter der Laterne) und Europe (über der Badeanstalt im See, Abb. 140) zu erkennen. Fotografie um 1910 (siehe Abb. Seiten 134/135).

137
Paradiso in einer Ansicht kurz nach 1900. Im Zentrum steht das 1899 eröffnete Grand Hotel Europe. Der Neubau des 1906 eröffneten Hotel Reichmann au Lac (später Hotel Eden, Abb. 141) ist noch nicht zu erkennen.

Bodio entstand mit dem Albergo Stazione ein besonders eindrücklicher Jugendstilbau (Abb. 134).[17] Auf die Bedeutung dieser Gegend für den Tourismus weist die Tatsache hin, dass in den Hotels des benachbarten Ortes Biasca seit 1889 elektrische Lampen in Betrieb waren, die ersten überhaupt im Tessin. Das einzige Thermalbad im Tessin entstand 1887 bei der arsen- und lithiumhaltigen Eisenquelle von Acquarossa im Bleniotal.[18]

LUGANO ALS BEDEUTENDE FREMDENREGION
Erste Hotels in den 1850er-Jahren

Im historischen Stadtkern von Lugano finden sich einige Gasthäuser, deren Wurzeln in die Zeit vor der Eröffnung der Gotthardstrasse zurückreichen.[19] 1793 und 1804 erwähnte Johann Gottfried Ebel in Lugano das «Wirthshaus bey H. Taglioretti» und bezeichnete es als «eines der trefflichsten Gasthäuser der ganzen Schweiz».[20] Im Führer von Johann Jakob Leuthy aus dem Jahr 1840 werden die drei Häuser Suizzero (!), Post und Krone genannt, im ersten Baedeker von 1844 die Hotels Corona, Svizzero oder Post sowie Tre Re.[21] Das wichtigste Hotel aus dieser Zeit, der Albergo Svizzero an der Via Canova, besass um 1850 mehrere Ställe für etwa 200 Pferde.[22]

In den 1850er-Jahren entstanden in Lugano innert kurzer Zeit zwei bedeutende neue Hotels, beide in bereits bestehenden, repräsentativen Gebäuden. Sie bildeten den Auftakt zur touristischen Entwicklung und zur Etablierung von Lugano als grösstem Fremdenort im Tessin. Das erste neue Hotel, Albergo del Lago genannt, entstand 1852 im ehemaligen Palazzo Civico am See, im Zentrum der Stadt. Das mächtige Repräsentationsgebäude mit Innenhof war 1844 an die Stelle des alten Bischofssitzes erbaut und während sechs Jahren als Regierungsgebäude benützt worden. Da der Kanton Tessin zwischen 1814 und 1877 seinen Hauptort im sechsjährigen Turnus zwischen Bellinzona, Locarno und Lugano wechselte (Lugano war 1827 bis 1833, 1845 bis 1851 und 1863 bis 1869 Hauptort), stand das Gebäude 1851 erstmals leer. Die zunehmende Zahl von Besuchern in der Stadt ermöglichte nun dessen Nutzung als Hotel während zwölf Jahren. Nach einer erneuten Verwendung als Regierungssitz wurde das Haus 1870 als Albergo Washington wieder eröffnet.[23]

Mit der Eröffnung des Hotel du Parc 1855 entstand das für lange Zeit bedeutendste Hotel in Lugano auf Initiative des einflussreichen Politikers Giacomo Ciani (1776–1868).[24] Zum Umbau der mittelalterlichen Klosteranlage S. Maria degli Angioli am westlichen Ende der Altstadt in ein Grand Hotel hatte der aus Mailand stammende Initiator des Projekts auch den Architekten Luigi Clerichetti (1798–1876) aus seiner Heimatstadt mitgebracht. (Seite 139) Die in den Obergeschossen zellenartig aufgereihten, um einen grossen Innenhof gruppierten Zimmer liessen die ehemalige Klosteranlage auch nach dem Umbau noch deutlich erkennen. Der alte Klosterhof wurde als Garten mit Springbrunnen und als Wandelhalle gestaltet, die «bei nassem Wetter trockene Promenaden» ermöglichte (Abb. 92).[25] Die klassizistische Formensprache des neuen Hotels war von der alten Klosteranlage abgeleitet, die den Raster für die regelmässig gegliederte Hotelfassade ohne besondere Zierformen vorgegeben hatte (Abb. 135). Das neue Hotel konnte, nach dem Vorbild der schon seit zwei Jahrzehnten in zahlreichen Städten wie Genf, Lausanne, Luzern oder Thun bestehenden Häuser, alle Forderungen der anspruchsvollen Reisenden befriedigen. Das erste Luganeser Grand Hotel wies den damals fortschrittlichsten Komfort im Innern auf, es bot seinen Gästen einen ungestörten Blick in die freie Naturlandschaft mit See und Berghügeln im Hintergrund, und es stellte eine eigene Parklandschaft zum Verweilen und Lustwandeln zur Verfügung. Dass auch seine Führung vorzüglich war, bestätigt der Baedeker von 1858, der bereits des Lobes voll war: «Gasthof ersten Ranges, vortrefflich eingerichtet, deutscher Wirth und deutsche Ordnung.»[26] Zusammen mit seinem ersten Direktor Alexander Salomon Béha (1821–1901),[27] der 1866 einen eigenen Reiseführer über Lugano und seine Umgebung veröffentlichte,[28] war der Politiker Giacomo Ciani damit zum eigentlichen Pionier im Tessiner Tourismus des 19. Jahrhunderts geworden.

1855, im Jahr der Eröffnung des Hotel du Parc, erschien der erste Fremdenführer über die Stadt und die Region Lugano, ein untrügliches Zeichen für den damaligen touristischen Aufschwung.[29] Nachdem der erste Versuch einer Dampfschifffahrt auf dem Luganersee zwischen 1848 und 1851 fehlgeschlagen war, wurde ebenfalls im Jahr 1855 eine neue Gesell-

134

135

schaft gegründet, die ein Jahr später das Dampfschiff «Ceresio» in Betrieb nahm.³⁰ In den 1860er-Jahren entstand in Lugano eine erste Quaianlage nach dem Vorbild von Genf oder Luzern, den damals von Fremden stark besuchten Städten am Wasser. Zwischen 1863 und 1866 wurde die Riva Vincenzo Vela als Verbindung zwischen dem historischen Stadtzentrum und dem Hotel du Parc erbaut. So konnte die damals unbestrittene Nummer eins unter den Luganeser Hotels ihren Gästen vor der Haustüre eine prächtige Promerieranlage zur Verfügung stellen, wie bereits 30 Jahre zuvor das Genfer Hôtel des Bergues und 20 Jahre früher der Luzerner Schweizerhof. Erstaunlicherweise entstanden an diesem Quai aber, im Gegensatz zu den beiden genannten Städten, bis ins späte 19. Jahrhundert kaum neue Hotels. Eines der wenigen war das Hotel Lugano, das im Stadtplan für das Schützenfest von 1883 noch als einziges Quaihotel erscheint.³¹ Nach der Eröffnung des Hotel du Parc war die Gesamtzahl der Gastwirtschaftsbetriebe in Lugano lange Zeit konstant geblieben. Bis in die 1870er-Jahre zählte der Baedeker stets nur drei Hotels auf. Erst 1873 erwähnte er wieder neue Betriebe: das kurz zuvor eröffnete und nur kurze Zeit bestehende Bellevue an der Via Magatti und das Washington in dem erneut zum Hotel umgebauten ehemaligen Regierungsgebäude.³²

Zwischen 1883 und 1887, das heisst unmittelbar nach der Eröffnung der Gotthardbahn im Jahr 1882, wurde die Quaianlage mit der Riva Giocondo Albertoli vor der Altstadt weitergeführt. Auch dort entstanden aber vorerst keine Hotels. Erst die in den Jahren 1906 bis 1908 Richtung Paradiso erbaute Riva Antonio Caccia erschloss neue Hotelbauten, die aber zu diesem Zeitpunkt mehrheitlich bereits bestanden (Abb. 136). Die Quaianlagen von Lugano initiierten also, im Gegensatz zu denjenigen von Genf oder Luzern, nicht den Neubau von Hotels, sondern sie stellten den bereits bestehenden Betrieben eine neue städtische Aussichts- und Promenierterrasse zur Verfügung.

Neue touristische Zentren in Paradiso und im Luganeser Bahnhofquartier

Durch das neue Hotel du Parc und die erste Quaianlage in den 1860er-Jahren war die Richtung der weiteren Entwicklung für den Tourismus in Lugano vorerst definiert: vom historischen Zentrum aus in Richtung Paradiso. Entscheidend gefördert wurde die touristische Erschliessung von Paradiso durch die Eröffnung der Eisenbahnlinie nach Chiasso im Jahr 1874. Sie verband das ehemalige Fischerdorf mit der Stadt Lugano, was sich sofort auf den Zustrom von Fremden auswirkte. 1877 nannte der Baedeker das Hotel du Panorama (seit 1883 Hotel-Pension Reichmann) als erste Fremdenpension in Paradiso.³³ Die Eröffnung der Gotthardbahn im Sommer 1882 beförderte auch das Bahnhofquartier von Lugano zum wichtigen Zentrum des Tourismus, bis zum Ersten Weltkrieg etablierten sich dort zahlreiche Hotels. Die erste Pension wurde 1883 unmittelbar neben der Bahnstation eröffnet; sie hiess Beauregard und war ein Holzchalet im damals weit verbreiteten Schweizer Holzstil.³⁴

Ein Jahr nach der Inbetriebnahme der durchgehenden Gotthardbahn fand in Lugano das eidgenössische Schützenfest statt, das eine wichtige Funktion für die touristische Förderung der Region hatte. Seit 1883 erschien auch die aus anderen Fremdenorten bekannte «Liste des Étrangers de Lugano», ein Zeichen für die rasche Zunahme der Touristen in der Stadt am

LUIGI CLERICHETTI (1798–1876) absolvierte seine Ausbildung zum «ingegnere architetto» in Pavia. Seit 1827 war er in der ganzen Lombardei tätig, mit Schwergewicht in Mailand und Varese. Seine adlige Herkunft führte ihm eine wohlhabende Kundschaft zu: Neben zahlreichen ländlichen Villen und städtischen Wohnbauten erstellte er in seiner Heimatstadt die repräsentativen Palazzi Tarsis (1836–38) und Gavazzi (1837–38) sowie, gegen Ende seiner beruflichen Laufbahn, den Palazzo Loria (1865), der 1882 durch den Architekten Giovanni Ceruti zum Hotel Continentale umgebaut wurde. In Lugano verwirklichte Clerichetti zwei bedeutende Umbauten: 1840 bis 1843 schuf er in der Villa Farina den feudalen Wohnsitz der Gebrüder Filippo und Giacomo Ciani und zwischen 1850 und 1855 realiserte er für diese in der ehemaligen mittelalterlichen Klosteranlage S. Maria degli Angioli das Hotel du Parc als erstes Grand Hotel im Tessin (Abb. 135). Mit seinen zahlreichen Villen wurde Clerichetti zu einem der bemerkenswertesten Architekten seiner Zeit in der Lombardei. Seine städtischen Bauten standen in der Tradition des Klassizismus, bei den zahlreichen ländlichen Villen dagegen entwickelte er eine eigene, vom englischen Tudorstil beeinflusste Neogotik.

Ferrari 1993 – AKL 19, 531 (mit weiteren Literaturangaben).

136

137

See.[35] In den folgenden Jahren entstanden in Paradiso sowie im Bahnhofquartier über der Stadt zahlreiche neue Hotels und Pensionen: 1883 nannte der Baedeker «am Fusse des M. Salvatore» die neue Pension Bellevue, 1884 kam die Hotel-Pension Villa Beaurivage hinzu.[36] 1889 entstand in nächster Nähe zum Bahnhof das Hotel Gottardo.[37] Sowohl die Hotels in Paradiso als auch diejenigen beim Bahnhof konnten ihren Gästen einen ungestörten Blick über den See und in die anschliessenden bewaldeten Hügel anbieten. Die erhöhte Lage im Bahnhofquartier entsprach zudem der Tendenz zur intensiveren touristischen Erschliessung höher gelegener Standorte, die sich in den 1880er-Jahren auch andernorts deutlich manifestierte. 1886 wurde der Bahnhof Lugano, und damit die neuen Hotels in dessen Nähe, mit Hilfe einer Drahtseilbahn mit dem Stadtzentrum verbunden. Das Bahnhofquartier verzeichnete in der Folge zusammen mit Paradiso die grösste Konzentration von Hotelbauten in der Region.

In der ersten bedeutenden Entwicklungsphase, die in Lugano bis weit in die 1880er-Jahre andauerte, entstanden auffallend viele Hotels als Umbauten aus bestehenden Wohnhäusern und Villen. Als typisches Beispiel für diese Entwicklung gilt die zum Hotel Splendide umgebaute und erweiterte Villa Merlina. Seine Gründung verdankt das Hotel dem bereits seit längerer Zeit am Comersee erfolgreichen Hotelier Riccardo Fedele (1847–1924),[38] der sich nach der Eröffnung der Gotthardbahn zur Rückkehr in seine Heimat entschloss, da sich nun auch dort erfolgreiche Perspektiven im Tourismus anboten. Am 1. Januar 1888 kaufte er die auf halbem Weg zwischen Lugano und Paradiso gelegene Villa mit grossartigem Ausblick auf den See. In den folgenden Jahren liess er sie durch den Luganeser Architekten Augusto Guidini zum repräsentativen Hotel erweitern. Aus dem ehemals dreistöckigen Klassizismusbau mit sieben Fensterachsen und flachem Walmdach entstand ein vierzehn Achsen breiter, fünfstöckiger Hotelbau im neobarocken Stil mit Mansartdach, allerdings noch ohne markante Gliederung der Fassaden. Die beiden neu aufgesetzten Geschosse wurden durch ein Kranzgesimse abgetrennt. Das 1891 eröffnete Splendide war, nach dem Hotel du Parc von 1855, erst das zweite solche Grosshotel in Lugano und, nach dem Grand Hotel in Locarno, das dritte im Tessin (Abb. 138).[39]

Der Hotelboom in der Belle Époque

1896 erhielt Lugano dank der Initiative des grossen Tourismuspioniers Franz-Josef Bucher-Durrer eine elektrische Trambahn – nach Zürich, Genf und Basel die vierte elektrische Tramlinie in einer Schweizer Stadt (Abb. 139).[40] Die Hauptlinie führte als Touristenattraktion dem Quai entlang von Lugano nach Paradiso zur Talstation der bereits 1890 eröffneten Standseilbahn auf den Monte San Salvatore. Die Inbetriebnahme dieser Tramlinie führte in Paradiso zu einer weiteren intensiver Bauphase: Bis 1910 entstanden dort mehr als 15 neue Hotels und Pensionen, 1899 mit dem Hotel Europe auch ein bedeutendes Grand Hotel (Abb. 140).

Das erste Jahrzehnt des 20. Jahrhunderts war in der Region von Lugano durch eine auch im schweizerischen Rahmen aussergewöhnliche Bautätigkeit im Tourismus gekennzeichnet. Knapp dreissig Betriebe wurden damals in der ganzen Region umgebaut oder neu errichtet, offenbar so viel, dass die Bautätigkeit um 1910 fast vollständig zusammenbrach. In den Jahren unmittelbar vor dem Ersten Weltkrieg wurden keine Hotels mehr eröffnet. Die Hotelstatistik liefert dazu deutliche Zahlen: Belegte das Tessin 1884 mit nur 96 Gasthöfen und Hotels gesamtschweizerisch Rang 18, war es bis 1912 mit 911 Betrieben auf Rang zwei vorgerückt.[41] Die Betriebszahl hatte sich also innert zwanzig Jahren verzehnfacht, ein sonst in dieser Zeitspanne in keiner anderen Region der Schweiz auch nur annähernd erreichter Wert.[42] Die Bauphase zwischen 1895 und 1910 war aber dermassen intensiv gewesen, dass der Bedarf vorerst – und durch den Ausbruch des Ersten Weltkriegs für lange Zeit – gedeckt war.

Auch während dieser grossen Bauphase entstanden viele neue Hotels durch Umbauten bestehender Häuser, wie zum Beispiel das 1906 eröffnete Hotel International au Lac im ehemaligen Priesterseminar des Bischofssitzes am Ende der Via Nassa. Zahlreiche Hotels wurden ausserdem in mehreren Etappen erweitert, sodass bei diesen kein einheitlicher Grundrissplan ersichtlich ist: das Grand Hotel Métropole & Monopole beispielsweise entstand 1903 aus dem Hotel Metropole durch Anbau eines zweiten Flügels.[43] 1906 erhielt das Hotel Beauregard durch Paolito Somazzi einen grossen Erweiterungsbau.[44] Das Projekt zum Umbau des Hotel Reichmann in

138
Lugano, Hotel Splendide nach dem Umbau 1888–1891 durch Augusto Guidini. Ansichtskarte um 1900.

139
Lugano, Piazza Giardino. Seit 1896 verkehrte in Lugano eine vom Tourismuskönig Franz-Josef Bucher-Durrer initiierte Strassenbahn nach Paradiso und Castagnola. Sie bildete eine wichtige Voraussetzung für die touristische Erschliessung von Paradiso. Ansichtskarte um 1900.

Paradiso aus dem gleichen Jahr und durch den gleichen Architekten sah ebenfalls die Erweiterung des bestehenden Altbaus vor, ausgeführt wurde dann allerdings ein kompletter Neubau (Abb. 141).[45] Die Mehrzahl dieser Erweiterungen erfolgte in linearer Weise als Anbau an das bestehende Gebäudevolumen, beim Beauregard 1906 durch Errichtung eines eigentlichen Kopfbaus auf der Südseite. Es ist anzunehmen, dass die lineare Erweiterung massgeblich durch die jeweiligen örtlichen Platzverhältnisse diktiert wurde, wie dies auch bei den Hotelbauten an der Riviera von Montreux der Fall war.[46] Ein in dieser Zeit in Lugano ebenfalls weit verbreiteter Grundrisstyp charakterisiert sich durch kleine Innenhöfe. Er fand vor allem im Bereich der Altstadt Anwendung, etwa bei den zwischen der Via Nassa und der Riva Vincenzo Vela gelegenen Bauten, bei deren Grundstücksbreite ein Innenhof sich richtiggehend anbot.

Grand Hotels in Lugano und Paradiso

Nach der Eröffnung des ersten vollständig neu erbauten Grand Hotels, des Hotel Europe in Paradiso (Abb. 140) im Jahr 1899, kamen in Lugano und Paradiso zwischen 1903 und 1908 einige neue Grosshotels in Betrieb. Als Erstes wurde 1903 das Hotel Bristol eröffnet, das zugleich das früheste in erhöhter Aussichtslage erbaute Grand Hotel im Tessin ist. Architekt dieses vom Jugendstil beeinflussten Gebäudes war der einheimische Paolito Somazzi. Stolz weisen die moderne Beschriftung sowie die zur Schau gestellten Bogenlampen auf dem Dach darauf hin, dass das Hotel Bristol zu den fortschrittlichen Häusern gehörte (Abb. 142). Seit dem Sommer 1913 führte eine eigene Drahtseilbahn die Bristolgäste an den Seequai hinunter und wieder zurück ins Hotel.[47] Nach dem Bau dieses Hotels erteilte die Besitzerfamilie dem Architekten sogleich einen Auftrag zur Modernisierung des Hotel Splendide, das ihr ebenfalls gehörte.[48] In der selben Zeit, zwischen 1902 und 1903, wurde das neben dem Bristol gelegene Hotel Metropole vom Architekten Giuseppe Ferla zum luxuriösen Grand Hotel Métropole & Monopole umgebaut.[49]

Nach dem Kauf des altehrwürdigen Hotel du Parc im Jahr 1899 durch den Innerschweizer Hotelkönig Franz-Josef Bucher-Durrer wurde das Haus nach der Sommersaison 1902 geschlossen und vollständig umgebaut. Für die Umwandlung in ein modernes Grand Hotel zeichnete der Luzerner Architekt Emil Vogt verantwortlich.[50] Er schuf ein um zwei Stockwerke erhöhtes Gebäude mit einer von Balkonen geprägten, neuen Fassade im Stil der Neorenaissance und mit markanten Blendgiebeln auf dem Mitteltrakt und den Seitenrisaliten. Küche und Restaurant wurden im Erdgeschoss eines neuen Kopfbaus an der südwestlichen Ecke angefügt, der grosse Speisesaal lag über der Küche im ersten Stock in schöner Aussichtslage. Am 19. März 1904 wurde das vollständig neu gestaltete Haus als Grand & Palace Hotel wieder eröffnet (Abb. 144).

Ebenfalls im Jahr 1904 erfolgte der Abschluss umfassender Umbauarbeiten beim Hotel Beau-Séjour. Die um 1800 erbaute, westlich des Hotel du Parc gelegene Villa war 1874 in

PAOLITO SOMAZZI (1873–1914) war der Tessiner Architekt, der in seinem kurzen, durch einen Autounfall abrupt beendeten Leben den Hotelbau in der Südschweiz massgeblich prägte und alle seine Berufskollegen in gestalterischer Hinsicht weit übertraf. Bereits als 30-Jähriger entwarf er, nach seiner Ausbildung am Technikum in Winterthur, mit dem Hotel Bristol ein erstes Meisterwerk (Abb. 142). Kurz nach der Jahrhundertwende verlieh er den bekannten Hotels du Parc & Beau-Séjour und Splendide ein neues «Gesicht» mit schwungvollen Neobarockfassaden (Abb. 143). 1905 folgte ein (nicht ausgeführtes) Umbauprojekt für das Hotel Europe. Im folgenden Jahr zeichnete er Umbauprojekte für die Hotels Reichmann au Lac in Paradiso sowie Beauregard beim Bahnhof der Gotthardbahn, und beim schweizerischen Wettbewerb für ein neues Hotel beim Bahnhof in Vevey erreichte er den zweiten Preis.[51] 1907 folgte ein Projekt für Albino Guidi, den Promotor des Hotel Splendide, für den Umbau einer Villa in ein Hotel Royal in den Formen des italienischen Jugendstils.[52] 1906 und 1908 entstanden, als Höhepunkt in seinem reichen Œuvre von Hotelbauten, das Grand Hotel in Brissago (Abb. 153, 154) und das Grand Hotel in Rimini. Ein 1910 erstelltes Projekt für ein Grand Hotel in Pesaro wurde offensichtlich nicht realisiert, die undatierten Erweiterungsprojekte für das Hotel Sommer und die Pensione Meister in Paradiso fanden ebenfalls keine Ausführung.[53]

Die Architektur von Paolito Somazzi ist facettenreich und von einem grossen Stilgefühl begleitet, oftmals wirkt sie etwas verspielt. Er bevorzugte, im Gegensatz zu vielen seiner zeitgenössischen Tessiner Kollegen, die neobarocken Architekturformen. Seine grossen Bauten waren Paläste in ihrer Erscheinung (Bristol, Grand Hotels in Rimini und Brissago), sie standen auf einem massiven Sockelgeschoss und bestachen durch eine reich gegliederte Fassade. Somazzis bewegte Dachgestaltungen nahmen bei jedem Grossbau wieder eine andere Gestaltung an, sodass sie sich in kein Schema einordnen lassen. Sein erster Hotelbau, das Bristol in Lugano, erhielt noch ein schwach geneigtes Walmdach nach italienischem Vorbild, allerdings bereichert mit Jugendstilattributen (Dachleuchter und Schrifttafel). Die beiden 1904 vollendeten Umbauten in Lugano, das Hotel du Parc & Beau-Séjour und das Hotel Splendide, kleidete er in seine fortan üblichen Neobarockformen und gab ihnen ein Mansartdach. Starke Einflüsse des Jugendstils (in Italien «Il Liberty» genannt) flossen bereits in das Projekt für das Hotel Bristol ein (Abb. 142). Die beiden Grand Hotels von Rimini und Brissago, bereits zum Spätwerk in Somazzis kurzem Leben gehörend, erhielten die prunkvollsten Fassaden. Während in Brissago das Mansartdach mit zahlreichen Lukarnen durchsetzt war, aber ziemlich ruhig wirkte (Abb. 153, 154), dominierten beim Hotelbau in Rimini zwei grosse Kuppeln über dem zentralen Mittelrisalit die bewegte Dachlandschaft. Kein anderer Tessiner Architekt hat den Hotelbau in der Belle Époque stärker geprägt als Somazzi, der auch im Wohnungs- und Villenbau bedeutende architektonische Leistungen aufwies. Er gehörte schliesslich zu den wenigen Schweizer Hotelarchitekten, die auch im ausländischen Hotelbau tätig waren.

HBLS IV, 443 und Suppl., 162 – THIEME, BECKER XXXI, 262 – ALS, 500 – RT1914/11, 176 und Corriere del Ticino, 30.3.1914 (Nekrologe) – Nachlass im Archivio storico di Lugano: fondo Somazzi, und im Archivio dicastero del territorio di Lugano.

140
Paradiso, Grand Hotel Europe. Neubau 1899 als markanter, fünfteiliger Hotelbau am Seeufer. Ansichtskarte um 1910.

141
Paradiso, Hotel Reichmann au Lac (später Hotel Eden). Der langgezogene Neubau zwischen See und Strasse mit neobarocker Fassadengestaltung wurde 1906 nach Plänen des Architekten Paolito Somazzi eröffnet (Abbruch und Hotelneubau 1982/83). Fotografie um 1940.

142
Lugano, Hotel Bristol. Das 1903 eröffnete, von Jugendstilformen beeinflusste Hotel in schönster Aussichtslage war ein eleganter Entwurf des Architekten Paolito Somazzi (1995 Umbau in Eigentumswohnungen). Werbekarte um 1910.

143
Lugano, Hotel du Parc & Beau-Séjour. 1902–1904 baute der Architekt Paolito Somazzi die Villa Beauséjour zu einem imposanten neobarocken Hotelpalast um (1969 Abbruch). Fotografie um 1920.

144
Lugano, Grand & Palace Hotel. Das Hotel du Parc (Abb. 135) wurde 1902 auf Initiative von Franz-Josef Bucher-Durrer durch den Luzerner Architekten Emil Vogt umgebaut und 1904 als Grand & Palace Hotel wiedereröffnet (Abb. 92). Ansichtskarte von 1905.

145
Magadino, Grand Hôtel du Bateau à Vapeur. Bereits in den 1830er-Jahren etablierte sich das Gasthaus bei der Dampfschifflände zum bedeutendsten Hotel in der Region Locarno. Zeitgenössische Lithografie.

143

140

141

142

Grand Hôtel du Bateau à Vapeur à Magadino,

146
Locarno, Hotel Metropole. Der ehemalige Albergo Corona aus dem frühen 19. Jahrhundert wurde in mehreren Etappen zum mächtigen Hotel Metropole (Albergo Metropoli) umgebaut (Abbruch um 1960). Fotografie um 1940.

147
Locarno, Grand Hotel (Abb. 56). Die heutige Ausmalung des Festsaals im Grand Hotel von Locarno geht auf die im Oktober 1925 in diesen Räumen durchgeführte Friedenskonferenz nach dem Ersten Weltkrieg zurück. Fotografie um 1940.

148
Locarno, Hotel Reber. 1886 als erstes direkt am Seeufer gelegenes Hotel in Locarno eröffnet. Ansicht aus dem Hotelprospekt nach dem Umbau von 1893/94 mit der imposanten Gartenanlage.

149
Locarno, Hotel du Parc. Das 1893 eröffnete Hotel wurde 1904/05 durch den jungen Architekten Alfred Möri als Praktikant beim Luzerner Emil Vogt umgebaut und erweitert (Abbruch des Hotels 1985). Fotografie um 1920.

den Besitz von Alexander Béha gelangt, dem erfolgreichen Direktor des Hotel du Parc, der sie zu dessen Dependance umbaute.[54] Zwischen 1902 und 1904 vergrösserte der Architekt Paolito Somazzi den alten Bau und kleidete ihn mit eleganten neobarocken Fassaden ein. Das unter dem Namen Hotel du Parc & Beau-Séjour neu eröffnete Haus erhielt eine Heissluft-Zentralheizung, sodass es mit seinen 50 Zimmern nun als Winterhaus dienen konnte (Abb. 143).[55]

1906 eröffnete in Paradiso das Hotel Reichmann au Lac seine Tore. Architekt dieses fünfteiligen langgestreckten Neobarockbaus mit insgesamt 19 Fensterachsen war wiederum Paolito Somazzi. Der imposante, auf einem schmalen Landstreifen zwischen Seeufer und Strasse gelegene Neubau bildete fortan ein prägendes Element des Ortsbildes von Paradiso (Abb. 141). Gegen 1910 wurden die Anzeichen einer Stagnation auch bei den Grand Hotels erkennbar. So kam das 1908 an der Riva Caccia geplante neue Palace Hotel Excelsior nach Plänen des Architekten Giuseppe Bordonzotti bereits nicht mehr zur Ausführung.[56]

Die Architektur der Luganeser Hotelbauten

Die Luganeser Hotelbauten waren bis weit in die 1880er-Jahre durch die in der Südschweiz stark verbreiteten italienischen Architekturformen geprägt und unterschieden sich kaum vom damaligen Wohnungsbau: drei- oder vierstöckige Steinbauten mit einem massiv ausgebildeten Gebäudesockel und einer Fassadengestaltung in den Formen der italienischen Renaissance. Die meistens nur wenig gegliederten Baukörper hatten in der Regel ein schwach geneigtes Walmdach. Noch im Jahr 1906 ordnete sich Paolito Somazzi mit seinem Anbau an das Hotel Beauregard aus den frühen 1880er-Jahren diesem traditionellen Architekturstil unter. Zahlreiche kleinere Hotels entstanden aus ehemaligen Villen, wie etwa Béhas Hotel de la Paix, das 1903 als Villa von Adolfo Brunel erbaut und 1908 zum Hotel umgebaut wurde.[57]

1891 verwendete Augusto Guidini beim Hotel Splendide im Luganeser Hotelbau erstmals ein Mansartdach (Abb. 138). Damit hatte dieses Architekturelement, allerdings vergleichsweise spät, auch im Hotelbau der Südschweiz Eingang gefunden, wo es sich in der Folge einer gewissen Beliebtheit erfreute. Zusammen mit neobarocken Fassadengestaltungen prägte das Mansartdach einige Hotelbauten in der Region Lugano nach 1900, wie etwa das Hotel Beau-Séjour nach dem Umbau 1904 durch Paolito Somazzi (Abb. 143). Zu Beginn des 20. Jahrhunderts finden sich an zahlreichen Luganeser Hotelfassaden Elemente des Jugendstils, der in Italien als «Liberty» bezeichnet wird.[58] An vorderster Front stehen dabei die Bauten von Paolito Somazzi, beispielsweise das 1903 eröffnete Hotel Bristol (Abb. 142) oder das Umbauprojekt für das Hotel Europe in Paradiso von 1905. Auch Otto Marainis Hotel Walter von 1907 und sein Hotel Lloyd von 1908 trugen massgeblich zur Verbreitung des Jugendstildekors an den Luganeser Hotelfassaden bei.[59]

HOTELBAUTEN IN DER REGION LOCARNO
Der bescheidene Anfang in den 1830er-Jahren

Um 1800 war Locarno für die umliegenden Täler das Zentrum einer beinahe unerschlossenen Gegend, die wohl seit dem 16. Jahrhundert als Untertanengebiet zur Eidgenossenschaft gehörte, dort aber kaum bekannt war und schon gar nicht von Touristen aufgesucht wurde. Johann Gottfried Ebel berichtete in seinem Reiseführer zu Beginn des 19. Jahrhunderts: «Alle 14 Tage kommen in Locarno am Donnerstage eine Menge Bewohner der Thäler Verzasca, Maggia, Onsernone und Centovalli zum Markttage zusammen, wo der Reisende die Gebirgsvölker dieser unbesuchten und fast unbekannten Thäler sehen kann.»[60] Ausser dem Hinweis von Ebel auf das «Wirthshaus Kreutz» fehlen um 1800 weitere Nachweise von Gaststätten in Locarno.[61]

Das Zentrum des Verkehrsgeschehens am oberen Ende des Langensees befand sich zu dieser Zeit in Magadino, wo die über den See Richtung Gotthard transportierten Waren auf Strassenfahrzeuge umgeladen wurden. Dort fanden sich bereits im späten 18. Jahrhundert erste Herbergen, und dort lag die Ausgangsstation des ersten Ausflugschiffs auf dem Langensee, das am 16. Februar 1826 seine Eröffnungsfahrt unternahm. Nur drei Jahre nach der Inbetriebnahme des ersten Dampfschiffs der Schweiz auf dem Genfersee hatten die gleichen Initianten diesen ersten Schiffsverkehr südlich des Gotthards initiiert. Der zeitgenössische Reiseführer zu dieser Schifffahrt zählte in Magadino zahlreiche gute Herbergen auf. Das bedeutendste Haus, Grand Hôtel du Bateau à Vapeur

146

147

148

149

150
Locarno-Minusio, Hotel Esplanade. Das 1913 eröffnete Kurhotel entstand ausserhalb der Stadt in der Gemeinde Minusio in schönster Aussichtslage. Fotografie um 1940.

genannt, lag direkt bei der Anlegestelle (Abb. 145).[62] Locarno war nur die erste Station auf der Fahrt des Dampfers «Verbano» (der Langensee hiess bei den Römern Lacus Verbanus) nach Sesto Calende. Die Region Locarno vermochte vorerst offenbar auch nicht vom 1831 eröffneten Gotthardverkehr zu profitieren. Es erstaunt deshalb nicht, dass dort bis um 1840 kaum bedeutende Gasthöfe erwähnt werden.

1844 zählte der erstmals erschienene Baedeker in Locarno drei Gasthöfe auf, gleich viele wie in Lugano: «Albergo Svizzero oder Schweizerhof, Corona und Gallo».[63] Während der Gallo später nicht mehr erschien, blieben die beiden anderen Betriebe bis zur Eröffnung des Grand Hotel 1875 die einzigen im Baedeker erwähnten Hotelbauten.[64] Der Albergo Svizzero entstand in den 1830er-Jahren aus der Zusammenlegung mehrerer Liegenschaften an der Piazza Grande. 1853 erhielt das Gebäude ein erstes systematisiertes «Gesicht» zur Piazza: eine dreistöckige Fassade mit sechs regelmässigen Fensterachsen und Laubenbogen im Erdgeschoss. Eine nochmalige Erweiterung gab ihm 1884 das Aussehen mit einer klassizistischen Fassade und einem dreiachsigen Mittelrisalit, das bis zur Schliessung und Umwandlung in ein Wohnhaus 1919 erhalten blieb.[65] Der Albergo Corona entstand ebenfalls noch im Perimeter der Altstadt, aber bereits in der Nähe des Sees. Erstmals erwähnt wird der Gasthof «Corona am See» im Baedeker von 1844, während er im Reiseführer von Leuthy 1840 noch unbekannt war. In den 1850er- und den 1860er-Jahren wurde das Gasthaus erweitert. Mit einer nochmaligen Vergrösserung 1895 entstand das Gebäude, das während der ganzen Belle Époque und bis zum Abbruch im 20. Jahrhundert Bestand hatte. Das nahe der Schifflände gelegene Haus hiess vorerst, wohl wegen der zahlreichen englischen Touristen, «Crown Hotel», später Hotel Metropole oder Albergo Metropoli (Abb. 146).[66]

Neben diesen beiden Gasthöfen entstanden in Locarno bis in die 1870er-Jahre keine neuen Betriebe. Locarno war auch in der Mitte des 19. Jahrhunderts noch eine weitgehend unbekannte Fremdenregion, sie lag im «Schatten» zwischen der Gotthardachse im Osten und der Simplonroute im Westen. Während die Touristen auf der Gotthardroute nach Lugano oder an den Comersee zogen, hielten sich die Simplon-Reisenden mit Vorliebe am italienischen Ufer des Langensees auf, in Arona, Stresa, Pallanza oder Baveno. Wohl wird bereits in Ebels Reiseführer um 1800 die «herrliche Fahrt nach den Borromäischen Inseln» beschrieben, man unternahm diesen Ausflug aber mit Vorliebe mit dem Schiff von diesen italienischen Touristenorten am Langensee aus.

Das Grand Hotel Locarno

In den 1860er-Jahren löste sich Locarno langsam aus seiner touristischen Isolation. Die Gründe dazu finden sich im Eisenbahnbau, der damals das ganze Tessin bewegte. Einerseits entstanden die Hauptlinien von Bellinzona Richtung Chiasso und Locarno, andererseits war die Gotthardbahn mit dem längsten Eisenbahntunnel der Welt im Bau. Im Hinblick auf die Erschliessung von Locarno durch die Eisenbahn entwickelten sich erste Initiativen zum Bau eines neuen Hotels. Bereits im Jahr 1866 hatte ein Komitee vom späteren Architekten des Grand Hotel, Francesco Galli, Projektstudien ausarbeiten lassen. Aus dieser frühen Planungszeit sind auch zwei Projekte erhalten, von denen eines das Datum 1866 trägt (Abb. 54, 55).

Gebaut wurde das neue Grand Hotel aber erst in den 1870er-Jahren. Am 20. Dezember 1874 konnte das grosse Bankett zur Eröffnung der Eisenbahnlinie Bellinzona – Locarno im noch nicht ganz vollendeten Festsaal stattfinden, im Jahr darauf wurde das neue Grand Hotel Locarno feierlich eingeweiht. Als Architekt trat der bereits mit den ersten Vorprojekten beauftragte Francesco Galli (1822–1889) in Erscheinung. Der im Tessin wenig bekannte Architekt aus der engeren Region Locarnos hat mit diesem Hotel wohl seinen bedeutendsten Bau geschaffen.[67] Das Grand Hotel von Locarno war im Tessiner Rahmen ein bedeutender Wegbereiter für den Bautyp des Grand Hotels. Das imposante Gebäude weist über einem rustikalen Sockel ein monumentales Erdgeschoss und drei weitere, in der Höhe deutlich abgestufte Stockwerke auf. Die Vorderfassade wird durch zwei seitlich leicht vortretende Flügel und durch einen fünfachsigen Mittelrisalit mit vorgelagerter Loggia plastisch gegliedert. Den Abschluss des nur wenig verzierten Baus bildet ein in der italienischen Architektur des 19. Jahrhunderts weit verbreitetes schwach geneigtes Walmdach. Es wird bekrönt von einem stattlichen Frontispiz in den Formen der Neorenaissance, auf dem der Hotelname weithin sichtbar ist.

Galli entwarf einen linearen Hotelgrundriss, der durch das Vorziehen der beiden Seitenflügel zur vorderen Front eine schwache U-Form erhielt. Vor dem ebenfalls leicht vorspringenden Mittelteil ordnete er eine Veranda mit doppelseitiger Rundtreppe an, die in eine grosszügige Gartenanlage führt (Abb. 56).

Eine zweiläufige Steintreppe mit Zwischenpodest steigt beidseits der Eingangshalle vom Erdgeschoss in die erste Etage, von wo aus bescheidene Stein-Eisentreppen in die höheren Geschosse anschliessen. Zusammen mit den von Säulen getragenen, gewölbten Decken ergibt sich eine der repräsentativsten Treppenanlagen aus der Zeit der Belle Époque. Im Erdgeschoss sind auf der Vorderseite sämtliche grossen Gesellschaftsräume angeordnet. Die heutige Einteilung und die Ausmalung des Festsaals gehen auf die im Oktober 1925 in diesen Räumen durchgeführte Friedenskonferenz nach dem Ersten Weltkrieg zurück (Abb. 147).

Neue Hotels nach der Eröffnung der Gotthardbahn

Die Eröffnung der durchgehenden Gotthardbahn im Sommer 1882 löste auch in Locarno eine neue Bauphase aus. 1886 war das Hotel Reber als erstes direkt am See gelegenes Haus vollendet. In den 1890er-Jahren kamen weitere Gasthöfe hinzu: 1891 das Hotel du Lac in einem alten Palazzo neben dem Hotel Corona am See,[68] 1892 als Umbau aus einer bestehenden Villa die Hotel-Pensione Belvédère, das erste am Hang über der Stadt gelegene Hotel,[69] 1893 das Hotel du Parc in einem schönen Park in der Nähe des Bahnhofs[70] und kurz danach das Hotel Beau Rivage, ein neues, am Seeufer gelegenes Haus.[71] Daneben entstanden, verteilt über das gesamte Stadt- und Gemeindegebiet von Locarno und Muralto, noch einige weitere kleinere Pensionen. Seit 1893 brannten in Muralto, als erste Gemeinde in der Region Locarno, elektrische Strassenlaternen.[72]

Die rasche touristische Entwicklung nach 1875 wurde in den 1890er-Jahren, wie in Lugano etwas später, von einer Stagnation abgelöst. In den zwei Jahrzehnten vor dem Ersten Weltkrieg entstanden kaum mehr Neubauten, bestehende Betriebe wurden aber teils mehrmals umgebaut. So warb das Hotel Reber (Abb. 148) nach der Erneuerung von 1905, die der Architekt Jost-Franz Huwyler-Boller aus Zürich geplant hatte,[73] im Werbeprospekt wie folgt für sein neu gestaltetes Haus: «Aufstockung um zwei Etagen, Einführung des elektrischen Lichts und der Zentralwarmwasserheizung in allen Zimmern sowie Einbau eines nach modernster Konstruktion gebauten Personenaufzuges.»[74] Im selben Jahr wurde, nach einer engagierten Diskussion in der ganzen Schweiz, die wertvolle mittelalterliche Kirche S. Stefano abgebrochen, um dem Erweiterungsbau des Hotel du Parc Platz zu machen.[75] Dieser Bau war offenbar das Werk des jungen Architekten Alfred Möri, der zu dieser Zeit bei Emil Vogt ein Praktikum absolvierte (Abb. 149).[76]

Kurz vor dem Ersten Weltkrieg entstanden als Abschluss der touristischen Entwicklung von Locarno zwei neue Kurhäuser für Luft- und Sonnenkuren, die beide vom Zürcher Architekturbüro Hanauer & Witschi entworfen wurden.[77] Am 20. März 1912 eröffnete in Orselina, in schöner Aussichtslage hoch über der Stadt, das Victoria als eines der ersten Luft-Kurhäuser im Tessin seine Tore. Es war auf Initiative eines Berner Finanzkomitees und mit Unterstützung der lokalen Behörden entstanden.[78] Im folgenden Jahr, Ende Februar 1913, wurde in der Gemeinde Minusio, am Hang über dem See, das Kurhotel Esplanade mit 125 Betten eröffnet und durch eine gleichzeitig verlängerte Strassenbahnlinie mit Locarno verbunden (Abb. 150).[79]

AUGUSTO GUIDINI (1853–1928) erlernte den Beruf eines Architekten durch die Praxis in Italien. Bevor er 1877 in Mailand ein eigenes Architekturbüro eröffnete, arbeitete er im dortigen Büro von Architekt Mengoni am Bau der Galleria Vittorio Emanuele. 1883 war Guidini Architekt des in Lugano durchgeführten eidgenössischen Schützenfestes, 1890 erstellte er die Bauten für das Schützenfest in Rom. Bekannt ist Guidini auch als Entwerfer des Garibaldidenkmals in Mailand. Neben zahlreichen weiteren Bauten in Norditalien hat er in Varese das Grand Hotel erstellt. Im Tessin sind insgesamt drei Hotelprojekte aus seinem Büro bekannt: Sein erstes Projekt entstand wohl kurz nach der Aufnahme der eigenen Tätigkeit im Auftrag eines Initiativkomitees für ein Grand Hotel in Brissago (Abb. 151, 152). Zwischen 1888 und 1891 erstellte er, unter Einbezug einer bestehenden Villa, das Hotel Splendide zwischen Lugano und Paradiso (Abb. 138). 1910 schliesslich war er verantwortlich für den Umbau eines Wohnhauses zum Hotel Béha in Lugano.

HBLS IV, 7 – THIEME, BECKER XV, 277 – BATTAGLIA 1990/91 – ALS, 234f. – Archivi e Architetture 1998, 233ff. – Nachlass im Privatarchiv eredi fu Arch. Guidini in Barbengo.

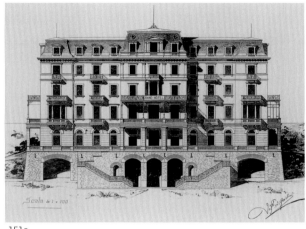
151a

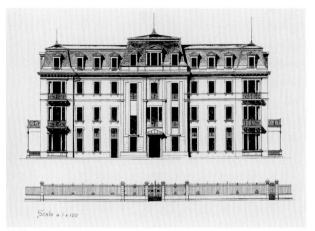
151b

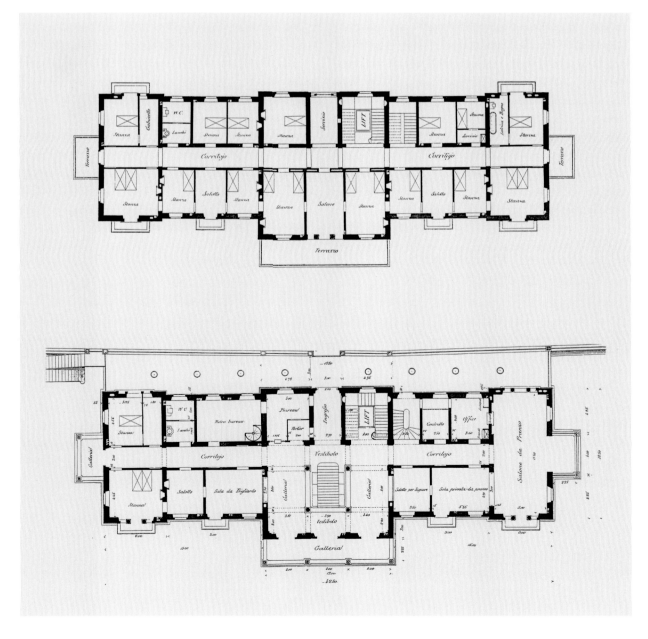

151a, b
Brissago, Grand Hotel. Erstes Projekt des Architekten Augusto Guidini um 1877 (?): Fassaden Seeseite (Facciata Principale) und Hangseite (Facciata Posteriore). Originalpläne des Architekten.

152
Brissago, Grand Hotel. Erstes Projekt des Architekten Augusto Guidini um 1877 (?): Grundrisse Erdgeschoss und 1. Etage. Originalpläne des Architekten.

DAS GRAND HOTEL BRISSAGO

Brissago, eine seit mittelalterlicher Zeit mit weitgehenden Freiheiten ausgestattete Gemeinde am Ufer des Langensees, gehörte seit 1521 zur Herrschaft der 12 eidgenössischen Orte und seit 1803 zum neu gegründeten Kanton Tessin. Zwischen 1857 und 1863 erhielt das schweizerische Grenzdorf eine neue Verbindungsstrasse nach Locarno. Diese Erschliessung führte eine immer grössere Zahl fremder Besucher in das von einem milden Klima geprägten Dorf. In den 1870er-Jahren kam es deshalb zum ersten Vorstoss eines lokalen Initiativkomitees für den Bau eines Grand Hotels. Ein Jahr nach der Eröffnung des Grand Hotel in Locarno findet sich der erste dokumentierte Anlauf zu diesem Vorhaben. In einem auf den 1. November 1876 datierten Prospekt schreibt ein Komitee aus lokalen Persönlichkeiten: «Es fehlt bisher ein Hotel, das aufgrund seiner Lage und mit seinem von den modernen Bedürfnissen verlangten Annehmlichkeiten hätte mit anderen Einrichtungen dieser Art konkurrieren können, die bereits die Ufer des Lago Maggiore schmücken.»[80]

Die Pläne für das erste bekannte Hotelprojekt in Brissago entwarf der Luganeser Architekt Augusto Guidini (1853–1928) (Seite 148). Der Erbauer des 1891 eröffneten Hotel Splendide in Lugano, bei dem er das Mansartdach im Tessiner Hotelbau einführte, entwarf bereits mehr als ein Jahrzehnt vorher für Brissago einen neobarocken Hotelbau mit Mansartdach. Das Projekt von Guidini sah eine Fassade mit einer Reihe von Balkonen und einem Gurtgesims über dem ersten Obergeschoss vor. Ein zentraler, dreiachsiger Mittelrisalit und zwei schmale, einachsige Seitenrisalite hätten, zusammen mit dem Mansartdach, eine bewegte Fassade nach barockem Vorbild gebildet. Wegen der steilen Hanglage waren auf der Strassenseite vier und auf der Seeseite sechs Geschosse geplant, deren Höhe sich nach oben deutlich verringerte. Ein massiver Gebäudesockel mit fünf Arkadenöffnungen und einer vorgelagerten, doppelläufigen Treppenanlage sollte die solide Basis des Gebäudes bilden. Darüber war ein abgetieftes Erdgeschoss («piano terreno inferiore») mit bossiertem Mauerwerk und Rundbogenöffnungen vorgesehen. Das eigentliche Erdgeschoss («piano terreno nobile») mit allen Gemeinschaftsräumen wies in der zentralen Mitte eine offene Hotelhalle mit einer vorgelagerten Terrasse («galleria») auf, die zum Herzstück des Hotels geworden wäre. Eine imposante Treppe in der Achse des strassenseitigen Eingangs hätte den eintretenden Gast auf die Galerie im Untergeschoss und von dort über die Freitreppe in die Gartenanlage am Hang unterhalb des Hotels geführt. Durch dieses Freispielen des zentralen Bereichs im Erdgeschoss musste die Haupttreppe auf der Strassenseite neben dem Haupteingang platziert werden; in der Mitte der dreiläufigen Treppe war ein Lift geplant. Die Pläne der drei Zimmergeschosse enthielten insgesamt 50 Zimmer mit gut 60 Betten, das oberste Geschoss war im Mansartdach vorgesehen (Abb. 151, 152).[81] Gebaut wurde das Grand Hotel Brissago vorerst nicht, die Gründe dafür sind leider unbekannt.

Erst im Jahr 1904 machte eine neu gegründete Aktiengesellschaft den nächsten, entscheidenden Vorstoss. Das Komitee war breit abgestützt, vom Staatsrat Emilio Pedroli über den Direktor der Geld gebenden Società Bancaria bis zum Komponisten Ruggero Leoncavallo, der sich 1880 in Brissago niedergelassen hatte. Nun kamen die Arbeiten rasch voran. Am 15. August 1906 konnte das Grand Hotel bereits eröffnet werden.[82] Pläne und Bauleitung lagen in den Händen des bekannten Architekten Paolito Somazzi aus Lugano. Der Erbauer etlicher Luganeser Hotels schuf für dieses Grand Hotel ein imposantes Gebäude mit einer neobarocken Fassadengestaltung, die in ihrer gesamten Erscheinung auch Elemente aus Guidinis Projekt aufnahm. Das Gebäude von Somazzi war gegenüber dem früheren Entwurf um vier Fensterachsen länger geworden. Es wurde von zwei markanten, dreiachsigen Seitenrisaliten geprägt, während Guidinis Fassade von einem kräftigen Mittelrisaliten dominiert worden wäre. Somazzis Erdgeschoss erhielt eine grössere Raumhöhe als das erste Projekt und elegante Rundbogenöffnungen. In den Obergeschossen fehlte das Gurtgesimse, dafür waren beinahe alle Zimmer mit Balkonen ausgestattet. Jugendstilelemente prägten, wie bei vielen Projekten von Somazzi, die Fassaden sowie die Verglasungen und die Möbel in den Gemeinschaftsräumen (Abb. 153).

Die Grundrissdisposition hatte Somazzi weitgehend von Guidinis Projekt übernommen. Der Speisesaal, an der Fassade durch die vorgebaute Loggia deutlich erkennbar, und die Treppenanlage befanden sich am selben Ort, die Treppe war

153

allerdings um 90 Grad zum Eingang hin gedreht. Das Erdgeschoss enthielt neben dem strassenseitigen Eingang und der seeseitigen Hotelhalle verschiedene Gemeinschaftsräume und auf der Westseite vier Gästezimmer mit eigenem Bad und WC. Die Zimmer in den Obergeschossen lagen auf beiden Seiten des zentralen Mittelgangs, es gab also seeseitige Zimmer mit hervorragender Aussicht und rückseitige Räume gegen die Strasse hin (Abb. 154).[83] Alle Zimmer waren mit fliessendem kaltem und warmem Wasser ausgestattet, auf 200 Gästebetten kamen bereits 40 Bäder und WC-Anlagen. Diese Zahl stellte einen gewaltigen Fortschritt gegenüber den noch kurz zuvor eröffneten Tessiner Grand Hotels dar, etwa dem Europe in Paradiso (1899) oder dem Bristol in Lugano (1903), welche zwei bis vier Etagenbäder aufwiesen. Neben dem Lift prägten elektrisches Licht und eine Zentralheizung den hohen technischen Standard in diesem Haus. «Ein grosser Garten mit Terrasse und Blick auf den See, Landungssteg für Motorboote, Tennis, Croquet, Cricket, Baden im See, kleiner Hafen mit Gondeln für Exkursionen» gehörten gemäss einem zeitgenössischen Werbeprospekt zur weiteren Ausstattung.[84] Im Hotel war sogar eine «englische Kapelle» eingebaut, und im Garten war eine «südliche, von der französischen Riviera importierte Vegetation» anzutreffen.[85]

Das Grand Hotel Brissago entwickelte sich in den ersten Jahren äusserst erfreulich, und es wurde zum Aufenthaltsort zahlreicher Berühmtheiten der europäischen Literatur. Thomas Mann, Ernest Hemingway, Hermann Hesse, Wladimir Nabokov und Erich Maria Remarque liessen sich von der Atmosphäre des Hauses verzaubern. Eine besondere Literatenfreundschaft entwickelte sich zwischen Erich Kästner und Kurt Tucholsky, die, wie Kästner in seinem Buch «Kästner für Erwachsene» berichtet, auf der Terrasse und im Garten zahlreiche gemeinsame Stunden verbrachten. Während Tucholsky in einem kleinen Dachkämmerchen hauste, hatte der lebensfreudige und wohlbestallte Kästner gleich zwei Zimmer gemietet. Hans Georg Wels, der in einem seiner Romane den Ersten Weltkrieg voraussagte, liess dessen Friedenskonferenz im Grand Hotel Brissago stattfinden. Er hatte sich nur um wenige Kilometer getäuscht: 1925 wurde der Frieden im Grand Hotel Locarno besiegelt, und man berichtet, die ersten Kontakte zwischen dem deutschen Reichskanzler Gustav Stresemann und dem französischen Premier Aristide Briand hätten im Grand Hotel Brissago stattgefunden.[86]

Nach einer schwungvollen Zeit zwischen den beiden Weltkriegen mit viel deutscher Prominenz diente das Grand Hotel seit 1943 als Internierungsheim für Flüchtlinge. Dann wurde es vorübergehend geschlossen, bis 1958 die Hotelnutzung nochmals begann. Fehlende Investitionen durch die Eigentümer führten aber zur endgültigen Schliessung auf das Ende der Sommersaison 1971. Es war die Zeit, in der solche «alten Hotelkästen» kein Renommee mehr hatten. Dann stand das Hotel leer; der fehlende Unterhalt und zahlreiche Vandalenakte führten zu einem rapide wachsenden Verlust der Bausubstanz. Initiativen zur Rettung, Sanierung und Wiedereröffnung blieben erfolglos; kaum jemand sah in diesen alten Mauern eine Zukunft. Der Grossbrand vom 4. April 1983, der die oberen Geschosse und das Dach zerstörte, schien deshalb die Betroffenen nicht besonders zu schockieren. Dieses Ereignis reihte sich zudem nahtlos in die Liste von Bränden unrentabler Hotelbetriebe in der Zwischenkriegszeit und in den Jahren des ungebremsten Fortschritts in der Nachkriegszeit ein. Der Brand besiegelte das Schicksal des Grand Hotel von Brissago endgültig: Im Jahr 1993 – zu einer Zeit, als man sich andernorts in der Schweiz längst wieder an die Sanierung historischer Hotelbauten wagte – wurden die verbliebenen Brandruinen abgetragen.

153
Brissago, Grand Hotel. 1905/06 vom Architekten Paolito Somazzi erbaut (1971 Hotelbetrieb geschlossen, 1983 Grossbrand, anschliessend Abbruch). Ansichtskarte um 1920.

154
Brissago, Grand Hotel. Grundriss Erdgeschoss (Piano terreno), der einzige erhaltene Grundrissplan dieses bedeutenden Hotelbaus am Langensee (Festschrift SIA 1909).

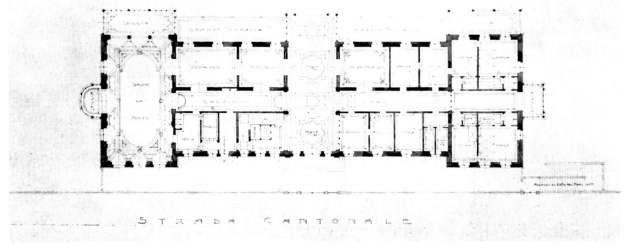

154

Hotelbauten am schweizerischen Bodenseeufer

EIN SEE, MEHRERE LÄNDER

Das Bodenseegebiet war in früher Zeit nur selten ein Ziel für Vergnügungsreisen. Man besuchte diese Gegend auf der Durchreise, pilgerte ins Kloster auf die Insel Reichenau oder besuchte einen der dort zahlreichen Herren- und Adelssitze. Obwohl bereits der St. Galler Humanist Joachim von Watt (Vadianus) mit seinem Werk «Von dem oberen Bodensee» zur eigentlichen Entdeckung dieser Gegend viel beigetragen hatte, stellte sich am Bodensee erst im späten 18. Jahrhundert ein bescheidener Reisetourismus ein. Er war in der Frühzeit getragen von einer vermögenden Oberschicht.[1] Die Versuche, Fremde für einen längeren Aufenthalt zu gewinnen, blieben vorerst kaum von Erfolg gekrönt. Die hügelige Gegend im Grenzgebiet mehrerer Länder konnte sich erst im mittleren 19. Jahrhundert als Fremdenregion einen Namen machen, und sie spielte unter den prestigebesetzten europäischen Reisezielen bis zum Ersten Weltkrieg eher eine bescheidene Rolle. Daran vermochte auch die Tatsache nichts zu ändern, dass auf dem Bodensee bereits seit 1824 das Dampfschiff «Kaiser Wilhelm» verkehrte, ein Jahr nach der Inbetriebnahme des ersten Dampfers in der Schweiz auf dem Genfersee.[2]

Der Bodenseeraum kennt zahlreiche Gelehrte und Künstler, die dessen Schönheiten beschrieben und ihn damit einem weiteren Publikum erschlossen haben. Im 18. Jahrhundert war beispielsweise der Engländer William Coxe in der Gegend und im Jahr 1797 Johann Wolfgang Goethe; zahlreiche weitere Gelehrte folgten zu Beginn des 19. Jahrhunderts. Der berühmte deutsche Reiseschriftsteller Johann Gottfried Ebel war ein besonderer Verehrer der Seeregion und des anschliessenden Appenzellerlandes, die er selbst früh bereist hatte und 1798 in seiner Publikation «Schilderung der Gebirgsvölker der Schweitz» ausführlich beschrieb.[3] Einige deutsche Dichter haben den Bodensee besonders verehrt, unter anderem Friedrich Hölderlin oder die norddeutsche Adlige Annette von Droste-Hülshoff, die im thurgauischen Schloss Berg residierte.[4]

Begünstigt wurde die touristische Entwicklung der Bodenseeregion auch durch zahlreiche Adlige, die diese Gegend zu ihrem Sommersitz wählten. Der Grossherzog von Baden verbrachte die Sommerzeit seit 1853 auf der Insel Mainau, die württembergische Königsfamilie hatte ihren Sommersitz seit 1866 in der Stadt Friedrichshafen oder kurz darauf auch in der eigenen Villa Seefeld bei Rorschach. Stolz meldete das Ostschweizer «Wochenblatt» am 10. Juli 1869: «Heute reist er [König Karl von Württemberg] wieder hier [in Rorschach] durch nach St. Moritz, wo Königin Olga wirklich weilt.»[5] Auf Schloss Wartegg bei Staad residierten seit 1860 Angehörige der herzoglichen Familie von Parma, in der Weinburg in Rorschach war der König von Rumänien mehrmals zu Gast. Zu einem besonders wichtigen Werbefaktor für den Tourismus wurden die Aufenthalte von Vertretern der deutschen und österreichischen Aristokratie. 1881 und 1884 beispielsweise war Kaiser Franz Josef I. Gast im Österreichischen Hof in Bregenz (Abb. 157), 1887 kündigte der Freihof in Heiden «Prinzessin Louise von Preussen mit Suite» als seine Gäste an.[6]

HOTEL & PENSION KONSTANZER-HOF
früher BADHOTEL.

Die bedeutendsten Fremdenorte des Bodenseeufers entstanden auf deutschem Gebiet in Konstanz, Meersburg und Überlingen sowie in Friedrichshafen, Langenargen und Lindau. Dort fanden die mehrheitlich deutschen Feriengäste einen ungestörten Blick auf den See und auf die malerische Hügellandschaft im Hintergrund. Die Mineralquelle von Überlingen war bereits seit dem 14. Jahrhundert bekannt; seit 1836 entstand dort eine neuzeitliche Anlage, die sich bald zum führenden Fremdenort für längere Erholungsurlaube am deutschen Ufer entwickelte (Abb. 155). Auch Lindau und Konstanz wurden zu wichtigen Fremdenorten. Sie hatten wegen ihrer Lage an den Staatsgrenzen zudem einen grösseren Passanten- und Besucherverkehr.[7] 1913 meldete der Baedeker, dass Lindau trotz seinen über 500 Hotelbetten «im Sommer oft überfüllt» sei.[8] Ein bedeutender touristischer Ausbau begann auf deutscher Seite, wie auch am ganzen See, erst in der Mitte des 19. Jahrhunderts, und er war stark beeinflusst vom Eisenbahnbau. Eine besonders markante Entwicklung erlebte Konstanz zwischen 1872 und 1875, als drei grosse Hotelbauten – das Hotel Halm, das Insel-Hotel und das Badhotel (Abb. 156) – entstanden, sowie am Ende des 19. Jahrhunderts. Vielerorts war allerdings der Höhepunkt des Tourismus am See um 1880 bereits deutlich überschritten. Etliche Hotelbetriebe verwandelten sich im späten 19. Jahrhundert mangels Rendite in Heime oder Heilanstalten. 1890 beispielsweise wurde der 1876 erstmals in Konkurs gegangene Konstanzer Hof in Konstanz als Heilanstalt für Nervenkranke wieder eröffnet (Abb. 156).[9] Eine besondere Entwicklung erlebte Friedrichshafen, wo die Zeppeline im frühen 20. Jahrhundert zu einer grossen Attraktion wurden und eine markante Steigerung der Besucherfrequenzen nach sich zogen.[10]

Bregenz als grösster österreichischer Ort am Bodensee konnte sich keine bedeutende Stellung im Tourismus sichern. Die von den Behörden erwirkte Führung der Eisenbahn direkt am See war wohl, wie die Geschichte der unmittelbar beim Bahnhof gelegenen Hotels de l'Europe und Montfort zeigt, ein bedeutender Störfaktor in der touristischen Entwicklung dieses Ortes. Daran vermochte auch die nach 1880 erstellte Quaianlage am See nichts zu ändern (Abb. 157).[11] Zu grosser Bekanntheit als regionales Ausflugsziel gelangte hingegen die 1874/75 von einer Aktiengesellschaft erbaute Pension, Kuranstalt und Molkerei auf dem benachbarten Aussichtspunkt Pfänder.[12]

Auf Schweizer Seite belegte der Marktort Rorschach bis ins letzte Viertel des 19. Jahrhunderts eine führende Stellung im Tourismus. Um 1800 beschrieb Leuthy den Ort am See in seinem Führer als «heitres Städtchen» und fügte an: «Geniesst eine unbeschreiblich schöne Lage am Bodensee.» Als Gastwirtschaftsbetriebe nannte er die Krone und den Löwen.[13] Im ersten Baedeker von 1844 erschienen die Krone oder Post, der Grüne Baum sowie der Anker als Gaststätten, seit den 1870er-Jahren wurden bereits rund ein Dutzend Betriebe erwähnt.[14] Mit der Eröffnung der Eisenbahn nach Heiden 1875 übernahm der aufsteigende Molkenkurort in der Appenzeller Hügellandschaft aber die Vorherrschaft im regionalen Tourismusgeschehen gegenüber dem alten Zentrum am See.[15] Am Schweizer Seeufer finden sich noch weitere bereits im frühen 19. Jahrhundert gut besuchte Gasthöfe, beispielsweise das ältere «Schiff» oder das seit den 1850er-Jahren im Baedeker aufgeführte Hotel Bodan in Romanshorn, wo «zahlreiche Dampfschiffe aus angrenzenden Ländern» anlegten; bekannt war auch das «Rothe Kreuz» am See in Arbon, «auf einem der schönsten Punkte am Ufer des Boden-See's» gelegen, sowie das traditionelle Mineralbad «zum Anker» in Horn, das gemäss Leuthy «eigene Luftschiffe und Pferde» zur Verfügung hielt (Abb. 162).[16] Kreuzlingen dagegen konnte sich im Tourismus keinen Namen machen, weil dieser Ort stets im Schatten der Stadt Konstanz blieb.[17] Der erste bedeutende Höhenort auf schweizerischer Seite entstand in Walzenhausen. Der über Rheineck gelegene Aussichtspunkt entwickelte sich in der Mitte des 19. Jahrhunderts zum eigentlichen Kurort. 1870 wurde das Kurhaus eröffnet, ein spätklassizistisches Holzgebäude, das 1895 einer Feuersbrunst zum Opfer fiel und 1903 durch einen Neubau ersetzt wurde (Abb. 158). In den 1870er-Jahren kam das stattliche Hotel Rheinburg neben der Kirche hinzu, ein klassizistischer Massivbau mit einem markanten Mittelrisalit (Abb. 159). 1896 erhielt Walzenhausen mit einer Drahtseilbahn nach Rheineck auch einen neuzeitlichen Eisenbahnanschluss.[18]

Grosse Bedeutung erhielten am Bodensee die zahlreichen Badeanstalten am See, die seit den 1830er-Jahren entstanden. Die belebende und stärkende Wirkung der Seebäder war im

Seiten 152/153: Vergrösserung von Abb. 170
Heiden, Kursaal. Vom Architekten Horace Edouard Davinet im Auftrag des Kurvereins 1873/74 erbaut (1956 abgebrochen). Fotografie um 1920.

155
Bad Überlingen am Bodensee, das berühmteste Badehotel am deutschen Ufer. Lithografie um 1830 (LEUTHY 1840).

156
Konstanz, Konstanzerhof. Das Badhotel in Konstanz wurde im Juni 1875 eröffnet, ein Jahr später war es als eines der zahlreichen Opfer der Wirtschaftskrise in den 1870er-Jahren bereits in Konkurs. Vor der Umwandlung in eine Nervenheilanstalt 1890 wurde es als Hotel Konstanzer-Hof betrieben. Lithografie um 1880 (Sommerfrische 1991).

157
Werbeplakat für Bregenz am Bodensee aus dem Jahr 1893 (Sommerfrische 1991).

158
Kurhaus Walzenhausen. Werbeprospekt für den Neubau nach dem Brand von 1903.

157

158

159
Walzenhausen, Hotel Rheinburg. Der klassizistische Bau mit markantem Mittelrisalit wurde 1873 neben der Kirche eröffnet. Fotografie 1943.

160
Wasserau bei Schwende. Gasthaus als einfacher Holzbau mit Satteldach aus dem 19. Jahrhundert. Ansichtskarte um 1900.

161a, b
Weissbad, Kurhaus. Das 1790 als Molkenkuranstalt eröffnete Gasthaus entwickelte sich bis zur Mitte des 19. Jahrhunderts zum grössten Hotel im Appenzellerland. Fotografie um 1920 und Lithografie Mitte 19. Jahrhundert.

162
Bad Horn, seit 1840 bekannt als Molkenkuranstalt. Fotografie um 1910.

161a

159

160

161b
162

18. Jahrhundert an den englischen Küsten entdeckt worden. Engländer verbreiteten diese Erkenntnisse im folgenden Jahrhundert auf dem europäischen Festland. Eine der frühesten von dieser Bewegung beeinflussten Region war das Bodenseegebiet: In Bregenz entstand 1825 die Militäranstalt und 1837 die städtische Badeanstalt mit acht Umkleidekabinen.[19] 1840 kam die Schwimm- und Badeanstalt in Konstanz hinzu, und bis zum Ende des Jahrhunderts hatten alle Orte am See ihr Bad, wo Touristen und Einheimische, schön nach Geschlechtern getrennt, in den See tauchen konnten. Bald einmal boten bessere Hotels ihren Gästen den Luxus einer eigenen Badeanstalt an (Abb. 155). Zum Leidwesen der klassischen Kur- und Badeorte mit Heilbädern legten sich zahlreiche Orte am Bodensee in der Folge das Prädikat «Bad» zu. So nannte sich Friedrichshafen, das mit Überlingen auch um den Titel «Deutsches Nizza» kämpfte, gegen Ende des 19. Jahrhunderts «Bad Friedrichshafen». Die meisten dieser inflationären Bad-Nennungen haben aber den Ersten Weltkrieg nicht überlebt und sind nach den Kriegsjahren wieder in Vergessenheit geraten.[20]

DIE HOTELENTWICKLUNG AM BODENSEE

Unmittelbar nach der Inbetriebnahme des ersten Dampfschiffs auf dem Bodensee im Jahr 1824 entstanden auch die ersten Gastwirtschaftsbetriebe, wie zum Beispiel das Gästehaus auf Schloss Wolfsberg bei Ermatingen. In Überlingen meldeten die Chronisten zu dieser Zeit eine Besucherfrequenz «von nie dagewesener Höhe», und der Gerber J. A. Ackermann begann daraufhin mit dem Bau des Bad-Hotels.[21] Dieses gehörte zu den seltenen frühen Luxushotels am Bodensee. Es wird in den zeitgenössischen Führern gelobt als ein Gebäude «auf's Beste eingerichtet und mit allen Bequemlichkeiten versehen, das zu ebener Erde einen Conversations- und Ballsaal mit Gallerien, zwei Wirthszimmer, ... 16 gut eingerichtete Badlokale ... und 70 gut möblirte Wohnzimmer... enthält». (Abb. 155)[22]

Die Eisenbahn führte wie andernorts auch am Bodenseeufer zu einer markanten Steigerung des Tourismus; in der Nähe der Bahnhöfe entstanden zahlreiche neue Hotelbauten. So konnte die Eröffnung der Bahnlinie nach Lindau im Oktober 1853 bereits in dem noch nicht vollständig erbauten Hotel Bayrischer Hof gefeiert werden. Auch in Konstanz kam 1874 das neue Hotel Halm direkt neben den Bahnhof zu stehen, ebenso 1887 das Europe in Bregenz. Die Inbetriebnahme der Eisenbahn von Rorschach nach Heiden im Jahr 1875 dagegen bedeutete für zahlreiche Hotels im Hafenort am See das Ende einer kurz zuvor vielversprechend begonnenen Epoche. Das 1861 eröffnete Hotel Seehof beispielsweise vermochte sich nach seiner Vergrösserung zu Beginn der 1870er-Jahre nicht mehr richtig zu behaupten; bald danach ging es, wohl auch bedingt durch die Wirtschaftskrise, in Konkurs (Abb. 165).[23]

Die Verteilung der Hotelbauten rund um den Bodensee und deren Bedeutung schwankt je nach zeitlicher Betrachtungsweise stark. Unübersehbar ist die Konzentration auf die Seeufer, wobei das deutsche Gebiet eine grössere Prominenz erlangte. Die seeabgewandten Anlagen in den anschliessenden Hügelzonen, im Vorarlberg und im Appenzellerland, kannten nur eine kurze Sommersaison, ihre Bauten waren deshalb kleiner und weniger massiv. Traditionelle regionale Bauweisen und chaletartige Holzbauten von eher bescheidenem architektonischem Wert überwogen bei diesen Pensionen und Gasthöfen eindeutig, auch wenn sie sich manchmal «Hotel» nannten (Abb. 160, 167).[24]

Vor 1870 zeigte sich die Architektur der schweizerischen Gasthäuser am Bodensee kaum städtisch oder grossbürgerlich, grössere Hotels hatten etwa 40 bis 60 Betten. In der Mehrzahl wiesen diese eine kubisch geschlossene Erscheinung auf sowie charakteristische Gestaltungselemente aus dem Klassizismus und dem Biedermeier, etwa Lisenen, Gesimse, Fensterverdachungen oder ein schwach geneigtes Walmdach (Abb. 164, 166a, b). Alle diese Elemente finden sich auch in der damaligen städtischen Architektur. Grössere Anlagen imitierten freiere Formen, wie beispielsweise adlige Landsitze. So konnte sich das Kurhaus in Weissbad, 1790 als Molkenkuranstalt errichtet, in mehreren Etappen zu einem stattlichen U-förmigen Hotelkomplex entwickeln (Abb. 161). Seit den 1870er-Jahren stieg die Zahl der Hotelbetten mancherorts; kurz vor dem Ersten Weltkrieg zählte der Freihof in Heiden mit 180 Betten zu den grössten Hotelbetrieben der Region (Abb. 168). Die 1870 geplante, aber nicht mehr ausgeführte Kuranstalt in Romanshorn hätte 210 Betten erhalten.[25] Im letzten Viertel des 19. Jahrhunderts wurde die Erscheinung der Hotelbauten nochmals

163

164

stattlicher und würdevoller, ohne jedoch die üppigen Historismusformen aufzunehmen, die andernorts die Architektur der Palasthotels in der Belle Époque geprägt haben (Abb. 165). Zu Beginn des 20. Jahrhunderts verbreitete sich auch am Bodensee eine Heimatstilarchitektur mit dekorativem Fachwerk, Giebelverbretterung und Sprossenfenstern, romantischen Türmchen oder hohen Mansartdächern. Deutlich äusserten sich damals die Vorlieben für bewegte Silhouetten und einen malerischen Gesamteindruck (Abb. 158, 166c). Trotz der schliesslich grossen Anzahl von Hotelbetrieben rund um den Bodensee blieben aber Grosshotels in dieser Gegend ebenso eine Seltenheit wie Hotelsiedlungen und Hoteluferfer nach dem Vorbild vergleichbarer Orte am Genfersee, im Berner Oberland, am Vierwaldstättersee, im Tessin oder im Engadin.

DIE SCHWEIZERISCHEN KURORTE RORSCHACH UND HEIDEN
Rorschach

Rorschach war seit mittelalterlicher Zeit eine der wichtigsten Eingangspforten für Personen und Waren in die Ostschweiz. Im 18. Jahrhundert wurde der Marktort zu einem Hauptplatz des Kornhandels für die Schweiz, zwischen 1746 und 1748 entstand das markante Kornhaus am Hafen. Mit dem Bau der neuen Strasse Rorschach – St. Gallen – Wil durch Abt Beda Angehrn im Jahr 1774 stieg die Standortgunst des Hafenortes deutlich an.[26] Die landschaftlich schöne und verkehrsmässig vorteilhafte Lage begünstigte Rorschachs Aufschwung als Fremdenort im zweiten Viertel des 19. Jahrhunderts. Seit 1824 brachte das Dampfschiff täglich zahlreiche Touristen in den verträumten Ort am See, obwohl dort keine besonderen Sehenswürdigkeiten zu bestaunen waren. Die 1856 eröffnete Eisenbahnlinie nach St. Gallen legte schliesslich einen wichtigen Grundstein zum Aufbau einer eigentlichen Fremdenindustrie. Bereits 1851 war eine Broschüre über Rorschach und seine Umgebung vom Arzt und Kantonsrat Carl Bärlocher als erste eigentliche Werbeschrift für die Gegend erschienen, und seit dem Sommer 1852 bot Ignaz Rothenhäusler in seiner Apotheke eigene Molkenkuren an.[27] Auf seine Initiative konnte sich Rorschach vor allem als Badeort etablieren. Man hatte aber keine eigenen Heilquellen wie in den benachbarten Orten Horn (Abb. 162) und Goldach. Deshalb lenkte man das Badewesen auf die Seebäder, über deren vorzügliche Wirkung für zahlreiche Krankheiten die Mediziner und Balneologen allerhand zu berichten wussten. Im Lauf des 19. Jahrhunderts entstanden am Seeufer an der Strasse nach Horn mehrere Badeanlagen mit Abteilungen für Männer und Frauen, Schwimmer und Nichtschwimmer, mit kalten und warmen Wassern, römisch-irischen Bädern und anderen Annehmlichkeiten in den verschiedensten medizinischen und balneologischen Varianten, mit und ohne ärztliche Aufsicht.[28] Besonderen Erfolg versprach man sich von diesen Bädern «bei allgemeiner Nerven- und Muskelschwäche, Faulfiebern, bösartigen Hautausschlägen, Bleichsucht, Hysterie in den verschiedensten Formen, bei Hypochondrie, erhöhter Reizbarkeit der Haut, Rheumatismus, chronischen Durchfällen sowie als Nachkur bei verschiedenen Nervenleiden, Gicht, Skropheln, hartnäckigen Katarrhen usw.».[29]

Gastwirtschaftsbetriebe sind in Rorschach seit dem späten Mittelalter nachgewiesen. Der 1485 vom St. Galler Abt auf dem Marktplatz eröffnete Güldene Löwen war lange Zeit das bekannteste Gasthaus in diesem vom Kloster mit grosser Aufmerksamkeit bedachten Ort am See.[30] Seit dem 18. Jahrhundert behauptete auch das Hotel Krone eine wichtige Stellung; um 1800 konnte dieses Haus bereits 30 Gästezimmer und Platz für etwa 100 Pferde in seinen Stallungen anbieten, seit 1824 trug es den Titel eines Posthotels. In Leuthys Reisehandbuch von 1840 wird die Goldene Krone besonders hervorgehoben: «Die Reisenden finden hier jede nur wünschbare Bequemlichkeit, namentlich auch eine gut servirte Tafel …»[31] Als weiterer bedeutender Gasthof war wohl um 1830 der Grüne Baum entstanden, gemäss Leuthy an einer der schönsten Lagen von Rorschach (Abb. 163). In den 1840er-Jahren entwickelte sich dieses Haus zu einem stattlichen Betrieb. Bis zum Bau der Bahnlinie dem See entlang im Jahr 1869 bot es seinen Gästen jenseits der Strasse einen schönen Garten mit eigener Badeanstalt an, von dem aus man «den See in seiner ganzen Grösse übersehen kann».[32] Zu den weiteren, in den frühen Ausgaben des Baedekers genannten Häusern gehören der Anker (im ersten Baedeker 1844 aufgeführt) sowie die nebeneinander gelegenen Hirschen (seit den 1850er-Jahren erwähnt) und Schiff (seit 1859 genannt).[33] Als bedeutendstes Rorschacher

163
Rorschach, Gesamtansicht des Hafens mit dem Hotel Grüner Baum. Ansichtskarte um 1920.

164
Rorschach, Hotel Bodan. Der 1874 am See eröffnete Hotelbau konnte sich wegen der Konkurrenz von Heiden als Fremdenort nicht mehr richtig entwickeln. Ansichtskarte um 1910.

165
Rorschach, Hotel Seehof. Das 1861 eröffnete Hotel wurde 1874 vergrössert, 1879 ging es in Konkurs, 1900 wurde es geschlossen. Lithografie von 1879.

165

Hotel etablierte sich aber der Seehof im Oberdorf, der 1861 durch den einheimischen Baumeister Louis Danielis (1818–1871)³⁴ erbaut wurde und lange Zeit als das «vornehmste und comfortabelste [Hotel] am Platze» galt (Abb. 165).³⁵

Die Blütezeit des Rorschacher Tourismus im 19. Jahrhundert war von kurzer Dauer. Nach einem zaghaften Beginn in den 1840er-Jahren gehörten die Jahre nach 1860 zu den erfolgreichsten. Damals entstanden zahlreiche kleine Bauten und Anlagen, die der 1865 gegründete Kurverein zur Verschönerung des Ortsbildes initiierte. Für die zahlreichen Fremden erstellte man unter anderem einen künstlich aufgeschütteten Hügel mit Alpenblumen, Parkanlagen mit Ruhebänken und Pavillons, in denen Molke ausgeschenkt wurde, sowie Spazierwege am See und in der Umgebung.³⁶ Das Krisenjahr 1873 und der Bau der Eisenbahn nach Heiden kurz danach trafen den Fremdenort am See aber in seinem Lebensnerv. Um 1875 gerieten die grösseren Hotels in ernsthafte Schwierigkeiten. So vermochte sich das von 1872 bis 1874 neben dem Hotel Grüner Baum erbaute Hotel Bodan bereits nicht mehr richtig durchzusetzen (Abb. 164).³⁷ Auch das kurz vor der Wirtschaftskrise ausgebaute Hotel Seehof hatte mit seinen über hundert Gästebetten bald einmal ungesunde Überkapazitäten zu beklagen. 1879 kam das grösste und berühmteste Rorschacher Hotel unter den Hammer, 1900 stellte es seinen Betrieb endgültig ein (Abb. 165).³⁸ Zahlreiche weitere Betriebe hatten ebenfalls mit grossen Schwierigkeiten zu kämpfen. Im Baedeker von 1913 sind in Rorschach noch acht Gastwirtschaftsbetriebe aufgeführt, sie boten aber nur noch etwa 200 Betten an; gut sieben Mal mehr Übernachtungsmöglichkeiten standen damals in Heiden zur Verfügung. Der Niedergang der Rorschacher Hotellerie kann aber nicht nur mit dem Bahnbau und der Wirtschaftskrise begründet werden. Vielmehr hatte sich Rorschach seit den 1860er-Jahren immer mehr zum Industrieort entwickelt, der den Touristen wohl nicht mehr den gesuchten Erholungswert anzubieten hatte. Zudem stand nun mit Heiden ein bedeutender Konkurrent bereit zur Aufnahme der immer zahlreicheren und anspruchsvolleren Gäste.³⁹ Die meisten grösseren Rorschacher Hotels aus dem 19. Jahrhundert wurden in der Baukonjunktur nach dem Zweiten Weltkrieg abgebrochen, als letzte 1979 der Seehof und 1983 die ehemaligen Hotels Hirschen und Schiff.⁴⁰

Heiden

Die sonnige und aussichtsreiche Lage in den Hügeln über dem Bodensee hatte Heiden mit dem Gasthaus Leuen bereits in der Mitte des 17. Jahrhunderts zu einem beliebten Ausflugsort gemacht. Nach 1800 zog der voralpine Charakter der Umgebung immer mehr Ausflügler ins hochgelegene Dorf; 1831 entstand bei der Schwefelquelle ein erstes kleines Badhaus mit zwei Stuben und 14 Wannen.⁴¹ Nach dem grossen Brand von 1838 musste das Dorf Heiden vollständig neu aufgebaut werden. Die dabei errichteten Gasthäuser, etwa der Schweizerhof, die Krone (Abb. 166) oder die Linde, wurden nach einem strengen Wiederaufbauplan in den damals üblichen biedermeierlich-klassizistischen Proportionen erstellt. Zum Kurort wurde Heiden 1847 auf Initiative des ehemaligen Gerichtspräsidenten Johannes Kellenberger mit der Eröffnung einer Molkenkuranstalt im Hotel Freihof. Kurz zuvor war dieses Gasthaus durch den einheimischen Baumeister Johann Konrad Bischofberger aus der ehemaligen Bierbrauerei umgebaut worden.⁴² Bereits im zweiten Jahr ihres Bestehens konnte die Kuranstalt mehr als 200 Gäste beherbergen (Abb. 168).⁴³ In der Folge entwickelte sich Heiden rasch, denn die Molke wirkte in dieser prächtigen Umgebung offenbar viel nachhaltiger als in den abgelegenen Gebirgstälern. Bald einmal gehörte der Appenzeller Höhenort zu den am meisten besuchten Molkenkurorten überhaupt.⁴⁴ Bereits vor dem Bau der Eisenbahn von Rorschach nach Heiden fand man dort zahlreiche Gasthäuser: 1867 werden sieben Kurhäuser genannt (Freihof, Löwen, Linde, Schweizerhof, Sonnenhügel, Pension Weder und Pension Paradies), um 1870 kam bereits ein Wirtshaus auf 87 Einwohner.⁴⁵ Zahlreiche weitere Pensionen etablierten sich mit der Zeit rund um das Dorf in schöner Aussichtslage (Abb. 167).

Im Jahr 1853 beschloss die Gemeinde den Ausbau von Spazierwegen für die Kurgäste. Später begann man mit der Anlage von Schatten spendenden Bäumen, ganzen Alleen und Parkanlagen mit Ruhebänken und kleinen Pavillons. Bald einmal führten gut ausgebaute Wege zu allen bekannten Aussichtspunkten in der näheren Umgebung, beispielsweise nach Weinacht oder zum Gasthaus Bellevue (Abb. 169).⁴⁶ 1862 bemerkte der Baedeker erstmals: «Auf dem Thurm der neuen Kirche ein hübsches Cabinet mit äusserer Galerie und gutem

166a–c
Heiden, Hotel Krone. Die beiden nach dem Dorfbrand von 1838 nebeneinander erstellten Bauten wurden um 1880 mit einem Zwischenbau verbunden und 1902 mit einem Zwiebelturm ergänzt. Hotel-Werbekarten um 1870 und um 1890, Ansichtskarte um 1910.

167
Heiden, Hotel Nord. In den 1870er-Jahren wurden in den beiden alten Bauernhäusern die ersten Gäste beherbergt, 1895 entstand mit dem Abbruch des dazwischen liegenden Stallgebäudes und dem neuen Verbindungsbau die Pension Nord, die 1903 erstmals im Baedeker Erwähnung fand. Ansichtskarte um 1950.

168
Heiden, «Gasthof Kuranstalt & Bierbrauerei zum Freihof in Heiden». Lithografie um 1880 (Sommerfrische 1991).

169
Heiden, Restaurant und Pension Bellevue, an vorzüglicher Aussichtslage über dem Dorf Heiden gelegen. Ansichtskarte um 1900.

166a 166b

166c

167

168

169

Fernrohr, schöne Rundschau, besonders über den Bodensee.»⁴⁷

In den späten 1860er-Jahren konstituierte sich ein «Kurcomité», das den Bau einer Kurhalle an die Hand nahm. 1870 erteilte es dem in Interlaken tätigen Architekten Horace Edouard Davinet den Auftrag zum Bau, nachdem dieser den Initianten mehrere Entwürfe vorgelegt hatte. Die reich verzierte Holzhalle im maurischen Stil konnte im Frühjahr 1874 eröffnet werden. Sie diente vor allem der Unterhaltung mit «Militär- und Künstlerkonzerten» durch eine eigene Kurmusik. Gemäss Werbung waren auch Feuerwerke und «Gondelbeleuchtungen» angesagt (Abb. 170).⁴⁸ Im gleichen Jahr pries eine Werbeschrift die Vorzüge von Heiden wie folgt an: «Nicht die grossartigen Anlagen von Potsdam und Sanssouci mit ihren symmetrischen Gestaltungen, ihren scheinbar eine südliche Vegetation verrathenden Pflanzen oder ihren künstlichen Wasserwerken ermüden hier Aug und Ohr des Lustwandelnden; nein! eine — wir möchten sagen gemüthlich unregelmässige, der Lage und dem Zwecke angepasste Gruppierung von Wegen, Ruh- und Schattenplätzen, lockt ihn hieher, um sein Auge und Herz ausruhen zu lassen von dem Eindrucke der ihn sonst überall umgebenden herrlichen und imposanten Natur.»⁴⁹

Parallel zu den florierenden Molkenkuren entdeckte um 1860 der Berliner Augenarzt Albrecht von Graefe (1828–1870) Heiden als idealen Ort für die Genesung von Augenleiden. Sein eigener Aufenthalt dort brachte ihn zur Überzeugung, dass die saftig-grünen Matten und die staubfreie Luft ein ideales Umfeld für die Heilung böten. Er eröffnete deshalb im Kurhaus Freihof eine Augenklinik, die er im Sommer jeweils selbst betrieb. Damit führte er einen neuen Strom von Kranken nach Heiden, von denen der Höhenort lange Zeit profitieren konnte und die auch Anstoss gaben zu einem Projekt für ein neues Kurhotel durch den St. Galler Architekten Bernhard Simon.⁵⁰ 1867 charakterisiert eine Publikation diese besonderen Gäste wie folgt: «Viele Kurgäste, die man hier wandeln sieht, tragen blaue Brillen und geben sich dadurch als Augenkranke zu erkennen.»⁵¹

Die Eröffnung der Bahnlinie von Rorschach nach Heiden 1875 leitete im Höhenort eine neue Epoche des Tourismus ein. Es war die erste gemischte Adhäsions- und Zahnradbahn der Schweiz, und ihre Dampflokomotiven schoben, als eigentliche Touristenattraktion, sogar offene Doppelstockwagen den Berg hinauf (Abb. 171). In der Folge vermehrten sich die Gastwirtschaftsbetriebe nochmals deutlich. Mitte der 1880er-Jahre fand man in Heiden bereits ein gutes Dutzend grösserer Gasthäuser und bis 1913 stieg die Zahl der Betriebe auf 14 Hotels und 10 Pensionen. Zusammen mit den Privatunterkünften standen damals etwa 1 500 Fremdenbetten zur Verfügung. Die grösste Anlage, das Hotel Freihof & Schweizerhof mit den Dependancen Steinegg, Rose, Blume und Quisisana, bot allein etwa 200 Betten an (Abb. 168). Heiden war damals zusammen mit Ragaz der bekannteste Kurort in der Ostschweiz. Etwa drei Viertel der Kurgäste stammten zu dieser Zeit aus dem benachbarten Deutschland. Viele kamen mit ihrer eigenen Dienerschaft und blieben bis zu einem Monat, oder sie machten in Heiden einen Zwischenhalt auf der Reise in höher gelegene alpine Kurstationen. Trotz diesem bemerkenswerten Aufschwung in touristischer Hinsicht blieben die Hotels und Pensionen von Heiden in ihrem architektonischen Ausdruck aber bemerkenswert bescheiden. Auch um 1900 waren noch mehrheitlich Fassaden vorhanden, die aus der Zeit des Wiederaufbaus nach dem Dorfbrand von 1838 stammten: streng gegliederte klassizistische Gebäude mit schwach geneigtem Walmdach und regelmässiger Fensteranordnung. Mächtige Hotelpaläste aus der Zeit der Belle Époque fehlten dagegen im Appenzeller Höhenort wie auch in allen anderen Schweizer Kurorten am Bodensee.⁵²

170
Heiden, Kursaal. Vom Architekten Horace Edouard Davinet im Auftrag des Kurvereins 1873/74 erbaut (1956 abgebrochen). Fotografie um 1920. (siehe Abb. Seiten 152/153).

171
Bergbahn Rorschach-Heiden. Dampfzug mit zweistöckigem Personenwagen mit Aussichtsplattform. Ansichtskarte um 1890.

172
«Der Molken Cur-Ort GAIS Canton Appenzell V R». Lithografie um 1815 als frühe Werbung für den berühmtesten Molkenkurort im Appenzellerland.

170

12808 Rorschach-Heiden-Bergbahn

171

Molkenkuren

Die Molke oder Schotte, ein trüb-grünlichgelber Saft von süsslich-fadem Geschmack als «Abfallprodukt» der Käseherstellung, erhielt im späten 18. Jahrhundert eine beinahe magische Heilkraft zugesprochen. Sie galt als reinste Essenz helvetischer Natur, und sie machte in den Augen der damaligen zeitgenössischen Mediziner denjenigen Krankheiten den Garaus, denen mit Wasser nicht beizukommen war. August Tissot (1728–1797), der berühmte Schweizer Arzt aus dem 18. Jahrhundert, beschrieb die Molke als «Kräutersaft, der durch die Werkzeuge des Tieres geläutert und versüsst worden ist». Der Fall eines 1749 in Gais durch das Trinken von Molke geheilten Zürchers beeinflusste massgebend den Aufstieg der Molkenkur zum medizinischen Allerheilmittel in der zweiten Hälfte des 18. Jahrhunderts.[53]

Die ursprüngliche Molke kam aus den Alpen Innerrhodens, wo sie frühmorgens beim Käsen gewonnen wurde. So genannte Schottensennen trugen die kostbare Flüssigkeit stundenweit in die Kurhäuser, wo ihre Ankunft mit einem Glockenzeichen bekannt gegeben wurde. Die Kurgäste tranken den heilenden Saft dann in präzis dosierten Portionen und in genau vorgegebenen zeitlichen Intervallen, meistens beim Promenieren in der Trinkhalle und in deren Umgebung. Eine richtige Molkenkur dauerte mindestens 16 bis 28 Tage, was den Aufbau eines richtigen Kurbetriebs mit allem Drum und Dran begünstigte. Wie kulthaft und mystisch die ganze Geschichte um die Molke war, zeigt die erste Beschreibung im Baedeker sehr anschaulich: «Die Molken, gewöhnlich Schotten genannt, werden auf den Alpen des Säntis bereitet, durch Kochen der Ziegenmilch, wobei der Scheidungsprozess zwischen den käsigen Theilen und den Molken durch einen animalischen Stoff bewirkt wird.»[54]

Der Kult um die Molke hatte im appenzellischen Gais begonnen, das um 1760 zum Vorbild für alle anderen Kurorte dieser Art wurde. Im ersten Viertel des 19. Jahrhunderts stand der Pionierort der Molkenkur bereits in seiner Hochblüte, immer mehr Ausländer suchten dort Unterkunft und Heilung (Abb. 172). Die Gäste aus der Oberschicht logierten vor allem in dem 1796 als Kurhaus eröffneten «neuen Ochsen», einem aus zwei Flügeln mit Turm als Gelenk gebildeten Putzbau mit schwach geneigtem Walmdach.[55] Weitere bedeutende Molkenkurorte entstanden bis in die Mitte des 19. Jahrhunderts in Weissbad, Gonten und Heiden.[56] Die Molkenkur verbreitete sich aber rasch auch über den engeren Kreis des Appenzellerlandes hinaus. Seit 1801 bot Doktor Aebersold in Interlaken im Berner Oberland mit steigendem Erfolg seine eigenen Molkenkuren an. Damit begründete er die ersten touristischen Aktivitäten im Berner Oberländer Kurort zwischen den beiden Seen.[57] Das dort im Jahr 1864 eröffnete Hotel Jungfraublick stand im Zentrum einer «Molken-, Brunnen- und Badecur-Anstalt» mit zahlreichen Bauten und Anlagen (Molkentrinkhalle und Aussichtspavillon sowie ein ausgedehntes Spazierwegnetz mit Ruhebänken) auf dem Areal des Kleinen Rugen.[58] Ein weiterer berühmter Molkenkurort etablierte sich bereits im späten 18. Jahrhundert auf dem Weissenstein oberhalb von Solothurn. Auch in Seelisberg, hoch über dem Vierwaldstättersee, nahm das Gastgewerbe in der Mitte des 19. Jahrhunderts einen bedeutenden Aufschwung, als die Pension Sonnenberg ihren Gästen Molkenkuren offerierte.[59]

Am Bodenseeufer richtete Carl Zollikofer, «früher Gastgeber zum Ochsen in Gais»,[60] im Frühjahr 1840 die neue Molkenkuranstalt zum Anker in Horn ein, die ihre Molke «alle Morgen ganz frisch aus den Bergen von Appenzell Inner-Rhoden [bezog], sodass sie denen von Gais oder Weissbad in keiner Beziehung nachstehen». Er empfahl sich im Weiteren zur Behandlung etwa der gleichen Krankheiten, die man auch mit kaltem oder erwärmtem Seewasser kurieren konnte (Abb. 162).[61] Im grossen Nachbarort Rorschach etablierte sich kurz danach die Molkenkur ebenfalls: seit dem 1. Juni 1852 verabreichte der initiative Apotheker Ignaz Rothenhäusler gemäss zeitgenössischer Werbung den kostbaren Saft auf dem Lindenplatz, die Hotels Grüner Baum und Seehof (Abb. 163, 165) folgten nur kurze Zeit später.[62] Im Jahr 1854 wurde auch in Lindau eine Molkenkuranstalt eingerichtet, die ihr Naturprodukt aus der Sennerei auf dem Pfänder bezog.[63] Zahlreiche weitere kleine Molkenkurhäuser entstanden überall in der ganzen Schweiz.

Gegen Ende des 19. Jahrhunderts war die Blütezeit der Molkenkuren vorbei. Die fortgeschrittene medizinische Forschung war zum Schluss gekommen, dass dieses Getränk doch nicht alle ihr zugeschriebenen Heileffekte wahrnehmen konnte, sondern dass oftmals eher eine Klimaveränderung und verbesserte hygienische Verhältnisse eine Heilung herbeigeführt hatten. Zahlreiche Molkenkurorte waren dadurch gezwungen, ein neues Angebot zu schaffen. Viele konzentrierten sich fortan auf ihre gesunde Luft und ihr vorzügliches Klima, sodass aus zahlreichen ehemaligen Molkenzentren gut besuchte Luft- und Klimakurorte entstanden.

172

Hotelbauten in Graubünden

FRÜHE WURZELN – SPÄTE ENTWICKLUNG

Frühe Wurzeln der Bündner Hotellerie finden sich bei zahlreichen Bäderanlagen, die Heilwirkung, Gesundheitspflege und Vergnügen in idealer Kombination zusammenfassten. Die ersten schriftlichen Nachrichten über Bündner Heilwasser datieren aus mittelalterlicher Zeit. So werden die Quellen in Tarasp 1369 erstmals erwähnt, jene in Fideris 1464, die heilenden Wasser von Alvaneu zehn Jahre später und ebenfalls noch vor 1500 das Bad Friewis in Untervaz.[1] Im berühmten Sammelwerk «De Balneis», das 1553 in Venedig erschien, werden mit Bormio (heute im italienischen Veltlin), Alvaneu, Fideris (Abb. 173), Malix, Poschiavo, St. Moritz und Scuol gleich sieben Orte auf damaligem Bündner Gebiet aufgezählt.[2] Weitere im 16. Jahrhundert erstmals beschriebene Bäder finden sich in Andeer, Fläsch, Le Prese (Abb. 180), Pignia, Rothenbrunnen, Sumvitg (Tenigerbad), Uors Peiden (Bad Peiden), Vals sowie im Val Sinestra.[3] Zu Beginn des 20. Jahrhunderts nennt ein Bäderführer im ganzen Kantonsgebiet über 160 Quellen, von denen aber heute kaum noch ein halbes Dutzend erhalten ist.[4] Als bekannteste Anlage etablierte sich die 1535 vom berühmten Mediziner Theophrastus Paracelsus besuchte und später von ihm beschriebene kohlensäurehaltige Eisenquelle von St. Moritz, bei der man sogar eine prähistorische Quellfassung fand. Gegen Ende des 17. Jahrhunderts erlangte sie den Ruf einer bedeutenden Heilquelle, die auch immer häufiger adlige Besucher anzog. Kurz vor 1700 weilten dort beispielsweise die Herzöge von Parma und von Savoyen mit Leibarzt und Gefolge zur Trinkkur. Unterkunft fand die illustre Gesellschaft damals noch in Privathäusern, denn Gasthöfe waren zu jener Zeit im Oberengadin, wie auch anderswo in den Schweizer Alpen, noch keine vorhanden.[5]

Der Hotelbau, wie er sich im Lauf des 19. Jahrhunderts in den grösseren Fremdenorten entwickelte, setzte im Kanton Graubünden vergleichsweise spät ein. Um 1800 erfreute man sich in Graubünden, wenn man überhaupt dorthin fuhr, nicht an lieblichen Seeufern oder kühnen Berggipfeln, sondern man suchte den Aufenthalt im Kurbad. Quellen und deren Bäder waren deshalb im frühen 19. Jahrhundert Kristallisationspunkte für die touristische Entwicklung im Kanton Graubünden, ganz im Gegensatz zu den grossen Fremdenregionen am Genfersee, im Wallis, im Berner Oberland oder am Vierwaldstättersee.[6] Der Bündner Hotelbau konzentrierte sich dadurch bis ins fortgeschrittene 19. Jahrhundert auf einige wenige, meistens mit Thermalquellen oder Heilwassern ausgestattete Orte. Um 1850 waren Touristen noch in vielen Gegenden des Kantons beinahe unbekannte Wesen.

Die späte Entwicklung des Bündner Tourismus widerspiegelt sich bereits in den ersten Reiseberichten, beispielsweise bei William Coxe, der die Schweiz eingehend bereiste. Er fuhr von Schaffhausen an den Bodensee, dann durch das Rheintal an den Walensee und nach Glarus. Dabei liess er Graubünden buchstäblich links liegen, um alle damals bereits von Fremden bereisten Gegenden zu besuchen – die Innerschweiz, das Berner Oberland, das Wallis, die Region von Chamonix, den Gen-

173

174

fersee und den Jurasüdfuss –, bevor er die Schweiz in Basel wieder verliess.[7] Das erste bedeutende Reisehandbuch über die Schweiz, die vom deutschen Arzt und Naturforscher Johann Gottfried Ebel verfasste und 1793 erstmals erschienene «Anleitung, auf die nützlichste und genussvollste Art die Schweiz zu bereisen», widerspiegelt die damalige Sonderstellung Graubündens ebenfalls deutlich. In einem so genannten Vorbericht schreibt Ebel auf der ersten Druckseite: «Diese Anleitung umfasst, ausser Graubünden die ganze Schweitz, den merkwürdigsten Theil von Savoyen, und einige an die Schweiz grenzende Gegenden von Piemont und der Lombardie. Da ich Graubünden aus eigenen Beobachtungen nicht kenne, so habe ich mich enthalten, es in den Plan dieser Schrift zu ziehen … Ausser der grossen Landstrasse, die nach Italien führt, wird es von Fremden wenig besucht; daher ist es jetzt sehr unvollkommen beschrieben und gekannt … Ein Schweitzer, der als Zeichner und Maler sein Vaterland mehrmals durchwandert hat, versicherte mich, dass derjenige, welcher die Schweiz durchreiset hat, in Graubünden nichts Grosses, Ausserordentliches und Schönes in der Natur findet, was ihn als neu frappiren wird.»[8] In seiner zweiten, vollständig überarbeiteten Ausgabe von 1803/04 hat Ebel seine Wissenslücke allerdings geschlossen; er berichtet nun in einem eigenen Kapitel über Graubünden: «Wer dieses grosse und in so vieler Rücksicht merkwürdige Land der Schweiz genau kennen lernen will, muss dafür einen eigenen Reiseplan entwerfen, und viele Wochen allein dazu bestimmen.» Trotz diesem neuen Kapitel erscheint aber keine Bündner Ortschaft unter den zahlreichen Kurorten aus der ganzen Schweiz; St. Moritz findet sich als einziger Vertreter aus Graubünden im Kapitel «kränkliche Reisende, denen Badekuren nützlich sind».[9]

Entscheidende Impulse erhielt die touristische Entwicklung Graubündens durch das im 19. Jahrhundert vollständig neu angelegte Strassennetz. Aus den mittelalterlichen Wegverbindungen entstanden unmittelbar nach dem Wiener Kongress die ersten so genannten Kommerzialstrassen, die primär der besseren Versorgung des Kantons dienen sollten, die aber bald auch im touristischen Geschehen eine zentrale Rolle einnahmen. 1821 konnten Pferdegespanne und Wagen die neu erstellte Untere Strasse über den San Bernardino erstmals befahren, 1822 wurde die Splügenstrasse eröffnet. Zwischen 1820 und 1826 entstand die Strasse über den Julierpass und 1827/28 die neue Engadinerstrasse von Silvaplana über den Malojapass nach Casaccia.[10] Damit hatte der vorher nur schlecht erschlossene Bergkanton ein Netz von Kutschenstrassen erhalten, das in der alpinen Nachbarschaft seinesgleichen suchte. Um 1830 existierten ausserhalb von Graubünden nur zwei weitere befahrbare Alpenübergänge, die Simplonstrasse von Brig nach Domodossola (1805 als erste Hochalpenstrasse eröffnet) und die Gotthardstrasse vom Vierwaldstättersee bis an die italienische Grenze. Alle weiteren Passwege wurden erst in der zweiten Hälfte des 19. Jahrhunderts zu befahrbaren Übergängen ausgebaut.[11]

Die neuen Strassen ermöglichten der in den 1840er-Jahren eingerichteten Reisepost eine rasche Entwicklung und der steigenden Zahl von Touristen dadurch neue, komfortablere Verbindungen. In der Sommersaison 1844, zwei Jahre nach der Eröffnung der Gotthardpost, verkehrte erstmals eine vierplätzige «Postchaise» von Chur über den Julierpass nach Castasegna an die italienische Grenze; weitere Verbindungen folgten bald danach in ganz Graubünden. Auf den beliebtesten Routen stiegen die Passagierzahlen nach 1850 unaufhaltsam an, vielerorts konnten die vielen Passagiere gegen Ende des 19. Jahrhunderts oft nur mit Mühe transportiert werden. Besonders über den Julierpass waren manchmal regelrechte Postkarawanen unterwegs: Im Sommer 1881 beispielsweise wurden dort über 18 000 Personen befördert, bis zum Aufkommen der Eisenbahn um 1900 stieg die Zahl der Reisenden auf dieser am meisten benützten Alpenpoststrecke ins Engadin auf über 40 000 im Jahr (Abb. 174).[12]

BÜNDNER TOURISMUSORTE UND -REGIONEN

Im mittleren 19. Jahrhundert etablierte sich das Oberengadin mit St. Moritz, Pontresina und Samedan sowie Sils und Silvaplana als bedeutendste touristische Region des Kantons. Ein grösseres Fremdenzentrum entstand in den 1860er-Jahren auch im Unterengadin mit Tarasp, Vulpera und Scuol rund um die dortigen Mineralquellen. Nebst dem Bäderwesen war in der Belle Époque des späten 19. Jahrhunderts das Bergsteigen ein

Seiten 164/165:
Vergrösserung von Abb. 195
Pontresina, Gesamtansicht kurz nach der Eröffnung der Eisenbahnlinie von Samedan 1908, mit den Hotels (von links nach rechts) Roseg (und Dependance Belmunt), Schlosshotel (1908 aus dem Hotel Enderlin umgebaut), Parkhotel (hinter dem Schlosshotel), Kronenhof und Saratz sowie Hotel Pontresina (heute Sporthotel).

173
Bad Fideris, ein seit dem 15. Jahrhundert bekanntes Bündner Heilbad. Ansichtskarte um 1920.

174
Postreiseverkehr auf der Julierroute um 1900.

175
Flims Waldhaus, Hotel Schweizerhof. Mit einer Fassadengestaltung unter den Einflüssen von Jugendstil und Schweizer Holzstil. Ansichtskarte kurz nach der Eröffnung 1903.

176
Churwalden, Hotel & Pension Krone (Kurhaus). Hotelprospekt aus der Zeit der Jahrhundertwende.

177
Lenzerheide, Kurhaus. 1901 eröffnet als letzter Hotelbau des Architekten Nicolaus Hartmann senior (Festschrift SIA 1903).

175

176

177

178

wichtiger Faktor für den Aufstieg des Engadins zur bedeutendsten Tourismusregion. Die Landschaft Davos wurde in der zweiten Hälfte des 19. Jahrhunderts als Luftkurort für Lungenkranke in ganz Europa bekannt und behauptete sich in der Belle Époque als zweitgrösste Fremdenregion des Kantons. Erst im letzten Viertel des 19. Jahrhunderts etablierte sich auch Arosa als bedeutender Luftkurort; die sprunghafte Entwicklung vor dem Ersten Weltkrieg hielt dort noch bis weit in die 1930er-Jahre an.[13]

In der zweiten Hälfte des 19. Jahrhunderts entstanden in Graubünden noch weitere touristische Zentren, die aber bis vor dem Ersten Weltkrieg im kantonalen Vergleich bescheiden blieben.[14] Als wichtigstes unter ihnen behauptete sich Flims, dessen touristische Entwicklung um 1870 begann. Im Sommer 1873 schrieb Friedrich Nietzsche aus der damaligen Pension Segnes, in der er sich vier Wochen lang aufhielt, über die «wohltuenden Bäder» im Caumasee und die täglichen Molkenkuren. Mit dem Sommer-Kurhaus Waldhaus nach den Plänen des hessischen Architekten Reinhard Lorenz entstand 1877 ein massiver, plastisch gegliederter Flachdachbau in spätklassizistischer Architekturtradition mit 120 Gästebetten (Abb. 58). Bis ins frühe 20. Jahrhundert erwähnte der Baedeker in Flims aber nur noch vereinzelte weitere Gasthäuser. Das 1903 eröffnete Hotel Schweizerhof, ein stattlicher, vom Jugendstil beeinflusster Historismusbau, markierte den Auftakt zu einer Erhöhung der Bettenzahl im frühen 20. Jahrhundert (Abb. 175).[15] Zur gleichen Zeit erhielt die bereits mit einigen Dependancen umgebene Kuranstalt nach einem Architekturwettbewerb einen neuen Casinobau (Abb. 57).[16] 1913 meldete der Baedeker in Flims Waldhaus insgesamt 10 Hotels und Pensionen mit Platz für 880 Gäste, darunter die Kur- & Seebadanstalt, «im Villensystem gebaut», mit 320 Betten.[17] Damit war Flims kurz vor dem Ausbruch des Ersten Weltkriegs gemessen an der Bettenzahl hinter St. Moritz, Davos, Pontresina und Arosa zum fünftgrössten Bündner Fremdenort aufgestiegen.[18]

Churwalden an der Strasse über die Lenzerheide wurde in der Mitte des 19. Jahrhunderts zur beliebten Sommerfrische für Churerinnen und Churer. Mit dem Strassenbau nach 1860 entstand dort die Hotel-Pension Krone mit dem dazu gehörenden Kurhaus (Abb. 176).[19] In den 1880er-Jahren kamen innert kurzer Zeit einige neue Pensionen hinzu. 1885 nannte der Baedeker neben den älteren Hotels zur Krone und Geugel die neuen Pensionen Schweizerhaus, Hemmi und Rothorn.[20] Auf der Lenzerheide entstand das erste Kurhaus bereits in den frühen 1880er-Jahren. Zwei Jahrzehnte später lobte der Baedeker das 1901 eröffnete neue Kurhaus, ein vierstöckiger Neubau des damals bekannten Architekten Nicolaus Hartmann senior, noch ohne Lift, dafür aber mit elektrischem Licht ausgestattet (Abb. 177).[21]

Der Verkehrsknotenpunkt Thusis wurde mit dem Ausbau der Passstrassen in den 1860er-Jahren zu einer wichtigen Zwischenstation auf der Reise ins Engadin oder über den San Bernardino.[22] Im nahe gelegenen Bergün etablierten sich die ersten bescheidenen Pensionen, beispielsweise das Weisse Kreuz, nach dem Bau der durchgehenden Albulastrasse 1865/66. Im Anschluss an die Eröffnung der Bahnlinie ins Engadin im Jahr 1903 entstand dort das neue Kurhaus mit 85 Zimmern und 120 Betten. Das vom Zürcher Architekten Jost-Franz Huwyler-Boller[23] entworfene und im Frühjahr 1906 eröffnete Haus bot ein wunderschönes Jugendstilinterieur sowie allen erdenklichen Komfort an: «elektrisches Licht, Personenlift und Zentralheizung im Haus sowie eine grosszügige Parkanlage» (Abb. 112, 178).[24]

Daneben finden sich im späten 19. Jahrhundert noch weitere kleine Fremdenorte, die ihre Entstehung meistens einer der zahlreichen Heilquellen verdanken. Ein frühes Badezentrum entstand bereits in den 1860er-Jahren bei der Quelle in San Bernardino auf der Südseite des Passübergangs, als die drei Hotels Brocco, Ravizza und Motto, im Zusammenhang mit der Anlage der neuen Strasse, beinahe gleichzeitig eröffnet wurden (Abb. 179).[25] Zahlreiche kleinere Badeorte erhielten nur einen einzigen grösseren Hotelbau, so zum Beispiel Disentis mit dem 1877 eröffneten Kurhaus Disentiserhof.[26] In Le Prese im Puschlav errichteten einheimische Initianten bei der bereits seit dem 16. Jahrhundert nachgewiesenen Schwefelquelle eine «Curanstalt». Der 1857 eröffnete «Albergo Bagni» am See entstand nach Plänen von Ingenieur L. Rossatti aus Sondrio unter Mitarbeit des Architekten Giovanni Sottovia aus Vicenza.[27] Voller Stolz berichtete der erste Führer über diesen Badeort zwischen Berninapass und Veltlin, damals Untertanenland der Drei

178
Bergün, Kurhaus. Der vom Jugendstil beeinflusste Bau wurde 1905/06 vom Zürcher Architekten Jost-Franz Huwyler-Boller an der neu eröffneten Albula-Bahnstrecke errichtet. Fotografie 1907.

179
San Bernardino, Hotel Brocco & Poste. Eines der Hotels, die in den 1860er-Jahren an der neuen Kommerzialstrasse über den San Bernardino entstanden. Fotografie um 1920.

180
Le Prese, Curanstalt oder «Albergo Bagni» mit prächtiger Gartenanlage am Lago di Poschiavo. Erbaut unter Mitarbeit des Architekten Giovanni Sottovia, 1857 eröffnet. Fotografie 1906 (vor der Eröffnung der Berninabahn).

182

181a

181b

181a, b
St. Moritz Bad mit den ersten, durch den St. Galler Architekten Felix Wilhelm Kubly erbauten Kurhäusern von 1856 (links) und 1864 (rechts) sowie den dazugehörenden Bäderanlagen. Zeitgenössische Lithografie (HUSEMANN 1874) und Ansichtskarte von 1890.

182
St. Moritz Bad. Gesamtanlage mit den Bädern von 1856 (links) sowie dem neuen Kurhaus von Architekt Felix Wilhelm Kubly. Fotografie nach der Aufstockung von 1904/05 mit den beiden markanten Türmen von Nicolaus Hartmann.

183
St. Moritz, «Osteria Fr. Jecklin». Ein charakteristisches Gasthaus aus der Frühzeit des Fremdenverkehrs in St. Moritz (an Stelle des heutigen Hotel Monopol am Schulhausplatz). Fotografie um 1900.

184
St. Moritz Dorf, «Pension Faller in St. Moritz 1842». Lithografie der ersten speziell für Fremde eingerichteten Pension im Dorf.

185
St. Moritz, «Engadiner-Kulm in St. Moritz 1880». Seit der Übernahme durch Johannes Badrutt 1854 entwickelte sich die bescheidene Fremdenpension zu einem bedeutenden Hotelbetrieb.

183

184

185

Bünde, kurz nach der Eröffnung des Kurhauses: «Das Wasser für die 14 Badezimmer mit Marmorwannen wurde, wie in St. Moritz, durch eine Dampfmaschine erwärmt.» Im Reiseführer von Berlepsch wurde das Haus 1862 als «das beste Hôtel im ganzen Puschlav» ganz besonders hervorgehoben (Abb. 180).[28] Das 1876/77 erbaute Hotel Bregaglia in Promontogno, ein bedeutender Etappenort zwischen Chiavenna und dem Oberengadin, war ebenfalls ein Werk des Architekten Giovanni Sottovia.[29] Einer der letzten neuen Hotelbauten bei einer Heilquelle wurde 1912 im Val Sinestra im Unterengadin eröffnet, zuhinterst in einem der abgelegensten Täler Graubündens.[30]

HOTELBAUTEN IM OBERENGADIN
Die Entwicklung in St. Moritz Bad

Zwischen 1774 und 1776 erstellte das Hochgericht Oberengadin in eigener Regie eine neue Strasse von Maloja bis an die Grenze zum Unterengadin. Der englische Gelehrte William Coxe beschrieb diese, als er kurz danach das Engadin bereiste, als gut angelegte, mit den damaligen englischen Kutschenstrassen vergleichbare Anlage.[31] Trotz dieser neuen Verbindung und den nach 1820 erstellten Kommerzialstrassen blieb eine Reise ins Engadin bis zur Eröffnung der Bahnlinie nach Bever zu Beginn des 20. Jahrhunderts mit erheblichen Strapazen verbunden. Die Eisenbahnen endeten vorerst in Chiavenna, Landeck oder Chur, dann führte die Reise mit Hilfe von Pferdekutschen über holprige Passstrassen und durch Furcht erregende Schluchten (Abb. 174). 1804 charakterisierte Ebel in seinem Handbuch die Anreise ins Engadin wie folgt: «Das Bergthal liegt hoch, und die Luft ist sehr rein … der Weg dahin führt aus der flachen Schweitz über hohe Gebirge, wo man nur gehen oder reiten kann.»[32]

Kristallisationspunkt der touristischen Entwicklung im Oberengadin war das Bad in St. Moritz. Gegen Ende des 18. Jahrhunderts erscheint dort in den Reisebeschreibungen ein kleines Gebäude, bei dem «diejenigen, welche das Wasser brauchen, Zimmer finden».[33] Als der «stärkste Sauerbrunnen der ganzen Schweiz»[34] im frühen 19. Jahrhundert vermehrt für länger dauernde Badekuren aufgesucht wurde, entstand 1815 aus dem alten Unterstand ein zweistöckiges Badehaus mit Trinkraum und zwei Badezimmern im Erdgeschoss sowie einem Aufenthaltsraum im Obergeschoss; immer noch fehlte aber eine Anlage zur Beherbergung von Gästen.[35] 1831/32 wurde das alte Quellenhaus zum ersten Gasthof mit einer Trinkhalle und sechs getäferten Badezimmern umgebaut, sodass der Baedeker in seiner ersten Ausgabe von 1844 vermerken konnte: «Seitdem 1832 ein Kurhaus erbaut worden ist, wird der Ort häufiger besucht.»[36] 1840 versuchte die Gemeinde, mit Aufrufen in der Zeitung private Unternehmer zum Bau eines Gasthauses neben der Quelle zu bewegen; sie hatte damit aber keinen Erfolg.[37] Erst ein initiativer Kurarzt und die Fassung der neu entdeckten «Paracelsusquelle» im Jahr 1853 gaben den Anstoss für den Bau eines «neuen Curhauses», das 1856 fertiggestellt war. Der vom St. Galler Architekten Felix Wilhelm Kubly entworfene klassizistische Satteldachbau mit zwei Seitenflügeln bot 50 Gästebetten an. In der anschliessenden Badeanstalt standen zudem «44 Badewannen aus Holz» zur Verfügung.[38] In der Folge berichtete der Baedeker, dass die Quelle «besonders von Schweizern und Italienern besucht» werde, dass aber auch «der Besuch aus Deutschland» zunehme (Abb. 181).[39]

Die steigenden Besucherzahlen führten schon nach kurzer Zeit zum Bau eines weiteren Hotelgebäudes. Wiederum beauftragte man den Architekten Kubly mit der Planung, sein Berufskollege Bernhard Simon aus St. Gallen wurde aber mit einer Begutachtung betraut, die das Projekt beeinflusste. Die Badeeinrichtungen kamen auf Anraten von Simon auf die Berg-

THEOPHIL TSCHUDY (1847–1911) besuchte von 1866 bis 1869 als Schüler von Gottfried Semper das Polytechnikum in Zürich. Nach Arbeiten bei verschiedenen Architekten eröffnete er 1876 in Zürich ein eigenes Büro. Bei einem Saalanbau für das Hotel Baur en Ville in Zürich machte sich Tschudy kurz danach mit dem Hotel als Bauaufgabe vertraut. **ALFRED CHIODERA** (1850–1916) absolvierte seine Ausbildung von 1868 bis 1872 an der Technischen Hochschule in Stuttgart. Nach einem längeren Studienaufenthalt in Italien und der Mitarbeit in verschiedenen Architekturbüros kam er 1875 nach Zürich. In der 1878 gegründeten Architektengemeinschaft mit Theophil Tschudy war Alfred Chiodera eher der Entwerfer, während sich sein älterer Partner um dekorative Details und die Ausstattung kümmerte.

Zwischen 1892 und 1898 bauten Chiodera & Tschudy in St. Moritz mit dem Palace und dem Schweizerhof zwei bedeutende Hotels. Damals waren die Zürcher Architekten bereits sehr bekannt, sie hatten die Synagogen in St. Gallen und Zürich sowie zahlreiche luxuriöse Villen (darunter die exotische Villa Patumbah in Zürich) entworfen. Das St. Moritzer Palace gestalteten sie als romantisches Schloss in stilistischer Anlehnung an die englische Tudorgotik (Abb. 22), das kurze Zeit danach erstellte Hotel Schweizerhof als Historismusbau mit Neurenaissance-Formen und wertvoller Jugendstil-Ausstattung (Abb. 193). Nach Vollendung dieser Bauten zogen sich die beiden Zürcher aus dem Oberengadiner Baugeschehen zurück, ähnlich wie Felix Wilhelm Kubly, der im Engadin auch nur zwei Bauvorhaben ausgeführt hat. Ob ihr Rückzug mit der Kritik des Heimatschutzes am pompösen Stil ihrer Hotelbauten zusammenhing, ist nicht geklärt. 1908 lösten die beiden Architekten nach über dreissig Jahren ihr gemeinsames Büro in Zürich auf, und jeder arbeitete fortan an eigenen Bauaufträgen.

ALS, 127f. – RUCKI 1989, 152f.

186

seite zu liegen und das neue Hotelgebäude L-förmig quer dazu in den Talboden.⁴⁰ Die Ausführung des 1864 eröffneten Neubaus übernahm der einheimische Bauunternehmer Ulysses von Gugelberg.⁴¹ Das imposante Hotel mit zwei Seitenflügeln und klassizistischer Fassadengestaltung hatte 219 «theils mit einem, theils mit zwei Betten versehene Logirzimmer» mit Platz für insgesamt 300 Kurgäste «und deren Dienerschaft» sowie «18 Privatsalons, grösstentheils mit Balkonen versehen, einen Speisesaal für 400 Personen, einen Musik- und Tanzsaal, zwei Damensalons, einen Bibliothek-, einen Restaurations- und einen Kaffeesaal, letzterer mit Billard und den gelesensten schweizerischen, deutschen, italienischen, französischen und englischen Zeitungen»; dazu bestanden auch «Bureaux … der eidgenössischen Post- und Telegraphenverwaltung und der Bank für Graubünden».⁴² Ein Jahr später kam der neue Bädertrakt hinzu (Abb. 181, 182). Die verschiedenen Gebäude im Bad waren gemäss Baedeker mit Wandelgängen untereinander verbunden, die es den Gästen erlaubten, trockenen Fusses von einem Haus ins andere zu gelangen.⁴³ Die Neubauten liessen die Gästezahlen entscheidend in die Höhe steigen, von 640 im Jahr 1863 auf 1 387 zehn Jahre später.⁴⁴ Als eigentlicher Motor für diese rasche Entwicklung von der einfachen Quelle zum erschlossenen Heilbad mit umfangreicher touristischer Infrastruktur wirkte die 1831 gegründete «Aktiengesellschaft zur Förderung des Kurortes St. Moritz», die bereits im zweiten Jahr ihres Bestehens von der Gemeinde die Quellenrechte erhielt.⁴⁵

Die Pionierzeit im Oberengadin

Ausserhalb des St. Moritzer Bades begann der Gasthausbau im schweizerischen Vergleich spät. Im ausgehenden 18. Jahrhundert waren im Dorf von St. Moritz noch kaum Gastbetriebe vorhanden. Man nächtigte bei privaten Personen, wie sich ein zeitgenössischer Reisender bitter beklagte: «Alle Gäste [des Sauerbrunnens] müssen in dem Dorfe St. Mauritz bey Particularen logiren und sich rupfen lassen …»⁴⁶ 1804 erwähnte Ebel in seinem Reiseführer die Wirtshäuser «Beym obern und untern Flugi, und viele andere, wo es minder theuer ist».⁴⁷ Bei diesen handelte es sich um bescheidene Bauernhäuser mit Fremdenzimmern und ganz gewöhnlichen Namen wie Löwen, Rössli und Adler oder Personennamen wie Flugi oder Jecklin (Abb. 183).⁴⁸

Die erste, speziell für Fremde hergerichtete Pension entstand 1842, als Peter Faller im obersten Haus des damals kleinsten Bauerndorfes im Oberengadin die Pension Faller eröffnete (Abb. 184).⁴⁹ Die Frequenzen blieben aber, verglichen mit den damaligen Zahlen in der Innerschweiz, im Berner Oberland oder am Genfersee, vorerst äusserst bescheiden. 1842, im ersten Aufzeichnungsjahr einer von Johannes Badrutt veröffentlichten Gästestatistik, wurden in der Pension Faller knapp 60 Leute registriert, ein Jahrzehnt später hatte sich die Zahl der namentlich verzeichneten Gäste noch kaum erhöht.⁵⁰ Weil in der Jahrhundertmitte neben den Kurgästen des Bades offenbar noch kaum Fremde ins Oberengadin kamen, blieb auch die Zahl der zur Verfügung stehenden Betten vorerst äusserst bescheiden. Um 1850 bot die Pension Faller 20, die Pension Andreossi 12, die Pension Bavier und die Pension Tomm je 10 sowie die Pension Flugi 15 Betten an.⁵¹ Guyer berechnete für das Jahr 1850 im gesamten Oberengadin nur 79 Hotelbetten, 1860 kam er auf 263 Liegestellen. Erst 1870 stieg die Zahl dann gemäss seinen Berechnungen auf 1 128 Einheiten an.⁵² In der Frühzeit des Oberengadiner Tourismus scheint der Komfort in diesen Häusern nicht gerade überwältigend gewesen zu sein. In den ersten Ausgaben vor 1850, in denen er beispielsweise Hotels in Bern, Thun, Luzern, Lausanne, Vevey oder Basel als die besten der Welt anpries, meldete der Baedeker über die Gasthäuser in St. Moritz nüchtern: «Oberstes Wirthshaus gut und billig, in den beiden unteren leidlich.»⁵³

In den frühen 1850er-Jahren entstanden auch in Pontresina die ersten Gasthäuser. Seine touristische Entwicklung verdankte das Dorf am Fuss des Berninamassivs vor allem den zahlreichen dort logierenden Alpinisten, die sich nach der Erstbesteigung des Piz Bernina am 13. September 1850 von den weiteren Oberengadiner Gipfeln magisch angezogen fühlten.⁵⁴ Die Entwicklung von Pontresina verlief deshalb mit auffallenden Parallelen zu Zermatt oder Chamonix, wo sich das Angebot für die immer zahlreicheren Touristen im «goldenen Zeitalter» des Bergsteigens ebenfalls stark vergrössern konnte.⁵⁵ Das vorteilhaft gelegene Dorf am Fuss des Berninapasses bildet zudem das Oberengadiner Paradebeispiel für den frühen Umbau ehemaliger Bauernhäuser in Fremdenpensionen. Das Gasthaus zu den Gletschern, das spätere Hotel Steinbock, wurde als eines

186
Pontresina, Hotel Steinbock. Erstellt 1872 durch den Umbau des Gasthofs zu den Gletschern, der seinerseits in einem Bauernhaus aus dem 17. Jahrhundert eingerichtet worden war. Fotografie um 1900.

187
Pontresina, Hotel Roseg und Dependance Belmunt. Das Hotelgebäude wurde 1870 durch den Architekten Giovanni Sottovia in Dofnähe erstellt (Abb. 85), 1876 kam die von den Gebrüdern Ragaz gebaute Dependance hinzu (heute sind beide Gebäude zu Eigentumswohnungen umgebaut). Fotografie um 1910.

188
Sils Maria, Hotel Edelweiss, 1875 eröffnet. Fotografie während des Baus des Südflügels mit Speisesaal durch die Baumeister Gebrüder Ragaz 1903/04.

187

188

189a, b
St. Moritz Bad, Hotel Victoria. Das imposante Hotelgebäude mit angebautem Speisesaal, überaus reicher Fassadengestaltung (zahlreiche Balkone) und einem Mansartdach entstand 1874/75 nach Plänen von Nicolaus Hartmann, der in zwei Etappen (1879 und 1888) auch die beiden Seitenrisalite anfügte; damit entstand der noch heute bestehende fünfteilige Bau (Abb. 81). Fotografie von 1875 kurz nach der Eröffnung und um 1900 mit der städtischen Ladenstrasse im Hintergrund.

190
St. Moritz Bad, Hotel du Lac. Dieser monumentale, fünfteilige Hotelbau nach Plänen des Architekten Nicolaus Hartmann senior wurde zur selben Zeit wie das benachbarte Hotel Victoria erbaut und 1875 eröffnet (1974 abgebrochen). Fotografie nach der Einführung der Strassenbahn 1896 (Abb. 202). Rechts im Bild ist die Ladenstrasse zu erkennen.

191
Pontresina, Hotel Kronenhof nach dem Umbau zur Dreiflügelanlage 1896. Rechts anschliessend das Hotel Saratz (retouchiert). Fotografie um 1900.

192
St. Moritz Bad, Neues Stahlbad. Der 1892 eröffnete markante Winkelbau (Abb. 86) war ein Entwurf des Luzerner Architekten Arnold Bringolf (Abbruch nach Brand 1971). Fotografie um 1900.

189a

189b

190

191

192

193

194

der ersten von einem alten Bauernhaus von 1651 zu einem Gästehaus umgebaut (Abb. 186). In der Mitte des 19. Jahrhunderts bot das Gasthaus zum Weissen Kreuz von Clara Christ, aus dem sich später ein grösserer Hotelbetrieb entwickelte, drei Fremdenbetten an. 1851 eröffnete Lorenz Gredig sein Gasthaus zur Krone mit den ersten Fremdenzimmern. Zu dieser Zeit stattete auch Gian Saratz sein elterliches Bauernhaus im Dorf mit den ersten Gästebetten aus.[56] Weitere Betriebe, zum Beispiel die Hotels Bernina oder Engadinerhof, entwickelten sich ebenfalls aus älteren Engadiner Bauernhäusern.

Die erste Ausbauphase zwischen 1860 und 1892

Die 1858 eröffnete Eisenbahnlinie von St. Margrethen am Bodensee über Sargans nach Chur ermöglichte, wie beispielsweise im Berner Oberland der Bahnbau nach Thun, fortan eine beschleunigte Anreise nach Graubünden. So erstaunt es nicht, dass nach 1860 auch im Engadin fast kontinuierlich neue Pensionen und Hotels entstanden. Die meisten präsentierten sich immer noch als äusserst bescheidene Gebäude, zahlreiche waren aus einem alten Bauernhaus entstanden.[57] In den 1850er-Jahren wurde die Pension Faller, damals bereits das erste Haus in St. Moritz, von Johannes Badrutt in Pacht übernommen und später gekauft (Abb. 185). Dabei erhielt das Haus den Namen «Hotel Badrutt», später auch «Hotel Culm (bei Badrutt).»[58] Nach weiteren Umbauten 1862 stand dieses Gasthaus im Reisehandbuch von Berlepsch 1862 an erster Stelle der nun markant erweiterten Hotelliste von St. Moritz: «Hotel Culm (früher Pension Faller, Wirth: Badrutt, früher in Samaden), 40 Zimmer, Damen-Salon, auf dem höchsten Thalpunkt gelegen, mit prächtiger Aussicht von der Terrasse, von Maloja bis Arpiglia im Unter-Engadin ... Zeitungen, Literatur, rhätische Alterthümer.» Daneben wurden noch die Pensionen Bavier und Kreuz sowie, als neue Häuser, das Hotel Post und die Pension Gartmann erwähnt. Die stark gestiegene Nachfrage nach Hotelbetten äusserte sich auch in der Anmerkung: «Wer ungenirt wohnen will, kann in Privathäusern Pension finden, z. B. beim Posthalter, bei Andreossi, Flugi etc.»[59]

Zwischen 1864 und 1866 entstand in Samedan das Hotel Bernina «mit schönem Speisesaal» als erstes grosses Hotel ausserhalb von St. Moritz (Abb. 84). Die Pläne für diesen Neubau hatte der Zürcher Architekt Johann Jakob Breitinger entworfen.[60] Das Hotel Bernina stand am Anfang einer neuen Entwicklung im Oberengadiner Hotelbau: Im folgenden Jahrzehnt wurden in der ganzen Region zahlreiche Hotels eröffnet, die nicht mehr im alten Dorfkern, sondern an dessen Rand oder als Solitärbau in der Landschaft standen. Mit dieser neuartigen Ausrichtung und ihrem majestätischen architektonischen Ausdruck distanzierten sich diese Bauten deutlich von der älteren bäuerlichen Bebauung, und sie unterschieden sich auch deutlich von den Hotels der ersten Generation vor 1860.[61] Zu den frühen Bauten dieser Art gehören die 1870 eröffneten Hotels Steffani in St. Moritz und Engadinerhof in Samedan oder das Hotel Roseg in Pontresina, «ein Stück Architektur inmitten eines von der Natur geschaffenen Bühnenbildes».[62] Das Hotel Roseg als erster Hotelbau im Engadin in grösserer Distanz zu einem alten Dorfkern und mit einem Mansartdach war ein Entwurf des aus Vicenza stammenden Architekten Giovanni Sottovia (Abb. 85, 187).[63] In den späten 1860er-Jahren begann auch der kontinuierliche Ausbau der Hotels Saratz und Kronenhof in Pontresina, wobei sich die Neubauten unterhalb des alten Dorfes in schöner Aussichtslage aneinander reihten (Abb. 195). Um 1870 wies der Kronenhof bereits 42 Zimmer mit 70 Betten auf. Kurz vor 1870 wurde ein neuer grosser Speisesaal angebaut und im Baedeker sogleich speziell vermerkt.[64] Das Saratz erhielt zu Beginn der 1870er-Jahre ebenfalls einen neuen Trakt mit Speisesaal.[65] Zur selben Zeit entstanden auch in St. Moritz innert kürzester Zeit acht neue Hotels, darunter das Belvedere, das Beaurivage (das heutige Palace) und das Bellevue, die alle ausserhalb des historischen Dorfkerns an bevorzugter Aussichtslage über dem See zu liegen kamen.[66]

In den 1870er-Jahren entwickelte sich Sils mit seinen beiden Ortsteilen Sils Baselgia und Sils Maria ebenfalls zu einem Fremdenzentrum. Am Anfang der Entwicklung stand das 1862 eröffnete Hotel Alpenrose, das wie verschiedene Vorgänger aus einem Bauernhaus entstand. Diese erste Pension am Dorfeingang von Sils Maria setzte in der Engadiner Seenlandschaft einen markanten baulichen Akzent.[67] 1871 öffnete der bekannte Engadiner Hotelpionier Johannes Badrutt, damals bereits Hotelier im Kulm Hotel von St. Moritz, das 1817 durch Johann Josty errichtete Patrizierhaus in Sils Baselgia als «Hotel de la

193
St. Moritz, Hotel Schweizerhof/Suisse. Der 1898 eröffnete Hotelbau der Zürcher Architekten Chiodera & Tschudy stand am Anfang einer markanten Bauphase im Oberengadiner Hotelbau. Vor dem Hotel befand sich die bergseitige Endstation der Strassenbahn. Fotografie um 1910.

194
St. Moritz, Ansicht mit dem Bahnhof (1904), dem Hotel La Margna (mit Giebel über dem Bahnhof) von Nicolaus Hartmann junior (1907) und dem mehrfach ausgebauten Kulmhotel (hintere Bildmitte). Fotografie 1908.

195
Pontresina, Gesamtansicht kurz nach der Eröffnung der Eisenbahnlinie von Samedan 1908, mit den Hotels (von links nach rechts) Roseg (und Dependance Belmunt), Schlosshotel (1908 aus dem Hotel Enderlin umgebaut), Parkhotel (hinter dem Schlosshotel), Kronenhof und Saratz sowie Hotel Pontresina (heute Sporthotel) (siehe Abb. Seiten 164/165).

195

Grande Vue» für englische Gäste. Nach weiteren Umbauten zu Beginn des 20. Jahrhunderts entstand daraus das Hotel Margna mit «elektrischem Licht und Abtritten nach dem neuen englischen System».[68] (Abb. 198) Als drittes grösseres Gasthaus kam 1875 das Hotel Edelweiss hinzu; es entstand als erstes Hotel in Sils als Neubau an Stelle eines Bauernhauses mitten im Ortskern (Abb. 188).[69]

Im Jahrzehnt zwischen 1875 und 1885, andernorts die Zeit einer allgemeinen Stagnation und mancherorts sogar einer richtigen Krise im Tourismus, entstanden im Oberengadin einige bedeutende neue Häuser: in St. Moritz Bad 1875 beinahe gleichzeitig die Hotels (Engadiner-)Hof, Victoria und du Lac (Abb. 189, 190),[70] in Champfèr das Hotel d'Angleterre, in Sils das Edelweiss und in Silvaplana das Corvatsch. In Pontresina wurde 1876 mit dem Languard ein weiteres grosses Hotel eröffnet, und kurz danach vergrösserte der neue Bellavistatrakt das Hotel Kronenhof zu einem Grossbetrieb mit 190 Betten (Abb. 191). Nach Abschluss dieser Bauphase hatte sich Pontresina mit seinen 7 Hotels und mehr als 900 Betten als zweitgrösster Fremdenort im Oberengadin, hinter dem führenden St. Moritz, etabliert.[71] Am 1. Juli 1884 schliesslich eröffnete das berühmte Maloja Palace mit einem rauschenden Fest seine erste (und vorläufig letzte) Sommersaison (Abb. 237). Ein belgischer Adliger konnte dort für kurze Zeit in der Einsamkeit der Oberengadiner Landschaft seinen Traum einer prunkvollen Luxuswelt verwirklichen.[72] In den frühen 1880er-Jahren, andernorts eine wirtschaftlich schwierige Zeitspanne, erweiterten einige Oberengadiner Hotels ihren Betrieb, so das Kurhaus und das Victoria in St. Moritz Bad und das Bellevue.[73] Am Ende der 1880er-Jahre, als sich im Oberengadin mit St. Moritz (rund 2 900 Betten) und Pontresina (rund 1 200 Betten) bereits zwei bedeutende Kurorte etabliert hatten, fand man im übrigen Kantonsgebiet nur in Davos über 1 000 Gästebetten. Die späteren Kurorte Scuol, Arosa oder Flims standen mit geschätzten 150 bis 500 Betten noch am Anfang ihrer Entwicklung.[74]

NICOLAUS HARTMANN SENIOR (1838–1903) absolvierte in seiner Geburtsstadt Chur eine Maurerlehre; nebenbei arbeitete er auch in der Schreinerwerkstatt seines Vaters. Danach besuchte er für kurze Zeit die Baugewerkschule von Holzminden in Norddeutschland. Nach seiner Rückkehr in die Schweiz beteiligte er sich 1863 am Wiederaufbau des abgebrannten Dorfes Seewis im Prättigau. Kurz vor 1870 entschloss er sich zur Übersiedlung ins Engadin, wo die Infrastruktur des Tourismus neu aufgebaut und über das althergebrachte Bäderwesen ausgedehnt wurde. Seine Karriere im Engadiner Hotelbau begann Hartmann 1870 mit der ersten Erweiterung des Gasthaus Krone in Pontresina zum Hotel Kronenhof, das er in der Folge mehrmals umbaute. In St. Moritz errichtete er neben der katholischen und der französischen Kirche sowie einer Anzahl Privatvillen erste Grosshotels im Bad, die nicht mehr unmittelbar im Bäderwesen verhaftet waren. Die von ihm entworfenen Hotels Victoria, du Lac und Engadinerhof (Abb. 189, 190) erhöhten das Übernachtungsangebot in den 1870er-Jahren schlagartig um mehrere hundert Betten. Nach diesen Aufträgen in St. Moritz Bad war Hartmann mit zahlreichen Erweiterungen bestehender Hotels im Oberengadin beschäftigt, wobei die Vergrösserungen häufig den Charakter von Neubauten annahmen, so zum Beispiel der Bellavistatrakt beim Hotel Kronenhof in Pontresina von 1877 (Abb. 191) und der neue Ostflügel/Mittelkulm beim Kulmhotel in St. Moritz von 1887. Höhepunkt seiner Tätigkeit im Hotelbau war das 1896/97 erbaute, imposante Waldhaus in Vulpera (Abb. 14), der bedeutendste Hotelneubau des 19. Jahrhunderts im Unterengadin neben dem Kurhaus in Tarasp. 1901 kam, als sein letzter Tourismusbau, das neue Kurhaus auf der Lenzerheide in Betrieb (Abb. 177). Im Lauf seiner langen Schaffenszeit entwickelte sich Vater Hartmann vom einfachen, handwerklich geschulten Baumeister zur dominierenden Architektenpersönlichkeit im Engadin. Zu eigenständigen und richtungsweisenden Architekturformen fand Hartmann erst in seiner letzten Schaffensperiode nach 1890. Mit seiner Besinnung auf einheimische Baukultur und vor allem auf die traditionelle Dekorationskunst des Sgraffito, die er beim Neubau des Hotel Waldhaus in Vulpera als Fassadendekoration erstmals anwendete, wurde er zu einem wichtigen Wegbereiter des Heimatschutzes, der wenige Jahre später mit der Wiederbelebung traditioneller Bau- und Dekorationsformen begann.

Nach dem Tod von Vater Hartmann im Jahr 1903 übernahm sein gleichnamiger Sohn, **NICOLAUS HARTMANN JUNIOR** (1880–1956), das florierende Baugeschäft. Dieser hatte von 1896 bis 1900 die École d'Industrie in Lausanne besucht und anschliessend drei Jahre an der Technischen Hochschule in Stuttgart bei Theodor Fischer studiert, einem damals bedeutenden süddeutschen Architekten. Der Tod seines Vaters zwang ihn mit 23 Jahren zur Rückkehr nach St. Moritz, wo er sich als erster gebürtiger Engadiner Architekt vorerst um jene Aufträge kümmerte, die sein Vater noch begonnen hatte. 1905/06 führte er in Sils den ersten selbständigen Auftrag im Hotelbau aus: den Umbau des ehemaligen Patrizierhauses von Johann Josty zum Hotel Margna (Abb. 198). Das im neuen Geist mit regionaltypischen Elementen umgestaltete Gebäude stiess in den Kreisen der jungen Heimatschutzbewegung auf spontane Anerkennung. Der gleichzeitig eröffnete Neubau des Engadiner Museums, ein mit «archäologischer Präzision» erstelltes neues «Engadinerhaus», war der erste öffentliche Bau des jungen Nicolaus Hartmann. 1906 erhielt der mittlerweile gut bekannte Architekt vom ehemaligen St. Moritzer Gemeindepräsidenten den Auftrag für den Neubau des Hotel La Margna, das bei seiner Eröffnung im darauf folgenden Jahr sogleich zu einem Präsentierstück des zeitgenössischen Bauens im «Engadiner Stil» wurde (Abb. 194). Mit diesem Hotelneubau beim Bahnhof von St. Moritz bewies Hartmann in den Augen seiner Zeitgenossen, dass der «Bündnerstil» bei jeder beliebigen Bauaufgabe angewendet werden konnte und dass er besonders auch den anspruchsvollen Bedürfnissen der Luxushotellerie gerecht wurde. Kurz danach beschäftigte sich Hartmann mit dem Totalumbau des Hotel Alpenrose in Sils Maria. Wiederum überzog er das bestehende Gebäude, ein flachgedeckter Zweiflügelbau aus dem 19. Jahrhundert, nach den Grundsätzen des jungen Heimatschutzes mit einem lokalen Kolorit; auch hier gliederte er den Baukörper in ein dominierendes Giebelhaus und einen untergeordneten, traufständigen Seitenflügel und verlieh damit dem Bau das Aussehen eines überdimensionierten Bauernhauses – ein Kunstgriff, den Hartmann in dieser Zeit bei fast allen seinen Hotelprojekten anwendete (Abb. 31, 87).

RUCKI 1989, 149f., 153ff. – ALS, 253f. (mit weiterer Literatur) – SBZ 1903/XXXXII, 52 und 1956/74, 487 (Nekrologe).

196
St. Moritz, Grand Hotel. Fotomontage mit Vorprojekt des Architekten Karl Koller mit barockisierenden Dachaufbauten. Entwurf, datiert vom 5. X. (18)99.

Englische Kirchen in der Schweiz

Die englischen Kirchen bilden innerhalb des schweizerischen Kirchenbaus eine eigenständige architektonische Gruppe. Die meisten von ihnen wurden nicht von einheimischen, sondern von englischen Architekten entworfen, die bemüht waren, den Kirchenbau ausser Landes nach einer heimischen Architekturauffassung zu gestalten. Stilgeschichtliches Vorbild war bei den meisten Bauten die englische Neogotik.

Der Bau englischer Kirchen in der Schweiz verlief parallel mit der Entwicklung des Tourismus im 19. Jahrhundert. Die meisten dieser Gebäude finden sich in den bekannten schweizerischen Fremdenregionen, einige auch in grösseren Schweizer Städten und bei abgelegenen Hotelbauten. Die erste englische Kirche entstand in Thun, wo der berühmte Tourismuspionier Johann Jakob Knechtenhofer im Sommer 1842 im Park seines Hotel Bellevue eine vom Architekten Robert Roller sen. entworfene English Church eröffnete.[75] Obwohl um diese Zeit auch andernorts in der Schweiz bereits anglikanische Gottesdienste durchgeführt wurden, kamen weitere englische Kirchen erst etliche Jahre später zur Ausführung, als nächste 1853 die Holy Trinity Church in der Stadt Genf. Die grösseren Fremdenorte erhielten englische Gotteshäuser seit den ausgehenden 1860er-Jahren: Meiringen 1868, Zermatt 1870, St. Moritz 1871, Montreux 1875, Pontresina 1882. Eine besondere Gruppe entstand bei den zahlreichen hochalpinen Hotelbauten im Wallis, beispielsweise 1883 beim Hotel Jungfrau am Eggishorn, 1884 auf der Belalp und auf der Riffelalp oberhalb Zermatt oder 1908 in Gletsch; aber auch beim Hôtel-Kursaal Maloja entstand 1888 ein eigenes englisches Gotteshaus.

Die englischen Kirchen wurden mehrheitlich im neogotischen Architekturstil entworfen. Das Raumkonzept basierte meistens auf asymmetrischen Grundrissen. Die englische Raumauffassung verlangte im Weiteren eine offene Dachkonstruktion nach mittelalterlichem Vorbild und spezifisch englische Detailformen, wie steile Holzdecken mit spitzbogigen Holzkonstruktionen und eisernen Zugankern. Die äusseren Ansichten wurden oftmals durch ein auffallendes, unregelmässig geformtes Mauerwerk charakterisiert. Dazu kamen gotisches Masswerk und Spitzbogenfenster, die gedrungenen Proportionen eines asymmetrisch angeordneten Flankenturms sowie eine überdachte Vorhalle beim Eingang. Zahlreiche kleine Bergkapellen erhielten einfachere Proportionen, wiesen aber im Innern einen gewissen Formenreichtum auf.

ERÖFFNUNG	ORT	NAME	ARCHITEKT
1840–1842	Thun	English Church	Robert Roller senior
1851–1853	Genf	Holy Trinity Church	Guillebaud
1868 (1891 Brand, Neubau)	Meiringen	English Church	(1891 Billing, London)
1870	Zermatt	St. Peter's Church	
1871	St. Moritz	English Church	Giovanni Sottovia, Nicolaus Hartmann sen.
1871	Samedan		
1875–1877	Lausanne	The Scots Kirk	Eugène Viollet-le-Duc
1876	Les Avants	St. Peter's Church	
1877	Montreux-Territet	St. Johns's Church	Louis Maillard (?)
1877/78	Lausanne	Christ Church	George Edmund Street (?)
1878	Mürren	English Church	George Edmund Street (?)
1880–1882	Vevey	All Saints' Church	George Edmund Street (?)
1880–1882	Pontresina	Holy Trinity Church	Richard Popplewell Pullan
1880–1890	Grindelwald	St. Jame's Church	
1881	Engelberg	St. Michael's and All Angels' Church	
1882	Davos	St. Luke's Church	W. Barber, Gaudenz Issler
vor 1883	Fiesch, Jungfrau am Eggishorn		
1883	Bad Tarasp		
1884	Belalp		
1884	Riffelalp		
1887	Beatenberg		
1887/88	Glion		Louis Maillard
1888	Maloja		Nicolaus Hartmann senior
1889	Saas Fee	St. Jame's Church	
1894	Aigle	St. John the Evangelist	
1898/99	Luzern	St. Mark's Church	
1899	Château-d'Oex	St. Peter's Church	
1905	Lugano	English Church	Pfleghard & Haefeli
1905/06	Caux		Louis Maillard (?)
1905–1908	Bern	St. Ursula's Church	Rybi & Salchli
1907/08	Gletsch		
1907–1909	Arosa	St. Luke's Church	
1908	Adelboden	St. Andrew's Church	

Die erste bedeutende Hotelbauphase im Oberengadin dauerte beinahe ohne Unterbruch von 1860 bis in die frühen 1890er-Jahre. Sie wurde mit der Eröffnung des neuen Hotel Stahlbad in St. Moritz Bad 1892 abgeschlossen.[76] Der mächtige Hotelkomplex von Arnold Bringolf, einem im Hotelbau erfahrenen Architekten aus Luzern, entstand nach der Fassung einer weiteren neuen Heilquelle. Der mehrfach abgewinkelte Gebäudetrakt bildete zusammen mit den Bädern und der Trinkhalle ein umfangreiches Ensemble mit Innenhof und einem grossen Vorplatz. 1906 wurde im Innenhof ein neuer Speisesaal eingebaut. Leider fiel diese imposante Anlage 1971 einem Grossbrand zum Opfer (Abb. 86, 192).[77]

Die Spekulationsphase 1897 bis 1914

In den 1890er-Jahren lassen sich im Oberengadiner Hotelbau vorerst Anzeichen einer Sättigung erkennen, die allerdings nur von kurzer Dauer war. Gegen Ende des Jahrhunderts markierten die Hotel Palace und Schweizerhof in St. Moritz den Beginn einer neuen intensiven Ausbauphase, deren Intensität alle vorangehenden deutlich übertraf. Das in schöner Aussichtslage über dem See gelegene, 1897 vollendete Hotel Palace war ein Weiterbau des Hotel Beaurivage aus den 1870er-Jahren (Abb. 22); der ein Jahr später vollendete Schweizerhof am Postplatz bei der Endstation der kurz zuvor eröffneten elektrischen Strassenbahn vom Bad ins Dorf war ein Neubau am Siedlungsrand. Die beiden Häuser, die sich in ihrem architektonischen Ausdruck stark unterschieden, waren von den Architekten Chiodera & Tschudy (Seite 172) entworfen worden, die zu dieser Zeit auch beim Hotel Victoria Umbauten vornahmen.[78] Damit konnten die Zürcher Architekten einen schwungvollen Auftakt der monumentalen Luxus-Hotellerie der Belle Époque im Oberengadin zelebrieren. Das Palace entwarfen sie als freistehende romantische Burganlage mit drei kubisch differenziert gegliederten Bauteilen, den Schweizerhof im Dorf hingegen als strengen Historismusbau mit Giebelgestaltungen und Balustraden aus dem Repertoire der Renaissance, angereichert mit Balkonen und Fensteröffnungen in Anlehnung an den Schweizer Holzstil (Abb. 193).[79]

Als die Eisenbahn im Sommer 1904 endlich St. Moritz erreicht hatte und sich dadurch die Reisezeit von der Kantonshauptstadt ins Oberengadiner Tourismuszentrum von 12 auf 4 Stunden reduzierte (Abb. 194), setzte eine eigentliche Spekulationsphase ein. Im Oberengadin stiegen die Bodenpreise innert kürzester Zeit um ein Vielfaches: Hatte man in St. Moritz um 1890 noch 1.50 bis 3.50 Franken für einen Quadratmeter Bauland bezahlt, so war der Preis nach dem Bahnbau bereits um das Zehnfache gestiegen, vor dem Ersten Weltkrieg übertraf er vielerorts sogar die Grenze von 50 Franken. Im Dorfzentrum lagen die Preise noch um einiges höher: 1907 wurden für den Bau des Neuen Posthotels pro Quadratmeter stolze 300 Franken entrichtet.[80]

In St. Moritz begann der intensive Hotelbau im frühen 20. Jahrhundert mit dem neuen Hotel Bahnhof, das bereits ein Jahr vor der Inbetriebnahme der Eisenbahn vollendet war. In Pontresina entstanden 1904/05 der Engadinerhof, ein Umbau aus älteren Gebäuden im Dorfkern, im folgenden Jahr das neue Palace (heute Hotel Walther) und 1908 das imposante Schlosshotel, ein Bau von Architekt Karl Koller (Abb. 195). In Celerina empfing das neue Cresta Palace, das gemäss Werbung mit elektrischem Licht und Zentralheizung ausgestattet war, im Sommer 1906 seine ersten Gäste (Abb. 73).[81] In St. Moritz erhielt das Kurhaus 1905 eine Aufstockung und zwei elegante Türme (Abb. 182) sowie ein so genanntes À-la-carte-Restaurant, in dem sich die Gäste auch ausserhalb der festen Essenszeiten verpflegen konnten, eine damals neuartige Einrichtung. Im gleichen Jahr öffnete das Grand Hotel seine Tore, zwei Jahre später das Hotel La Margna, beide in Bahnhofnähe gelegen (Abb. 194).[82] Der nach verschiedenen Vorprojekten (Abb. 196) vom einheimischen Architekten Karl Koller am Abhang über dem See von St. Moritz entworfene Monumentalbau des Grand Hotel galt zur Zeit seiner Eröffnung als grösstes Gebäude der Schweiz, und der Heimatschutz gehörte zu den vehementesten Kritikern seiner architektonischen Gestaltung (Abb. 201, Umschlagbild). Eine zeitgenössische Studie beschrieb den Hotelkoloss wie folgt: «Das grösste und modernste Hotel von St. Moritz ist ein zehnstöckiges Haus mit einer Grundfläche vom 3 300 m^2, 100 m Südfront, einem Inhalt von 155 000 m^3, und enthält 300 Zimmer, für 420 Gäste Betten, eine grosse Halle und sieben Gesellschaftsräume für gemeinsamen Gebrauch. Zur Beleuchtung dienen 3 200 Glühlampen und vier Bogenlampen, zur Niederdruck-Dampf-Heizung eine Anlage von sieben Dampfkesseln mit zusammen 294 m^2 Fläche und 700 Heizkörpern. Zur Lüftung dienen elektrisch betriebene Schraubenventilatoren. Ferner sind vorhanden: sechs elektrisch betriebene Aufzüge, Vacuum-Entstaubungs-Anlage, ein 8000 m^2 grosser Eisplatz vor dem Hotel, eine Bibliothek von etwa 700 Bänden u.s.w.» Das erforderliche Grundstück von 25 153 m^2 wurde für 676 455 Franken erworben, die Baukosten betrugen rund vier Millionen Franken, dazu kam die Einrichtung für 800 000 Franken, was Kosten pro Bett von etwa 10 000 Franken ergab.[83]

In den Jahren 1905 bis 1908 wurden in Sils Maria beinahe gleichzeitig zwei grosse Hotels erbaut: Am Fuss des bewaldeten Hügels auf der Westseite des Dorfes entstand das Hotel Barblan (später Schweizerhof, Abb. 9). In aussichtsreicher Lage auf diesem dominanten Hügel errichtete der erfahrene Hotelier Josef Giger-Nigg das winkelförmige Hotel Waldhaus, das der im Hotelbau viel beschäftigte Architekt Karl Koller aus St. Moritz als eigentliche Hotelburg entwarf (Abb. 197).[84] Zu dieser Zeit arbeitete Nicolaus Hartmann junior in Sils kurz nacheinander an zwei gleichartigen Projekten in dem von ihm kreierten so genannten Bündnerstil: 1905/06 baute er das ehemalige Patrizierhaus von Johann Josty zum Hotel Margna um (Abb. 198),[85] und kurz danach fügte er dem bestehenden Flachdachbau des Hotel Alpenrose einen asymmetrischen Ergänzungsbau an (Abb. 31, 87).[86]

Die kurz vor dem Ersten Weltkrieg beinahe gleichzeitig neu eröffneten Hotelgrossbauten in St. Moritz – 1912 die Höhen-Kuranstalt Chantarella (Abb. 199), die Hotels Monopol und Suvretta House sowie 1913 die Hotels Carlton und Rosatsch – bildeten gewissermassen Höhepunkt und Abschluss einer auch im schweizerischen Vergleich eindrücklichen Bauphase. Das Monumentalgebäude des Suvretta House fand, im Gegensatz zu dem nur fünf Jahre früher eröffneten und vom gleichen Architekten entworfenen Grand Hotel von St. Moritz, in Heimatschutzkreisen grosse Anerkennung.[87] Auch das kurz danach in Hanglage über dem St. Moritzersee eröffnete Carlton Hotel des Luzerner Architekten Emil Vogt diente mit seinem differenzierten Baukörper und den verschiedenartigen Dachformen dem Heimatschutz als gutes Beispiel für die geschickte Einpassung eines Grand Hotels in die Landschaft (Abb. 200).

Geld und Ruhm

Die zu allen Zeiten zahlreich ausgewanderten und teilweise mit grossem Reichtum wieder zurückgekehrten Landsleute bildeten einen wichtigen Motor für den Antrieb etlicher touristischer Unternehmungen im Engadin. Bereits die Wirren des Dreissigjährigen Kriegs hatten im frühen 17. Jahrhundert zahlreiche Bündner aus ihrer Heimat vertrieben. Sie wanderten vorerst vor allem nach Venedig aus, wo ihnen seit 1603 freie Niederlassung und uneingeschränkte Ausübung von Handel und Gewerbe zugestanden wurde. Später fand man sie in Italien und schliesslich in ganz Europa als Zuckerbäcker, Kaffeehausbesitzer, Schokoladefabrikanten und Branntweinverkäufer. Im vorübergehenden Exil kam teilweise ein märchenhafter Reichtum zusammen, den sie irgendwann nach Hause trugen und so ihrer Heimat beträchtliche finanzielle Ressourcen zuführten.[88] Mit diesen Geldanlagen wurde das Oberengadin im späten 19. Jahrhundert zum bedeutendsten Finanzplatz im Kanton. Ein berühmter Vertreter dieser Rückwanderer war der Silser Johann Josty (1773–1826), der kurz vor 1800 in Berlin das Café Josty eröffnet hatte und später als «reichster Engadiner» in Sils Baselgia ein imposantes Wohnhaus mit über 30 Zimmern erbaute, das zum Kopfbau des heutigen Hotel Margna wurde (Abb. 198).[89] Peter Faller dürfte aus den Erträgen seiner «Pasticceria Fratelli Faller» in Pisa den Grundstock zur Pension Faller, dem späteren Kulmhotel in St. Moritz, gelegt haben (Abb. 184, 185).[90] Gian Saratz aus Pontresina schliesslich veranlasste die rasche Entwicklung im Tourismus nach 1850 zur Rückkehr aus dem Ausland in seine Heimatgemeinde, wo er ein bestehendes Bauernhaus sukzessive zum grossen Hotel Saratz umbaute (Abb. 191, 195).[91]

Diese und weitere Tourismuspioniere brachten in der zweiten Hälfte des 19. Jahrhunderts nicht nur die Hotellerie in Schwung, sie befruchteten auch das Gewerbe im Engadin und ermöglichten in dieser Gegend einen Lebensstandard, der weit über dem Durchschnitt eines Bündner Bergbauern lag. Im Sog dieser Entwicklung wurde das Engadin auch zum Einwanderungsland von Zuzügern aus den Bündner Nordtälern, wie zwei bekannte Beispiele belegen: Johannes Badrutt (1819–1889), der Begründer des Kulmhotels in St. Moritz und Pionier der elektrischen Beleuchtung im Engadin, war Sohn eines aus Pagig (Schanfigg) eingewanderten Baumeisters und Lorenz

Gredig (1829–1905), der «Vater» des Kronenhofs in Pontresina, war Sohn eines Weinhändlers und Hoteliers aus Grüsch im Prättigau.[92]

In der Belle Époque trugen auch die Aufenthalte zahlreicher Persönlichkeiten zum grossen Gewinn an Publizität für das Oberengadin bei. Eine der ersten Berühmtheiten war Friedrich Nietzsche, der sich 1878 nach St. Moritz zur Kur begab und anschliessend die Sommermonate zwischen 1879 und 1888 in Sils verbrachte. Um die Jahrhundertwende traf man im Engadiner Hochtal Maharadschas, Fürsten und weitere gekrönte Häupter sowie Künstler und Wissenschaftler aus allen Nationen. Zu den bekanntesten gehörten etwa Enrico Caruso, George Bernard Shaw oder König Gustav von Schweden. Berühmte Maler wie Giovanni Segantini (1858–1899) und sein Sohn Gottardo (1882–1974), Giovanni Giacometti (1868–1933) oder Ferdinand Hodler, liessen sich vor allem durch die Landschaft und ihre Lichtfülle zu bedeutenden Werken inspirieren. So plante Segantini für die Pariser Weltausstellung von 1900 einen riesigen Pavillon zur Verherrlichung der Oberengadiner Landschaft. Die Bilder dieser im Engadin lebenden Maler, auf denen sie ihre Heimat und deren Hotelbauten inszenierten, trugen viel dazu bei, dass das Hochtal am Rand der Schweiz im Zeitalter der Belle Époque innert kürzester Zeit zu den bekanntesten Gegenden des Landes avancierte.[93]

Eine bedeutende Rolle beim Aufbau der Engadiner Tourismusindustrie spielten auch die Banken. Sie investierten in der Belle Époque am Ende des 19. Jahrhunderts ihr Kapital zum grossen Teil in den Aufbau der Oberengadiner Hotellerie. Als erstes Geldinstitut hatte sich bereits 1789 das Handels- und Bankhaus Bernardo Tosio & Co. in Samedan etabliert. Den grössten Einfluss hatte aber die Engadiner Bank J. Töndury & Cie., die 1856 als Privatbank von Johann Töndury in S-chanf eröffnet worden war und seit 1886 den Hauptsitz im ehemaligen Hotel Engadinerhof in Samedan hatte.[94] Janet Töndury und sein Sohn Gian Töndury-Zender traten bei zahlreichen bedeutenden Hotelbauten der Belle Époque als Initianten, Gründungsmitglieder und Verwaltungsräte oder sogar als Präsidenten auf. In den meisten Verwaltungsräten sassen immer wieder die gleichen Financiers, unter ihnen Lorenz Gredig aus Pontresina und Conradin v. Flugi aus St. Moritz.[95] Im Zeitalter der Belle Époque wurde der Hotelbau im Oberengadin immer noch mehrheitlich durch das Entlehnen von Fremdkapital und die Ausgabe von Aktien gefördert. Zahlreiche Betriebe vergrösserten sich aber auch durch das immer wieder in den eigenen Betrieb investierte Eigenkapital. Die Geldanlagen im Tourismus führten in der Belle Époque auch im Oberengadin mancherorts zu eigentlichen Erfolgsmärchen. So erhielten beispielsweise die Aktionäre der Heilquellen in St. Moritz bereits im Jahr 1873 eine Dividende von 13 Prozent.[96]

Die touristische Infrastruktur

Neben den Hotelbauten entstanden im ausgehenden 19. Jahrhundert im Oberengadin zahlreiche weitere Infrastrukturanlagen im Dienst des Tourismus. In unmittelbarer Nähe der grösseren Hotels ermöglichten Parks und Grünanlagen das Lustwandeln und Diskutieren, das Verweilen und sich Erholen. Die umfangreichste Parklandschaft mit Spazierwegen und Wasserspielen inszenierten die Promotoren in St. Moritz Bad auf den unbebauten Flächen zwischen den Hotels; gegen Ende der 1870er-Jahre verwandelte sich das ehemalige Weideland bei den Heilquellen innert weniger Jahre in einen grossen Hotelpark (Abb. 182). Zwischen den Badanlagen und der Innbrücke konnten die Gäste seit den späten 1880er-Jahren entlang einer städtisch anmutenden Ladenstrasse mit einem überdachten Laubengang und vorbei an Cafés sowie Ladengeschäften mit Filialen grosser ausländischer Firmen promenieren (Abb. 189, 190). Entlang dieser Prachtsavenue verkehrten seit 1896 auch die Tramwagen der elektrischen Strassenbahn, die die Gäste nach ihrem Ausflug ins Bad wieder in ihre Hotels zurückbrachten (Abb. 201).[97] Ein Konzertsaal von 1885 und die 1910 eröffnete Reithalle am See bereicherten das umfangreiche touristische Angebot.[98] Das erste «vaporetto» soll gemäss mündlicher Überlieferung für die Gäste des Hôtel-Kursaal Maloja auf dem Silsersee verkehrt haben.[99] In der Sommersaison 1889 nahm der Hotelier Heinrich Örtli auf dem St. Moritzersee ein Dampfboot für 20 Personen in Betrieb, seit 1903 verkehrten dort regelmässig elektrische Motorboote.[100]

In den meisten grösseren Fremdenorten gehörten Kirchen in der zweiten Hälfte des 19. Jahrhunderts zu den wichtigen touristischen Anlagen, die von anspruchsvollen Gästen oft benützt wurden. Jede grössere Station und sogar viele von Engländern rege besuchten Hotels in einsamer Lage erhielten eine englische Kirche, so auch St. Moritz und Pontresina im Oberengadin. Am 19. August 1871 konnte die von Giovanni Sottovia[101] entworfene und von Nicolaus Hartmann senior erbaute englische Kirche in St. Moritz eingeweiht werden. Elf Jahre später war auch die «Holy Trinity Church» in Pontresina nach Plänen des Engländers Richard Popplewell Pullan, eine der elegantesten englischen Kirchen in der Schweiz, vollendet (Seite 180).[102] In St. Moritz wurden sodann 1877 die von Nicolaus Hartmann senior im neogotischen Stil entworfene französische Kirche über dem Kurhaus und 1889 die katholische Kirche San Carlo Borromeo am Seeufer eröffnet.[103]

Im letzten Viertel des 19. Jahrhunderts erreichten neue Errungenschaften der Technik wie das Gaslicht und die elektrische Beleuchtung auch das Oberengadin, wo sie sich vor allem in St. Moritz rasch verbreiteten und dadurch zahlreiche neue Gäste ins Engadin brachten. 1874 beschloss die Heilquellengesellschaft einen bedeutenden finanziellen Beitrag an den Betrieb eines Gaswerks und die Aufstellung eines Beleuchtungskandelabers vor dem Kurhaus. Im folgenden Jahr wurden die beiden neu erstellten Hotels du Lac und Victoria im Bad an die Gasversorgung angeschlossen. Das Gaslicht hatte also die touristischen Anlagen des St. Moritzer Bades in der Mitte der 1870er-Jahre erreicht. Damals kannte auch das Hotel Roseg in Pontresina bereits eine Gasbeleuchtung.[104] 1881 berichtete der Reiseführer von Caviezel über das Gaslicht in den Hotels Roseg, Weisses Kreuz, Kronenhof & Bellavista sowie Saratz in Pontresina.[105] Zu dieser Zeit konnte in St. Moritz allerdings bereits elektrisches Licht bewundert werden. Im Juli 1879 erstrahlten auf Initiative von Hotelier Badrutt in seinem Kulmhotel erstmals elektrische Glühbirnen nach dem System Jablochkoff. Badrutt gehörte damit zu den absoluten Pionieren dieses technischen Fortschritts in der Schweiz, den er im Jahr zuvor an der Pariser Weltausstellung entdeckt hatte.[106] Erst zwölf Jahre später, im Sommer 1891, bezogen das Kurhaus und die Hotels im Bad, die sich zum «Consortium für elektrische Beleuchtung in St. Moritz-Bad» zusammengeschlossen hatten, den ersten elektrischen Strom aus ihrem neuen Kraftwerk bei Silvaplana. Seit 1892 erleuchteten 24 helle Bogenlampen aus einem weiteren Werk am Ausfluss des St. Moritzersees alle Hotels und zahlreiche Privatvillen im Dorf sowie dessen Hauptstrasse bis zur Innbrücke (Abb. 182, 190).[107]

Mit der Zunahme der Gäste wurde die Lösung des Transportproblems zwischen den Oberengadiner Dörfern und besonders zwischen den topografisch unterschiedlich angesiedelten Fremdenzentren in St. Moritz Dorf und Bad zu einem immer wiederkehrenden Thema. Bereits 1869 berichtete der Baedeker erstmals von einem bestehenden «Omnibus-Verkehr zwischen den Dörfern St. Moritz, Samaden und Pontresina».[108] 1873 erhielt das Projekt von Ingenieur Simeon Bavier, von 1878 bis 1883 erster Bündner Bundesrat, zum Bau einer 12,5 Kilometer langen Schienenverbindung von St. Moritz Bad nach Samedan und Pontresina eine Bundeskonzession. Das avantgardistische Projekt einer Touristenbahn, die nur im Sommer mit offenen, doppelstöckigen Wagen verkehren sollte, scheiterte aber unter anderem an der fehlenden lokaler Begeisterung.[109] Auch alle weiteren Bahnprojekte im Oberengadin waren im ausgehenden 19. Jahrhundert zum Scheitern verurteilt, weil sie die notwendige Zustimmung der betroffenen Kreise und der politischen Gremien nicht fanden oder weil schliesslich die Realisierung missglückte: eine 1883 und 1890 konzessionierte Engadinerbahn von St. Moritz durch den Stazer Wald nach Pontresina von Peter R. Badrutt, Sohn des Hoteliers Johannes Badrutt; zwei 1886 gleichzeitig lancierte Projekte für Schmalspurlinien Maloja–Samedan, von denen dasjenige der Firma Zschokke aus Aarau eine Bundeskonzession erhielt; das 1893 vom Churer Ingenieur Robert Wildberger entworfene Projekt einer Bahn von Pontresina über St. Moritz nach Maloja mit Dampfbootverkehr auf den Seen sowie verschiedene Pläne des Luzerner Ingenieurs Felix von Schumacher für Strassenbahnen im ganzen Oberengadin, die allerdings keine Konzession erhielten. Unausgeführt blieben auch drei Drahtseilbahnprojekte – 1888 nach Oberalpina, 1902 zum Hahnensee und 1909 zur Alp Giop – sowie Pläne für Zahnradbahnen über die Fuorcla Surlej und zum Piz Julier. Erst die Drahtseilbahn nach Chantarella, die 1912 als Zubringerbahn zur dortigen Kuranstalt erbaut wurde, fand den Weg zur Realisierung.[110]

1885 sprach die lokale Zeitung Fögl d'Engiadina optimistisch von der Projektierung einer elektrischen Strassenbahn in

St. Moritz. Auf deren Eröffnung musste man aber noch ein weiteres Jahrzehnt warten. Seit der Sommersaison 1896, damit aber immer noch acht Jahre vor dem Eintreffen des ersten Eisenbahnzuges in St. Moritz, brachte eine «elektrische Tramway» Gäste vom Bad ins Dorf und wieder zurück. Die Sommerwagen mit offenen Plattformen pendelten vom Hotel Schweizerhof am Postplatz im Dorf (Abb. 193) zum Kurhaus im Bad. Bei der englischen Kirche am Anfang der Steigung fand jeweils die Kreuzung der beiden in Betrieb stehenden Wagen statt (Abb. 201).[111] Voller Stolz wurde die St. Moritzer Anlage im zeitgenössischen Werbeprospekt der Firma Siemens – Schuckert aus Berlin neben den Strassenbahnen in Basel, Berlin und Aachen präsentiert.[112] 1902 wurde das Projekt einer «Ringbahn» Dorf – Bahnhof RhB – Bad – Dorf ausgearbeitet; es scheiterte aber an der Finanzierung.[113] In den ersten Betriebsjahren war der elektrische Strom noch so knapp, dass die Tramwagen jeweils abends nach acht Uhr, wenn alle Säle in den Hotels und dazu noch die Aussenbeleuchtungen eingeschaltet waren, nicht mehr verkehren durften, wie im Geschäftsbericht der Gesellschaft nachzulesen ist.[114]

Baumeister und Architekten

Parallel zur Steigerung der Hotelbautätigkeit veränderten sich auch die am Hotelbau beteiligten Baufachleute. Die ersten bescheidenen Pensionen, mehrheitlich Umbauten bestehender Bauernhäuser, wurden von einheimischen Bauunternehmern ausgeführt, Architektennamen sind im Oberengadin aus der Zeit vor 1860 noch keine bekannt. Mit der Entwicklung des Tourismus in den 1860er-Jahren erscheinen die ersten Namen auswärtiger Fachleute für die damals neue Aufgabe des Hotelbaus. Der erste bedeutende Architekt, der im Engadin für den Tourismus baute, war der St. Galler Felix Wilhelm Kubly, der von den Initianten in Tarasp und St. Moritz fast gleichzeitig mit dem Entwurf eines neuen Kurhauses beauftragt wurde (Abb. 181, 182, 203).[115] Das 1866 eröffnete Hotel Bernina in Samedan (Abb. 84), das erste grosse Hotel ausserhalb von St. Moritz, war ein Entwurf des Architekten Johann Jakob Breitinger aus Zürich, dessen Werk von zahlreichen Bahnhofbauten in der Ostschweiz und vom Wiederaufbau von Glarus nach dem Brand von 1861 geprägt ist; Breitinger hatte aber auch das erste Hotel auf Üetliberg–Kulm von 1839 entworfen.[116] Zu diesen auswärtigen Architekten kam der aus Vicenza stammende Giovanni Sottovia dazu, der sich seit den 1860er-Jahren im Engadin aufhielt, nachdem er im Jahrzehnt zuvor bereits am Bau des Kurhauses in Le Prese mitgewirkt hatte (Abb. 180). Im Oberengadiner Hotelbau profilierte er sich mit dem Hotel Roseg in Pontresina von 1870, dem ersten Hotelbau mit Mansartdach (Abb. 187).[117]

Mit den frühen Tourismusbauten entstand im Oberengadin ein Baugewerbe, das sich in der Folge mit zahlreichen weiteren Aufträgen profilieren konnte. Die bekanntesten unter diesen neuen Baumeistern waren Nicolaus Hartmann senior und die Gebrüder Ragaz, die zwischen 1870 und 1895 beinahe alle grösseren Hotels von St. Moritz und Pontresina erstellten. Die Karriere von Vater Hartmann, der bis um 1905 weit mehr als zwanzig bedeutende Hotelbauten erstellte und umbaute, begann mit dem 1870 eröffneten Erweiterungsbau des Gasthaus Krone in Pontresina zum Hotel Kronenhof, das er in der Folge mehrmals erweiterte. Zu seinen berühmtesten Werken gehören die Hotels Victoria und du Lac in St. Moritz Bad oder das Waldhaus in Vulpera (Abb. 14, 189, 190) (Seite 178).[118] Jakob Ragaz aus Tamins kam für die Bauausführung des Hotel Bernina in Samedan erstmals ins Engadin. In der Folge waren die Gebrüder Jakob und Georg Ragaz im benachbarten Pontresina bis zur Jahrhundertwende an nahezu allen Um- und Neubauten von Hotels beteiligt (Seite 190).[119]

Mit dem neuen Palace in St. Moritz durch Alfred Chiodera & Theophil Tschudy aus Zürich führten auswärtige Architekten im Engadiner Hotelbau die Wende vom klassizistischen Beaux-Arts-Stil zum malerisch-romantischen Hotelbau herbei (Abb. 22). Bis zum Auftritt des Luzerner Hotelarchitekten Emil Vogt, der zwischen 1910 und 1914 unter Mitarbeit der einheimischen Architekten Koch & Seiler in St. Moritz drei neue Hotels erstellte (Abb. 199), waren im Oberengadin aber kaum auswärtige Architekten am Werk. Eine der wenigen Ausnahmen war der Zürcher Jost-Franz Huwyler-Boller, der für das 1906 eröffnete Cresta Palace in Celerina verantwortlich zeichnete (Abb. 73).

Die Erschliessung des Oberengadins durch die Eisenbahn um die Jahrhundertwende und der dadurch ausgelöste Hotelboom organisierten das touristische Bauwesen, das bis zu diesem Zeitpunkt durch die Baumeister-Architekten Hartmann

197
Sils Maria, Hotel Waldhaus. Die 1908 eröffnete Hotelburg auf dem Hügel über dem Dorf ist ein Werk des im Hotelbau vielbeschäftigten Architekten Karl Koller. Fotografie um 1910.

198
Sils Maria, Hotel Margna. Die 1871 durch Johannes Badrutt eröffnete «Pension de la Grand[e] Vue» wurde 1914 durch Nicolaus Hartmann junior erweitert. Fotografie 1915.

199
St. Moritz, Höhen-Curanstalt Chantarella.
Diese imposante Hotelanlage über St. Moritz mit eigener Drahtseilbahn entstand 1911/12 als Werk des renommierten Luzerner Architekten Emil Vogt in Zusammenarbeit mit dem einheimischen Büro Koch & Seiler (Abbruch 2001). Fotografie 1913.

200
St. Moritz, Carlton Hotel. 1913 als charakteristischer Bau unter dem Einfluss des Heimatschutzes in Hanglage über dem St. Moritzersee eröffnet, entworfen durch den Architekten Emil Vogt aus Luzern und erbaut durch das Büro Koch & Seiler aus St. Moritz. Fotografie 1914.

201
Die Strassenbahn von St. Moritz Bad ins Dorf wurde 1896, acht Jahre vor der Eröffnung der Bahnlinie aus Chur, in Betrieb genommen. Ausweichstelle bei der englischen Kirche, im Hintergrund das Palace, das Grand Hotel und das Hotel La Margna. Fotografie 1908.

202
Pontresina, Hotel Kronenhof. 1898 bauten die Baumeister-Architekten Gebrüder Ragaz das bestehende Hotelgebäude zur repräsentativen Dreiflügelanlage um (Abb. 191). Fotografie um 1910.

203

204

und Ragaz dominiert worden war, vollständig neu. Neben den ansässigen Baumeister-Unternehmern nahmen damals im Oberengadin die ersten an einer Hochschule ausgebildeten Architekten ihre Arbeit auf. Karl Koller, Nicolaus Hartmann junior und Valentin Koch (Koch & Seiler) gehörten zu den erfolgreichsten der jungen Garde, die sich im frühen 20. Jahrhundert mit zahlreichen Hotels und Villen, Sport- und Vergnügungsstätten, Verkaufsbauten und Bahnhöfen profilieren konnten. Neben dem im Hotelbau eigentlich dominanten Hartmann konnte sich dabei vor allem Koller mit seinen zahlreichen Hotelburgen besonders prominent in Szene setzen (Abb. 195, 196, 197).

DER HOTELBAU IM UNTERENGADIN

Im Unterengadin spielte, wie auch im Oberengadin, der Bädertourismus eine entscheidende Rolle für die Entstehung eines regionalen Tourismuszentrums mit den Orten Scuol, Tarasp sowie Vulpera, das in der zweiten Hälfte des 19. Jahrhunderts im kantonalen Vergleich einen wichtigen Platz einnehmen konnte. Die Quellen am Ufer des Inns zogen bereits seit mittelalterlicher Zeit zahlreiche Gäste an, vor allem aus dem benachbarten Südtirol. Gemäss zeitgenössischen Beschreibungen gingen jeweils Gruppen von Tiroler Bauern und Wirten für drei bis fünf Tage dorthin zur Kur. Dabei tranken sie Unmengen von Salzwasser und Rotwein und assen vor allem Speck und Tirolerknödel. Wer eine solche ohne ärztliche Kontrolle durchgeführte Monsterkur überstand, konnte sich wahrlich als gesund betrachten. Zu den berühmtesten wissenschaftlichen Besuchern im Unterengadin gehörte der Zürcher Arzt und Naturforscher Conrad Gessner, der sich dort im Sommer 1561 von einem hartnäckigen Ischiasleiden erholte. Lange Zeit fehlten im Unterengadin, wie auch andernorts, bauliche Einrichtungen bei den Quellen; erst 1843 entstand eine primitive Trinkhalle.[120] Obwohl bereits der erste Baedeker von 1844 die Mineralquellen in der Umgebung von Schuls erwähnt, gab es damals in dieser Gegend nur wenige Übernachtungsmöglichkeiten. Knapp 30 Gästezimmer bot das Kurhaus in Tarasp an, das nach der Fassung einer neuen Quelle 1841 entstanden war. In der Mitte der 1840er-Jahre hielten sich jährlich etwa 500 Kurgäste im Unterengadin auf.[121]

Die steigenden Besucherzahlen führten 1861 zur Gründung der Tarasp-Schulser-Aktiengesellschaft. Sie hatte sich den Bau eines neuen grossen Kurhauses bei den Heilquellen zum Ziel gesetzt. Mit der Planung dieses Vorhabens beauftragte sie den bekannten Architekten Felix Wilhelm Kubly (Seite 190). Dieser hatte bereits in mehreren Schweizer Städten prominente Gebäude errichtet; gleichzeitig plante er auch das neue Kurhaus in St. Moritz. Wie in St. Moritz war auch im Unterengadin die neue Bäder- und Kuranlage in der Nähe der Quellen und abseits der bäuerlichen Dörfer vorgesehen. Während in St. Moritz die grosse, ebene Fläche eine prächtige Gartenanlage ermöglichte, war das Kurhaus in Tarasp in der knappen Talsohle durch steile Böschungen eingeschlossen. Kubly entwarf deshalb ein langgezogenes Gebäude mit einem Hauptbau und zwei leicht abgewinkelten Seitenflügeln. Dadurch konnte die bergseitige Vorfahrt auf elegante Weise vom talseitigen Hotelgarten getrennt werden. Die Zimmer hingegen wiederholten diese Charakteristik nicht: Kubly ordnete sie zweibündig auf der Vorder- und der Hinterseite an (Abb. 89). Die lokale Bauleitung übernahm der einheimische Baumeister Johann Faller, der später im aufstrebenden Kurort Scuol als selbständiger Hotelarchitekt auftrat, unter anderem beim Bau des neuen Hotel Belvédère.[122] Der Fund einer weiteren Heilquelle veranlasste die Bauherrschaft während der Bauzeit zur Erstellung eines zusätzlichen Stockwerks. Die Kosten für diesen Prachtsbau beliefen sich auf insgesamt 1,8 Millionen Goldfranken, die Finanzierung erfolgte durch Aktiengelder und Bankhypotheken. Im Sommer 1864 war das Kurhaus betriebsbereit, gleichzeitig mit der Vollendung der Talstrasse durch das Unterengadin. Gemäss Baedeker bot es rund 300 Gästebetten an, und Dampfpumpen führten das Heilwasser in die Badeanlagen des neuen Kurhauses (Abb. 203).[123] Bereits kurz nach 1870 entschloss man sich zum Bau einer neuen Trinkhalle am gegenüber liegenden Innufer. Der langgestreckte, elegante Neubau mit zwei Kuppeln und ausgetäfelter Wandelhalle nach Plänen des Architekten Bernhard Simon (1816–1900)[124] konnte 1876 in Betrieb genommen werden (Abb. 204).[125]

Dank mehreren Publikationen, vor allem von damals bekannten deutschen Ärzten, erlebte das Bad in Tarasp und mit ihm die ganze Region seit den 1860er-Jahren einen bedeuten-

203
Tarasp, Kurhaus. Die imposante Kurhausanlage von 1864 war das Werk des St. Galler Architekten Felix Wilhelm Kubly (Abb. 89). Fotografie um 1900.

204
Tarasp, Trinkhalle. Die elegante Kuppelhalle wurde vom Architekten Bernhard Simon entworfen und 1876 eröffnet. Fotografie um 1900.

205
Vulpera, Hotel Schweizerhof. 1899/1900 erbaut als Erstlingswerk des später im Hotelbau stark engagierten Architekten Karl Koller. Fotografie um 1905.

206
Das Freibad in Vulpera wurde als eine der ersten Anlagen dieser Art in der Schweiz 1930 eröffnet. Ansichtskarte um 1950.

205

206

den touristischen Aufschwung. Bis zur Jahrhundertwende entwickelten sich die ehemals kleinen Bauerndörfer Scuol und Vulpera zu bedeutenden Fremdenorten. Vulpera, ursprünglich aus den Häusergruppen Vulpera dadoura und Vulpera dadaint bestehend, war vor dem Bau der grossen Kurhotels ein bescheidenes Bauerndorf. 1843 entstand in Vulpera dadoura durch den Umbau eines bestehenden Wohnhauses das «Hotel zu den Salzwasserquellen» als erstes Gasthaus (später Hotel Steiner).[126] Während der Baedeker seit 1853 nur summarisch «vor und im Dörfchen gute Wirthshäuser» erwähnte, wurden im Tagebuch eines Kurgastes 1857 das Hotel Steiner und die Gasthäuser von Landammann Carl und der Gebrüder Arquint namentlich genannt.[127] Die 1863 eröffnete Strasse vom Kurhaus Tarasp am Inn nach Vulpera erschloss das höher gelegene Plateau für den Wagenverkehr, was prompt Auswirkungen auf die touristische Infrastruktur nach sich zog. Unter den frühen Pensionen von Vulpera findet sich auch die nach dem Dorfbrand von 1866 eröffnete Pension Alpenrose, die 1899/1900 einen grossen Neubau als Hotel Schweizerhof erhielt, das Erstlingswerk des später berühmten Architekten Karl Koller (Abb. 205).[128]

Den entscheidenden Ausbau zum Kurzentrum verdankte Vulpera gegen Ende des 19. Jahrhunderts den Aktivitäten der Gebrüder Duri und Chasper Pinösch aus Ardez. Diese entwickelten sich bis zum Ersten Weltkrieg zu eigentlichen Hotelkönigen des Ortes. Sie kauften nach und nach zahlreiche Gebäude auf, errichteten 1896/97 das grosse Kurhotel Waldhaus (Abb. 14), kurz danach das neue Hotel Schweizerhof neben der bestehenden Pension Alpenrose (Abb. 205) und später noch das Chalet «Wilhelmine» für Königin Wilhelmine von Holland. 1894 eröffneten sie ein kleines Elektrizitätswerk, das ihre eigenen Betriebe mit Strom versorgte. Dazu kamen Golf- und Tennisplätze, Parkanlagen und Wanderwege sowie

Um 1870 lockte der aufstrebende Tourismus neben Nicolaus Hartmann senior auch die Gebrüder Ragaz aus Tamins im Churer Rheintal ins Engadin. Sie gehörten damit zur ersten Generation von Baumeistern, die damals als «Geburtshelfer» für die frühen touristischen Bauten ins Engadin kamen. JACOB RAGAZ (1846–1922) besuchte in Chur die Kantonsschule und studierte danach an den technischen Hochschulen von Stuttgart und München Architektur. Über den Werdegang seines elf Jahre jüngeren Bruders GEORG RAGAZ (1857–1909) ist nichts überliefert. Wahrscheinlich lässt sich die Arbeit des älteren Bruders als diejenige eines Entwerfers und die Arbeit des jüngeren als diejenige eines Bauführers charakterisieren.

Im Jahr 1866 kam Jacob Ragaz für die Ausführung des Hotel Bernina in Samedan, ein Entwurf des Zürcher Architekten Johann Jacob Breitinger, erstmals ins Engadin. Kurz danach verlegten die beiden Brüder ihren Wohnsitz nach Pontresina, das sich in diesen Jahren zum bevorzugten Reiseziel der Alpinisten in Graubünden etablierte. Seit den 1870er-Jahren konnten sich die beiden Baufachmänner dort innert Kürze eine Monopolstellung im Hotelbau sichern, die ihnen bis zur Jahrhundertwende niemand mehr streitig machte. Eine ganze Reihe spätklassizistischer Hotelbauten aus diesen drei Jahrzehnten gehen in Pontresina auf Entwürfe der Gebrüder Ragaz zurück: 1875 der neue Trakt mit Speisesaal beim Saratz, 1876 der Neubau des Hotel Languard, 1881 das neue Hotel Post und Pontresina (später Sporthotel) und 1884 das Hotel Enderlin (später Schlosshotel, Abb. 195). Daneben erstellten sie mehrere Privatvillen, darunter die Villa Gredig (1885) und die Villa Ludwig (1880). Um die Jahrhundertwende konnten die Gebrüder Ragaz, angesichts des zunehmenden Konkurrenzdrucks aus St. Moritz, beinahe alle Hotels in Pontresina aufstocken und ausbauen. Ihr Meisterstück blieb die Erweiterung des Kronenhofs, den sie kurz vor der Jahrhundertwende in eine elegante neobarocke Dreiflügelanlage verwandelten (Abb. 202). Die Gebrüder Ragaz erstellten auch in anderen Oberengadiner Kurorten, vor allem in Samedan, zahlreiche weitere Bauten; ausserhalb von Pontresina wurden ihnen jedoch keine grossen Hotelprojekte übertragen. Im Konkurrenzkampf mit jüngeren Architekten zu Beginn des 20. Jahrhunderts gaben sie, wohl auch aus Altersgründen, die Bautätigkeit 1910 weitgehend auf, und ihr Baugeschäft wurde von der Firma Vonesch, Koch & Co. übernommen.

RUCKI 1989, 151 – ALS, 432 – Fögl d'Engiadina 65/1922, Nr. 45 (Nekrolog).

FELIX WILHELM KUBLY (1802–1872) absolvierte eine exemplarische Ausbildung als Architekt in der ersten Hälfte des 19. Jahrhunderts: Zuerst besuchte er die Königliche Akademie in München bei Friedrich von Gärtner, 1822 immatrikulierte er sich an der École des Beaux-Arts in Paris und von 1827 bis 1830 unternahm er eine längere Italienreise. In den 1830er-Jahren, als sein eigenes Architekturbüro in St. Gallen zu den erfolgreichsten in der Ostschweiz gehörte, setzte er seine Reisetätigkeit fort: 1833 nach München, 1837 nach Paris, 1840 nach England, Irland und Paris sowie nach Württemberg und ins Rheinland. Unverkennbare Spuren in seiner Arbeit hinterliess seine Reise nach München. Kubly orientierte sich danach mehrheitlich an dem von Friedrich von Gärtner und Leo von Klenze verwendeten Rundbogenstil in der Art der florentinischen Frührenaissance. Aus unbekannten Gründen lehnte der damals sehr erfolgreiche Architekt die zweite Professur neben Semper am Polytechnikum in Zürich ab. Einen wichtigen Stellenwert in Kublys Schaffen nahm der Kirchenbau ein. Er befasste sich aber auch intensiv mit den Bauaufgaben des jungen Bundesstaates: Schulen, Rathäuser, Zeughäuser und Bauten der sozialen Wohlfahrt gehörten neben Wohnhäusern, Bädern und Hotels sowie Kirchen zu seinem umfangreichen Werk. Im Engadin entwarf er die bedeutendsten Bäderhotels des 19. Jahrhunderts: die 1856 und 1864 eröffneten Anlagen in St. Moritz (Abb. 181, 182) und das Kurhaus von 1864 in Tarasp (Abb. 89, 203). Seine Bauten waren schlichte klassizistische Zweckbauten. Kublys eigentliche Stärke lag nicht in der virtuosen Ausgestaltung der Fassaden, seine Domäne war die praktische Disposition von Grundrissen und Raumprogrammen, was ihm auch einige gute Wettbewerbsplätze eintrug.

SCHUBIGER 1984 – ALS, 322f.

schliesslich im Jahr 1930 noch das Freibad als eine der frühesten Anlagen in der Schweiz (Abb. 206). Für die Wasserversorgung ihrer Bauten erstellten sie eine sechs Kilometer lange Wasserleitung aus dem Plavnatal.[129]

Das 1896/97 erbaute Hotel Waldhaus, der bedeutendste Hotelneubau im Unterengadin neben dem Kurhaus in Tarasp, wurde kurz vor der Jahrhundertwende ebenfalls in Vulpera erbaut. Mit diesem Grand Hotel stand den anspruchsvollen Gästen nun auf der Terrasse über dem Inn eine repräsentative Hotelunterkunft in schöner Aussichtslage zur Verfügung. Dadurch konnte dem verstärkten Wunsch nach Sommerfrische in alpiner Landschaft entsprochen werden, der damals den strengen Kurtourismus zu konkurrenzieren begann. Der winkelförmig an der Geländekante angeordnete vierstöckige Prachtsbau war charakterisiert durch eine bewegte Fassadengestaltung mit Balkonen, Veranden und Sgraffito-Verzierungen sowie mit Türmchen und einer markanten Eckkuppel auf dem flachen Dach (Abb. 14).[130] Aufwändige Malereien, Stuckarbeiten und Boiserien gestalteten ein würdiges Interieur; besonders bekannt wurde die repräsentative Hotelhalle mit den legendären ausgestopften Bären.[131] Mit diesem Bau schuf der St. Moritzer Architekt Nicolaus Hartmann senior, der sich später in der 1905 gegründeten Heimatschutzbewegung stark engagierte, eine erste Hotelfassade «zwischen höfischer Palastarchitektur und traditioneller einheimischer Baukultur».[132] Nach dieser bedeutenden Ausbauphase in Vulpera erklärte der Baedeker den sozialen Unterschied zwischen den Gästen von Tarasp und Vulpera wie folgt: «Denjenigen, denen das Leben in Tarasp zu kostspielig [ist], miethen sich im höher gelegenen Vulpera ein.»[133]

Im Dorf Scuol entstanden die wichtigsten touristischen Bauten nach der Eröffnung der neuen Talstrasse im Jahr 1862. Die Hotels etablierten sich mehrheitlich in der Nähe der in Hanglage zwischen den zwei alten Dorfteilen Scuol suot und Scuol sura durchgeführten neuen Verbindung. Als eine der ersten Pensionen empfing das Belvédère seine Gäste gleichzeitig mit der Eröffnung der Strasse.[134] Die Entwicklung zum eigentlichen Fremdenzentrum begann in den späten 1860er-Jahren mit der Eröffnung der im Baedeker erwähnten Hotel Könz (1864) oberhalb der Poststrasse, den Hotel-Pensionen Aporta und Bon-Port und dem Schwarzen Adler.[135] 1872 entstand oberhalb der Talstrasse im Dorfzentrum das Hotel Quellenhof, 1876 wurde das Neue Belvédère eröffnet, ein plastisch gestalteter Monumentalbau mit turmartigem Vorbau in freier Hanglage (Abb. 207).[136] 1903/04 erbaute der Davoser Architekt Gaudenz Issler am westlichen Dorfeingang den Engadinerhof, der 1909 vom gleichen Architekten vergrössert wurde (Abb. 208). Damit war die Entwicklung des Hotelbaus in Scuol in den grossen Linien abgeschlossen. Die 1913 eröffnete elektrische Eisenbahnlinie von Bever nach Scuol vermochte die touristische Entwicklung kurz vor dem Ausbruch des Ersten Weltkriegs nicht mehr entscheidend zu fördern, sodass der grosse Ausbau der Hotellerie in Scuol unterblieb.[137]

DAVOS, DIE «SONNENSTADT IM HOCHGEBIRGE»

In der Landschaft Davos fand man im 19. Jahrhundert ebenfalls Kurbäder, wie das Spinabad bei Glaris oder das Bad Clavadel, diese gehörten aber nicht zu den alten und bedeutenden Anlagen in Graubünden.[138] Der als «Sonnenstadt im Hochgebirge»[139] bekannt gewordene Hauptort des Landwassertals etablierte sich seit den 1860er-Jahren vielmehr dank seinem idealen Klima als einer der bedeutendsten Lungenkurorte im Alpenraum. Die touristische Entwicklung setzte aber auch dort, wie andernorts in Graubünden, vergleichsweise spät ein. Die 1852 eröffnete Strasse von Klosters nach Davos hatte noch keine Fortsetzung ins Unterland, sodass die Landschaft Davos vorerst noch nicht mit Kutschen erreichbar war. Es erstaunt deshalb kaum, dass die Region im ersten Baedeker von 1844 keine Erwähnung fand und in der zweiten Ausgabe von 1848 bloss zwei Textzeilen über Davos erschienen.[140] Auch noch 1860, ein Jahr nach der Vollendung der Kutschenstrasse durchs Prättigau, konnte man in Davos gemäss Baedeker nur zwischen zwei Herbergen auswählen: dem alten Spinabad und dem Rathaus.[141] Zur gleichen Zeit standen den Gästen beispielsweise in Montreux oder Interlaken bereits mehr als zwei Dutzend grössere Fremdenpensionen zur Verfügung. Die neue, seit 1859 von einem vierspännigen Postwagen befahrene Strasse von Landquart nach Davos Platz leistete aber den entscheidenden Impuls für die touristische Entwicklung von Klosters und

207
Scuol, Hotel Belvédère. 1875/76 durch den Baumeister-Architekten Johannes Faller als reich gegliederter Hotelbau an der neuen Engadinstrasse erbaut. Fotografie um 1900.

208
Scuol, Hotel Engadinerhof. 1904 in Aussichtslage vor dem Dorf Scuol erbaut und 1909 durch den Davoser Architekten Gaudenz Issler vergrössert. Fotografie um 1910.

Davos.¹⁴² Kurz nach deren Eröffnung kaufte der Tierarzt Erhard Michel ein Privathaus in Davos Platz, das er nach dem Umbau 1862 als «Hotel zum Strela» eröffnete (Abb. 209). Nun konnte der Baedeker auch in Davos endlich eine zeitgemässe Unterkunft anpreisen.¹⁴³

Als Tourismuspionier profilierte sich in Davos der seit 1853 im Landwassertal tätige Arzt Alexander Spengler (1827–1901), ursprünglich ein politischer Flüchtling der badischen Revolution von 1849. Er war der Entdecker und unermüdliche Förderer des Davoser Klimas zur Heilung von Lungenkranken (Seite 198).¹⁴⁴ Grosse Unterstützung erhielt er dabei 1860 durch das Buch «Die Heilquellen und Kurorte der Schweiz», in dem der Zürcher Arzt Conrad Meyer-Ahrens Davos erstmals als klimatischen Kurort propagierte.¹⁴⁵ Nachdem der 1866 durch einheimische Initianten begonnene Bau eines ersten Kurhauses mit etwa 50 Betten nur langsam vorankam, entschloss sich Spengler 1868 zu einer Beteiligung an diesem Unternehmen. Ihm zur Seite stand der Holländer Willem Jan Holsboer (1834–1898),¹⁴⁶ der kurz zuvor mit seiner lungenkranken Frau nach Davos gekommen war. Die beiden Ausländer Spengler und Holsboer verkörperten in der Folge die treibenden Kräfte beim unaufhaltsamen Aufstieg von Davos zum bekanntesten Luftkurort in den Schweizer Alpen.¹⁴⁷ Bereits 1868 konnte das erste «Curhaus» eröffnet werden, dessen Leitung in den Händen von Holsboer lag (Abb. 210). Seine Architektur, klassizistische Fassaden mit spärlichen Holzzierelementen, war für die frühen Davoser Gasthäuser wegweisend, etwa für die Hotels zur Post, Schweizerhof (Abb. 211), Rhätia oder Belvédère. Mit dem Neubau seines Kurhauses nach einem Grossbrand 1872 sah Holsboer die Zukunft des Hotelbaus im modernen Flachdach (Abb. 212), mit dem er bereits kurz vor dem Brand einen neuen Querflügel an seinem Kurhaus versehen hatte.¹⁴⁸ Als Vorbild diente ihm das Hotel Buol mit der ersten solchen Konstruktion in Davos, die damals gerade vor der Vollendung stand (Abb. 213).¹⁴⁹ 1877 bestätigte die Bauzeitschrift «Die Eisenbahn», dass die in Schlesien vor der Jahrhundertmitte erfundene «Holz-Cement-Bedachung nach dem System Samuel Häussler» in Davos rasch Eingang gefunden habe.¹⁵⁰

Kaum hatte sich Davos als Sommerkurort etabliert, kamen bereits die ersten Winteraufenthalter ins Landwassertal, die zu den ersten registrierten Wintergästen in den Schweizer Alpen gehörten.¹⁵¹ Zur grossen Überraschung der Einheimischen trafen Friedrich Unger, ein deutscher Arzt, und Hugo Richter, ein Schweizer Verleger, im Februar 1865 zu einem Kuraufenthalt in Davos ein, wo es damals sechs heizbare Gästezimmer gab. Beide Pioniere erholten sich von ihrem Leiden, und sie blieben der Region ein Leben lang verbunden: Friedrich Unger führte nach seiner Genesung zwanzig Jahre lang eine Arztpraxis in Davos und Hugo Richter wurde zum «publizistischen Wegbereiter der Kurorts».¹⁵² Die Nachricht von diesen ersten Wintergästen verbreitete sich bald einmal in den einschlägigen Kreisen, sodass die Zahl der Aufenthalter in den Wintermonaten konstant anstieg. In der Saison 1866/67 wurden 22 Personen gezählt, drei Jahre später 70 und im Winter 1877/78 erwähnte die Statistik bereits über 800 Gäste.¹⁵³ Grosse Förderung erhielt diese Entwicklung durch die 1869 in Basel bei Hugo Richter publizierte Broschüre «Die Landschaft Davos als Kurort gegen Lungenschwindsucht». Mit dieser Werbeschrift konnte der Tourismuspionier Alexander Spengler seine Wahlheimat in der medizinischen Fachwelt als idealen Erholungsort propagieren und gleichzeitig auch ein idyllisches Bild des heilenden Bergwinters zeichnen.¹⁵⁴ Im gleichen Jahr 1869 wusste auch der Baedeker schon vom neuen Zustrom ins Landwassertal zu berichten: «Davos ist neuerdings als Aufenthalt für Brustkranke in Aufnahme gekommen, die selbst im Winter hier wohnen.»¹⁵⁵ (Abb. 219)

Der Ausbau der Zügenstrasse von Davos ins Albulatal in den Jahren 1871 bis 1873 bedeutete das Startsignal zu einem markanten Anstieg der Gastwirtschaftsbetriebe im ganzen Tal und auch in Klosters.¹⁵⁶ Der Erfolg dieser Bautätigkeit widerspiegelt sich unter anderem in den zeitgenössischen Reiseführern. Während der Baedeker 1869 in Davos neben dem «Curhaus» nur das Hotel zum Strela und das alte Wirtshaus Rössli erwähnte, zählte der bedeutendste damalige Reiseführer in seiner Ausgabe von 1875 bereits elf Hotels und Pensionen auf, darunter die «nach Brand 1872 neu aufgebaute Kuranstalt Holsboer».¹⁵⁷ Eine 1877 erschienene Werbeschrift erwähnte in Davos neben dem Kurhaus sieben Hotels und über 30 Pensionen und Villen, meistens bescheidene Bauten, entweder mit traditionellem Satteldach oder mit modernem Flachdach (Abb.

209
Davos, Hotel zum Strela. Lithografie kurz nach der Eröffnung des Hotelbetriebs 1862 in einem alten Wohnhaus durch den Tierarzt Erhard Michel.

210
Davos, Kurhaus. Das erste, 1866–1968 auf Initiative von Alexander Spengler und Willem Jan Holsboer erbaute Kurhaus war ein einfacher Satteldachbau mit Holzzierelementen. Fotografie um 1870.

211
Davos, Hotel & Pension Schweizerhof. 1870 als traditioneller Satteldachbau eröffnet und mehrmals erweitert (Abb. 222). Das auch im Winter geöffnete Hotel erhielt eine der ersten Dampf-Zentralheizungen in Davos. Hotelprospekt um 1940.

209

210

211).[158] Die Bettenzahl stieg in den 1870er-Jahren von knapp 100 auf über 600. Zudem meldeten die Statistiken im Jahr 1875 bereits eine grössere Besucherzahl im Winter als im Sommer, eine in den europäischen Alpen damals einzigartige Situation.[159]

In den 1870er-Jahren konnte sich auch die auf der Zufahrtsstrasse nach Davos gelegene Bauerngemeinde Klosters als selbständiger Kurort etablieren. 1870 entstand aus der Poststation Hirschen an der Brücke über die Landquart das Hotel Silvretta, 1875 kam das Kurhaus hinzu. 1874 entstand das Hotel Florin, der spätere Bündnerhof. Danach folgten in kurzen Abständen 1877 das Hotel Brosi (Abb. 214) und zwei Jahre später das Hotel Vereina.[160] 1878 wurde das Hotel Schweizerhof und im folgenden Jahr das Kurhaus in Klosters Dorf eröffnet, 1889 das Belvédère und 1894 das Weiss Kreuz in Klosters Platz. 1900/01 erhielten die Hotels Brosi und Vereina mit einem neuen Verbindungsbau mit markantem Turm und unter dem Namen Grand Hotel Vereina eine bauliche und betriebliche Vereinigung (Abb. 215). In diesem Haus fand 1904/05 die erste Wintersaison in Klosters statt, für die der Bobsleighrun von Laret nach Klosters hergerichtet wurde. Trotz diesen zahlreichen Hotelbauten und dem Status als Sommer- und Winterkurort blieb das stattliche Bauerndorf aber stets im Schatten des höher gelegenen und bekannteren Kurortes Davos.[161]

1871 schlossen sich die führenden Hoteliers von Davos zusammen, um mit Hilfe eines Verschönerungsvereins (ab 1875 Kurverein) die Schaffung der notwendigen touristischen Infrastruktur an die Hand zu nehmen. Dadurch kam Davos in den Genuss von zahlreichen fortschrittlichen Einrichtungen, die man sonst nur in grösseren Städten fand. Die 1871 gegründete Wasserversorgungsgesellschaft betrieb bald Wasserleitungen aus den Tobelmühlequellen sowie aus dem Flüelatal und dem Sertigtal. 1875 nahm eine private Gasfabrik ihren Betrieb auf, die vorerst das Kurhaus und einige kleinere Gasthäuser mit Leuchtgas versorgte und seit 1880 die Promenade mit Gaslaternen beleuchtete. 1881 wurde neben dem Kurhaus das Konversationshaus mit Theatersaal erbaut. Bereits seit 1874 konnten die Nachmittagskonzerte im neuen Musikpavillon vor dem Kurhaus stattfinden. 1883 war die englische Kirche fertiggestellt, erbaut durch den einheimischen Architekten Gaudenz Issler nach Plänen von W. Barber aus London.[162]

Im gleichen Jahr verbanden die ersten Pferdetramkurse, im Sommer mit Kutschen und im Winter mit Schlitten, die damals noch baulich getrennten Dorfteile Davos Platz und Davos Dorf, nachdem in den Davoser Blättern bereits 1875 erstmals die Frage nach einem öffentlichen Omnibusbetrieb gestellt worden war (Abb. 216).[163] 1887 wurde eine Tramwaygesellschaft gegründet mit dem Ziel einer Schienenverbindung auf der Dorfstrasse.[164] In den späten 1880er-Jahren entstanden die ersten lokalen Elektrizitätswerke für die Hotels Buol (1885 am Schiabach), Rhätia (1886 an der Landwasser) sowie Flüela und Seehof (1889 am Dorfbach). Im Sommer 1886 konnten die Kurgäste an der Promenade 15 elektrische Bogenlampen bestaunen, die ihren Strom aus dem Kraftwerk des Hotel Rhätia erhielten.[165] 1886 wies Davos bereits etwa 60 Kaufläden auf gegenüber «drei kleinen armseligen Läden» zwanzig Jahre früher.[166] 1896 entstand die Bank für Davos, und im folgenden Jahr wurde in Davos das deutsche Konsulat für Graubünden eröffnet. Das kurz nach der Jahrhundertwende ausgearbeitete Projekt für einen elektrischen Omnibusbetrieb konnte nicht mehr verwirklicht werden.[167]

GAUDENZ ISSLER (1853–1942) war Architekt und Heimatschützer (Gründungsmitglied der Bündnerischen Vereinigung für Heimatschutz), zugleich aber auch aktiver Wirtschaftsführer (Präsident des Handels- und Gewerbevereins 1896–1900, Direktionsmitglied der Bündner Kantonalbank 1908–1930) und Politiker (Bündner Grossrat, Davoser Landammann 1909–1913). Der aus einer Davoser Familie stammende Issler besuchte nach einer Zimmermanns- und Schreinerlehre die Königliche Baugewerkeschule in Stuttgart, die er 1878 als diplomierter Baumeister abschloss. Bereits im Jahr nach der Rückkehr in seine Heimat baute er das neue Schulhaus in Davos Platz. Von 1881 bis 1884 war er an der mechanischen Schreinerei Issler, Meisser & Cie. beteiligt, danach führte er ein eigenes Architekturbüro. Seit 1897 entstanden seine Bauten unter dem Signum der von ihm gegründeten Firma «Baugeschäft und Chaletfabrik AG» in Davos und Celerina, in der von 1907 bis 1914 auch der später bekannte Architekt Rudolf Gaberel (1882–1963) arbeitete. Aus dieser Firma zog er sich nach seiner Wahl als Davoser Landammann zurück. Als Architekt entwarf er, entweder unter seinem eigenen Namen oder unter dem Signum der Chaletfabrik, alle nur denkbaren Bautypen: traditionelle Historismusbauten (Erweiterungsbauten des Flüela-Posthotels 1890 und des Fridericianums 1894 in Davos), Satteldachhäuser mit klassizistischen Architekturelementen und Zierformen im Schweizer Holzstil (Sanatorium Dr. Turban 1889 [Abb. 220] und Hotel-Pension Bellavista 1899 in Davos) oder Chalets in der um die Jahrhundertwende beliebten alpenländischen Holzbaukunst (Stationsgebäude der Rhätischen Bahn zwischen Landquart und Thusis, Sanatorium Davos-Dorf 1898/99 [Abb. 221]) sowie romantische Jugendstilbauten mit regionaltypischen Architekturelementen (Sanatorium Clavadel 1903, Pension Scalettastrasse 5 im Jahr 1910, Hotel Germania 1911 [Abb. 221] und Pension Waldschlössli 1912). Isslers Hotelbauten finden sich auch im Engadin: So erbaute er beispielsweise 1895 das Hotel Post in Pontresina und 1904 den Engadinerhof in Scuol (Abb. 208).

HENDERSON-AFFOLTER 1979 – PFISTER 1981, 40f. – REBSAMEN, STUTZ 1982, 333, 347f. (Anm. 50–52) – RUCKI 1989, 177 – ALS, 291.

211

Bereits seit 1874 erschienen die «Davoser Blätter» als Wochenzeitung für die Fremden. Seit 1881 gab Hugo Richter, der sich nach seiner Genesung in Davos niedergelassen hatte, in seiner neuen Buchdruckerei das «Wochenblatt für die Landschaft Davos» heraus. 1888 wurde mit dem «Davos Courier» im Landwassertal sogar eine englische Zeitung redigiert, die ab 1897 auch in französischer Sprache erschien. Zahlreiche berühmte Ausländer liessen sich in dieser Zeit im Landwassertal zu einem längeren (Kur-)Aufenthalt nieder, unter anderem der englische Dichter Robert Louis Stevenson, der hier in den Jahren 1880 bis 1882 seine «Schatzinsel» vollendete, 1894/95 der englische Arzt und Schriftsteller Arthur Conan Doyle, 1900/01 der deutsche Dichter Christian Morgenstern oder 1912 der Dichter Thomas Mann, der seine Eindrücke vom Davoser Sanatoriumsleben in seinem 1924 erschienenen Roman «Der Zauberberg» niederschrieb. Einige Intellektuelle, die krank nach Davos gekommen waren, blieben dem Hochtal nach ihrer Genesung treu, wie John Addington Symonds, der englische Kulturhistoriker und Förderer des alpinen Wintersports, oder der deutsche Kunsthistoriker Erwin Poeschel, der im Landwassertal von 1913 bis 1926 die Bündner Bände zum «Bürgerhaus in der Schweiz» und die «Kunstdenkmäler des Kantons Graubünden» schrieb.[168]

OTTO PFLEGHARD (1861–1958) aus St. Gallen und MAX HAEFELI (1869–1941) aus Luzern schlossen ihr Architekturstudium am Polytechnikum in Zürich mit dem Diplom bei Friedrich Bluntschli ab. 1893–1895 arbeiteten sie bei Architekt A. Schellenberg in Wiesbaden. 1898 gründeten sie zusammen die Firma Pfleghard & Haefeli, die bis 1925 bestand, dann arbeitete Pfleghard mit seinem Sohn Otto zusammen und Haefeli mit seinem Sohn Max Ernst. In ihrer gemeinsamen Zeit war Pfleghard für die technische Leitung der Firma verantwortlich, Haefeli war eher die «künstlerische Seele» der Bürogemeinschaft und zugleich ein äusserst innovativer Konstrukteur.

Otto Pfleghard und Max Haefeli gehörten im ersten Viertel des 20. Jahrhunderts zu den meistbeschäftigten Architekten Zürichs. Ihre Bauwerke findet man vor allem in ihrer engeren Heimat, aber auch in St. Gallen und Davos. Die von ihrem Lehrer Friedrich Bluntschli beeinflusste Historismusarchitektur in den ersten Projekten wandelte sich später zu einer stark vereinfachten Formensprache mit Jugendstilanklängen. Unter dem Einfluss der Heimatschutzbewegung setzten sie sich im frühen 20. Jahrhundert intensiv mit regionalen Bauweisen und Stilformen auseinander. Ein eigentliches Spezialgebiet des Büros waren die Tuberkuloseheilstätten in Davos: Der Umbau des Hotel Schweizerhof zum Sanatorium in den Jahren 1901 bis 1903 (Abb. 222), das Kaiser-Wilhelm-II.-Haus bei der Deutschen Heilstätte 1905 und das Queen-Alexandra-Sanatorium auf der Grüeni-Alp 1909, bei dessen Konstruktion Robert Maillart als Ingenieur mitwirkte, gehören zu den herausragenden Bauten in ihrem gemeinsamen Werk. Einen Meilenstein in der Entwicklung des Sanatoriums bildete die 1899/1900 erstellte Anlage auf der Schatzalp. Äusserst avantgardistisch war die Konstruktion des Hauptgebäudes als einer der ersten Eisenbetonbauten überhaupt mit einem Flachdach mit Wasserableitung nach innen (Abb. 225).

RUCKI 1989, 24ff. – ALS, 418f. – SBZ 1941/117, 261ff. (Nekrolog Haefeli) und 1958/75, 713f. (Nekrolog Pfleghard).

1889 fand die Eröffnung der Bahnlinie von Landquart nach Klosters statt, und seit dem Sommer 1890 fuhr die damals höchste Adhäsionsbahn Europas (Bahnlinie ohne Zahnrad) bis nach Davos Platz. Initiant der ersten Schienenverbindung in Graubünden war wiederum der Davoser Tourismuspionier Willem Jan Holsboer, dessen Kuranstalt sich mittlerweile zum «Grand Hôtel Curhaus Davos» mit mehreren Dependancen (Villa Wohlgelegen, Villa Helvetia und Villa Batava im Schweizer Holzstil, Villa Germania «im gotisierenden Stil» sowie die Villa Britannia) entwickelt hatte (Abb. 217).[169] Um 1890 erlangte Davos mit knapp 1 500 Betten bereits den zweiten Platz in Graubünden hinter dem Spitzenreiter St. Moritz; im Baedeker wurden damals bereits mehr als 15 Hotelbetriebe erwähnt.[170] Die Erschliessung durch die Schiene setzte eine weitere, bisher nicht gekannte Entwicklung in Gang, die Davos innert kürzester Zeit zu einem der bedeutendsten Fremdenorte in den Alpen machte. Bis zum Ausbruch des Ersten Weltkriegs 1914 erhielten viele ältere Gasthäuser Erweiterungs-, Um- und Anbauten. Zu den am markantesten veränderten Hotels gehörten etwa der Schweizerhof (Anbau auf der Nordseite 1891 durch Gaudenz Issler, Umbau zum Sanatorium in den Jahren 1901 bis 1903, Abb. 222), das Hotel Flüela (talseitige Erweiterung zum Flüela-Posthotel durch Gaudenz Issler im Zusammenhang mit dem Bahnbau 1889/90, Saalanbau 1899 duch Gaudenz Issler, Erweiterung mit Eckturm 1905 durch Chaletfabrik), das Sporthotel Central (durchgreifende Umgestaltung 1910 durch Hermann Schmitz, Bau des quergestellten Nordtraktes und Einbau einer Dampfheizung 1914 durch Schmitz & Overhoff) oder das Grand Hotel Belvédère (Erweiterung nach Süden und Bau des Konversationshauses mit Kuppel 1892 nach Plänen von J. C. Stein, Aufstockung des hinteren Saales 1912 durch Hermann Schmitz, Abb. 218).[171]

In dieser Zeit des allgemeinen Baubooms kamen auch zahlreiche neue Betriebe hinzu, die Pensionen Rychner (später Hotel Belmont, 1898 erbaut durch die Chaletfabrik), Bellavista (1899 erbaut durch die Chaletfabrik), Barz (1908 erbaut durch das Baugeschäft Adolf Baratelli), Alpina (1911 projektiert durch Karl Bode), Germania (später Hotel Anna Maria, 1911 erbaut durch Gaudenz Issler, Abb. 221) oder Aela (1913 erbaut durch das Baugeschäft Adolf Baratelli nach Plänen der

212

213

214

215

212
Davos, neues Kurhaus. Das nach dem Brand von 1872 neu erbaute Kurhaus war eines der ersten Flachdachgebäude im Landwassertal (Abb. 217). Fotografie um 1875.

213
Davos, Hotel Buol. Die 1872 von der Familie Buol eröffnete Pension war der erste grössere Flachdachbau in der Landschaft Davos. Fotografie kurz nach der Eröffnung.

214
Klosters, Hotel & Pension Brosi, 1877 eröffnet. Charakteristischer Hotelbau mit klassizistischer Fassadengestaltung (Klosters 1885).

215
Klosters, Grand Hotel Vereina. 1900/01 wurden die Hotels Brosi und Vereina durch einen eleganten Zwischenbau mit Turm vereinigt (2000 Abbruch und Hotelneubau). Fotografie um 1905.

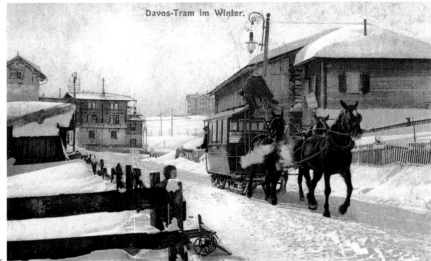

216

217

216
Das Davoser Rösslitram verkehrte von 1883 bis 1928 zwischen den Siedlungsteilen Platz und Dorf. Ansichtskarte mit der Winterausrüstung um 1910 (Bündner Hotellerie um 1900).

217
Davos, «Grand Hôtel Curhaus». Fotografie um 1950 mit dem mehrmals umgebauten und erweiterten Kurhaus an der Promenade (Abb. 212).

218
Davos, Hotel Belvédère. Das 1875 eröffnete Hotel wurde bis zum Ersten Weltkrieg mehrmals erweitert, 1892 entstand der markante Kuppelbau. Im Hintergrund ist das 1911 eröffnete Waldsanatorium zu erkennen. Fotografie um 1930.

219
Davos im Winter um 1900. Das Ortsbild wird dominiert von den bereits charakteristischen Flachdachbauten.

218

219

Tuberkulosesanatorien

Die Bündner Kurorte Davos und Arosa sind eng mit der Geschichte der Tuberkulose und ihren Sanatorien verbunden. Die Tuberkulose war im 19. Jahrhundert eine stark verbreitete Volkskrankheit, die in verschiedenen Erscheinungsformen auftrat: Charakteristische Auswirkungen waren Husten, Fieber, Abmagerung und Müdigkeit. In einem langen Prozess, volkstümlich als «Auszehrung» bekannt (Fachausdruck «Phthise»), wurde der Körper erschöpft. Beim Husten wurden grosse Mengen von Erregern freigesetzt und als Tröpfchen von Mensch zu Mensch übertragen. Um 1900 starb etwa jeder sechste Europäer an Tuberkulose. Bis zur Entdeckung des Tuberkelbazillus durch Robert Koch im Jahr 1882 kannte man aber die Ansteckungsgefahr nicht. Man hielt die Phthise als eine konstitutionelle Krankheit, die man mit schlechten hygienischen Zuständen in den Grossstädten des 19. Jahrhunderts erklärte.

Gegen die Tuberkulose wurden im Lauf der Zeit verschiedenste Massnahmen empfohlen. Am erfolgreichsten war der Klimawechsel, den schon die Römer kannten. Einer der führenden Köpfe im Kampf gegen diese Volkskrankheit des 19. Jahrhunderts war der deutsche Mediziner Hermann Brehmer, der selbst auf Grund eines Klimawechsels von der Tuberkulose geheilt wurde und danach sein Medizinstudium 1854 mit einer Dissertation über diese Krankheit abschloss. In Goerbersdorf im Riesengebirge errichtete er daraufhin eine erste Kuranstalt, in der er als wichtigstes Element der Heilung eine Freiluftkur im grossen Garten mit 360 Sitzbänken verschrieb. Weiter entwickelte Methoden stellten den Patienten bereits Liegestühle zur Verfügung. Ein erster eigentlicher Durchbruch gelang aber erst dem deutschen Arzt Alexander Spengler in Davos, dessen Tuberkulosetherapie strenge Ruhe, körperliche Kräftigung, reichhaltige Ernährung und Abhärtung durch kalte Duschen beinhaltete; Patienten wurden stundenlang in Felle gehüllt an die frische Luft gesetzt. Spenglers Heilerfolge machten Davos bald einmal in ganz Europa bekannt. Sein architektonisches Muster des Sanatoriums orientierte sich an den bekannten Bade- und Trinketablissements. Ein Hauptgebäude war umgeben von Pavillons und Dependancen. Die Patienten wohnten entweder im Kurhaus, in anderen Pensionen oder bei Privaten, und sie mussten die Regeln des Kurarztes befolgen. Neben dem Kurbetrieb entwickelte sich im Kurort jedoch ein reges gesellschaftliches Leben auf Bällen und Festen sowie in Wandelhallen und Musikpavillons.

Diesem ausgelassenen Festbetrieb stellte sich der Arzt Karl Turban (1856–1935)[172] am Ende der 1880er-Jahre vehement entgegen, indem er für die Kranken ein strenges Anstaltsregime forderte. Während die Kurgäste früher «Milch und Cognac tranken und spazieren gingen», wie der deutsche Schriftsteller Kasimir Edschmid schrieb, verordnete Doktor Turban eine längere tägliche Liegekur auf der Sonnenterrasse. Durch diese speziellen Kuren wurden die Tuberkulosepatienten erstmals von den gesunden Gästen, unter denen sie sich bisher aufhielten, getrennt. In seinem 1889 eröffneten Sanatorium in Davos galt strenge Ordnung in einer geschlossenen Anstalt; wer nicht gehorchte, musste abreisen (Abb. 220). Mit diesem Regime stiegen auch die Heilungserfolge, was wiederum Turban in seiner Methode bestärkte. 1893 veröffentlichte er deshalb «Normalien zur Erstellung von Heilstätten für Lungenkranke», wo er die baulichen Voraussetzungen klar festlegte: Ort, Klima, Besonnung und innere Ausgestaltung waren die Hauptpunkte. Diese Normen führten zur Schaffung des Sanatoriums als selbständigem Bautyp mit spartanischer Ausstattung: Die Repräsentationsräume wurden auf den Speisesaal, ein Lesezimmer und einen Aufenthaltsraum reduziert. Sauberkeit, Luft und Licht standen im Zentrum der inneren Ausstattung, glatte und abwaschbare Oberflächen waren unabdingbar. Die Bauten wurden nach Süden ausgerichtet, die Patientenzimmer stark verglast und teilweise mit eigenen Liegebalkonen auf der Südseite versehen. Weisse Stahlrohr- oder Flechtwerkmöbel wurden als ideale Liegemöbel eingesetzt.

Die von Doktor Turban entwickelte Theorie fand später ihre Weiterentwicklung und Optimierung. So führte der St. Moritzer Arzt Oskar Bernhard (1861–1939) in den 1920er-Jahren im Engadin die Heliotherapie ein, die mit der desinfektierenden Wirkung des Sonnenlichts arbeitete. Die Sanatorien wurden nun konsequent mit Liegebalkonen vor den Zimmern ausgestattet, auf denen die Patienten stundenlang dem direkten Sonnenlicht ausgesetzt wurden. In der auf Initiative von Hoteliers aus Montreux eigens für Tuberkulosepatienten errichteten «Sonnenstadt» Leysin baute der Westschweizer Arzt Auguste Rollier (1874–1958) die Sonnentherapie zum eigentlichen Sonnenkult aus. Mit den beiden neuen Sanatorien Clavadel bei Davos von Architekt Rudolf Gaberel und Bella Lui in Montana, ein Gemeinschaftswerk der Architekten Rudolf und Flora Steiger-Crawford mit Arnold Itten, entstand 1932 ein neuer Bautyp für «Licht, Luft, Sonne und Öffnung» im Sinn des Neuen Bauens: Flachdach-Betonbauten mit grossen Liegebalkonen und -hallen sowie klaren Bezügen zum zeitgenössischen Spitalbau.[173] Die Erfindung der Antibiotika gegen Ende des Zweiten Weltkriegs brachte in der Behandlung der Tuberkulose eine abrupte Wendung. Die Patienten konnten nun an ihren Wohnorten erfolgreich behandelt werden, die Sanatorien wurden dadurch mit einem Schlag überflüssig.

Chaletfabrik, Entwurf Rudolf Gaberel).[174] Die bauliche Entwicklung im späten 19. und im frühen 20. Jahrhundert schlug sich auch in rapid ansteigenden Gästezahlen nieder. Allein zwischen 1889 und 1891 schnellten diese von 6 900 auf 10 200, im Jahr 1900 wurden bereits 15 800 temporäre Aufenthalter gezählt, bis 1913 realisierten die 31 600 registrierten Fremden mehr als 1,1 Millionen Übernachtungen (Abb. 219).[175]

Gleichzeitig mit der Eröffnung der Eisenbahn erlebte auch der Sanatoriumbau eine rasante Weiterentwicklung. Im Sommer 1889 eröffnete der aus Karlsruhe stammende Arzt Karl Turban in Davos ein neues Sanatorium als geschlossene Anlage, in der erstmals eine neue Heilmethode mit längeren täglichen Liegekuren auf einer Sonnenterrasse zur Anwendung kam (Abb. 220) (Seite 198).[176] Diese neue Form der Kur drückte den Sanatorien im ganzen Alpenraum fortan ihren unverwechselbaren architektonischen Stempel auf. Zu den seit mehr als einem Jahrzehnt in der Davoser Landschaft stark verbreiteten flachen Dächern kamen nun Liegeterrassen in verschiedenen Pavillons und Liegehallen im Garten des Kurhauses, später Liegebalkone auf der Sonnenseite vor den Zimmern hinzu. Zahlreiche ältere Hotels erhielten in der Folge eine architektonische Umgestaltung nach diesem Muster, wie beispielsweise die 1870 eröffnete Hotel & Pension Schweizerhof zwischen 1901 und 1903 (Abb. 211, 222).

In den 1890er-Jahren entstanden im Landwassertal auffallend viele neue Sanatorien. Massgeblich beeinflusst wurde diese markante Häufung durch die Identifizierung des Tuberkulosebazillus durch den Berliner Physiologen Robert Koch im Jahr 1882 und die daran anschliessende intensive medizinische Forschung. Zu den grössten Neubauten gehörten etwa die Basler Höhenklinik von 1895/96, erbaut durch die Davoser Chaletfabrik nach Plänen von Gustav und Julius Kelterborn aus Basel, das Internationale Sanatorium von 1899 (ab 1915 Sanatorium Valbella genannt, Abb. 224), das Sanatorium Davos-Dorf von 1898/99, ein Holzbau der einheimischen Chaletfabrik (Abb. 221) oder die in den Jahren 1899 bis 1901 durch den Ingenieur Carl Wetzel in Davos Wolfgang erstellte Deutsche Heilstätte für minderbemittelte Kreise.[177] 1901 baute der Davoser Bauunternehmer Johann Caprez (1840–1907) die Villa des englischen Generals Haigh, damals als schönste und grösste Davoser Villa bekannt, zum Niederländischen Sanatorium um. 1903 wurde nach einer längeren Vorgeschichte mit mehreren beteiligten Entwerfern das Sanatorium in Clavadel vollendet (seit 1918 Zürcher Heilstätte für Lungenkranke). 1904 erbauten die Architekten Stotz & Held aus Zürich das Sanatorium Davos Platz (später Sporthotel Esplanade [Abb. 223]). Zwischen 1906 und 1909 entstand auf der Grüeni-Alp über Davos Platz das Queen Alexandra Sanatorium (die spätere Thurgauisch-Schaffhausische Heilstätte), das grösste britische Sanatorium auf dem Kontinent, nach Plänen der Zürcher Architekten Pfleghard & Haefeli unter Mitarbeit von Robert Maillart. 1911 wurde das Waldsanatorium (später Waldhotel Bellevue) nach Plänen von Arthur Wiederanders und Walther Koch mit prächtigen Jugendstilinterieurs vollendet, das Haus, in dem der Dichter Thomas Mann 1912 seine zur Kur dort weilende Frau Katja besuchte und dabei Impressionen für seinen «Zauberberg» erhielt (Abb. 218). In den Jahren 1912 bis 1915 schliesslich entstand das Sanatorium Guardaval nach Plänen von Karl Bode (Abb. 221).[178] Baulicher Höhepunkt im Davoser Sanatoriumsbau war die Erstellung des Luxussanatoriums auf der Schatzalp 1899/1900 mit einer hoteleigenen Drahtseilbahn. Alle Zimmer hatten Liegebalkone, und das Haus war mit den neusten technischen Errungenschaften wie Zentralheizung, teilweise als Bodenheizung ausgeführt, Personenaufzug sowie einem hohen Sanitärkomfort ausgestattet. Der hoch über dem Tal gelegene, moderne Neubau besass ein neuartiges System zur Konservierung des Schnees auf dem flachen Dach, mit einem Ablauf des Schmelzwassers im Gebäudeinneren. Er war zudem einer der ersten Eisenbetonbauten in der Schweiz, erstellt durch die Zürcher Unternehmer Froté & Westermann, was ihm in den Fachzeitschriften grosse Publizität eintrug (Abb. 225).[179]

Die Geschichte der am Davoser Hotelbau beteiligten Architekten weist, allerdings leicht zeitverschoben, viele Parallelen auf mit dem Oberengadin. Dort wie im Landwassertal kamen viele der ersten Baufachleute nicht aus der engeren Heimat. Zu den frühen einflussreichen Figuren im Davoser Bauwesen gehörte der Bauunternehmer Adolf Baratelli (1851–1921), ein aus der Provinz Como stammender Maurermeister. Bevor er 1875 nach Davos kam und sich selbständig machte, hatte er drei Jahre lang in Wien gearbeitet. Sein väterlich-

220

221

220
Davos, Sanatorium Dr. Turban. 1889 als erstes geschlossenes Tuberkulosesanatorium eröffnet (1975 abgebrochen). Fotografie um 1900.

221
Davos, Hotel Germania (später Anna Maria und Pension Solaria), erbaut 1911 durch Gaudenz Issler (links); Sanatorium Davos Dorf, 1898/99 erbaut durch die Chaletfabrik Davos (Mitte); Sanatorium Guardaval, erbaut 1912–1915 durch den Architekten Karl Bode (rechts oben, Abbruch um 1970). Fotografie 1923 (siehe Abb. Seiten 218/219).

222
Davos, Sanatorium Schweizerhof. 1870 als Hotel erbaut (Abb. 211), 1903 zum Sanatorium umgebaut durch die Zürcher Architekten Pfleghard & Haefeli. Fotografie um 1940.

223
Davos, Sporthotel Esplanade. Das 1904 von den Zürcher Architekten Stotz & Held erbaute Sanatorium Davos Platz wurde später zum Sporthotel Esplanade umgebaut (heute abgebrochen und durch das neue Hotel Pischa ersetzt). Fotografie um 1940.

224
Davos, Sanatorium Valbella. 1899 eröffnet als Internationales Sanatorium. Hotelprospekt um 1910.

225
Davos, Sanatorium Schatzalp. 1900 als einer der ersten Betonbauten in der Schweiz nach dem Entwurf der Zürcher Architekten Pfleghard & Haefeli eröffnet. Fotografie 1910 (siehe Abb. Seiten 2/3).

222

223

224

225

patriarchalisch geführtes Baugeschäft mit Sägerei, Zimmerei und Schreinerei gedieh vorzüglich, 1913 beschäftigte er beinahe 1 500 vorwiegend italienische Arbeiter. Im Gasthausbau trat er mehrmals als planender und ausführender Unternehmer auf, so für den neuen Konzertsaal beim Hotel Bahnhof in Davos Platz 1902, beim Neubau der Pension Barz 1908, beim Erweiterungsbau für das Kurhaus Seehof (ehemals Kurhaus Davos-Dörfli) im Jahr 1909 oder für das neue Hotel Aela von 1913.[180] Ein wichtiger Vertreter der eingewanderten Baufachleute war auch Carl Wetzel (1857–1928) aus Hamburg, der 1884 aus gesundheitlichen Gründen nach Davos kam, dort bis 1918 als Ingenieur und Architekt arbeitete und dann nach Zürich zog. Zu seinen bedeutenden Werken im Landwassertal gehörten die Bauleitung bei der Bahnlinie Landquart – Davos sowie bei der Schatzalpbahn und, als sein wohl wichtigster Tourismusbau in Davos, die 1899 bis 1901 erbaute Deutsche Heilstätte.[181] Das von ihm ausgearbeitete Projekt einer Bahn über den Scalettapass ins Engadin kam nicht zur Ausführung.[182] Ein weiterer, im touristischen Bauwesen tätiger Architekt war Joseph Casimir Stein aus Krappiz (Ostpreussen), der von 1884 bis 1898 in Davos weilte und unter anderem den eleganten Kuppelbau beim Hotel Belvédère von 1892 erstellte (Abb. 218).[183]

Der erste bekannte einheimische Baumeister, der im Hotelbau immer wieder in Erscheinung trat, war Johannes Caprez. Unter anderem erstellte er zwischen 1886 und 1897 mehrere Umbauten beim Hotel Schönengrund in Davos Dorf, 1901 leitete er den Umbau der Villa Haigh zum Niederländischen Sanatorium.[184] Als bedeutendster einheimischer Architekt im touristischen Baugeschehen der Belle Époque etablierte sich Gaudenz Issler (1853–1942), der zwischen 1879 und 1908 die meisten Hotel- und Sanatoriumsbauten im Landwassertal erstellte (Seite 193). Um die Jahrhundertwende begann die Schaffensperiode der bekannten Architekten Pfleghard & Haefeli in Davos. 1899/1900 erstellten sie den avantgardistischen Sanatoriumsbau auf der Schatzalp als einen der ersten Betonbauten in der Schweiz und mit eigener Elektrizitätsversorgung; dessen Kraftwerkbau der Basler Firma Alioth war symbolhaft gegenüber dem Hoteleingang angeordnet (Abb. 225).[185] Kurz danach führten sie den Umbau des Hotel Schweizerhof zum Sanatorium aus (Abb. 222). Das 1905 eröffnete Kaiser-Wilhelm-II.-Haus bei der Deutschen Heilstätte und das 1909 fertiggestellte Queen-Alexandra-Sanatorium auf der Grüeni-Alp über Davos Platz sind weitere bedeutende Sanatoriumsbauten aus diesem erfolgreichen Zürcher Architekturbüro (Seite 194).

AROSA, DER LUNGENKURORT DER BELLE ÉPOQUE

Die Entwicklung vom abgelegenen Bauerndorf im Schanfigg zum bekannten Kurort Arosa weist gegenüber vergleichbaren Orten in Graubünden andere Charakteristiken auf. Arosa lag weder an historischen Verkehrswegen mit altbekannten Gasthöfen, noch besass es eine Heilquelle oder ein altes Bad. Das Hochtal zuoberst im Schanfigg verdankt seine touristische Entwicklung vielmehr der Entdeckung des gesunden Klimas und dessen Eignung zur Heilung der Tuberkulose im späten 19. Jahrhundert. An der Wende zum 20. Jahrhundert führte die Bevorzugung der schneereichen Hänge im Schanfigg durch die frühen Wintersportler zu einem weiteren markanten Aufschwung.

Grundlage für die Entwicklung bildete wie auch andernorts die Vollendung der Poststrasse, die bereits zwischen 1875 und 1877 bis nach Langwies gebaut worden war und 1890 endlich Arosa erreichte.[186] Vorher waren auf dieser Hochebene bereits vereinzelte Gästebetten in Bauernhäusern und Alphütten zu finden, beispielsweise in Maran (Abb. 226). In den frühen 1870er-Jahren mieteten Churer Bürger im Sommer einige leer stehende Hütten am Untersee und wurden dadurch zu den ersten Feriengästen.[187] 1875 erschien Arosa erstmals als «Dörfchen» im Baedeker, Gasthäuser wurden aber noch keine genannt.[188] Das Zeitalter des neuzeitlichen Tourismus begann 1877, als Peter Mettier am Stafel eine kleine Pension einrichtete. Im nächsten Jahr entstand die Pension Seehof durch die Erweiterung eines alten Bauernhauses, und 1879 wurde die Pension Brunold/Leinegga eröffnet. 1883 ergab der Zusammenbau von zwei bestehenden Gebäuden das neue Kurhaus und im gleichen Jahr kam das neue Hotel Rothorn am Ort des heutigen Kursaals zu stehen.[189] Die Entwicklung des damals noch jungen Kurorts in den 1880er-Jahren widerspiegelt sich in eindrücklichen Zahlen. Fand man 1880 noch bescheidene

226
Arosa, Pension Maraner Hof, 1892 in einem Bauernhaus eröffnet. Fotografie 1905.

227
Arosa, Sanatorium Arosa. 1887/88 erbaut, 1895/96 mit einem bedeutenden Neubau erweitert. Lithografie aus einem zeitgenössischen Werbeprospekt.

228
Arosa, Hotel Eden. Charakteristischer Bau der Jahrhundertwende im Schweizer Holzstil. Fotografie 1910.

229
Arosa, Bündner Heilstätte. Erbaut nach Plänen des Architekten Otto Manz. Fotografie kurz nach der Eröffnung im November 1916.

226

227

228

229

30 Gästebetten in vier Pensionen, stieg die Zahl bis 1890 bereits auf 470 Betten in 7 Hotels, 3 Pensionen sowie einem Kurhaus. Die Bettenzahl war also in diesem Jahrzehnt um das fünfzehnfache gestiegen.[190] Im Baedeker von 1885 wurde Arosa als «billiger und ruhiger Sommerfrischeort» genannt, und es wurde angefügt: «meist von Churern ganz überfüllt».[191] Zur gleichen Zeit lobte ein belgischer Arzt das Winterklima in Arosa, obwohl damals zur kalten Zeit noch kein Hotel geöffnet war.[192]

Bereits in den 1860er-Jahren hatte der Davoser Arzt Alexander Spengler Arosa erstmals als Lungenkurort propagiert. Das erste Sanatorium, «Berghilf» genannt, wurde aber erst 1888 vollendet, immerhin noch zwei Jahre vor der Strasseneröffnung. Es bot 30 Kranken eine Kurmöglichkeit und legte den Grundstein zum späteren Lungenkurort Arosa. Gemäss einer Werbeschrift von 1889 war das Aroser Sanatorium mit seinen 23 heizbaren Zimmern auch für Winterkuren geeignet; seinen Gästen bot es warmes und kaltes Wasser im ganzen Haus sowie zwei Badekabinette mit Duschen an (Abb. 227).[193] Bald einmal kamen deshalb die Lungenpatienten vermehrt auch im Winter ins Schanfigg. Bereits 1889 bezeichnete der Baedeker Arosa als «neuerdings viel besuchter Sommer- und Winterkurort» und fügte an: «alle [Hotels] im Sommer meist überfüllt».[194]

Nach der Eröffnung der durchgehenden Strasse 1890 konnten Baumaterialien auf der Strasse nach Arosa transportiert werden, und die Touristen erhielten einen erleichterten Zugang in das Hochtal. Deshalb setzte nun eine starke Bautätigkeit ein. In den nächsten Jahren entstanden fast alle späteren Grosshotels von Arosa, meistens allerdings noch in einem ersten, bescheidenen Umfang. Zwischen 1889 und 1892 wurde auf belgische Initiative hin das Grand Hotel/Savoy erbaut; beinahe gleichzeitig entstanden die Hotels Weisshorn, Rätia und Germania, der Gasthof Schweizerhof (später Hotel Post) sowie das Sanatorium Tschuggen (ab 1892 Hotel Arosa Kulm) und die Villa Zürrer (später Hotel des Alpes).[195] Die zahlreichen Neubauten in den frühen 1890er-Jahren liessen das Projekt einer allgemeinen Wasserversorgung für Arosa Wirklichkeit werden. Zur gleichen Zeit eröffneten die ersten Lebensmittelhändler ihre Geschäfte.[196] 1896 kam das Telefon nach Arosa und im November 1897 war das Stromnetz vollendet, an das alle Hotels und die öffentliche Beleuchtung mit 40 Glüh- und einigen Bogenlampen angeschlossen waren.[197] Seit 1904 sorgte im Sommer eine eigene Kurmusik, die abwechslungsweise in verschiedenen Hotels spielte, für die Unterhaltung der Gäste.[198]

Im ersten Jahrzehnt des 20. Jahrhunderts kamen nochmals zahlreiche neue Hotels hinzu, unter anderem das Eden (Abb. 228), das Alexandra, das Metropole oder das Victoria. Die Gesamtzahl der touristischen Betriebe stieg von 16 Hotels, 4 Pensionen und 2 Sanatorien mit über 800 Betten im Jahr 1900 auf 25 Hotels, 13 Pensionen und 9 Sanatorien mit 1600 Betten beim Kriegsausbruch 1914. Dazu kamen noch zahlreiche Kinderheime, Villen und Privatpensionen. Auch nach dem Ersten Weltkrieg wurden noch weitere Sanatorien erbaut, unter anderem die kantonseigene Bündner Heilstätte (Abb. 229). In den 1920er-Jahren fanden sich in Arosa vorwiegend Sanatorien und Erholungsheime. Rund drei Viertel aller Gäste waren damals Kranke und Erholungsbedürftige, die sich, wie in Davos, oft in den gleichen Betrieben wie die gesunden Freizeitmenschen aufhielten.[199] Dass Tuberkulosepatienten aber nicht überall willkommen waren, zeigt die Anmerkung «keine Lungenkranken» beim Grand Hotel im Baedeker von 1913.[200]

DIE «ERFINDUNG» DES WINTERSPORTS IN GRAUBÜNDEN

Die beiden Bündner Kurorte Davos und St. Moritz nahmen bei der Einführung des Wintersports in der Schweiz eine Pionierrolle ein. Der Winteraufenthalt wurde in den späten 1860er-Jahren im Oberengadin und im Landwassertal beinahe gleichzeitig erfunden, um 1890 gesellte sich Arosa als neues Zentrum zum Kreis der Bündner Winterorte. Sportliche Aktivitäten hatten allerdings im Winter bis weit ins 20. Jahrhundert hinein nur eine nebensächliche Bedeutung, im Vordergrund stand vorerst der gesundheitliche Wert einer Winterkur.

Hinlänglich bekannt ist die Geschichte der vier Engländer als erste Wintergäste im Engadin, die vom Kulm-Wirt Johannes Badrutt im Winter 1864/65 als seine persönlichen Gäste eingeladen wurden; so jedenfalls ist die Begebenheit in den Lebenserinnerungen des Enkels von Johannes Badrutt nachzulesen.[201] Damit hatte der initiative St. Moritzer Hotelier eine neue Zeitepoche im Schweizer Tourismus begründet, der Win-

230
Wintergäste in St. Moritz vor dem Savoy-Hotel. Fotografie um 1910.

231
Winterliche Pferderennen auf dem St. Moritzersee. Fotografie um 1930.

tertourismus verbreitete sich im Oberengadin vorerst aber nur zögerlich. So wurden in St. Moritz in der Wintersaison 1882/83 erst etwa 120 Besucher verzeichnet. 1884/85 meldeten die beiden einzigen damals im Winter geöffneten Hotels im Oberengadin insgesamt 300 Gäste (Abb. 230).[202] In Davos kamen die ersten beiden Wintergäste im Februar 1865 mit einem Schlitten zur Kur. Die Zahl der Winteraufenthalter stieg dort rascher an als im Oberengadin: Im Winter 1866/67 zählte man 22 Kurgäste, drei Jahre später 70 und 1877/78 bereits über 800.[203] Am Jahresende 1885 waren in Davos 1144 ausländische Gäste anwesend, 484 Deutsche, 322 Engländer, 92 Schweizer, 84 Holländer, 38 Amerikaner, 35 Franzosen, 29 Russen sowie 60 Angehörige anderer Nationen.[204] Damit war Davos zum schweizerischen Spitzenreiter bezüglich Winteraufenthalter vorgerückt, die meisten unter ihnen waren Tuberkulosepatienten. Mit der Eröffnung des mit einem raffinierten Heizungs- und Lüftungssystem ausgerüsteten Hôtel-Kursaals in Maloja 1884 etablierte sich auch dieser Ort am Übergang ins Bergell als Winterkurort (Abb. 237).[205]

Sehr beliebt waren zur Zeit der ersten Wintersportgäste alle nur erdenklichen Betätigungen auf dem Eis (Abb. 232). In Davos standen den ersten Wintergästen bald einmal Eislaufflächen zur Verfügung: So errichtete Jan Holsboer im Winter 1869 neben seinem Kurhaus eine Eisbahn, 1880 gründete er den Schlittschuhclub Davos und initiierte den Bau des ersten Eisstadions.[206] Im gleichen Jahr soll ein schottischer Feriengast die ersten Curlingsteine nach St. Moritz gebracht haben.[207] 1883 wurde der Curling-Club in St. Moritz ins Leben gerufen, fünf Jahre später derjenige in Davos. 1882 fanden in St. Moritz die ersten Europameisterschaften im Eisschnelllaufen statt. 1891 entstand die neue Davoser Eisbahn, auf der sieben Jahre später Weltmeisterschaften im Eislaufen durchgeführt wurden. Ebenfalls 1891 wurde auf dem Obersee in Arosa erstmals eine Eisbahn eingerichtet. Bereits seit den frühen 1880er-Jahren werden in Davos und St. Moritz Eishockeyspiele erwähnt.[208] Zur Unterhaltung der Gästeschar erfand man zahlreiche Eisspiele. Grosser Beliebtheit erfreuten sich ausserdem das Skikjöring, bei dem Skifahrer von Pferden über eine Eis- oder Schneefläche gezogen werden, sowie die Pferderennen auf dem Eis (Abb. 231).

Das Schlitteln wurde im Gegensatz zu den verschiedenen Eissportarten nicht von englischen Gästen importiert, sondern offensichtlich in Davos durch eine internationale Gästeschar erfunden. Nachdem die «Davoser Fliegenden Blätter» bereits in den Jahren 1872/73 in verschiedenen Zeichnungen die Schlittelfreuden mutiger Gäste dargestellt hatten, errichtete der Kurverein im Winter 1879 unterhalb des Kurhauses erstmals eine künstliche Schlittelpiste (Abb. 233).[209] 1883 fand in Davos das erste internationale Schlittelrennen statt. Im Winter 1884/85 erstellte man den Cresta Run als Eiskanal für so genannte Skeletons zwischen St. Moritz und Celerina. Daraufhin wurde auf Initiative eines Hoteliers und englischer Gäste der «St. Moritz Tobogganing Club» gegründet. Mit der Kopplung zweier Skeletons durch den Davoser Kurgast Stephen Whitney im Dezember 1888 entstand ein erster Schlitten als Urform des heutigen Bobsleighs.[210] Im März 1892 ist ein Rennen mit solchen Gefährten auf dem St. Moritzer Cresta Run bezeugt, 1897 wurde der «Bobsleigh Club» in St. Moritz ins Leben gerufen.[211] Im Januar 1898 fand auf der Strasse von Arosa nach Litzirüti ein erstes Schlittelrennen statt.[212] Auf die Wintersaison 1899/1900 wurde mit der Standseilbahn und dem Sanatorium Schatzalp auch die Schlittelbahn nach Davos in Betrieb genommen (Abb. 235). Am Neujahrstag 1904 schliesslich eröffnete man die Bobbahn von St. Moritz nach Celerina als Prototypen für alle folgenden Anlagen in der Schweiz. Vier Jahre später wurde die Schatzalp-Strecke zur Bobbahn umgebaut. 1911 waren in der ganzen Schweiz nicht weniger als 61 Bobbahnen in Betrieb, zwei Drittel davon allerdings auf ausgebauten Bergstrassen. In Pontresina betrieb man zeitweise sogar zwei Bobbahnen gleichzeitig.[213]

Bereits um 1860 soll der Hufschmied von Sils im Engadin das Laufen auf Schnee mit einer Art von Gleitkufen versucht und damit gewissermassen den Skilanglauf ausgetestet haben. In den frühen 1880er-Jahren kamen gemäss den einschlägigen Chronisten erstmals so genannte Norwegerskis ins Engadin sowie nach Davos und Arosa.[214] Vorerst begnügte man sich aber noch mit dem Laufen in der Ebene, dem Springen über kleinere Schanzen oder mit Skitouren in die nahen Berge. So fand 1883 unter der Leitung eines in Arosa praktizierenden Basler Arztes, der dort als eigentlicher Skipionier wirkte, eine Win-

232
Sportvergnügen auf der Eisbahn beim Kulm Hotel in St. Moritz um 1910.

233
Schlitteln in Davos 1879. Zeichnung (Harold Herbert Copper, «Journal of our Life at Davosplatz»).

234
Rückkehr vom Bobsleighrennen nach Davos. Ansichtskarte um 1920 (Bündner Hotellerie um 1900).

207

232

233

234

235

236

tertour mit Skis auf das Aroser Rothorn statt, damals noch eine eigentliche Expedition.[215] In St. Moritz, Davos und Arosa wurden 1903 und 1904 die ersten Skiklubs gegründet. In Davos stand bald einmal die 1905/06 erbaute Parsennhütte im Zentrum eines Skigebietes, das als «Olympia des Skilaufs»[216] einen internationalen Ruf erlangte. 1906 entstand die berühmte Julierschanze in St. Moritz zum Skispringen. Den endgültigen Durchbruch schaffte der alpine Skisport aber erst in der Zwischenkriegszeit des 20. Jahrhunderts, als kurz nacheinander die zwei ersten schweizerischen Skilifte eröffnet wurden: 1934 am Bolgen in Davos der erste Bügelskilift der Welt mit Einsitzerbügeln und im Jahr darauf in St. Moritz der Lift Suvretta-Randolins «nach dem System Constam», der 1937 eine zweite Sektion erhielt (Abb. 236).[217]

Nach dem ersten Aufschwung in den beiden Pionierstationen in Graubünden erläuterte im Jahr 1885 das Buch «Two Seasons in Switzerland» den Engländern, damals die häufigsten Gäste in der Schweiz, die vielfältigen Vorzüge des Wintersports. Erst zu Beginn des 20. Jahrhunderts konnte sich dieser aber in weiteren Regionen der Schweiz etablieren. Ein besonderer Höhepunkt war die Eröffnung der speziell für die Wintersportler erbauten Drahtseilbahnen in St. Moritz und Mürren (nach Chantarella [Abb. 199] und auf den Allmendhubel) im Winter 1910/11. Kurz vor dem Ersten Weltkrieg bildeten das obere Engadin und die Region Davos zusammen mit der Jungfrauregion im Berner Oberland die bedeutendsten Zentren des winterlichen Vergnügens in der Schweiz.[218] Die immer zahlreicheren Wintersportarten wandelten die Schweizer Hotellerie in alpinen Gegenden vom Ein- zum Zweisaisonbetrieb. Für die dadurch im Winter neu gewonnene Gästeschar mussten aber bedeutende Investitionen in die Heizung der Häuser getätigt werden. An manchen Orten wurden so genannte Winterhäuser nach dem Vorbild der dafür speziell eingerichteten Betriebe von Davos oder St. Moritz erstellt. So eröffnete der initiative Hotelier Johannes Boss vom Hotel Bären in Grindelwald auf die erste Wintersaison 1888 ein eigenes Winterhaus als «Bau mit besonderer Heizeinrichtung nach Davoser Muster».[219] Dieses in der ganzen Schweiz immer wieder zitierte Modell liefert einen wichtigen Hinweis dafür, wie bedeutend Davos als Vorbild für die Beherbergung von Wintergästen damals war.

DAS LUFTSCHLOSS IN MALOJA
Von der Idee zur Eröffnung

Zu Beginn der 1880er-Jahre erfüllte sich der belgische Adlige Graf Camille de Renesse (1836–1904) einen grossen Traum. Im neuen «Hôtel-Kursaal de la Maloja», wie das Haus bei der Eröffnung hiess, sollte ein «Monte Carlo der Alpen» entstehen und die gesamte damals bestehende Hotellerie in der Schweiz in den Schatten stellen. Mit diesem Projekt wollte der ehrgeizige Graf den absoluten Spitzenrang im schweizerischen Hotelwesen erreichen. Bis zur Eröffnung hatte die von ihm gegründete Gesellschaft knapp 7 Millionen Goldfranken, mehr als 6 Prozent des damals in der Schweiz vorhandenen Bargeldes oder mehr als 100 Millionen Franken heutiger Kaufkraft, in das Vorhaben investiert.[220] Dieses Wagnis führte aber nicht zu Reichtum und Ansehen des Investors, sondern es beendete die Baugeschichte schliesslich mit dem finanziellen Ruin des Unternehmens. Die luxuriöse Hotelanlage entstand zwischen dem Silsersee und dem Dorf Maloja, das politisch zur Bergeller Gemeinde Stampa gehörte, weil das Hochplateau dieser Bergeller Gemeinde seit alter Zeit als Alp diente (Abb. 237). Noch heute sind zahlreiche bauliche Akzente der ehemaligen kleinen Weltstadt aus der Belle Époque zu erkennen: das Hotelgebäude, seit vierzig Jahren als Ferienlager von einer belgischen Krankenkasse genutzt, daneben zahlreiche Häuser im Schweizer Holzstil, deren Architektur in der Gegend fremdartig anmutet (Abb. 240), und schliesslich zwei Kirchen und eine Schlossruine in erhöhter Lage über dem Dorf.

Die Idee zu diesem Unternehmen formulierte der belgische Adlige im Jahr 1880 anlässlich eines Kuraufenthalts im Oberengadin. Er erblickte in Maloja, mit dem flachen Plateau in östlicher Richtung und der nach Westen jäh abfallenden Steilwand, eine noch imposantere Lage, als sie die damals bestehenden Fremdenorte St. Moritz oder Pontresina aufwiesen. Maloja lag ausserdem verkehrsgünstig an einer seit den 1860er-Jahren befahrbaren Durchgangsstrasse nach Italien. Zudem glaubte er als begeisterter Eisenbahnförderer an die Entstehung der geplanten Linien von Como über Chiavenna ins Engadin.[221] Schliesslich vernahm der aufmerksame Initiator, dass die rasch wachsenden Kurorte im Oberengadin – vor allem St. Moritz, Pontresina und Samedan – damals in der

235
Zielkurve der Bobsleighbahn Schatzalp-Davos. Fotografie um 1910.

236
Der Skilift Suvretta-Randolins wurde im Dezember 1935 als erster Skilift im Engadin und, nach dem Lift am Bolgen in Davos, als zweite Anlage dieser Art in der Schweiz eröffnet.

Hochsaison zahlreiche Gäste abweisen mussten und dass die Hotels dort nur eine kurze zweimonatige Sommersaison kannten. Der innovative Graf hingegen beabsichtigte mit einem winterfesten Haus gleich einen ganzjährigen Betrieb. Mit einer Wintersaison von mindestens vier Monaten wollte er die Ergebnisse der kurzen Sommersaison finanziell verbessern.[222] Zudem erhoffte er sich eine direkte Konkurrenz zum Bad in St. Moritz, als seine Suche nach einer Heilquelle 1882 erfolgreich war. Gegen eine Million Goldfranken wollte er zusätzlich in sein eigenes Mineralbad in Maloja investieren.[223] Schliesslich suchte der initiative Graf wohl eine Ausnahme vom Spielbankenverbot in der Schweiz, wie schon der gewählte Name «Hôtel-Kursaal de la Maloja» deutlich macht.

Die Aktienzeichnung für das Projekt begann im April 1882 in der Schweiz sowie in Belgien, Frankreich, Italien und England. In einer ersten Etappe kam ein Aktienkapital von 1 Million Goldfranken zusammen. Im Januar 1883 wurden nochmals 1 Million in Aktien und 4 000 «obligations hypothécaires» im Wert von mehr als 1,8 Millionen aufgelegt. Dazu gewährte die «Caisse des Propriétaires» als Hausbank drei Darlehen von insgesamt 4 Millionen Goldfranken. Das erste Darlehen über 1,5 Millionen im April 1882 war ursprünglich als Überbrückungskredit für ein Jahr gedacht; das letzte von Ende Mai 1884, also unmittelbar vor der Hoteleröffnung, wurde durch ein Grundpfand auf dem Landbesitz des Grafen in Maloja abgesichert.[224]

Am 24. Mai 1882 begann der Bau unter der Leitung des Churer Architekten und Unternehmers Alexander Kuoni nach Plänen des Brüsseler Architekten Jules Rau, dem damaligen Präsidenten des belgischen Architektenvereins. Kuoni erstellte gleichzeitig auch das Hotel Schweizerhof im Dorf von Maloja, ein Chaletbau im Schweizer Holzstil (Abb. 240).[225] Für die luxuriöse Hotelanlage war dem Grafen nichts zu teuer. Denn sie war geplant für eine standesbewusste und zahlungskräftige Kundschaft aus Reichen und Schönen, Fürsten und Königinnen, Baronen und Mätressen, Selbstdarstellern und Parvenüs, Aristokratinnen und Emporkömmlingen, Hochstaplern und Genies, die neben ihrem richtigen Benehmen am «Hof» nur etwas unbedingt mitbringen sollten: Geld, Geld und nochmals Geld. Angerichtet und zubereitet wurde alles nur mit erlesensten Bauteilen und Materialien: Das Kristall kam aus Belgien und Frankreich, das Tafelsilber aus Pforzheim in Deutschland, die Leuchten und die Billardtische aus Paris, die Badewannen von den Firmen Young in Anvers und Jennings in London, die sechs Pianos aus Zürich und ein Bechstein-Flügel aus Berlin. Die Baumaterialien aus Belgien sollen mit drei Extrazügen nach Chiavenna transportiert worden sein, die Unternehmer und Bauarbeiter hingegen wurden mehrheitlich aus der näheren Umgebung rekrutiert.[226]

Im September 1883 war der Rohbau vollendet, und nach nur zwei Jahren Bauzeit konnte der Hotelbetrieb am 1. Juli 1884 eröffnet werden (Abb. 237). Gemäss Angaben des Initiators sollen in der Eröffnungszeit mehr als 6 000 Besucher die neuen Einrichtungen besichtigt haben. Höhepunkt der Eröffnungsfeierlichkeiten war der belgische Nationalfeiertag am 21. Juli, als der Graf sich inmitten eines allgemeinen Jubels im Kostüm eines Höflings aus dem 18. Jahrhundert gezeigt haben soll.[227] Nun hatten der europäische Adel und die Spitzen der Bourgeosie, gemäss Angaben des Initianten, einen geeigneten «Mittelpunkt» auf der Reise zwischen Venedig und Baden-Baden gefunden. Schon bald fanden im grossen Saal offenbar Bälle und Feste statt, die weitherum für ihre Einmaligkeit bekannt wurden. So soll man gemäss mündlicher Überlieferung für ein «venezianisches Gastmahl» Originalgondeln von Venedig ins Engadin transportiert haben. Mit Tischen und festlichem Blumenschmuck ausgestattet sollen sie die Reichsten unter den Reichen während ihres Festmahls durch den unter Wasser gesetzten Festsaal geführt haben. Die wunderschöne Geschichte, die perfekt in die Luxuswelt von Maloja passt, wird im Engadin mündlich überliefert und immer wieder weiter erzählt.[228]

Architektur, Innenräume und Aussenanlagen

Bei seiner Eröffnung war der Hôtel-Kursaal Maloja mit seinen 200 Metern Fassadenlänge nach dem Polytechnikum in Zürich das zweitgrösste Gebäude der Schweiz. Die architektonische Gestaltung folgte der damaligen Tradition des Historismus. Das Äussere erscheint als Neorenaissance-Architektur: auf ein massives, mit Bossenquadern verkleidetes Erdgeschoss folgen drei Hotelgeschosse, das oberste im leicht abgeschrägten

Dachraum. Die gegen den See gerichtete Hauptfassade war von einer mächtigen Mittelkuppel bekrönt. Auf der Rückseite fügen sich drei lange Flügel an, die auf der sonnigen Seite gegen Maloja zwei windgeschützte Innenhöfe bilden. Die Eckpunkte der beiden Aussenflügel waren um ein Stockwerk mit Flachdach erhöht. Zahlreiche Holzbalkone und geschlossene, verglaste Holzveranden bereicherten die nach dem Vorbild der italienischen Renaissance mit Malereien verzierten Fassaden (Abb. 238).

Der ursprüngliche Grundriss war sehr einfach und übersichtlich aufgebaut: Durch den zentralen Haupteingang gelangte man in das imposante Vestibül und direkt zur monumentalen Treppenanlage in die Obergeschosse. Hinter dem Vestibül lag der grosse Festsaal, der auch «Concerthalle» genannt wurde und dessen Flachdach den Gästen als Liegeterrasse zur Verfügung stand. In dem mit Verzierungen aus dem Rokoko ausgeschmückten und mit Theaterbühne und Empore versehenen Saal konnte man Stars aus der Metropolitan Opera von New York oder der Comédie Française von Paris bewundern und um die Jahrhundertwende auch die ersten Vorführungen bewegter Bilder verfolgen. In der Blütezeit des Hotels fanden zweimal täglich Konzerte mit Musikern aus der Mailänder Scala statt.[229] Auf der rechten Seite des Vestibüls war der grosse Speisesaal angeordnet, der Platz bot für 300 Personen an der «table d'hôte». Dahinter lag das Restaurant mit Frühstückssaal. Auf der Hofseite diente ein teilweise verglaster Seitengang bei schlechtem Wetter als Wandelgang. Auf der linken Seite lagen die Büros der Verwaltung sowie die zahlreichen Gesellschaftsräume: Salle de billards, Fumoir, Salon de conversation, Salle de lecture et de correspondance sowie die Salle des dames ganz in der Ecke. Im Erdgeschoss waren auch noch insgesamt 17 Gästezimmer angeordnet, davon im Südflügel drei Suiten von je drei zusammengefügten Räumen. In den drei Obergeschossen fanden 450 Gäste Platz in 300 Zimmern. Die Räume für deren Bedienstete waren im Dach unter der Kuppel und in den Seitenflügeln untergebracht (Abb. 239).[230]

Die technischen Ausstattungen waren mit Ausnahme der Sanitäranlagen sehr fortschrittlich, das Neuste vom Neuen. Ungenügend war die Ausrüstung im sanitären Bereich: Im südlichen Flügel lagen auf der Hofseite ein Duschenraum sowie zwei Badezimmer (Bains pour Dames, Bains pour Messieurs) mit je vier Badekabinen. Zur Grundausstattung des ganzen Luxushotels mit insgesamt 300 Zimmern gehörten also nur acht Badekabinen und ein Duschenraum im Erdgeschoss. In jedem Zimmergeschoss fand man zudem nur zwei Toiletten mit je einem «water closet» für Damen und Herren, ein eher spartanischer Sanitärkomfort zu jener Zeit auch im schweizerischen Vergleich (Abb. 239). Fortschrittlich hingegen waren Lift, Beleuchtung, Heizung und Klimatisierung. Obschon der Lift bereits seit längerer Zeit Verbreitung gefunden hatte, war er um 1880 in neu erbauten Hotels noch nicht überall vorhanden. Der Aufzug in Maloja wurde mit Wasserdruck betrieben, man fand ihn vor dem Damensalon an der Ecke des südlichen Seitenkorridors (Abb. 239).[231] Im Weiteren verfügte das Hotel über ein eigenes, vom Inn angetriebenes Kraftwerk, das die Beleuchtung des grossen Vorplatzes und aller Räume im Erdgeschoss mit Kohlenfaden-Glühlampen der Firma Siemens erlaubte. In der Schweiz einmalig war die eingebaute Klima- und Heizungsanlage nach dem Vorbild des «Hôtel-Dieu de Paris». Unter dem Festsaal befand sich eine Dampfheizung mit drei grossen, aus Belgien gelieferten Lokomotivkesseln, deren Dampf in einem Wärmetauscher angesogene Aussenluft erwärmte. Die mit Ozon speziell angereicherte Aussenluft wurde anschliessend durch ein im ganzen Haus verlegtes Röhrensystem in die verschiedenen Räume verteilt, wo die ausgeblasene Luftmenge mit Klappen reguliert werden konnte. Abluftröhren in der Nähe der Decke führten die verbrauchte Luft wieder aus dem Zimmer und in einem grossen Kamin über Dach. Auf diese Weise konnte die Luft in allen Gästezimmern in zwei Stunden und in den Gemeinschaftsräumen in einer Stunde vollständig erneuert werden (Abb. 122). Offenbar noch unbekannt war damals die Erkenntnis, dass Mikroben sich in den Schächten einer Klimaanlage besonders gut verbreiten konnten, doch waren die erholungsbedürftigen Gäste offenbar so resistent, dass sie nicht nur ihre mitgebrachten Krankheiten, sondern auch die mit dieser revolutionären Klimaanlage im Hotel verteilten Krankheitserreger mehrheitlich überstanden haben.[232]

Die Hotelgäste sollten aber nicht nur durch technische Höchstleistungen angezogen werden, sie sollten auch allen nur

237
Maloja, Hôtel-Kursaal. Fotografie der Gesamtanlage kurz nach der Eröffnung 1884.

238
Maloja, Hôtel-Kursaal. Ansicht des Hauptgebäudes von Norden. Fotografie um 1900.

237

238

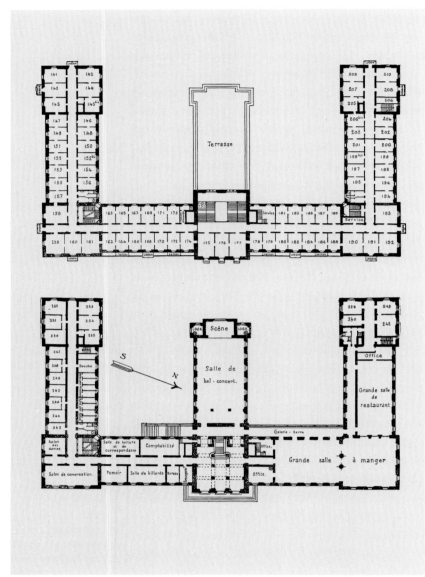

239

erdenklichen Komfort geniessen können. Eine Bäckerei und eine Druckerei gehörten ebenso zur Ausstattung wie der Coiffeursalon und das Malatelier. Vom zweiten Betriebsjahr an gab der Hoteldirektor eine eigene Zeitung, «The Maloja Chronicle», heraus, eine in vornehmem Englisch redigierte und in ein- bis zweiwöchentlichem Rhythmus erschienene Publikation.[233]

In der Umgebung des Hotels stand den anspruchsvollen Gästen ein überdurchschnittliches Angebot für die Freizeitbeschäftigung zur Verfügung. Der grosse Hotelpark ermöglichte ausgedehntes Lustwandeln, entweder in einer romantisch gestalteten Anlage auf der Süd- und der Westseite oder in einem streng geometrisch entworfenen «Wegstern» auf der Seeseite, dessen zentrale Arvenallee direkt zum Bootsplatz führte (Abb. 237). Sportliche Gäste stiegen in die nahen Berge; die sportlichsten schwärmten von der Aussicht vom Gipfel des Piz Bernina. Seit 1886 standen ausserdem drei Tennisplätze zur Verfügung, und im Winter sorgte ein Eisfeld für angeregte sportliche Betätigung. Berühmt wurde auch der 1891 eröffnete 9-Loch-Golfplatz.[234] Im Sommer konnten auf dem Silsersee Ausflüge in hauseigenen Booten unternommen werden; ein eigener «vaporetto» ermöglichte einen Ausflug zur allerdings viel kritisierten Taubenschiessanlage in Isola.[235] Im Winter bot der See eine ideale Eisfläche für allerlei Eissportarten, und auf der Malojastrasse sausten die tollkühnsten Gäste mit Bobsleighs in die Tiefe. Als neuster «Hit» wurde um die Jahrhundertwende das Skikjöring propagiert, bei dem Pferde die Skifahrer über die Eisfläche zogen.[236] Eigene Kutschen führten die Gäste an alle gewünschten Orte. Zweimal täglich fuhr der von der Postdirektion in Bern bewilligte Pferdeomnibus des Hotels von Maloja nach St. Moritz und zurück. Die beiden doppelstöckigen Wagen mit Aussichtsplattform im Obergeschoss waren zur Eröffnung von der Carrosserie Trachsler in Basel für je 4600 Goldfranken geliefert worden.[237] Die 1½-stündige Fahrt auf dem Oberdeck entlang den Oberengadiner Seen gehörte offenbar zu den ganz grossen touristischen Exklusivitäten, denn noch 1901 schrieb ein begeisterter Gast in der Engadiner Presse: «Songez que cet omnibus a une impériale avec des banquettes, comme à Paris!»[238] (Abb. 242) Zwei Kirchen, eine 1888 von Nicolaus Hartmann erbaute englische im neogotischen Stil und eine katholische in neoromanischen Bauformen, befriedigten die kirchlichen Bedürfnisse der internationalen Gästeschar. Bei schlechtem Wetter konnten die Wanderlustigen durch Wandelgänge und Hallen im Haus spazieren. Verkaufskioske und ein Basar boten Bücher und Zeitungen zum Kauf an, und zahlreiche Salons ermöglichten gesellschaftliche Zusammenkünfte zwischen den Gästen aus ganz Europa und Übersee.

Die Baugesellschaft erstellte neben dem Hotel noch zahlreiche Villen im Schweizer Holzstil, die zum Verkauf und zur Vermietung angeboten wurden. Daneben besass sie auch das Hotel Schweizerhaus, das im Dorfzentrum von Maloja anstelle der «Osteria Vecchia» errichtet worden war (Abb. 240). Den Höhepunkt des Unternehmens sollte die Schlossanlage auf dem Felsriegel über dem Dorf bilden, das der grössenwahnsinnige Graf als seinen zukünftigen Wohnsitz auserkoren hatte und von dem aus er sein Reich in Maloja überblicken und regieren wollte. Der nie vollendete Bau diente im frühen 20. Jahrhundert einige Zeit als «Hochalpines Knaben- und Mädchen-Institut». Nach einem Brand 1913 wurde die Ruine vorerst dem Zerfall überlassen.[239]

Betrieb und Untergang

Nur drei Tage nach der Eröffnung des Hotels wurden die Grenzen in den Süden wegen einer Choleraepidemie geschlossen, sodass die am sehnlichsten erwarteten Gäste aus Italien vorerst ausblieben.[240] Trotzdem finden sich in den ersten Jahren gute Belegungszahlen für das Hotel. Der europäische Hochadel traf sich in den mittleren 1880er-Jahren in Scharen in Maloja zum Stelldichein. Bereits am 18. Juli des Eröffnungsjahres trug sich seine Hoheit Prinz de Kotschubey aus Russland in die Gästeliste ein. Bald darauf folgten Graf Paul Esterhazy aus Wien «avec famille et domestiques», Baron und Baronin van Zuylen aus Belgien, der Komponist des Maloja-Walzers für Gräfin de Renesse, Le Comte Thierry de Montesquiou aus Paris, Nina Gräfin Yorck von Wartenberg aus Preussen und zahlreiche weitere Gäste aus dem Hochadel. Im Sommer 1885 hielten sich auch Sir Conan Doyle, der englische Urvater aller Kriminalromane, die Impératrice Eugénie, Baron Edmond de Rothschild und Graf Zeppelin im Maloja Palace auf. Die Gästebücher enthalten noch zahlreiche weitere Namen von Adligen und von solchen, die sich gerne in deren Schatten aufhielten.[241] Am 19. August 1887 schrieb Nietzsche aus Sils Maria an seine Mutter in Naumburg: «Gestern besuchten mich meine Engländerinnen im Wagen, ich fuhr noch ein halbes Stündchen mit ihnen, als sie zurück mussten. Im Hôtel Maloja, wo sie immer noch weilen, ist die Saison dies Mal sehr gut (c. 300 Personen). ... Um einen Begriff von der Frequenz zu geben: Am 9ten August verkehrten in Maloja, bei dem Hôtel, c. 900 Wagen, davon c. 500 Kutschen und Equipagen. Sehr nizza-mässig, dagegen hält unser Sils seinen idyllischen Charakter fest.»[242] (Abb. 241)

Trotz diesem guten Geschäftsverlauf stand über dem Unternehmen in Maloja von Anfang an ein schlechter Stern, und der umtriebige belgische Adlige konnte sich als Initiant des ganzen Projektes nie in seinem Erfolg sonnen. Die Gründe für das finanzielle Desaster, das kurz nach der Eröffnung bereits eskalierte, sind vielfältig, und sie waren wohl nur in ihrer gegenseitigen Beeinflussung dermassen schwerwiegend, dass das ehrgeizige Unternehmen schliesslich daran scheiterte. An erster Stelle steht wohl die von Anfang an gewagte Finanzstruktur. Bereits am 29. März 1882 kritisierte die «Schweizerische Handels-Zeitung» das finanzielle Gebaren der Gründer, die sich für ihre Sacheinlagen und Dienstleistungen selbst zu grosse Aktienpakete zugeteilt und eine zu optimistische Betriebsrechnung vorgelegt hatten, sowie die zu grosszügige Entschädigung für die Vermittler der Aktienplatzierung in Paris.[243] Die vom Initiator in Aussicht gestellten Erträge von bis zu 20 Prozent auf dem investierten Kapital wären auch bei äusserst optimalem Geschäftsgang kaum zu realisieren gewesen.[244] Solche Erfolge konnten in der Belle Époque des ausgehenden 19. Jahrhunderts nur ganz wenige touristische Unternehmen, wie etwa die Zahnradbahn von Vitznau auf die Rigi oder das Hôtel Beau-Rivage in Lausanne-Ouchy, ausweisen.[245]

Die ersten ernsthaften Schwierigkeiten finanzieller Natur zwischen dem Grafen und seiner Hausbank, der «Caisse des Propriétaires», waren schon kurz nach Baubeginn sichtbar. Bereits die Platzierung der ersten Aktientranche im April 1882 bereitete Schwierigkeiten; die Aktien der «Société anonyme de l'Hôtel-Kursaal de la Maloja» waren kein Renner. So konnte der Graf den ursprünglich als Überbrückung gedachten ersten Kredit seiner Bank in der Höhe von 1,5 Millionen Gold-

239
Maloja, Hôtel-Kursaal. Grundriss Erdgeschoss und erstes Obergeschoss (Festschrift SIA 1903).

240
Maloja, Hotel Schweizerhaus, 1882 von der Chaletfabrik Kuoni aus Chur erbaut. Fotografie um 1900.

240

franken vorerst nicht zurückzahlen.²⁴⁶ Aus diesem Grund erwirkte die Bank mit ihrem zweiten 1,5 Millionen-Darlehen im Oktober 1883 eine hypothekarische Belastung auf dem väterlichen Erbteil der Gräfin. Diese hatte aber, im Einvernehmen mit ihrem Gatten, ihr Vermögen schon vor dem Ableben des reichen Vaters an ihre Kinder vermacht. Knapp drei Monate nach der Eröffnung des Hotels verschied die Gräfin am 20. September 1884 unter mysteriösen Umständen auf der Durchreise in Basel im Alter von nur 38 Jahren. Durch eine auf ihr Leben abgeschlossene und bei der Hausbank verpfändete Versicherung erhielt die Bank nun plötzlich 1,5 Millionen als Versicherungsleistung zurückbezahlt. Andererseits hatte sie erfahren, dass ihr ein Rückgriff auf das Erbe der Gräfin verunmöglicht worden war.²⁴⁷ Weil der Schuldenberg unterdessen aber auf über sechs Millionen Goldfranken angewachsen war, beschloss die Bank im Herbst 1884, den Grafen als Schuldner fallen zu lassen. Nach dem Inkasso der Lebensversicherung der Gräfin setzte sie, trotz Konkurserklärung des Grafen, im Winter 1884/85 die Liquidation der Hotelgesellschaft durch. Eine Saison nach der Eröffnung hatte die «Société anonyme de l'Hôtel-Kursaal de la Maloja» bereits ihr Ende gefunden. Kurz nach der ausserordentlichen Generalversammlung der Gesellschaft am 3. Januar 1885, an der die Liquidation beschlossen worden war, machte sich Graf Camille de Renesse aus dem Staub. Er wurde seither in der Schweiz nicht mehr gesehen.²⁴⁸ Gemäss dem «Amtsblatt des Kantons Graubünden» war sein Aufenthaltsort am 29. Mai 1885 noch unbekannt.²⁴⁹ Die Geschichte von der Kugel, die er sich im Champagnerrausch durch den Kopf gejagt haben soll,²⁵⁰ ist aber längst widerlegt: Er lebte nach seinem Misserfolg in Maloja noch knapp zwei Jahrzehnte lang, bis zu seinem Tod am 12. Juni 1904, im «Château Beaulieu» in Nizza, wo er sich religiösen Fragen zuwandte. Unter anderem veröffentlichte er ein Buch über Jesus, das als Bestseller der Jahrhundertwende in 54 Auflagen erschien und in mehrere Sprachen übersetzt wurde.²⁵¹

Zu der schlecht eingefädelten und dilettantisch gestrickten Finanzlage kamen aber noch weitere missliche Umstände hinzu: Die Grenzsperre wegen der Choleraepidemie kurz nach der Eröffnung des Hotels führte zu einem bedeutenden Einnahmenausfall in der ersten Sommersaison, weshalb der so genannte Cashflow fehlte. Ein weiterer Grund für den Misserfolg findet sich wohl auch in dem durch die Bundesverfassung seit 1874 festgelegten Verbot von Spielbanken, von dem der umtriebige Graf keine Ausnahme erwirken konnte und das die Bezeichnung des Hotels als «Kursaal» bald einmal hinfällig machte. Auch diese Einnahmen fehlten deshalb in der Rechnung.²⁵² Sodann organisierte die einheimische Bevölkerung an allen nur erdenklichen Orten Schwierigkeiten für das Unternehmen, dessen Genuss sich die meisten Einheimischen nicht leisten konnten. Widerstand aller Art leisteten, aus ihrer Sicht wohl aus verständlichen Gründen, auch die Hoteliers von St. Moritz, allen voran Johannes Badrutt vom Hotel Kulm, der im initiativen Belgier einen besonders gefährlichen Konkurrenten sah.²⁵³ Schwer wog längerfristig auch das Fehlen der geplanten, aber nicht realisierten Eisenbahnlinien. 1886 wurde zwar die Bahnlinie von Lecco nach Chiavenna eröffnet, die anderen Linien endeten aber vorerst in Chur, Meran und Landeck. Die Bahn nach St. Moritz wurde erst 1904 in Betrieb genommen, und die mehrmals geplante Verbindungslinie von St. Moritz über Maloja ins Bergell und nach Chiavenna wurde nie gebaut.²⁵⁴ Trotz all dieser Widerwärtigkeiten ist Graf Camille de Renesse aber wohl hauptsächlich an den im Eröffnungsjahr aufgelaufenen Schulden von mehr als 6 Millionen Goldfranken oder über 90 Millionen Schweizerfranken heutiger Währung gescheitert, die sich mit dem Betrieb in maximal zwei Sommer- und drei Wintermonaten nicht verzinsen, geschweige denn amortisieren liessen.²⁵⁵

Nach längeren juristischen Streitereien kam das Unternehmen von Graf de Renesse mit der konkursamtlichen Versteigerung vom 2. Mai 1887 in den Besitz der «Compagnie Franco-Suisse des Hôtels» mit Sitz in Paris. Seit 1898 hiess das Hotel nur noch «Maloja Palace». Bei der Liquidation der Gründergesellschaft wurde sehr differenziert und geschickt vorgegangen: Alle am Bau beteiligten Parteien und die im Engadin ansässigen Gläubiger, auf deren Wohlwollen das Unternehmen weiterhin angewiesen war, wurden vollständig befriedigt. Hundertprozentige Verluste mussten hingegen die fernen Aktionäre und Besitzer von Hotelobligationen in Brüssel, London, Paris oder Genua hinnehmen.²⁵⁶ Diese gütliche Regelung für Einheimische dürfte wohl der entscheidende Grund sein,

241

Gepäcktransport zum Hotel-Kursaal in Maloja. Fotografie um 1900.

241

dass die «Affaire de la Maloja» im kollektiven Bewusstsein des Oberengadins kaum als negative Geschichte erhalten blieb.

Bis zum Ersten Weltkrieg konnte sich der Hotelbetrieb relativ gut über Wasser halten; hilfreich war die damalige Zusammenarbeit mit dem Luxushotel Gallia in Cannes. Zwischen 1889 und 1912 wurden aber keine Wintersaisons mehr durchgeführt.[257] Nach dem Ersten Weltkrieg begannen schwierige Zeiten, vorerst blieb das Haus geschlossen. 1925 wagte die neu gegründete «Maloja-Palace AG» unter der Besitzerschaft einer Gruppe um Sir Henry Lunn, dem bekannten britischen Skipionier, einen neuen Anlauf: Das Innere erhielt eine umfassende Renovation; ein Golfplatz, ein geheiztes Schwimmbad und eine Skisprungschanze sollten neue Gäste ins Hochtal locken und den grossen Hotelkasten füllen. Doch auch dieser erneute Versuch vermochte die schlechten Zeiten in Maloja nicht abzuwenden. 1932 übernahm eine einheimische Auffanggesellschaft die gestrauchelte englische Gesellschaft. Ohne Erfolg: Bald darauf gingen die Lichter in Maloja endgültig aus, und das Gebäude fiel an die Bündner Kantonalbank. Im Zweiten Weltkrieg übernahm, wie in zahlreichen anderen Schweizer Hotels, das Militär im Haus das Szepter. Dieses Zwischenspiel war vielleicht aber entscheidend für das Überleben des Gebäudes, das nach den Kriegswirren immerhin stehen blieb, wenn auch einige Bestandteile abhanden gekommen waren.

1957 weckten belgische Jugendgruppen den ganzen Gebäudekomplex aus seinem «Dornröschenschlaf». Seit 1962 verbringen jährlich zahlreiche belgische Jugendliche, vermittelt durch die «Alliance Nationale des Mutualités Chrétiennes», ihre Ferien in diesem einstigen Luxushaus.[258] Im ehemaligen Speisesaal wird nun aus grossen Kochtöpfen Essen geschaufelt, im ehemaligen Ballsaal tanzt man abends zu Disco-Klängen und veranstaltet Schülerspiele. Nachdem die grosse Dachkuppel bereits im Zweiten Weltkrieg verschwand, ist heute die Ausstattung auf das Nötigste reduziert. Nur ein paar Stuckdecken und Stofftapeten sowie vereinzelte Jugendstillampen erinnern noch an das «Luftschloss von Maloja» als eine der grössten jemals im Alpenraum gebauten Hotelanlagen sowie an dessen Initianten und sein ehrgeiziges Ziel, in der Engadiner Hochebene einen exklusiven «Reunionsplatz der hocharistokratischen konservativen Welt» einzurichten.[259]

242
Hotelomnibus zwischen St. Moritz und dem Hôtel-Kursaal in Maloja. Fotografie um 1900.

Seiten 218/219:
Vergrösserung von Abb. 221
Davos, Hotel Germania (später Anna Maria und Pension Solaria), erbaut 1911 durch Gaudenz Issler (links); Sanatorium Davos-Dorf, 1898/99 erbaut durch die Chaletfabrik Davos (Mitte); Sanatorium Guardaval, erbaut 1912–1915 durch den Architekten Karl Bode (rechts oben, Abbruch um 1970). Fotografie 1923.

ANHANG

ANMERKUNGEN
Seiten 14 bis 33
«Weniger Architektur und mehr Einfachheit wäre hier passender gewesen»

1. Detailliertere Ausführungen zur Hotelgeschichte in der Zeit bis um 1870 finden sich in: FLÜCKIGER-SEILER 2001, S. 14ff.
2. WIDMER 1992 (allgemein) und PFISTER 1995, S. 254 (für das Berner Oberland).
3. Zur Erinnerung… 1915, S. 23, Tab. 10, 11 – KRAPF 1957, S. 8.
4. ENZENSBERGER 1962, S. 165.
5. JUNKER 2001, S. 81ff.
6. FLÜCKIGER-SEILER 2001, Abb. 137.
7. FLÜCKIGER-SEILER 2001, Abb. 103.
8. Baueingabe im Namen des Bauherrn Ignaz Businger durch den Architekten Edouard Staempfli aus Montreux (SA Luzern: B3.43/A1.619). Im Pressebericht zur Eröffnung wird Othmar Schnyder als Architekt genannt, der wohl die Bauausführung leitete (Luzerner Tagblatt, 26.4.1883).
9. Zu Karl Koller siehe: FLÜCKIGER-SEILER 2001, S. 78.
10. HENNIG 2002 – WÖHLER 1911, S. 60–65.
11. WÖHLER 1911, S. 65.
12. Allgemeine Bauzeitung 1871, S. 244–246, Tf. 24–34 und 1873, Tf. 41.
13. 1888: Terrasse «le long de la rue du Château», 1889/1892: grosser Festsaal, 1893/94: neuer Ostflügel mit Mansartdach.
14. FLÜCKIGER-SEILER 2001, S. 128ff.
15. RUCKI 1994.
16. Siehe dazu: JUNKER 2001, S. 139ff.
17. FLÜCKIGER-SEILER 2001, Abb. 145.
18. Dieses Thema ist in der schweizerischen Architekturgeschichte bisher schlecht aufgearbeitet; allgemeines bei BIRKNER 1975, S. 203, zum «Bündnerstil» siehe RUCKI 1989; S. 124ff.
19. NORBERG-SCHULZ 1987, S. 7.
20. HIRSCHFELD 1779, t. III [1781], 3. Theil, S. 108–121.
21. DE GRAFFENRIED, VON STÜRLER 1844.
22. Zitiert in: GUBLER 1975, S. 25, nach einem Manuskript in den Archives du Vieux-Genève.
23. GLADBACH 1868, 1870, 1876 und 1893.
24. Vue des monuments construits dans les jardins de Franconville-La-Garenne, appartenans a madame la Comtesse d'Albon. Gravés d'après ses dessins & ceux de M. de Lussi. Paris 1784 (zitiert nach BRULHART 1999, S. 134 und Anm. 67).
25. GUBLER 1979.
26. Zeitschrift über das gesammte Bauwesen, Zürich 1837, Tafel XXIII.
27. GUBLER 1975, S. 27ff.
28. ANKER 1999, S. 68.
29. BIRKNER 1975, S. 189f. – LÉVY 1999, S. 107ff.
30. BRULHART 1999, S. 138ff., insbesondere 140.
31. SCHÄRZ, WYSS 1975, S. 17ff.
32. CUONZ, NIEDERBERGER 1998, S. 18ff., 113 – FLÜCKIGER-SEILER 2001, S. 79ff.
33. BRULHART 1999, S. 150, 152f. und Anm. 166.
34. FLÜCKIGER-SEILER 2001, Abb. 149.
35. BERLEPSCH o. O, o. J (Interlaken 1875) – FLÜCKIGER-SEILER 2001, Abb. 148.
36. Zur Bauunternehmung Frutiger siehe: FLÜCKIGER-SEILER 2001, S. 116.
37. FLÜCKIGER-SEILER 2001, Abb. 170.
38. ALS, S. 287f.
39. FLÜCKIGER-SEILER 2001, Abb. 34.
40. Museum im Bellpark, Kriens: Brief an die Ausstellung 1998.
41. Heimatschutz, Heft 1/1906.
42. SBZ 1905/XLVI, S. 83f., 140f., 150ff. und 1906/XLVII, S. 120ff.
43. GUYER 1917, S. 71.
44. Davinet, Horace Edouard. Souvenirs de Mons, Ed. Davinet, Bern 1921 (Manuskript in der Stadt- und Universitätsbibliothek Bern).
45. Beispielsweise DIETHELM 1920 oder WÖHLER 1929.
46. AMSTUTZ 1929.
47. SBZ 1929/94, S. 43. Siehe dazu auch: Der Berner Heimatschutz. Ein Rück- und Ausblick, Bern 1948.
48. ALS, S. 379f.
49. MEYER 1942, MEYER 1944 und MEYER 1957.
50. MEILI 1945.
51. SCHMID 1948, S. 339.
52. LAUR 1951 und KOPP 1955.
53. MEYER 1957 und SCHMID 1957.
54. REINLE 1962, S. 112ff.
55. BARBEY 1982 und REBSAMEN, STUTZ 1982.
56. GANZ 1975.
57. MAURER 1984.
58. OTTIGER 1976.
59. WYSSBROD 1988.
60. RUCKI 1989.
61. FLÜCKIGER-SEILER 1996 (Lawinenartig).
62. Lugano Hotels 1998.
63. Kriens – Kairo. Emil Vogt: Luzerner Architekt um 1900. Katalog der Ausstellung im Museum im Bellpark Kriens, Kriens 1998.
64. LÜTHI 1999 und LÜTHI 2001.
65. FLÜCKIGER-SEILER 2001.
66. Inventare Graubünden, deponiert bei der Kant. Denkmalpflege in Chur. Inventare Luzern, deponiert bei der Kant. Denkmalpflege in Luzern (FLÜCKIGER-SEILER, OMACHEN 1997ff.). Inventar Wallis, deponiert beim Kant. Kulturgüterdienst in Sitten.
67. GAULIS, CREUX 1976.
68. AMMANN 1976ff.
69. OTT 1990.
70. MILLER 1992.
71. SCHMITT 1982.
72. GRENIER et al. 1985.
73. SAUDAN, BLANC, SAUDAN-SKIRA 1985.
74. Du Palais au Palace, Paris 1998.
75. Historische Hotels erhalten und betreiben, Akten der Fachtagung Luzern 14.–16. September 1995, Luzern 1996.
76. Siehe dazu: Conseil de l'Europe, Comité du patrimoine culturel. Synthèse des travaux de la conférence de Nice, Strasbourg, le 17 février 2000, S. 4.

Seiten 36 bis 55
«Der Styl sollte mehr in Einklang mit der Umgebung gebracht werden»

1. Zur Geschichte der Universitäten im deutschsprachigen Raum siehe: BOEHM, MÜLLER 1983.
2. Zu Weinbrenner siehe: VALDENAIRE 1919 (mit einer Liste der Weinbrenner-Schüler) und GUBLER 1989, S. 31f.
3. Zum Architekten Ferdinand Stadler siehe: HAUSER 1976, S. 16 – FLÜCKIGER-SEILER 2001, S. 136.
4. Zum Architekten Louis Maillard siehe: FLÜCKIGER-SEILER 2001, S. 165.
5. ROLLER 1879 – FLÜCKIGER-SEILER 2001, S. 51 – Zu den Architekten Roller siehe: FLÜCKIGER-SEILER 2001, S. 121.
6. HBLS, Bd. VI, S. 330 – SKL, Bd. 3, S. 118f. – ALS, S. 490 (summarisch und ungenau).
7. FLÜCKIGER-SEILER 2001, S. 139.
8. SKL, Bd. 2, S. 421f. – Luzerner Tagblatt, 10. 2. 1907 und SBZ 1907/49, S. 90 (Nekrologe) – ALS, S. 391 – MEYER 1973, S. 180, ordnet fälschlicherweise das Hotel Axenstein bei Brunnen und den Luzernerhof in Luzern (übernommen in: WYSS 1991, S. 491) dem Werk von Gustav Mossdorf zu. Der Luzernerhof wurde von Alphons Maximilian Pfyffer von Altishofen entworfen (siehe: FLÜCKIGER-SEILER, OMACHEN 1997ff., Inventar Hotel Luzernerhof), das Hotel Axenstein von Johann Meyer (Familien-Chronik Eberle 1873–1901, S. 38, im Privatarchiv Hürbin, Morschach).
9. Luzerner Tagblatt und Vaterland, 14.1.1890 (Nekrolog) – ALS, S. 420.
10. Die Baueingabepläne sind von Pfyffer und Baumeister Düring unterschrieben (SA Luzern: B3.31/A10, 1864). Siehe dazu: FLÜCKIGER-SEILER, OMACHEN 1997ff., Inventar Hotel Luzernerhof.
11. HBLS, Bd. VI, S. 330 – SKL, Bd. 3, S. 118f. – SBZ 1900/XXXVI, S. 218 (Nekrolog) – Neujahrsblatt der Kunstgesellschaft Luzern für 1901 – ALS, S. 490.
12. SKL, Bd. 2, S. 190 und Suppl., S. 267 – THIEME, BECKER, Bd. XXI, S. 384 – Journal de Genève, 2.2.1910 (Nekrolog) – ALS, S. 320f.
13. BROILLET et al. 1997, S. 313f. und 318f.
14. SKL, Bd. 3, S. 79 – SBZ 1928/92, S. 297, 323 (Nekrolog).
15. HÄSLER 1986, S. 45ff.
16. Firmenarchiv Frutiger, Thun: Alte Hotels, Mappen 1–5.
17. Burgerbibliothek Bern, Nachlass Davinet: Souvenirs de Mons, Ed. Davinet, Manuskript, Bern 1921, S. 4.
18. DURAND 1802–1805 – SZAMDIEN 1984.
19. DELAIRE 1907, S. 128ff.
20. DELAIRE 1907, S. 96ff.
21. REBSAMEN et al. 1992, S. 232ff. – Festschrift ETH 1905.
22. Vater und Sohn Junod realisierten in der Genfer Landschaft mehrere wichtige Bauten, so die Kirchen von Compesières und Choulex. 1836 verfassten sie ein Projekt für das Schlachthaus von Morges. AE Genève: Archives de familles, Junod; BRULHART, DEUBER-PAULI 1985, S. 261, 315.
23. Zu den Architekten Burnat & Nicati siehe: FLÜCKIGER-SEILER 2001, S. 94.
24. FLÜCKIGER-SEILER 2001, Abb. 103.
25. Zum Architekten Louis Maillard siehe: FLÜCKIGER-SEILER 2001, S. 165.
26. DELAIRE 1907.
27. HBLS, Bd. III, S. 606 – SKL, Bd. 1, S. 601 – THIEME, BECKER, Bd. XIV, S. 409 – ALS, S. 227.
28. Die Eisenbahn 1879/XI, S. 136 – FLÜCKIGER-SEILER 2001, Abb. 63.
29. Weitere in Paris diplomierte Schweizer waren bis zur Jahrhundertwende Maurice Schnell; Henri Mauerhofer, Sohn des hier genannten Charles; Georges Jean Louis Chessex sowie Adrien van Dorsser. Zum Architekten Eugène Jost siehe auch: FLÜCKIGER-SEILER 2001, S. 71.
30. DELAIRE 1907, S. 77, 419 – ALS, S. 69 (lückenhaft).
31. HBLS, Bd. VI, S. 330 – SKL, Bd. 3, S. 118f. – ALS, S. 490 (summarisch und ungenau).
32. Zum Architekten Paul-Adolphe Tièche siehe: FLÜCKIGER-SEILER 2001, S. 110.
33. Dessen Enkel Franklin Cordey, Corsseaux, hat dem Autor einen Einblick in die vorhandenen Zeichnungen und die Literatur des Architekten ermöglicht. Siehe auch: LÜTHI 1999.
34. Gazette des Architectes et du Bâtiment, Paris 1864, No. 10, S. 150ff. und 1865, No 10, S. 145ff. – DELAIRE 1907, S. 139.
35. Zur Geschichte des Polytechnikums siehe REBSAMEN et al. 1992, S. 232ff.
36. Louis Wenger (1809–1861), Architekt und Waadtländer Politiker. 1827–1830 Studium an der École des Beaux-Arts in Paris, anschliessend führte er ein eigenes Büro in Lausanne. Er erstellte die Kirche von Bussigny s/Morges, das Frauengefängnis, die Blindenanstalt sowie das Musée Arland in Lausanne. Als Politiker vertrat er den Kanton Waadt mehrmals an der Tagsatzung, nach 1848 im Ständerat und im Nationalrat. HBLS, Bd. VII, S. 481; SKL, Bd. 3, S. 473.
37. Festschrift ETH 1905, S. 172–179.
38. Zu Leben und Werk von Semper: FRÖHLICH 1991 und ALS, S. 491ff.
39. GUBLER 1989, S. 24 – REBSAMEN et al. 1992, 232ff.
40. Liste der Semperschüler in: FRÖHLICH 1991, Anhang.
41. Zum Architekten Arnold Cattani siehe: FLÜCKIGER-SEILER 2001, S. 147.
42. Zum Architekten Paul-Adolphe Tièche siehe: FLÜCKIGER-SEILER 2001, S. 110.
43. Zum Architekten Paul Segesser siehe: FLÜCKIGER-SEILER 2001, S. 139.
44. EL-WAKIL 1978, S. 374.
45. Henri Jean Victor Fraisse (1804–1841) aus Lausanne. Ausbildung an der Pariser École des Beaux-Arts. Architekt der Bäder von Lavey-les-Bains 1836. Nekrolog in: Revue Suisse IV/1841, S. 205–217 (Hinweis von Paul Bissegger, Lausanne).

46 Zeitgenössische Nennung des Architekten in: Luzerner Zeitung, 11.3.1844. Abbildung in: FLÜCKIGER-SEILER 2002, Abb. 167.
47 HAUSER 1976, S. 300, Werkverzeichnis Nr. 141 – Erwähnt von BAEDEKER 1859, S. 56.
48 Mitteilung von Paul Bissegger, Lausanne.
49 Architekt genannt in einem Brief von Jacques Mirabeau vom 31.3.1863 an Edouard Vautier, zitiert in: Feuille d'Avis de Montreux, 18.3.1897 (Hinweis von Evelyne Lüthi-Graf, Montreux).
50 Stadtarchiv Luzern: Baunachrichten 1837, S. 101; 1838, S. 113; 1839, S. 120.
51 Stadtarchiv Luzern: B3.31/A10, 1864.
52 Zum Architekten Horace Edouard Davinet siehe: FLÜCKIGER-SEILER 2001, S. 122.
53 Siehe dazu: FLÜCKIGER-SEILER, OMACHEN 1997ff. – WYSS 1991, S. 410.
54 Archiv Bauamt Thun: Baugesuche 1886 und 1904.
55 HBLS, Bd. IV, S. 525.
56 ALBISSER, STOLLER 1977, S. 4.
57 Zum Architekten Johann Frutiger siehe: FLÜCKIGER-SEILER 2001, S. 116.
58 Premier Rapport du Conseil d'Administration à MM. Les Actionnaires… le 31 mars 1858 (Hotelarchiv: No 022, S. 11).
59 BROILLET et al. 1997, S. 296ff.
60 RUCKI 1989, S. 199.
61 Name genannt in: TRUTTMANN 1876, S. 6.
62 Baueingabe im Namen des Bauherrn Ignaz Businger durch den Architekten Edouard Staempfli aus Montreux (SA Luzern: B3.43/A1.619). Anlässlich der Eröffnung 1883 wird Othmar Schnyder als Architekt genannt (Luzerner Tagblatt, 26.4.1883). Siehe: FLÜCKIGER-SEILER, OMACHEN 1997ff., Inventar Hotel Gütsch.
63 RUCKI 1989, S. 157.
64 FLÜCKIGER-SEILER 2001, S. 66ff.
65 Tagebuch der Berta Stockmann-Durrer (Privatarchiv Bruno Durrer, Alpnach Dorf).
66 Nachweis durch einen Hotelprospekt in der SLB.
67 SCHMUTZ 1996.
68 Friedrich Salvisberg (1820–1903) studierte nach seiner Ausbildung zum Steinmetzen in Basel und im Elsass an der Polytechnischen Schule in Karlsruhe und der Universität Heidelberg Architektur. 1851–1859 war er Stadtbaumeister von Zofingen, 1859–1881 Berner Kantonsbaumeister. 1873 gehörte er der internationalen Jury der Wiener Weltausstellung an. Als Kantonsbaumeister war Salvisberg ein wichtiger Initiant für die Schaffung des neuen Lorrainequartiers und zur Ausarbeitung des ersten Baureglements mit Alignementsplan für die Stadt Bern im Jahr 1863. Zudem war er Verfasser zahlreicher preisgekrönter Projekte, u. a. für den Botanischen Garten in Bern. HBLS, Bd. VI, S. 23f.; SKL, Bd. 3, S. 10; SBZ 1903/XXXXII, S. 121 (Nekrolog); ALS, S. 467.
69 BERLEPSCH o. J (1875), S. 4 – FLÜCKIGER-SEILER 2001, Abb. 148.
70 GA Interlaken: Hist. Pläne Nr. 12 («Parzellarplan über die Gemeinde Aarmühle, aufgenommen im Juli 1860 von C. Blatter, Geometer d. Kadasters»); Strassenachsen mit Bleistift eingezeichnet und Plan signiert: «Bern, Mai 1866, F. Salvisberg, Architect».
71 Bewilligung für den Saalanbau beim Schweizerhof vom 6.11.1896 (Statthalteramt Interlaken: B 504, S. 132; siehe auch: MICHEL 1956, S. 17; Nennung des Architekten in: SKL, Bd. 1, S. 281). – Wiederaufbau des Hotel Beau-Rivage nach Brand am 28.3.1899 durch Architekt Bernhard Hauser (GA Interlaken: Baubewilligungen 1899/12), Speisesaal durch Architekten Bernhard Hauser (?) (GA Interlaken: Baubewilligungen 1899/13), Anbau Terrasse und Verbindungshalle durch Architekt Arnold Cattani (GA Interlaken: Baubewilligungen 1899/23).
72 Nach KREBSER 1996, S. 19.
73 GA Interlaken: Baubewilligungen 1901/20 und 1903/21.
74 GA Interlaken: Baubewilligungen 1912.
75 HAUSER 1976, S. 300, Werkverzeichnis Nr. 141 – Erwähnt im BAEDEKER 1859, S. 56.
76 WIGET 1975, S. 23ff. – Brunnen und der Waldstätterhof, o. O, o. J (Brunnen 1871).
77 HAUSER 1976, S. 304, Werkverzeichnis Nr. 153 (Pläne im Hotelarchiv) und Werkverzeichnis Nr. 153.
78 Zum Architekten Leonhard Zeugheer siehe: FLÜCKIGER-SEILER 2001, S. 136.
79 GUYER 1874, S. 97, Abb. 41 bzw. GUYER 1885, S. 138, Abb. 42.
80 Adolph Brunner war ein in Zürich (Hospitant am Polytechnikum bei Semper), Neuenburg (bei Hans Rychner) und Paris (bei Emile Boeswillwald) ausgebildeter, vielseitig begabter Architekt. Er erstellte in Zürich zahlreiche Wohn- und Geschäftsbauten und in der ganzen Schweiz etliche bedeutende Bankgebäude. 1872 war er Experte beim Wettbewerb zum Hotel Thunerhof in Thun, 1889 baute er in Zürich das Hotel Bellevue um. SKL, Bd. 4, S. 72f.; SBZ 1909/LIV, S. 260, 277 (Nekrolog); ALS, S. 100.
81 Festschrift SIA 1893, S. 91f. und FLÜCKIGER-SEILER, OMACHEN 1997ff., Inventar Hotel Schwanen.
82 Bei diesem Architekten kann es sich unter Umständen um den bekannten Thuner Architekten Arthur Meyerhofer (1870–1910) handeln (INSA 9, 313 – Nekrolog in: Die Schweizerische Baukunst 1910/XXIII, 324).
83 HORAT 2000, S. 201, Anm. 54.
84 Lebensdaten und Ausbildungsweg Staempflis sind bisher nicht bekannt. Seine durch die Inventarisation für das INSA erfassten Tätigkeiten in Montreux beschränken sich auf die Zeit zwischen 1873 und 1884. 1874–1876 erbaute er die Pension La Paix (WYSSBROD 1988, Cat. No 110) und eventuell 1883/84 die Villa für Henri Nestlé (Auskunft von Joëlle Neuenschwander Feihl, Epalinges).
85 Hotelprospekt von 1902 (SLB).
86 Zum Architekten Karl Koller siehe: FLÜCKIGER-SEILER 2001, S. 78.
87 Hotelprospekt von 1913 (SLB).
88 Zum Architekten Emil Vogt siehe: FLÜCKIGER-SEILER 2001, S. 147.
89 Die Pläne dieser beiden Hotelumbauten finden sich auf der Liste im Nachlass von Architekt Alfred Möri, der in dieser Zeit Mitarbeiter im Büro von Emil Vogt war (Mitteilung von Barbara Hennig, Luzern).
90 Walter Henauer (bis 1920 Hanauer genannt, 1880–1975) und Ernst Witschi (1881–1959) führten seit 1913 ein gemeinsames Architekturbüro in Zürich. Sie haben vor allem Wohnungs- und Verwaltungsbauten in ihrer engeren Heimat erstellt (u. a. die Börse in Zürich 1929/30), dagegen keine weiteren Hotelbauten. ALS, S. 262.
91 VARINI, AMSTUTZ 1985, S. 99–103 – SBK 1913, Heft 20, S. 296–303.
92 Archivio Dicastero del Territorio di Lugano: 1904/32.
93 Die Eisenbahn 1880, S. 120 (Nekrolog) – ALS, S. 89.
94 Auskunft von Silva Semadeni, Passugg.
95 Auskunft von Silva Semadeni, Passugg. Zum Architekten Sottovia, dem auch die Autorschaft an den «Palazzi» in Poschiavo, an der englischen Kirche in St. Moritz und am Hotel Bregaglia in Promontogno zugeschrieben wird, siehe ALS, S. 501.
96 RUCKI 1989, S. 157.
97 Zum Architekten Karl Koller siehe: FLÜCKIGER-SEILER 2001, S. 78.
98 Siehe dazu: FLÜCKIGER-SEILER 1999, S. 19.
99 Winkler erbaute 1907/08 in Pontresina das Hotel Albris und zwei Jahre später in Silvaplana das Hotel Engiadina aus der Engadiner Handelsmühle. RUCKI 1989, S. 170, 222.
100 Originalpläne, 1905 datiert (Privatarchiv Alex Aufdenblatten, Zermatt).
101 ROLLER 1879, S. 6.
102 Zum Architekten Louis Maillard siehe: FLÜCKIGER-SEILER 2001, S. 165.
103 ALS, S. 106f. – Nekrolog in: BTSR 1954/80, S. 27.
104 ALS, S. 305.
105 Zur Biografie von Fridolin Fassbind-Steinauer (1821–1893) sowie seiner Gattin Nanette Steinauer (1827–1917) siehe WIGET 1975, S. 23ff.
106 Typoskript der Autobiografie von Fridolin Fassbind im Hotelarchiv.
107 Zum Architekten Ferdinand Stadler siehe: HAUSER 1976 mit Werkverzeichnis sowie FLÜCKIGER-SEILER 2001, S. 136.
108 FLÜCKIGER-SEILER 2001, Abb. 170.
109 FLÜCKIGER-SEILER 2001, S. 54f.
110 Typoskript der Autobiografie von Fridolin Fassbind im Hotelarchiv.
111 Diverse Pläne im Hotelarchiv Waldstätterhof, nicht nummeriert.
112 Brunnen und der Waldstätterhof, o.O, o.J (Brunnen 1871).
113 Der Autor verdankt diesen wertvollen Hinweis Elfi Rüsch, Locarno, die auch die Pläne für die Publikation zur Verfügung stellte.
114 Eine Vermutung weist auf den Pariser Architekten Emile Hochereau hin, der 1864 das Château des Crêtes in Clarens am Genfersee entwarf und die Pläne für die 1874 bis 1878 erbauten «Villas Dubochet» am gleichen Ort lieferte. Siehe GUBLER, BARBEY, MAURER 1981, S. 10f. (Hinweis von Eric Teysseire, Lausanne).
115 Über Publikationen zum Hotelbau siehe: FLÜCKIGER-SEILER 2001, S. 50f.
116 Burgerbibliothek Bern, Nachlass Davinet, Souvenirs de Mons, Ed. Davinet, Manuskript unpaginiert.
117 LACHMAYER, GARGERLE, HAJOS 1991, S. 34.
118 Siehe dazu beispielsweise RITZ 1939.
119 Zu den Architekturwettbewerben in der Westschweiz siehe: FREY, KOLECEK 1995. Gesamtschweizerisch ist diese Frage noch nicht untersucht.
120 RUCKI 1991.
121 Guillaume-Henri Dufour (1787–1875) war Ingenieur (Kantonsingenieur bis 1847), Kartograf (Dufour-Karte), General im Sonderbundskrieg und Mitbegründer des Roten Kreuzes.
122 AE Genève: Archives privées, 14/1, Société anonyme des Bergues, fol. 84–86 – BROILLET et al. 1997, S. 296.
123 Leila el-Wakil vergleicht den Grundriss des Hôtel des Bergues mit dem 1827–1830 erbauten Tremont House in Boston: EL-WAKIL 1978, S. 376.
124 Du Palais au Palace 1998, S. 58ff.
125 Hotelarchiv: No 100 – NEUENSCHWANDER FEIHL 1997, S. 9ff.
126 ALS, S. 566.
127 François Henri Benjamin («Francis») Gindroz (1822–1878), Ausbildung bei Perregaux in Lausanne und Brocher in Genf, 1846–1852 Studien in Paris bei Hector Lefuel (letzter Architekt des Louvre), seit 1853 eigenes Büro in Genf. Gewinnt 1853 den Wettbewerb für die Konstruktion des Quai des Bergues in Genf, 1868 Projekt für Hôtel du Mont-Blanc in Morges (unausgeführt), 1868–1873 Architekt der Universität Genf (mit Joseph Collart und Jean Franel). BISSEGGER 1978; Die Eisenbahn 1879/X, S. 108 und BSVIA 1879/2, S. 11 (Nekrologe); ALS, S. 220.
128 Die Biografie von De la Harpe ist nur bruckstückhaft bekannt, etwa seine Tätigkeit als Kantonsarchitekt 1835/36 und sein Amt als Direktor der Dampfschiffahrtsgesellschaft auf dem Lac Léman (WYSSBROD 1992, S. 31).
129 Bertolini stammte aus Italien (Carcofora). Er erlernte ursprünglich den Beruf eines Gipsers, arbeitete bei den Architekten Perregaux in Genf und Lefuel in Paris (1846–1848). Seit 1848 führte er ein gemeinsames Büro mit De la Harpe in Lausanne. HBLS, Bd. II, S. 204; SKL, Bd. 1, S. 118; WYSSBROD 1992, S. 30; BSVIA 1883/2, S. 28 (Nekrolog).
130 Hotelarchiv: No 100 – NEUENSCHWANDER FEIHL 1997, S. 10f. – Ein vergleichbarer Fall war die Erbauung des Bundesrathshauses (heutiges Bundeshaus West) 1852–1857 durch den einheimischen Architekten Friedrich I. Studer, nachdem dieser ursprünglich nicht zu den Preisträgern des vom Zürcher Ferdinand Stadler 1850 gewonnenen Wettbewerbs gehört hatte (SA Bern: Bundeshaus, Pläne Nr. 346–348 – HAUSER 1976, S. 173ff.).

131 ZYRO 1878, S. 8.
132 Zum Architekten Paul-Adolphe Tièche siehe: FLÜCKIGER-SEILER 2001, S. 110.
133 GUYER 1874, S. 52 und 1885, S. 79 (Vevey) sowie 1874, S. 73–75 und 1885, S. 102–105 (Thunerhof).
134 Beispielsweise der Wettbewerb von 1906 für den Bau des Hôtel du Pont & Terminus in Vevey, an dem sich auch der Tessiner Architekt Paolito Somazzi beteiligte (BTSR 1907, S. 70, 91–93, 96).
135 Die Lebensdaten des älteren Alexander Rüfenacht sind bisher falsch publiziert: bei Ammann 1976ff., GK 15, S. 20f. (1793–1868) sowie bei Rebsamen 1989, S. 5 (1793–1861). Die richtigen Daten verifizierte Peter Küffer, Burgerarchivar Thun.
136 BROILLET et al. 1997, S. 322, Anm. 4 – Auskünfte aus den Verwaltungsratsprotokollen durch Irmgard Müller, Hôtel Beau-Rivage Palace.
137 KELLER 1983, S. 424f.
138 Spesenrechnung für Thun im SA Thun: 0–1/AN 43.
139 ALS, S. 124, 566.
140 Zur Hoteliersfamilie Hauser siehe: AMMANN 1976ff. GK 6, S. 10ff.
141 GUYER 1874, Abb. 5–7 (Beau-Rivage), 8 (Vevey) und 25–28 (Thunerhof). GUYER 1885, Abb. 6–8 (Beau-Rivage), 9 (Vevey) und 24–27/(Thunerhof).

Seiten 58 bis 91
«wäre das vollständige Abschliessen der Gesellschaftsräume... eine Versündigung an der Natur»

1 Theoretische Überlegungen dazu bei EVANS 1982.
2 Siehe dazu PEVSNER 1976.
3 GUYER 1874, S. 48ff. und GUYER 1885, S. 74ff.
4 ROLLER 1879, Tafeln im Anhang.
5 Eröffnung am 1.7.1856 (Schweizer Handels-Courier, 5.7.1856), Architekt Robert Roller senior (MICHEL 1956, S. 8f.).
6 FLÜCKIGER-SEILER 2001, S. 105ff.
7 FLÜCKIGER-SEILER 2001, Abb. 191.
8 PINÖSCH 1965.
9 FLÜCKIGER-SEILER 2001, Abb. 66, 96, 97.
10 11.7.1863: Projektpläne für «Kurhaus Jungfraublick, Fr. 375 000.–» sowie «Ökonomie & Trinkhalle, Fr. 25 000.–» (Nachlass Roller, Werkverzeichnis, Nr. 60) – In seiner Publikation von 1879 bezeichnet Roller diesen Bau zudem als sein Werk (ROLLER 1879, S. 8) – HARTMANN 1914, S. 595, nennt fälschlicherweise Davinet als Architekten. Diese Zuordnung wird ohne Überprüfung bis in die neuste Zeit übernommen, beispielsweise bei KREBSER 1990, S. 213.
11 FLÜCKIGER-SEILER 2001, Abb. 105.
12 FLÜCKIGER-SEILER 2001, Abb. 106.
13 Das Hotelprojekt ist im Katasterplan der Gemeinde Vevey von 1849/50 (sog. Plan Duvoisin) eingezeichnet (AC Vevey: Ga bleu 280, fol. 36). 1867 wird die Pension Chemenin erstmals genannt (BIERFREUND 1867, S. 49), 1877 die zweite Bauetappe ausgeführt (AC Vevey: Ms. Fédia Müller) – FLÜCKIGER-SEILER 2001, Abb. 100.
14 FLÜCKIGER-SEILER 2001, Abb. 68, 150.
15 FLÜCKIGER-SEILER 2001, Abb. 172.
16 Im eigenen Nekrolog (Vaterland, 14.1.1890), in der Festschrift SIA 1893, S. 92, sowie in der Festschrift «100 Jahre Grand Hotel National 1870–1970» wird Alphons Maximilian Pfyffer von Altishofen (1834–1890) als alleiniger Architekt des Hotel National bezeichnet. OTTIGER 1976, S. 174, dagegen attestiert den Hauptanteil am Entwurf dieses Hotelbaus Josef Plazidus Segesser (1803–1878) und billigt Pfyffer nur die Mitarbeit zu. SKL, Bd. 3, S. 118 und MEYER 1973, S. 186, nennen Heinrich Viktor Segesser (1843–1900) als Architekten. In Anbetracht der avantgardistischen Architekturgestaltung des Hotel National scheint es geradezu unwahrscheinlich, hinter diesem Entwurf den 65-jährigen «Klassizisten» Plazidus Segesser zu sehen und Heinrich Viktor Segesser hat vor 1870 keine gestalterisch auch nur annähernd an das National reichende Architekturleistung aufzuweisen. So kommt als führender Entwerfer nur Alphons Maxililian Pfyffer von Altisofen in Betracht, wobei auch eine entscheidende Mitarbeit des jungen Paul Segesser anzunehmen ist. Keinesfalls als Entwerfer kommt der in der ALS, S. 491, bedauerlicherweise als Architekt bezeichnete Hotelier Xaver Segesser-Faaden in Frage.
17 Festschrift SIA 1893, S. 95–97 – FLÜCKIGER-SEILER 2001, Abb. 175.
18 1871/72: Bau der beiden Seitenflügel, Eröffnung im Juni 1872 (Privatarchiv Hürbin, Morschach: Familien-Chronik 1873–1901, S. 38) – FLÜCKIGER-SEILER 2001, Abb. 188.
19 FLÜCKIGER-SEILER 2001, Abb. 63.
20 Pläne zum Bristol im Privatarchiv Muntwyler-Camenzind, Meilen.
21 HUSEMANN 1874, S. 59 – RUCKI 1989, S. 205, 207.
22 RUCKI 1988, S. 188f.
23 FLÜCKIGER-SEILER 2001, Abb. 212.
24 FLÜCKIGER-SEILER 2001, Abb. 220.
25 BROILLET et al. 1997, S. 294ff.
26 Grundrissentwicklung publiziert in: BROILLET et al. 1997, S. 255, Fig. 255, Ansicht in FLÜCKIGER-SEILER 2001, Abb. 99.
27 HAUSER 1991, S. 422f.
28 FLÜCKIGER-SEILER, OMACHEN 1997ff., Inventare Hotels Waldstätterhof und Metropole.
29 Festschrift SIA 1903, Tafel XIII.
30 BTSR 1911, Bd. 37, S. 163–165, 174.
31 GUYER 1874 und 1885, KLASEN 1884 oder VON DER HUDE 1885.
32 FLÜCKIGER-SEILER 2001, Abb. 58.
33 FLÜCKIGER-SEILER 2001, Abb. 148.
34 Hotelinventar Graubünden: Scuol, Tarasp, Vulpera. Kantonale Denkmalpflege Chur 1981, S. 45ff.
35 Pläne im Archiv der Kant. Denkmalpflege Graubünden.
36 FLÜCKIGER-SEILER 1999, S. 17.
37 FLÜCKIGER-SEILER 2001, S. 107.
38 Publiziert in: SBZ 1899/XXXIII, S. 173f.
39 RUCKI 1989, S. 73ff.
40 Der Entwurf dieses Hotels gehört entgegen der Lokalliteratur (WIGET 1980, S. 64 – VOHMANN 1991, S. 66, zitiert nach BAUMGART 1922, S. 48f.) zum Werk des bekannten Luzerner Architekten Vogt. Die von Vogt gestempelten und signierten Originalpläne wurden im Jahr 1999 aufgefunden.
41 FLÜCKIGER-SEILER 2001, S. 128ff.
42 Siehe dazu POSENER 1981, S. 4ff.
43 A Montreux: Baubewilligung vom 1.5.1901.
44 Publikation der Wettbewerbsresultate in: SBZ 1905/XLV, S. 155 und 1905/XLVI, S. 26, 83, 140 und 150ff. – Neues Projekt im Auftrag der Sektion Bern des Schweizer Heimatschutzes publiziert in: SBZ 1906/XLVIII, S. 120ff.
45 PEVSNER 1976, S. 173.
46 BÉHA 1866, S. 38ff. – BÉHA 1881, S. 42ff.
47 Publiziert bei GUYER 1874, S. 49 und Plan Nr. 56 im Anhang sowie 1885, S. 78 und Plan Nr. 65 im Anhang – KLASEN 1884, S. 150 und Blatt 38, Fig. 1 – VON DER HUDE 1885, S. 196 – Siehe auch: Du Palais au Palace 1998, S. 74ff.
48 Allgemeine Bauzeitung mit Abbildungen. Österreichische Vierteljahrsschrift für den öffentlichen Baudienst, herausgegeben und redigirt von Christian Friedrich Ludwig Förster, k.k. Architekt, Wien 1836–1918.
49 Insbesondere KLASEN 1884 und VON DER HUDE 1885. Aber auch bei GUYER 1874 und 1885 sind (vor allem im Anhang) etliche solche Hotelgrundrisse aus den europäischen Grossstädten abgebildet.
50 WYSS 1991, S. 380 – FLÜCKIGER-SEILER, OMACHEN 1997ff., Inventar Hotel Stadthof.
51 ALS, S. 184f. – Revue Suisse 1841/IV, S. 205ff. (Nekrolog).
52 Archives Cantonales Vaudoises: GC 1993–1998.
53 Grand Hotel in Interlaken, Interlaken 1868: Detaillierter Baubeschrieb mit Kostenberechnung für «F. Seiler, Nationalrath» (Dokument in SLB).
54 GUYER 1885, S. 78.
55 BROILLET et al. 1997, S. 302ff. – AE Genève: Travaux AA 63, pièce 142.
56 BROILLET et al. 1997, S. 300ff. – AE Genève: Travaux AA 75, pièce 2 (Pläne) – Abbildung in FLÜCKIGER-SEILER 2001, Abb. 67.
57 Caspar Joseph Jeuch (1811–1895) aus Baden, Architekturstudium in München, seit 1837 Architekt in Baden, seit 1840 als Bauverwalter in Baden, SBZ 1895/XXVI, S. 53 (Nekrolog).
58 BERLEPSCH o.J. (1875), S. 4 – Pläne im Archiv SGH: 105/12 – Keine Innenaufnahmen bekannt.
59 FLÜCKIGER-SEILER 2001, Abb. 68.
60 Baubewilligung für einen «Gasthof beim Bundesrathhause» am 20.8.1856, Eröffnung am 1.1.1859 (SA Bern).
61 GUYER 1874, S. 49 und Abb. 5–7 – GUYER 1885, S. 76 und Abb. 6–8 – VON DER HUDE 1885, S. 214, Fig. 198, 199.
62 FLÜCKIGER-SEILER 2001, Abb. 68.
63 GUYER 1874, S. 52, Plan Nr. 8 und 1885, S. 79, Plan Nr. 9 – KLASEN 1884, S. 153, Blatt 38, Fig. 7.
64 Pläne: SCHMUTZ 1996 (Mont Riant), A de la Ville de Lausanne: Demandes de constructions, bobine 138/No 2267 (Victoria) und bobine 46/No 1621 (Beau-Site).
65 BROILLET et al. 1997, S. 319ff.
66 Pläne im Archiv SGH: 110/3. Das Hotel wurde ohne Dokumentation abgebrochen und bisher sind keine Innenaufnahmen bekannt.
67 Hotel Lloyd: Archivio Dicastero del Territorio di Lugano: 1908/65 und Archiv SGH: 110/49 – Hotel Excelsior: Projekt vom Oktober 1906 im Archivio storico di Lugano: Architekt Giuseppe Bordonzotti; HAUSER 1991, S. 296.
68 Siehe dazu OMACHEN 1998, S. 38f.

Seiten 94 bis 133
«eine Zugmaschine für Personen und eine andere für Gepäck»

1 Werbeprospekt für das Grand Hôtel de Territet, undatiert (1888).
2 SBZ 1917/LXIX, S. 89.
3 BAEDEKER 1859, S. 292 (nicht genannt), 1862, S. 377 (erstmals genannt).
4 BIERFREUND 1867, S. 50 – NEUENSCHWANDER FEIHL 2000, S. 14.
5 TRUTTMANN 1876, 4ff. – ANTHAMATTEN 1991, S. 44 – FRÖLICH 1876.
6 Territet 1889, 12 – A Montreux: ACP A 52 (27.6.1881).
7 Die Eisenbahn 1885/V, S. 135.
8 CAVIEZEL 1896, S. 285.
9 Zur «Vacuum-Entstaubungsanlage» vgl. MARGADANT, MAIER 1993, S. 155f. Zu den technischen Neuerungen im Hôtel Suisse vgl. A Montreux: C2–10b, Hôtel Suisse, 1907.
10 Nach OTT 1990, S. 66, Anm. 10.
11 Nach SCHIVELBUSCH 1983, S. 23–46 und Schweizerische Techniker-Zeitung 1907, S. 41. Technische Erklärungen in LUEGER 1904ff., Bd. IV, S. 271ff.
12 DE SENARCLENS 1993, S. 71 – POLLA 1969, S. 185ff. – NEUENSCHWANDER FEIHL 1990, S. 229.
13 Beispielsweise Basel 1852, Zürich 1856 und Luzern 1857 (alle Angaben nach den INSA-Bänden).
14 Für Thun: SAMELI 1946, S. 5; für Vevey: KOENIG, SCHWAB 1973, S. 209; für Lugano: HAUSER 1991, S. 210.
15 GALLATI 1991, S. 152ff.
16 SPECKER 1985, S. 26.
17 DE SENARCLENS 1993, S. 71.
18 CARLEN 2000, S. 67.
19 MÜLLER 1867.
20 Schweizer Handels-Courier, 24.3.1869 – WEBER 1991, S. 108.
21 Für St. Moritz: MARGADANT, MAIER 1993, S. 95, für Pontresina: CAVIEZEL 1881, S. 161.
22 Mündliche Auskunft von Silva Semadeni, Passugg. Zum Architekten Giovanni Sottovia siehe: ALS, S. 501.
23 REBSAMEN, STUTZ 1982, S. 452, mit weiteren Literaturhinweisen.
24 OTT 1990, S. 60.
25 EBERLE 1875.
26 Die Hotels der Schweiz 1901 und 1904.

27 Siehe dazu die Untersuchung zur Stadt Lausanne in: HELLER 1979, S. 48ff.
28 FLÜCKIGER-SEILER 1999, S. 17.
29 Lebenserinnerungen des Josef Schmid aus Ernen. Privatarchiv Adolf Schmid, Ernen.
30 Erwähnung in: Le Conteur Vaudois, 29.4.1882.
31 Walliser Bote, 1. Herbstmonat 1877.
32 Nouvelliste Vaudois, 3.8. und 22.9.1877.
33 Feuille d'Avis de Lausanne, 29.1.1878 – WYSS 1991, S. 363.
34 Tagblatt der Stadt St. Gallen 1879, S. 853 (nach RÖLLIN 1981, S. 223).
35 Über dieses Ereignis wird in der zeitgenössischen Schweizer Presse kaum berichtet. Die einzige verlässliche Quelle stellt eine Notiz im Fögl d'Engiadina vom 19.7.1879 dar. Obwohl die korrekte Jahreszahl 1879 in der ersten Zusammenstellung über die Elektrifikation im Kanton Graubünden von 1903 festgehalten ist (Festschrift SIA 1903, Tabelle im Anhang) und der einheimische Forscher Dolf Kaiser 1983 wieder darauf hingewiesen hat (KAISER 1983, S. 22), wird das «Wintermärchen» des ersten elektrischen Lichts an Weihnachten 1878 leider immer wieder kopiert (Siehe dazu GUGERLI 1996, S. 25 und 27, Anm. 10).
36 Die Eisenbahn 1880/XII, S. 59f.
37 Die Eisenbahn 1880/XIII, S. 24f. Siehe dazu auch: SAVOY 1988, S. 12 und GUGERLI 1996, S. 27ff.
38 Technische Erläuterungen zur Elektrizität und der elektrischen Beleuchtung in: LUEGER 1904ff., Bd. III, S. 300ff. und Bd. I, S. 667ff. – SCHIVELBUSCH 1983, S. 63.
39 Allgemeine Bauzeitung 1855, Notizen, S. 164.
40 Allgemeine Bauzeitung 1855, Notizen, S. 164.
41 HASSENSTEIN 1859, S. 129, 133.
42 Pawel (Paul) Jablochkoff (1847–1894) aus Petersburg war eine der einflussreichsten Persönlichkeiten der elektrotechnischen Entwicklung zwischen 1870 und 1890. Als Direktor der Telegrafenlinie Moskau – Kursk begann er kurz nach 1870 mit Forschungen über die elektrische Beleuchtung. Anlässlich der Weltausstellung von 1876 wanderte er in die USA aus und führte dort seine Forschungen weiter. Berühmt wurde seine Beleuchtung der Avenue de l'Opéra in Paris, die weltweit grosses Aufsehen erregte und seinen Bogenleuchtern bei der öffentlichen Beleuchtung während einiger Zeit eine Vorrangstellung eintrugen. SBZ 1894/XXIII, S. 142 (Nekrolog).
43 Revue internationale de l'électricité et de ses applications, Paris, Bruxelles 1885, S. 37ff. – L'Ingenieur-Conseil. Journal technique bimensuel, Brüssel/Paris 1879, S. 18 – Die Eisenbahn 1879/X, S. 1ff. und 19 sowie 1880/XII, S. 11.
44 Die Eisenbahn 1880/XII, S. 59f.
45 Die Eisenbahn 1882/XVII, S. 48, 68.
46 SCHIVELBUSCH 1983, S. 57f. und 60ff. – LUEGER 1904ff., Bd. I, S. 668f. und Bd. IV, S. 576f.
47 Zur Elektrizitätsausstellung 1881 in Paris vgl. den Bericht in: Die Eisenbahn 1881/XV, S. 115ff. – Zur Ausstellung in Wien vgl.: Tagblatt der Stadt St. Gallen 1882, S. 1866 und 1883, S. 224 (nach RÖLLIN 1981, S. 224).
48 Die Eisenbahn 1881/XV, S. 24.
49 PEVSNER 1976, S. 183, Anm. 120.
50 Le Conteur Vaudois, 29.4.1882.
51 Berner Post, 10.7.1882 und Schweizer Handels-Courier, 12.7.1882.
52 Feuille d'Avis de Montreux, 5.8.1882.
53 A Montreux: AC Planches A 53, 26.8. und 18.9.1882 – Da in den Gemeinderatsprotokollen der folgenden Zeit keine weiteren Eintragungen zu dieser Elektrifizierung mehr auftauchen, ist anzunehmen, dass die eigene Turbine zumindest im Hôtel des Alpes in Territet zu dieser Zeit eingebaut worden ist; im Oktober 1884 jedenfalls wird das elektrische Licht anlässlich einer Ausstellung in Montreux beschrieben (Mitteilung von Evelyne Lüthi-Graf, Montreux).
54 Festschrift SIA 1903, S. 101.
55 BÖCKLI 1998, S. 51.
56 KAISER et al. 1994, S. 96.
57 Luzerner Tagblatt, 15.8.1884.
58 Tagblatt der Stadt St. Gallen 1885, S. 1436 (nach RÖLLIN 1981, S. 223).
59 GUGERLI 1996, S. 30ff.
60 REBSAMEN, STUTZ 1982, S. 321.
61 FLEINER 1890, S. 216.
62 ODERMATT, FREY-FÜRST 1948, S. 51.
63 MARTI 1888, S. 11.
64 Schweizer Handels-Courier, 29.6.1897 – RUBI 1993, S. 136.
65 1891 erstellte die Maschinenfabrik Oerlikon die erste 170 Kilometer lange Übertragungsleitung von Lauffen am Neckar nach Frankfurt am Main (WEGMANN 1920, S. 68).
66 Die Eisenbahn 1881/XV, S. 102.
67 Bericht über die Eröffnung der Zentrale in New York am 4.9.1882 in: Revue internationale de l'Electricité, Paris 1885, S. 37ff. – SCHIVELBUSCH 1983, S. 68.
68 HELLER 1979, S. 49.
69 SAVOY 1988, S. 21ff., insbes. S. 27 – GUGERLI 1996, S. 76ff.
70 Rapports de Conseil d'administration de la Société électrique Vevey-Montreux 1886/1887, S. 26 und 1888, S. 5. Zum Hôtel Byron siehe: FLÜCKIGER-SEILER 2001, S. 105ff.
71 HUBER 1986, S. 98ff. – GUGERLI 1996, S. 76ff.
72 Seeländer Bote, 12.7.1888.
73 SBZ 1888/XII, S. 78 – 50 Jahre Industrielle Betriebe Interlaken 1904–1954, S. 38 – GALLATI 1991, S. 158f.
74 Die Eisenbahn 1891/XVIII, S. 58 – KOENIG, SCHWAB 1973, S. 208 – WYSS 1991, S. 364 – SBZ 1893/XXI, S. 95.
75 AMMANN 1980, S. 5, 23 – Die Eisenbahn 1880/XVI, S. 85.
76 Genannt werden die Hotels Bellevue, De France, Brunner und Maison Blanche (VON WERRA 1891, S. 8 und VON WERRA 1898, S. 14). Zur Geschichte der frühen Hotelentwicklung im 19. Jahrhundert in diesem Badekurort siehe: FLÜCKIGER-SEILER 1996 (Lawinenartig).
77 Die Eisenbahn 1880/XVI, S. 85 und 1891/XVIII, S. 58 – Festschrift SIA 1903, S. 102.
78 Die Eisenbahn 1891/XVIII, S. 58.
79 Siehe dazu RÖLLIN 1981, S. 224.
80 GUYER 1885, S. 153ff.
81 In den 30 elektrisch beleuchteten Hotels von 1889 waren 4 140 Glühlampen in Betrieb, in allen anderen elektrifizierten Bauten und Anlagen dagegen nur 2 650. Statistik in: Die Eisenbahn 1880/XVI, S. 85 und 1891/XVIII, S. 58.
82 Die Hotels der Schweiz 1901, S. 114ff.
83 Beispielsweise in 16 von 21 Hotels und Pensionen auf dem Beatenberg oder in 38 von 66 Betrieben in Interlaken (Die Hotels im Berner Oberland, 1914).
84 Archiv der Hotel- und Bädergesellschaft Leukerbad – Siehe dazu FLÜCKIGER-SEILER 1996 (Lawinenartig), S. 20f.
85 Hotelarchiv: No 089, rapport du 22. octobre 1894.
86 Nach WIDMER 1992, S. 124, mit zahlreichen Literaturangaben – Zur MFO siehe: 1 1920.
87 Festschrift SIA 1903, Tabelle – OTT 1990, S. 60f.
88 Archives historiques de la Société Romande d'Electricité (SRE), Inventaire des Hôtels (A Montreux).
89 LÜTHI 1996, S. 3.
90 Nach DE SENARCLENS 1993, S. 70.
91 Trinkwasserversorgung in Zürich und Basel 1864, Lausanne 1865, Bern 1870, Winterthur 1873 oder Luzern 1875 (Alle Angaben nach: Schweizer Lexikon in sechs Bänden, Luzern 1991ff.).
92 KOENIG, SCHWAB 1973, S. 212 und GALLATI 1991, S. 157.
93 Alexandre Rufenacht (1817–1880) war, als Nachfolger seines Vaters gleichen Namens (1793–1851), bis 1859 Direktor im Hôtel des Bergues in Genf, von wo er als erster Direktor des 1861 eröffneten Hôtel Beau-Rivage nach Lausanne-Ouchy berufen wurde, nachdem er dort bereits als Jurymitglied am Wettbewerb mitgewirkt hatte. BROILLET et al. 1997, S. 322, Anm. 4 – Hotelarchiv Beau-Rivage Palace (Auskunft Irmgard Müller).
94 NEUENSCHWANDER FEIHL 1997, S. 18f.
95 BERLEPSCH o.J. (1875), S. 7.
96 A Montreux: APCM, 1.21.0.
97 VARINI, AMSTUTZ 1985, S. 163.
98 Zeitschrift über das gesammte Bauwesen 1836, S. 137.
99 LACHMYER, GARGERLE 1991, S. 56 – FRANK 1955, Teil III/1, S. 28, 78.
100 Zitiert nach DE SENARCLENS 1993, S. 70f.
101 ROLLER 1879, S. 10.
102 NEUENSCHWANDER FEIHL 1997, S. 19.
103 Nach RITZ 1939, S. 61.
104 Publiziert ist in zeitgenössischer Form nur der Erdgeschossgrundriss (GUYER 1874, S. 52 und 1885, S. 79). Rekonstruktion der ursprünglichen Zimmergeschosse anhand einer späteren undatierten Umzeichnung (der Originalpläne?) in den Archives du Service de l'Urbanisme de Vevey (Abb. 99).
105 BERLEPSCH 1875, S. 6.
106 Staatsarchiv Graubünden: Planarchiv Nicolaus Hartmann, XX 073.
107 Die Eisenbahn 1879/XI, S. 174 – Abbildung in: FLÜCKIGER-SEILER 2001, Abb. 63.
108 TREILLARD 1872., S. 10.
109 GUYER 1874, S. 103.
110 Nach OTT 1990, S. 68, Anm. 15.
111 PEVSNER 1976, S. 186.
112 GUYER 1885, S. 145.
113 RITZ 1939, S. 57.
114 Zitat aus: Neue Zürcher Zeitung, 19.11.1883 und Bündner Tagblatt, 23.11.1883.
115 Feuille d'Avis de Montreux, 4.7.1893.
116 Beatenberg: Archiv Bibelschule Beatenberg – Villars: Journal et Liste des Étrangers de Montreux, 21.8.1897 – Montreux: A Montreux: APCM, D1–10a.
117 SBZ 1904/XLIV, S. 294.
118 Angaben (zu Bergün) von Peter Geeser, Bergün – FRANK 1955, Teil III/2, S. 105.
119 HELLER 1979, S. 203.
120 BÖCKLI 1998, S. 53.
121 CÉRÉSOLE 1903, S. 13f.
122 FRANK 1954, Teil III/1, S. 103.
123 Jubilé de l'Association suisse des maîtres ferblantiers et appareilleurs 1891–1941, Zürich 1941 (nach: HELLER 1979, S. 204).
124 SBZ 1907/IL, S. 120. Siehe auch RITZ 1939, S. 57 und OMACHEN 1998, S. 39.
125 OSSENT o.J. (1910), S. 6.
126 Der um 1900 erstellte Etagenplan (Abb. 99) belegt, dass die sechs auf der Seeseite eingebauten Badezimmer vor einer Neunummerierung der Zimmer, also in einer ersten Etappe, eingebaut wurden, während die restlichen Badräume in die bereits neu nummerierten Zimmer (Nr. 26 und 31) eingebaut wurden.
127 Pläne in WERK 1914, S. 3.
128 GA Interlaken: Baubewilligungen 1899/12.
129 GA Interlaken: Baubewilligungen 1908/9, 1911/44.
130 BTSR 1904/30, S. 154.
131 SBZ 1917/LXIX, S. 72f.
132 Archivio dicastero del territorio di Lugano: 1908/31.
133 Grundriss in: FLÜCKIGER-SEILER 2001, Abb. 55.
134 A Montreux: APCM, C2–13b.
135 WÖHLER 1911, S. 32.
136 Auskunft des langjährigen Besitzers René Capt.
137 Hotelarchiv: No 055, 064, 054 und WYSSBROD 1992, S. 16.
138 Archivio dicastero del territorio di Lugano: 1941, mappale 1157.
139 Siehe dazu u. a. WOLPERT 1880, S. 694.
140 Marcus Vitruvius Pollio. Baukunst. Aus der römischen Urschrift übersetzt von August Rode, Leipzig 1796, Fünftes Buch, X. Kapitel.
141 Nach PEVSNER 1976, S. 187.
142 GUYER 1874, S. 88ff.
143 Technische Erläuterungen zur Zentralheizung in: LUEGER 1904ff., Bd. V, S. 24ff.
144 GUYER 1885, S. 124ff.
145 FRANK 1954, Teil III/1, S. 43.
146 BRÜGGER et al. 1991, S. 21ff.
147 Nach TANN 1970.

148 Nach BRÜGGER et al. 1991, S. 26.
149 BRÜGGER et al. 1991, S. 27ff. und 71f.
150 Siehe dazu beispielsweise: WOLPERT 1880, S. 893ff. und GROVE 1895.
151 Bericht in der SBZ 1906/XLVII, S. 115ff. Siehe auch MARGADANT, MAIER 1993, S. 155f.
152 SBZ 1915/LXV, S. 15ff.
153 Berner Volksfreund, Nr. 44, 1.6.1834, S. 355/56.
154 Territet 1889, S. 10f.
155 BERLEPSCH 1875, S. 7.
156 Bauabrechnung im SA Thun – Die Eisenbahn 1879/XI, S. 136.
157 Schweizer Handels-Courier, 9.10.1887.
158 HAUSER 1991, S. 323 – Die Hotels der Schweiz 1896, S. 82 und 110.
159 Die Hotels der Schweiz 1901, S. 115 – BÉHA 1881, S. 44f.
160 BRÜGGER et al. 1991, S. 48f.
161 BRÜGGER et al. 1991, S. 22f.
162 ROLLER 1879, S. 15.
163 REBSAMEN, STUTZ 1982, S. 431f.
164 Archiv SGH : 108/36.
165 Hotelarchiv: No 061, 006.
166 SBZ 1902/XXXIX, S. 13f., 28f. (Schatzalp), Hotelprospekt in SLB (Vitznau, Caux) und A Montreux: APCM, 1.22.0 (Montreux).
167 SBZ 1915/LXV, S. 15ff.
168 A Montreux: APCM, 1.22.0.
169 Die Hotels der Schweiz 1896.
170 BRÜGGER et al. 1991, S. 103ff.
171 Gegenüberstellung aus: Die Hotels der Schweiz 1896 und 1901.
172 Gegenüberstellung aus: Die Hotels der Schweiz 1901 und 1904.
173 Die Hotels der Schweiz 1896, S. 134ff.
174 Hotelarchiv: No 061, 006.
175 GILARDONI 1972, S. 344ff. – Die Hotels der Schweiz 1896, S. 80.
176 BÉHA 1881, S. 44 und GRASSI 1883, S. 29.
177 Die Hotels der Schweiz 1896, S. 85ff.
178 MÜLLER 1867 – Die Hotels der Schweiz 1896, S. 59.
179 Die ersten Nummern des «Fremdenblatt vom Berner Oberland» erschienen jeweils zu Beginn des Monats Juni.
180 ROLLER 1879, S. 8ff. und 11ff.
181 Die Hotels der Schweiz 1896, S. 72; 1901, S. 86 und 1904, S. 88ff (Jura, Oberländerhof, Ober, Schweizerhof und Sonne); Die Hotels im Berner Oberland 1914.
182 Die Hotels der Schweiz 1896.
183 Die Gesamtliste der Hotels im Hotelführer von 1896, der ersten publizierten schweizerischen Übersicht, enthält insgesamt etwa 1 700 Namen, wovon knapp 400 detailliert beschrieben werden (Die Hotels der Schweiz 1896). Die hier publizierten Verhältniszahlen beziehen sich also nur auf diese Teilmenge der genauer beschriebenen Betriebe, über die restlichen ca. 1 300 Betriebe lassen sich keine Aussagen formulieren, von ihnen enthält der Führer nur den Namen.
184 Die Hotels der Schweiz 1904, S. 106, 111, 119.
185 In Interlaken beispielsweise 37 von 66 Hotels und Pensionen oder auf dem Beatenberg 10 von 21 (Die Hotels im Berner Oberland 1914).
186 REBSAMEN, STUTZ 1982, S. 431f.
187 REBSAMEN, STUTZ 1982, S. 399f.
188 Pläne aus dem Hotelarchiv (Mitteilung von Alex Aufdenblatten, Zermatt, der freundlicherweise die Pläne zur Verfügung stellte).
189 ROLLER 1879, S. 15.
190 SBZ 1902/XXXIX, S. 13–17, 28–31 – Festschrift SIA 1903, S. 94, Taf. XX – MILLER 1992, 46ff.
191 Nach: BRÜGGER et al. 1991, S. 64f.
192 Nach DREPPER in: LAMPUGNANI et al. 1992, S. 117.
193 Die Geschichte der Aufzugsanlagen wird umfassend beschrieben in SIMMEN, DREPPER 1984, etwas prosaischer in LAMPUGNANI et al. 1992, mit vielen Illustrationen in GAVOIS 1984. Technische Erläuterungen zu den Aufzugsanlagen in: LUEGER 1904ff., Bd. I, S. 374ff.
194 V. L. GLASGOW, The Hotels of New York City prior to the American Civil War, New York 1970, S. 28 (Nach PEVSNER 1976, S. 187).
195 Gemäss Angaben in der firmeneigenen Chronik im Internet (in: SIMMEN, DREPPER 1984, S. 9, 23 wird das Jahr 1853 genannt, in dem die Produktion der Aufzüge bei Otis begann).
196 LAMPUGNANI et al. 1992, S. 43.
197 V. L. GLASGOW, The Hotels of New York City prior to the American Civil War, New York 1970, S. 41, 121 – SIMMEN, DREPPER 1984, S. 19f., 58 – PEVSNER 1976, S. 187.
198 PEVSNER 1976, S. 187 – GAVOIS 1984, S. 89.
199 SPECHT 1891, S. 18.
200 Handbuch der Architektur, Darmstadt 1892, 3. Theil, 3. Band, Anlagen zur Vermittelung des Verkehres in den Gebäuden, S. 167f., 190f.
201 Unternehmerofferte und Abrechnung im Hotelarchiv.
202 1877 waren in Amerika 90 % aller Aufzüge mit Dampf betrieben (RIEDLER 1877, S. 10).
203 Handbuch der Architektur, Darmstadt 1892, 3. Theil, 3. Band, Anlagen zur Vermittelung des Verkehres in den Gebäuden, S. 167f.
204 Detaillierte Beschreibung damals gebräuchlicher hydraulischer Systeme in: Handbuch der Architektur, 3. Theil, 3. Band: Anlagen zur Vermittelung des Verkehres in den Gebäuden. Darmstadt 1892, S. 174ff. Siehe auch: LUEGER 1904ff., Bd. I, S. 378ff. sowie SPECHT 1891, S. 36ff. und 51ff.
205 Allgemeine Bauzeitung 1860, S. 145, 147.
206 SIMMEN, DREPPER 1984, S. 60f.
207 SIMMEN, DREPPER 1984, S. 133.
208 KLASEN 1884, S. 142ff.
209 Gemäss Plänen und Beschrieb in: KLASEN 1884, S. 150, 142, Blatt 34/6, 38/2 und 36/1.
210 Zeitschrift des Vereins Deutscher Ingenieure 1879, S. 422.
211 GUYER 1874, S. 104f.
212 GUYER 1885, S. 148f.
213 Die Eisenbahn 1878/VIII, S. 115f. – Handbuch der Architektur. Darmstadt 1892, 3. Theil, 3. Band, Anlagen zur Vermittelung des Verkehres in den Gebäuden, S. 177 – SIMMEN, DREPPER 1984, S. 99ff.
214 Die Eisenbahn 1880/XIII, S. 146. – SIMMEN, DREPPER 1984, S. 27f. – LAMPUGNANI et al. 1992, S. 52, 58f.
215 SIMMEN, DREPPER 1984, S. 36f. – Zum Prinzip des Seiltriebs vgl. ebenda, S. 33.
216 GAVOIS 1984, S. 111.
217 Handbuch der Architektur, Darmstadt 1892, 3. Theil, 3. Band, Anlagen zur Vermittelung des Verkehres in den Gebäuden, S. 167f., 169.
218 GAVOIS 1984, S. 103ff., 172.
219 SIMMEN, DREPPER 1984, S. 63, 44.
220 Rapport d'Achille de la Harpe et Jean-Baptiste Bertolini à la Société immobilière d'Ouchy, 19.10.1857 (Hotelarchiv: No 100).
221 Dieses Hotel erhielt auch als erstes in der Schweiz ein Mansartdach sowie einen Speisesaal, der schon im ursprünglichen Gebäude als Anbau erstellt wurde.
222 BIERFREUND 1867, S. 50.
223 GUYER 1874, S. 52, Plan No. 8, Legenden 18 und 19.
224 GUYER 1874, S. 105.
225 FLÜCKIGER-SEILER 2001, Abb. 69.
226 Journal de Genève, 3.9.1873.
227 BROILLET et al. 1997, S. 325.
228 Berner Tagespost, 23.3.1875.
229 SA Thun: 1/9 S 269 AM 11.
230 Spesa generale compera e ingrandimento dell'Hotel Splendide in Lugano (Hotelarchiv).
231 SA Luzern: E2a.329.
232 «100 Jahre zurückgeblendet…», Sondernummer der Schindler-Zeitung, Juli 1974 (SLB). Das Archiv der heutigen Liftfirma enthält leider keine aussagekräftigen Unterlagen zum Anfang der Liftproduktion mehr.
233 LUEGER 1904ff., Bd. I, S. 378ff.
234 Deutsche Bauzeitung 1877, S. 421.
235 KLASEN 1884, S. 134.
236 Undatierter Hotelprospekt (SLB).
237 Territet 1889, S. 14.
238 Rechnungen in: Hotelarchiv: No 012.
239 ALTENBURG 1896, S. 30.
240 FLEINER 1890, S. 216 – Luzerner Tagblatt, 15.8.1888.
241 «100 Jahre zurückgeblendet…», Sondernummer der Schindler-Zeitung, Juli 1974 (SLB) – A Montreux: APCM, C1–16a.
242 Die Hotels der Schweiz, 1901 und 1904. Offizieller Führer des Hotelier-Vereins von Montreux und Umgebung, Montreux 1914.
243 Hotelprospekt in SLB.
244 SBZ 1905/XLVI, S. 186–188 – ODERMATT, FREY-FÜRST 1948, S. 79ff. – FLÜCKIGER-SEILER, OMACHEN 1997ff., Inventar Hammetschwandlift.
245 Siehe dazu etwa: GIEDION 1976, S. 151ff., 244ff.
246 Die Druckknopfsteuerung wurde 1892 in den USA erstmals patentiert und 1902 in der Schweiz von der Firma Schindler erstmals hergestellt (SIMMEN, DREPPER 1984, S. 167).
247 KAFKA, Der Verschollene, hrsg. von J. Schillemeit, Frankfurt a/M 1983, S. 7, 289f.

Seiten 136 bis 151
Hotelbauten im Tessin
1 Zum Bau der Simplonstrasse siehe FLÜCKIGER-SEILER 1997 und FLÜCKIGER-SEILER 1998.
2 Zitiert nach NETHING 1977, S. 58.
3 SCHALLER 1994, S. 41ff.
4 EBEL 1804, Bd. III, S. 19, 273 – BAEDEKER 1844, S. 389; 1848, S. 343.
5 BAEDEKER 1859, S. 321f.
6 DE-VIT 1877, Bd. 1.2, S. 486f. – Erste Erwähnung im BAEDEKER 1907, S. 510ff.
7 BAEDEKER 1869, S. 378 und 1873, S. 382 – DE-VIT 1877, Bd. 1.2, S. 487.
8 1966 wurde der Betrieb eingestellt.
9 BAEDEKER 1873, S. 268; 1883, S. 294; 1907, S. 510f.
10 BAEDEKER 1873, S. 382.
11 BAEDEKER 1913, S. 528ff.
12 BAEDEKER 1909, S. 519f.; 1911, S. 532.
13 BAEDEKER 1913, S. 528ff.
14 LEUTHY 1840, S. 475.
15 INÄBNIT 1995, S. 52ff.
16 KELLER 1989.
17 Erstmals genannt im BAEDEKER 1905, S. 142.
18 MARTINOLI 1995, S. 294.
19 Siehe dazu die quellenmässige Aufarbeitung in: Lugano Hotels 1998, S. 13ff.
20 EBEL 1793, Bd. II, S. 91 und 1804, Bd. III, S. 115.
21 LEUTHY 1840, S. 475 – BAEDEKER 1844, S. 514.
22 HAUSER 1991, S. 298f.
23 Lugano Hotels 1998, S. 17.
24 Giacomo Ciani (1776–1868), Bankier in Milano, musste als Exponent der konservativen Kräfte Italien verlassen. In Lugano erwarb er sich grosses Ansehen: 1830–1868 war er Granconsiliere, 1841 Vertreter an der Tagsatzung und 1858–1860 als Nationalrat Vertreter des Kantons Tessin.
25 BÉHA 1881, S. 44.
26 BAEDEKER 1858, S. 315.
27 Lugano Hotels 1998, S. 18f. und FLÜCKIGER-SEILER 2001, S. 81f.
28 BÉHA 1866.
29 PASQUALIGO 1855.
30 RÄBER 1963, S. 17, 86 – Lugano Hotels 1998, S. 13.
31 GRASSI 1883, Planbeilage.
32 BAEDEKER 1844, S. 514; 1848, S. 470; 1854, S. 344; 1859, S. 315; 1869, S. 371; 1873, S. 378.
33 Gemäss HAUSER 1991, S. 258, im Jahr 1875 eröffnet.
34 Baujahr 1893 gemäss HAUSER 1991, S. 293. Auf der Karte zum Schützenfest von 1883 fehlt diese Pension aber noch.
35 Lugano Hotels 1998, S. 26f.
36 BAEDEKER 1877, S. 394; 1883, S. 408; 1885, S. 396.
37 HAUSER 1991, S. 322.

38 GAULIS, CREUX 1976, S. 203 – AMMANN 1976, GK 13, S. 3ff.
39 Der Umbau dauerte gemäss der handschriftlichen Abrechnung des Besitzers im Hotelarchiv von April 1888 bis April 1891 (Hotelarchiv: «Spesa Generale compera e ingrandimenta dell'Hôtel Splendide in Lugano»). Die Eröffnung erfolgte also erst 1891, entgegen HAUSER 1991, S. 297 und Lugano Hotels 1998, S. 88.
40 Zu Durrer vgl. FLÜCKIGER-SEILER 2001, S. 79ff. – SBZ 1896/XXVII, S. 175–179 – GILLI 1996.
41 Zur Erinnerung 1915, S. 31ff. und insbes. Tab. 10.
42 Vergleichsweise stieg die Betriebszahl in Graubünden in dieser Zeit (von 1894 bis 1912) von 281 auf 674 (+140 %), im Kanton Bern von 720 auf 1412 (+96 %) oder im Kanton Waadt von 529 auf 588 (+11 %).
43 HAUSER 1991, S. 323.
44 Archivio dicastero del territorio di Lugano: 1906/41.
45 Fassadenpläne im Archivio storico di Lugano (Fondo Arch. Ezio Somazzi).
46 WYSSBROD 1988, S. 47ff.
47 Lugano Hotels 1998, S. 77 – HAUSER 1991, S. 260, 322.
48 Angaben aus dem Privatarchiv Muntwyler-Camenzind, Meilen, das von Frau Chiara Muntwyler-Camenzind bereitwillig geöffnet wurde.
49 Die Hotels der Schweiz, Basel 1901 und 1904 – In HAUSER 1991, S. 323, wird der Name nach dem Umbau fälschlicherweise mit Métropole & Majestic angegeben.
50 Umbau des Hotel du Parc als (bisher unbekannter) Entwurf von Emil Vogt nachgewiesen in der Zeitung La Libertà, 27./28.4.1900. Siehe dazu auch: Die Hotels der Schweiz 1903, S. 106 (freundlicher Hinweis auf die Quellen durch Riccardo Bergossi, Montagnola).
51 BTSR 1907, S. 71ff.
52 Archivio Dicastero del Territorio di Lugano: fondo Somazzi.
53 Pläne im Archivio storico di Lugano: fondo Arch. Ezio Somazzi.
54 BAEDEKER 1877, S. 395: «ist jetzt Dependance des Hotel Du Parc» – GRASSI 1883, S. 28f.: «Mons. Béha fit, il y a peu d'années, l'acquisition de la Villa Vasalli pour y établir une autre dépendance du Parc.» – Abbildung in: FLÜCKIGER-SEILER 2001, Abb. 91.
55 BÉHA 1881, S. 44f. – Lugano Hotels 1998, S. 212.
56 Archivio storico di Lugano: fondo Bordonzotti, 4.7 – Archivio dicastero del territorio di Lugano: 1908/31 – HAUSER 1991, S. 296f.
57 SBZ 1908/LII, S. 316ff. und HAUSER 1991, S. 297.
58 BORELLA 1981.
59 Archivio dicastero del territorio di Lugano: 1906/79 und 1908/65.
60 EBEL 1805/III, S. 104.
61 EBEL 1793/II, 107.
62 Die Geschichte des Dampfschiffs «Verbano» wird in französischer Sprache erzählt bei MEDONI 1835, dem ersten Reiseführer für diese Schifffahrt.
63 BAEDEKER 1844, S. 509.
64 BAEDEKER 1848, S. 466; 1854, S. 341; 1859, S. 317; 1869, S. 373; 1873, S. 381.
65 GIACOMAZZI et al. 1991, S. 85.
66 BAEDEKER 1844, S. 509. – In GIACOMAZZI et al. 1991, S. 114, wird eine Entstehung um 1830 angegeben.
67 GIACOMAZZI et al. 1991, S. 37. Eine Biografie von Francesco Galli, der im ALS nicht vorgestellt wird, ist nicht bekannt.
68 VARINI, AMSTUTZ 1985, S. 39.
69 GILARDONI 1972, S. 137–140 – VARINI, AMSTUTZ 1985, S. 36.
70 LOMBARDI, GENINESCA 1984, S. 30f. – VARINI, AMSTUTZ 1985, S. 44f.
71 VARINI, AMSTUTZ 1985, S. 45–48.
72 MONDADA 1981, S. 23.
73 Nachweis des Architekten durch eine Visitenkarte, die beim Umbau des Kurhauses Bergün, das Huwyler gleichzeitig erstellt hatte, aufgefunden wurde (Mitteilung von Leza Dosch, Chur).
74 Werbeschrift des Hotels in der SLB.
75 GILARDONI 1972, S. 403–407 – VARINI, AMSTUTZ 1985, S. 44f.
76 Das Hotel figuriert in dem von Möri & Krebs erstellten Planverzeichnis als erstes Hotel auf der Werkliste (Mitteilung von Barbara Hennig, Luzern).
77 Walter Henauer (bis 1920 Hanauer genannt, 1880–1975) und Ernst Witschi (1881–1959) führten seit 1913 ein gemeinsames Architekturbüro in Zürich. Sie erstellten vor allem Wohnungs- und Verwaltungsbauten in ihrer engeren Heimat, dagegen keine weiteren Hotelbauten. Eines ihrer Hauptwerke war die Börse in Zürich von 1929/30. ALS, S. 262.
78 VARINI, AMSTUTZ 1985, S. 99ff.
79 VARINI, AMSTUTZ 1985, S. 101–103 – SBK 1913, Heft 20, S. 296–303.
80 Zitat nach NESTLER 1989, S. 1.
81 Pläne im Privatarchiv eredi fu architetto Guidini, Barbengo.
82 PLATZHOFF-LEJEUNE 1914, S. 24.
83 SIA-Album 1909, S. 118f. mit Fassade und Grundriss Erdgeschoss – Einzelne Fassadenpläne im Archivio storico di Lugano: fondo Ezio Somazzi.
84 NESTLER 1989, S. 8.
85 PLATZHOFF-LEJEUNE 1914, S. 25.
86 NESTLER 1989, S. 12f.

Seiten 154 bis 163
Hotelbauten am schweizerischen Bodenseeufer
1 Siehe dazu VOGLER 1991, S. 8ff. und TRAPP 1991, S. 105ff.
2 STEINEMANN 1965.
3 EBEL 1798.
4 VOGLER 1991, S. 10.
5 SPECKER 1999, S. 84.
6 TRAPP 1986, S. 14 – SPECKER 1985, S. 67f. – SPECKER 1991, S. 89.
7 TRAPP 1986, S. 16.
8 BAEDEKER 1913, S. 38.
9 MOSER 1991, S. 38.
10 Sommerfrische 1991, S. 93f., 115ff., 121f. und 139ff.
11 GMEINER 1991, S. 79.
12 TRAPP 1986, S. 15.
13 LEUTHY 1804/05, Teil 4, S. 46.
14 BAEDEKER 1844, S. 399 und 1875, S. 40 und 1885, S. 46.
15 SPECKER 1991.
16 LEUTHY 1840, S. 456f., 468 und Supplement-Band 1841, S. 69.
17 LEUTHY 1840, S. 464.
18 ZÜST et al. 1988, S. 309ff. und 304f. – Die einzige Datierung des Hotel Rheinburg findet sich im Archiv SGH zum Hotelbeschrieb (SGH: 135/6).
19 KÖHLMEIER o.J., S. 66.
20 TRAPP 1991.
21 Nach MOSER 1991, S. 31.
22 STAIGER 1859, S. 53.
23 MOSER 1991, S. 31 – SPECKER 1980, S. 76ff. und 1985, S. 35.
24 ANDRES 1985, S. 346.
25 MOSER 1991, S. 33.
26 GRÜNBERGER 1982, S. 140f. – STUDER 2000, S. 393ff.
27 SPECKER 1980, S. 73f.
28 SPECKER 1991, S. 84f.
29 Rorschacher Monatschronik 1949/10, S. 151.
30 Der alte Gasthof Löwen wurde zu Beginn des 19. Jahrhunderts geschlossen (GRÜNBERGER 1982, S. 140ff.).
31 LEUTHY 1840, S. 358. Gasthof Krone 1965 abgebrochen (STUDER 2000, S. 446).
32 LEUTHY 1840, S. 359. Gasthof Grüner Baum 1950 abgebrochen (STUDER 2000, S. 446).
33 Anker umgebaut 1882, 1900 und 1947 (heute noch erhalten), Hirschen seit 1904 Warenhaus, 1983 abgebrochen, Schiff 1983 abgebrochen (STUDER 2000, S. 445, 447).
34 STUDER 2000, S. 402.
35 Gebäude 1979 abgebrochen (SPECKER 1980, S. 76ff.; SPECKER 1999, S. 75 und STUDER 2000, S. 443).
36 SPECKER 1991, S. 86f.
37 Der Hotelbetrieb funktionierte bis 1946, im Jahr 1954 wurde das Gebäude abgebrochen. SPECKER 1991, S. 84; SPECKER 1999, S. 75 und STUDER 2000, S. 471f.
38 WILLI 1932, S. 76f. – SPECKER 1980, S. 76ff. und 1985, S. 35 – MOSER 1991, S. 31 – SPECKER 1999, S. 75.
39 SPECKER 1985, S. 38ff.
40 SPECKER 1980, S. 76ff. – STUDER 2000, S. 447.
41 Heiden 1652–1952, S. 59f.
42 STEINMANN 1981, S. 193.
43 Nennung des Eröffnungsjahres im BAEDEKER 1859, S. 246. Siehe auch: ROHNER 1867, S. 13f. und 18 und SCHLÄPFER 1984, S. 213.
44 BAEDEKER 1853, S. 261.
45 ROHNER 1867, S. 18 – BAEDEKER 1869, S. 280.
46 ROHNER 1867, S. 19 und 217 – BECK 1874, S. 31.
47 BAEDEKER 1862, S. 317.
48 MAYER 1908, S. 42 – Heiden 1652–1952, S. 63ff.
49 BECK 1874, S. 16.
50 STEINMANN 1981, S. 157 – Heiden 1652–1952, S. 63.
51 ROHNER 1867, S. 20.
52 BAEDEKER 1913, S. 74 – Heiden 1652–1952, S. 67f. – SCHLÄPFER 1984, S. 361.
53 SCHLÄPFER 1984, S. 208.
54 BAEDEKER 1853, S. 277.
55 SCHLÄPFER 1984, S. 209.
56 BAEDEKER 1853, S. 277.
57 GLUTZ-BLOTZHEIM 1823, 255.
58 FLÜCKIGER-SEILER 2001, Abb. 149.
59 GASSER 1986, 434ff.
60 LEUTHY, Supplement-Band 1841, S. 69.
61 LEUTHY, Supplement-Band 1841, S. 69.
62 Rorschacher Wochenblatt, 27.5.1852 – SPECKER 1991, S. 85f.
63 Sommerfrische 1991, S. 140.

Seiten 166 bis 217
Hotelbauten in Graubünden
1 STECHER 1977, S. 1 – WEBER 1978, S. 491ff. – VOLLAND 1993, S. 163ff.
2 GRATAROLUS in: JUNTA THOMAS 1553, S. 192f.
3 WEBER 1978, S. 498ff. – VOLLAND 1993, S. 161.
4 NUSSBERGER 1914.
5 MARGADANT, MAIER 1993, S. 138ff., 239.
6 FLÜCKIGER-SEILER 2001, S. 88–170.
7 COXE 1780 und COXE 1789.
8 EBEL 1793, S. 1f.
9 EBEL 1803/04, Bd. I, S. 114 und Bd. III, S. 206.
10 BAVIER 1876, S. 5ff. – GURTNER 1939, S. 294 – DOSCH 2001, S. 66ff.
11 FLÜCKIGER-SEILER 1997 (Céard) und FLÜCKIGER-SEILER 1998 (Guignard) – MITTLER 1988, S. 115 ff.
12 KAISER 1983, S. 20 – GURTNER 1939, S. 287ff. und Tab. 7.
13 GURTNER 1939, Diagramm I.
14 GURTNER 1939, Diagramm I.
15 SCHMID, o.O., o.J. (Flims 2002).
16 Festschrift SIA 1903, S. 91 – RUCKI 1991 – Die Kuranstalt fand 1901 Erwähnung im Baedeker (BAEDEKER 1901, S. 358).
17 BAEDEKER 1913, S. 446.
18 GURTNER 1939, Diagramm I.
19 Hôtel & Pension Krone (Kurhaus) Churwalden, Zürich o.J. (ca. 1883).
20 VERSELL 1903, S. 44 – BAEDEKER 1885, S. 357.
21 BAEDEKER 1903, S. 414f. – Festschrift SIA 1903, S. XVf. – VERSELL 1903, S. 44.
22 Bündner Hotellerie 1992, S. 114.
23 Identifikation durch eine bei Restaurierungsarbeiten aufgefundene Visitenkarte (Mitteilung von Leza Dosch, Chur).
24 BAEDEKER 1875, S. 342 – Bergün. Vereinigte Hotels Kurhaus, Weiss Kreuz, Hotelprospekt in SLB o.J. (ca. 1907).
25 BERLEPSCH 1862, S. 92 und 1863, S. 92 – BAEDEKER

26 CONDRAU 1996, S. 201f. (Hinweis von Gion Fidel Condrau, Erlenbach (ZH), auf die Baugeschichte mit dem korrekten Eröffnungsdatum. Bündner Hotellerie 1992, S. 96, nennt fälschlicherweise 1870).
27 Mitteilung von Silva Semadeni, Passugg. Zum Architekten Giovanni Sottovia siehe: ALS, S. 501 und OBRIST et al. 1986, S. 200ff.
28 LEONHARDI 1859, S. 87 – BERLEPSCH 1862, S. 115.
29 OBRIST et al. 1986, S. 231.
30 Bündner Hotellerie 1992, S. 20, 118.
31 COXE 1789, Bd. 3, S. 49 – VERSELL 1903, S. 6.
32 EBEL 1803/04, Bd. I, S. 27.
33 Nach WEBER 1978, S. 494.
34 EBEL 1803/04, Bd. III, S. 206.
35 ROBBI 1910, S. 232 – Festschrift St. Moritz 1976, S. 21 – WEBER 1978, S. 494ff.
36 BAEDEKER 1844, S. 467 – GURTNER 1939, S. 284 – MARGADANT, MAIER 1993, S. 141.
37 HUSEMANN 1874, S. 90.
38 HUSEMANN 1874, S. 96 – erste Nennung des Architekten (ohne Quellenangabe) in: MARGADANT, MAIER 1993, S. 143f.
39 BAEDEKER 1859, S. 292 und 1862, S. 377.
40 DIERAUER 1918, S. 19f.
41 RUCKI 1989, S. 199 – ALS, S. 322f.
42 HUSEMANN 1874, S. 55.
43 BAEDEKER 1869, S. 331 – WEBER 1978, S. 498 – HUSEMANN 1874, S. 96.
44 CAVIEZEL 1881, S. 90.
45 MARGADANT, MAIER 1993, S. 140ff.
46 LEHMANN 1797, Bd. I, S. 317ff.
47 EBEL 1803/04, Bd. III, S. 206.
48 GURTNER 1939, S. 283 – MARGADANT, MAIER 1993, S. 149.
49 RUCKI 1989, S. 34 – MARGADANT, MAIER 1993, S. 150.
50 BADRUTT 1880, S. 124f. und 133f. – CAVIEZEL 1881, S. 90.
51 CAVIEZEL 1896, S. 177.
52 KAISER 1983, S. 20 – GUYER 1885, S. 11.
53 BAEDEKER 1885, S. 428.
54 CAVIEZEL 1896, S. 232 – KAISER 1983, S. 20.
55 Siehe dazu: BAEDEKER 1862, S. 379 und FLÜCKIGER-SEILER 2000, S. 155ff.
56 Nach CAVIEZEL 1896, S. 177f. Die bei RUCKI 1989 publizierten Daten weichen von diesen auf zeitgenössischen Erhebungen basierenden Angaben teilweise ab.
57 RUCKI 1989, S. 191, 206.
58 BADRUTT 1880, insbes. S. 135, und CAVIEZEL 1896, S. 178. Im Baedeker bis zum Ende der 1850er-Jahre als Hotel oder Pension Faller bezeichnet, 1862 als Hotel Badrutt (S. 377), 1869 als Hotel Culm bei Badrutt (S. 331). Siehe auch: RUCKI 1989, S. 192.
59 BERLEPSCH 1862, S. 103.
60 BAEDEKER 1869, S. 333 – Zum Hotel Bernina siehe: RUCKI 1989, S. 86f.; KAISER et al. 1994, S. 95f. – Zu Breitinger siehe ALS, S. 89.
61 FLÜCKIGER-SEILER 2001, S. 45f.
62 RUCKI 1989, S. 91f.
63 Gemäss Auskunft von Silva Semadeni, Passugg, wird der Entwurf durch Sottovia in der lokalen Presse erwähnt. Der Grundriss ist atypisch für das Werk der bei RUCKI 1989, S. 178f., genannten Gebrüder Ragaz.
64 BAEDEKER 1869, S. 334.
65 RUCKI 1989, S. 170f.
66 RUCKI 1989, S. 187, 198f.
67 Erste Nennung im BAEDEKER 1869, S. 330.
68 Die Geschichte des Hotel Margna. Selbstverlag Hotel 2001.
69 Zu den Hotels in Sils siehe auch: RUCKI 1982 – Hotels in Sils/Segl. Architekturgeschichtliche Bestandsaufnahme, Kantonale Denkmalpflege, Chur 1984, S. 5 – RUCKI 1989, S. 216ff.
70 Im BAEDEKER 1875 werden das Victoria und das du Lac genannt, der Engadinerhof erst 1877 (BAEDEKER 1877, S. 366).
71 RUCKI 1994, S. 9.
72 BÖCKLI 1998, S. 62ff.
73 RUCKI 1989, S. 199, 205, 207.
74 GURTNER 1939, S. 286, Tab. 2.
75 FLÜCKIGER-SEILER 2001, S. 121 und Abb. 81.
76 WEBER 1978, S. 494f.
77 RUCKI 1989, S. 212.
78 Staatsachiv Graubünden: Architektenarchiv Ragaz, Mappe 11.6.
79 Architektonische Rundschau 1897, 4, Tafel 32 mit Text – BTSR, 253.1904 – RUCKI 1989, S. 198.
80 MARGADANT, MAIER 1993, S. 70ff.
81 PINÖSCH 1965.
82 SBZ 1909/LIII, S. 277–279.
83 RUCKI 1989, S. 208f. – MARGADANT, MAIER 1993, S. 155f.
84 Hotels in Sils/Segl. Architekturgeschichtliche Bestandsaufnahme, Kantonale Denkmalpflege, Chur 1984, S. 5 – KIENBERGER 1983.
85 Publiziert in: SBZ 1907/IL, S. 1ff. und Architektonische Rundschau 1908/4, Tafeln 30, 31 – RUCKI 1982, S. 434f. und RUCKI 1989, S. 219.
86 RUCKI 1982, S. 436 und RUCKI 1989, S. 216f.
87 SBZ 1917/LXIX, S. 71–89.
88 Erstmalige Erwähnung im BAEDEKER 1859, S. 294 – Siehe auch: BERLEPSCH 1862, S. 96 – MEYER VON KNONAU G., Historische Mitteilungen über das Clubgebiet, in: Jahrbuch SAC, Band XV, 1879, S. 416–418 – LECHNER 1912 – GURTNER 1939, S. 278f.
89 Hotels in Sils/Segl. Architekturgeschichtliche Bestandsaufnahme, Kantonale Denkmalpflege, Chur 1984, S. 3f. – siehe auch: Die Geschichte des Hotel Margna, Selbstverlag Hotel 2001.
90 MARGADANT, MAIER 1993, S. 34, 150.
91 RUCKI 1989, S. 70.
92 AMMANN 1976ff., GK 4 (Badrutt) und 24 (Gredig) – GAULIS, CREUX 1976, S. 198, 204.
93 MARGADANT, MAIER 1993, S. 39f.
94 RUCKI 1989, S. 215.
95 KAISER 1979, S. 9, 15 – TÖNDURY-OSIRNIG 1946, S. 146 – MARGADANT, MAIER 1993, S. 153.
96 Alpenpost 4/1873, Nr. 12, S. 181.
97 Festschrift St. Moritz 1976, S. 41ff.
98 Pläne des Spielkasinos im Nachlass Hartmann, Staatsarchiv Graubünden.
99 BÖCKLI 1998, S. 56.
100 MARGADANT, MAIER 1993, S. 24f.
101 Zum Architekten Giovanni Sottovia, dem auch die Autorenschaft an den «Palazzi» in Poschiavo, am Badhotel in Le Prese und am Hotel Bregaglia in Promontogno zugeschrieben werden, siehe: ALS, S. 501 und OBRIST et al. 1986, S. 200ff.
102 MEYER 1972, S. 78 – MARGADANT, MAIER 1993, 51.
103 MARGADANT, MAIER 1993, S. 52ff., 241f. – BAEDEKER 1885, S. 367.
104 MARGADANT, MAIER 1993, S. 95f.
105 CAVIEZEL 1881, S. 161.
106 Fögl d'Engiadina 19.7.1879 – MARGADANT, MAIER 1993, S. 92.
107 I. Geschäftsbericht der Aktiengesellschaft für elektrische Beleuchtung von St. Moritz vom 31. Dezember 1890 – Festschrift SIA 1903, Tabelle – Festschrift St. Moritz 1976, S. 38 – MARGADANT, MAIER 1993, S. 93f.
108 BAEDEKER 1869, S. 331.
109 VERSELL 1903, S. 24 – MARGADANT, MAIER 1993, S. 119ff.
110 MARGADANT, MAIER 1993, S. 119ff.
111 KELLER 1996.
112 Werbeprospekt in der Dokumentationsbibliothek St. Moritz.
113 MARGADANT, MAIER 1993, S. 118f.
114 V. Geschäftsbericht der Aktiengesellschaft für elektrische Beleuchtung von St. Moritz vom 31. Dezember 1896. St. Moritz 1897.
115 RUCKI 1989, S. 199 – ALS, S. 322f.
116 ALS, S. 89.
117 Zum Hotel Roseg: Mitteilung von Silva Semaden, Passugg.
118 RUCKI 1989, S. 205, 207 – Zum Nachweis der Urheberschaft an den Hotels Victoria und du Lac siehe: Swiss Catalogue 1876, S. 43.
119 RUCKI 1989, S. 176, 180, 182.
120 50 Jahre Waldhaus Vulpera AG. 1895–1945, Vulpera 1945, S. 8.
121 BAEDEKER 1844, S. 474 – STECHER 1977, S. 10.
122 OBRIST et al. 1986, S. 136.
123 BAEDEKER 1869, S. 341 – FISCHER 1988, S. 27ff.
124 Zum Architekten Bernhard Simon siehe: FLÜCKIGER-SEILER 2001, S. 68.
125 Hotelinventar Graubünden: Scuol, Tarasp, Vulpera, Kantonale Denkmalpflege, Chur 1981, S. 36ff.
126 STECHER 1877, S. 79.
127 BAEDEKER 1853, S. 319 – STECHER 1877, S. 24.
128 BAEDEKER 1862, S. 384 und 1869, S. 341 – Hotelinventar Graubünden: Scuol, Tarasp, Vulpera, Kantonale Denkmalpflege, Chur 1981, S. 50ff.
129 50 Jahre Waldhaus Vulpera AG. 1895–1945, Vulpera 1945, S. 8ff. – STECHER 1977, S. 87f.
130 Hotelinventar Graubünden: Scuol, Tarasp, Vulpera, Kantonale Denkmalpflege, Chur 1981, S. 45ff.
131 FLÜCKIGER-SEILER 2001, Abb. 59.
132 RUCKI 1992, S. 67.
133 BAEDEKER 1869, S. 341.
134 BERLEPSCH 1862, S. 102 und 1863, S. 107 – BAEDEKER 1862, S. 385 – CAVIEZEL 1896, S. 178.
135 BAEDEKER 1875, S. 361.
136 CAVIEZEL 1896, S. 179f.
137 Hotelinventar Graubünden: Scuol, Tarasp, Vulpera, Kantonale Denkmalpflege, Chur 1981, S. 5ff., 9ff.
138 REBSAMEN, STUTZ 1982, S. 319 – FERDMANN 1947, S. 88f.
139 Zitat aus der Werbung von Walter Kern, der seit 1930 Davoser Verkehrsdirektor war. Siehe dazu: REBSAMEN, STUTZ 1982, S. 338.
140 BAEDEKER 1848, S. 425.
141 BAEDEKER 1862, S. 365 – Bericht über das Strassenwesen in Graubünden, Chur 1876, S. 20 – VERSELL 1903, S. 43.
142 MILLER 1992 und FERDMANN 1947, S. 49ff.
143 BAEDEKER 1869, S. 319 – FERDMANN 1947, S. 38.
144 PFISTER 1981, S. 18f. – FERDMANN 1947, S. 9–58.
145 MEYER-AHRENS 1860, S. 705.
146 PFISTER 1981, S. 20f.
147 FERDMANN 1947, S. 57, 60ff.
148 Abbildung in der Dokumentationsbibliothek Davos.
149 REBSAMEN, STUTZ 1982, S. 426, Abb. 379.
150 Die Eisenbahn 1877/6, S. 38.
151 Die Geschichte der Wintergäste von Johannes Badrutt an Weihnachten 1864 im Hotel Kulm in St. Moritz ist nur aus dessen Memoiren bekannt. Siehe dazu: MARGADANT, MAIER 1993, S. 157f.
152 PFISTER 1981, S. 22f. – FERDMANN 1947, S. 50ff.
153 GSELL-FELS 1880, S. 82.
154 SPENGLER 1869, S. 16f.
155 SPENGLER 1869, S. 5 – BAEDEKER 1869, S. 319.
156 BAEDEKER 1889, S. 344 – FERDMANN 1947, S. 88.
157 BAEDEKER 1869, S. 319 und 1875, S. 337ff.
158 Die Landschaft Davos, hrsg. von der Curanstalt W. J. Holsboer, Zürich 1877.
159 FERDMANN 1947, S. 80.
160 Broschüre zur Eröffnung: Hotel & Pension Brosi. Klimatischer Sommer-Kurort Klosters Graubünden, Zürich 1885.
161 HEW 1945, S. 156f. und HEW 1965, S. 147 – Bündner Hotellerie 1992, S. 80.
162 REBSAMEN, STUTZ 1982, S. 426, 452.
163 FERDMANN 1947, S. 248ff. – Davoser Blätter, 27.1.1883.
164 Davos Courier, 3.7.1897 – REBSAMEN, STUTZ 1982, S. 321.
165 Festschrift SIA 1903, Tabelle – REBSAMEN, STUTZ 1982, S. 321.

166 REBSAMEN, STUTZ 1982, S. 320.
167 Dokumentationsbibliothek Davos, Fotodokumentation zum Trambetrieb.
168 BAEDEKER 1869, S. 319 und 1875, S. 337ff. – Bündner Hotellerie 1992, S. 56 – REBSAMEN, STUTZ 1982, S. 320.
169 Europäische Wanderbilder No 185, Zürich 1890 und No 253, Zürich 1899.
170 BAEDEKER 1889, S. 344 – Bündner Hotellerie 1992, S. 56.
171 REBSAMEN, STUTZ 1982, S. 384, 432, 451, 425f.
172 PFISTER 1981, S. 36f.
173 MILLER 1992, S. 54ff.
174 REBSAMEN, STUTZ 1982, S. 451, 441f., 448, 438, 439f., 382.
175 Bündner Hotellerie 1992, S. 57.
176 FERDMANN 1947, S. 136 – PFISTER 1981, S. 36f. – MILLER 1992, S. 16ff.
177 MILLER 1992, S. 20.
178 REBSAMEN, STUTZ 1982, 387f., 412, 454, 448, 393, 446, 404f., 391, 407.
179 SBZ 1902/XXXIX, S. 13–17, 28–31 – Festschrift SIA 1903, S. 94, Taf. XX – REBSAMEN, STUTZ 1982, S. 442ff.
180 REBSAMEN, STUTZ 1982, S. 347.
181 REBSAMEN, STUTZ 1982, S. 333, 351, 442, 454.
182 Siehe dazu den Beitrag von Timothy Nelson in der Davoser Revue, September 1999, S. 23–31.
183 REBSAMEN, STUTZ 1982, S. 347ff.
184 REBSAMEN, STUTZ 1982, S. 435f., 448.
185 MILLER 1992, S. 46ff. – Zur Elektrizitätsversorgung: Festschrift SIA 1903, S. 105f.
186 DANUSER 1997, S. 19, 56f.
187 DANUSER 1997, S. 35f.
188 BAEDEKER 1875, S. 339.
189 DANUSER 1997, S. 38f., 45f., 62.
190 GURTNER 1939, S. 280, Tab. 2.
191 BAEDEKER 1885, S. 323.
192 WISE 1885, S. 20.
193 Arosa, ein Führer für die Fremden, hrsg. vom Kurverein Arosa, Arosa 1889.
194 BAEDEKER 1889, S. 347.
195 DANUSER 1997, S. 65ff.
196 DANUSER 1997, S. 74ff.
197 SBZ 1898/XXXII, S. 179f., 185ff. – 50 Jahre Elektrizitätswerk Arosa 1897–1947. Arosa 1948 – DANUSER 1997, S. 117f
198 Bündner Hotellerie 1992, S. 84f.
199 Bündner Hotellerie 1992, S. 84f.
200 BAEDEKER 1913, S. 430.
201 Nach MARGADANT, MAIER 1993, S. 157f.
202 WISE 1885, S. 19 – CAVIEZEL 1891, S. 96.
203 GSELL-FELS 1880, S. 82.
204 Davoser Blätter, 5.1.1886.
205 WISE 1885.
206 Davoser Blätter, 14.2.1891 – FERDMANN 1947, S. 150ff.
207 Siehe dazu: Triet o.J. (1981), S. 15f.
208 FERDMANN 1947, S. 158 – MARGADANT, MAIER 1993, S. 170.
209 FERDMANN 1947, S. 159ff.
210 The St. Moritz Post, Davos and Maloja News, Vol. IV, Nr. 10, 29.12.1888 (nach: TRIET 1990, S. 28).
211 TRIET 1998, S. 43f.
212 DANUSER 1997, S. 85.
213 TRIET 1989, S. 43f. (St.Moritz) und REBSAMEN, STUTZ 1982, S. 320f. (Davos).
214 SENGER 1941, S. 45 – KASPER 1962 – FERDMANN 1947, S. 164ff. – MARON 1933, S. 5.
215 MARON 1933, S. 8ff. – DANUSER 1997, S. 96f.
216 Zitat von Henry Hoek, siehe dazu NZZ, 30.1.1953, Mittagsausgabe.
217 KAISER 1983, S. 24 – VON PLANTA 1986, S. 8ff.
218 RUBI 1953.
219 Schweizer Handels-Courier, 9.10.1887. Foto in: RUBI 1986, S. 50.
220 BÖCKLI 1998, S. 11ff., 121.
221 BÖCKLI 1998, S. 26ff.
222 BÖCKLI 1998, S. 23.
223 Bündner Tagblatt, 6.11.1883 – BÖCKLI 1998, S. 31, 140f., 145.
224 BÖCKLI 1998, S. 40ff., 75ff., 147.
225 ALTENBURG 1896, S. 27f. – BÖCKLI 1998, S. 42f.
226 BÖCKLI 1998, S. 51ff. – BAGGERMANN 1983, S. 43f.
227 BÖCKLI 1998, S. 62f. (Dokument Nr. 21).
228 Die Geschichte wurde durch Daniel Schmid, Flims, in der Region eruiert und weitergetragen: BENER, SCHMID 1983, S. 164f. Siehe auch: BÖCKLI 1998, S. 108f.
229 Nachgewiesen in: WALTHER 1886.
230 Beschreibung in: ALTENBURG 1896, S. 29f.
231 ALTENBURG 1896, S. 30 – BAGGERMANN 1983, S. 45.
232 ALTENBURG 1896, S. 32 – BÖCKLI 1998, S. 48, 50, 132f. – BAGGERMANN 1983, S. 44.
233 Originale in der Fondazione Gaudenzio e Palmira Giovanoli, Maloja.
234 BASS, TESTA 1993, S. 28ff.
235 BÖCKLI 1998, S. 91f., 172ff.
236 BÖCKLI 1998, S. 32ff.
237 Rechnung in: BÖCKLI 1998, S. 54.
238 The Alpine Post & Engadin Express, Nr. 22, 16.8.1901, S. 128.
239 BÖCKLI 1998, S. 111f. (Dokument 25).
240 BAGGERMANN 1982, S. 49ff. – BÖCKLI 1998, S. 69f.
241 BÖCKLI 1998, S. 98f.
242 COLLI GIORGIO, MONTINARI MAZZINO (Hg.), Nietzsche Briefwechsel, Kritische Gesamtausgabe, Berlin, New York 1975ff, Dritte Abteilung, fünfter Band, 1984, S. 134.
243 Schweizerische Handels-Zeitung, 29.3.1882 – BÖCKLI 1998, S. 40, 123f., 207.
244 Fögl d'Engiadina Nr. 14, 8.4.1882.
245 FLÜCKIGER-SEILER 2001, S. 36.
246 BÖCKLI 1998, S. 116f.
247 Siehe dazu die Mutmassungen in: BÖCKLI 1998, S. 83ff.
248 BÖCKLI 1998, S. 123, Anm. 89.
249 Amtsblatt des Kantons Graubünden, 29.5.1885 – BÖCKLI 1998, S. 170.
250 Siehe dazu BÖCKLI 1998, S.203 (Anm. zu S. 13).
251 BÖCKLI 1998, S.127f., 184, 187.
252 BÖCKLI 1998, S. 29f., 88f.
253 BÖCKLI 1998, S. 21, 89ff., 204 (Anm. zu S. 21).
254 Die Bernhardinbahn (Elektr. Schmalspurbahn Thusis – Misox – Bellinzona). Bisherige Vorarbeiten und Studien, zusammengestellt und herausgegeber vom Bernhardinkomitee, Chur 1927, S. 5ff.
255 BÖCKLI 1998, S. 115.
256 BÖCKLI 1998, S. 122f. – BAGGERMANN 1983, S. 58.
257 BÖCKLI 1998, S. 17, 75, 204 (Anm. zu S. 17) – BAGGERMANN 1983, S. 58
258 BAGGERMANN 1983, S. 69f.
259 Zitat aus: NZZ, 19.11.1883 und Bündner Tagblatt, 23.11.1883.

LITERATURVERZEICHNIS
Zeitschriften
Allgemeine Bauzeitung mit Abbildungen. Österreichische Vierteljahrschrift für den öffentlichen Baudienst, herausgegeben und redigirt von Christian Friedrich Ludwig Förster, k.k. Architekt. Wien 1836–1918.
Bulletin de la Société Vaudoise des Ingénieurs et Architectes. *(Vorgänger von: Bulletin technique de la Suisse Romande)* (BSVIA)
Bulletin technique de la Suisse Romande. Lausanne 1900ff. *(Nachfolger von: Bulletin de la Société Vaudoise des Ingénieurs et Architectes)* (BTSR)
Die Eisenbahn. Schweizerische Wochenschrift für die Interessen des Eisenbahnwesens. Zürich 1874–1882. *(Vorgänger von: Schweizerische Bauzeitung)*
Die Schweizerische Baukunst. Zeitschrift für Architektur, Baugewerbe, bildende Kunst und Kunsthandwerk. Offizielles Organ des BSA. Bern 1909–1920/21 *(Parallelpublikation zu «L'Architecture Suisse»)* (SBK)
Revue Polytechnique. Organe officiel de la fédération des sociétés d'anciens élèves des écoles techniques de la Suisse occidentale. Genf 1906–1930. *(Nachfolger von: La Machine)*
Schweizerische Bauzeitung. Wochenschrift für Bau-, Verkehrs- und Maschinentechnik. Zürich 1883ff. *(Nachfolger von: Die Eisenbahn)* (SBZ)

Lexika
Allgemeines Lexikon der bildenden Künste von der Antike bis zur Gegenwart, bearbeitet von Ulrich Thieme und Felix Becker. 37 Bände. Leipzig 1907–1950. (THIEME, BECKER).
Architektenlexikon der Schweiz 19./20. Jahrhundert. Hrsg. von Isabelle Rucki und Dorothee Huber. Basel, Boston, Berlin 1998. (ALS)
Biographisches Lexikon verstorbener Schweizer. Band 3. Zürich 1950. (BLVS)
Historisch-biographisches Lexikon der Schweiz. 7 Bände und Suppl. Neuenburg 1921–1934. (HBLS)
Schweizerisches Künstler-Lexikon. Hrsg. von Carl Brun. 4 Bände. Frauenfeld 1905–1917. (SKL)

Gedruckte Quellen und Literatur
Administrativ-Bericht des Schweizerischen General-Commissairs für die Internationale Ausstellung von 1876 in Philadelphia. Winterthur 1877.
ALBISSER, HUGO; STOLLER, UELI: 75 Jahre Park-Haus Bubenberg Spiez 1902–1977. Typoskript. Spiez 1977.
Album SIA 1909 = XLIII Assemblea Generale della Società Svizzera ingenieri ed architetti nel Cantone Ticino, 4–6 settembre 1909. Lugano 1909.
ALTENBURG, WILHELM: Kursaal Maloja im Oberengadin und seine Umgebung. [Europäische Wanderbilder Nr. 198, 199]. Zürich 1896.
AMMANN, FRED: Genealogische Kartei traditionsreicher Hoteliers- und Gastwirtefamilien (GK). Biel 1976ff.
AMMANN, FRED: 100 Jahre Hotel du Sauvage «Zum wilden Mann» Meiringen 1880–1980. Biel 1980.
AMSTUTZ, WERNER: Neue Wege im Hotelbau. Zürich 1929.
ANDERES, BERNHARD: Die Architektur im 19. und frühen 20. Jahrhundert. In: Kanton St. Gallen. Landschaft, Gemeinschaft, Heimat. Rorschach 1985.
ANKER, VALENTINA: Le chalet dans la peinture. In: DIES. et al.: Le chalet dans tous ses états. La construction de l'imaginaire helvétique. Chêne-Bourg/Genf 1999. 53–83.
ANTHAMATTEN, GUSTAV: Alexander Seiler 1819–1891. Gedenkschrift zum 100. Todestag. Zermatt 1991.
Arosa, ein Führer für die Fremden. Hrsg. vom Kurverein Arosa. Arosa 1889.
(Arosa) 50 Jahre Elektrizitätswerk Arosa 1897–1947. Arosa 1948
BADRUTT, JOHANN: Liste des Visiteurs de l'hôtel Engadiner-Kulm St.Moritz 1842–1879: Dédiée à ses nombreux amis... par Badrutt Père. Zürich o.J. (1880).
BAEDEKER, CARL: Die Schweiz. Koblenz 1844ff.
BAENI, E.: Beau-Rivage Palace. Mémoire en histoire de l'archi-

tecture. Lausanne 1983.
BAGGERMANN, GEORGES: Maloja entre cimes et lacs. Cent ans d'histoire d'un hôtel. o.O. o.J. (Brüssel 1982).
BARBEY, GILLES et al.: Genève. In: Inventar der neueren Schweizer Architektur. Band 4. Bern 1982. 249–403.
BASS, GIANNI; TESTA, ANTONIO: Engadine Golf Club 1893–1993. St. Moritz 1993.
BATTAGLIA, LUIGI: La vita e le opere di Augusto Guidini (1853–1928), architetto e urbanista. Tesi di Laurea, instituto universitario di architettura di Venezia. Anno accademico 1990/91.
BAUMGART, RICHARD: August Benziger, sein Leben und sein Werk. München 1922.
BAVIER, SIMON: Bericht über das Strassenwesen in Graubünden. Bern 1876.
BECK, OSCAR: Heiden Canton Appenzell A. Rh. (Schweiz) als klimatischer und Molken-Kurort. Heiden 1874.
BÉHA, ALEXANDRE: Lugano et ses environs. St. Gallen 1866.
BÉHA, ALEXANDRE: Lugano und seine Umgebungen. St. Gallen 1881.
BENER, PETER CHRISTIAN; SCHMID, DANIEL: Die Erfindung vom Paradies. Glattbrugg 1983.
Bericht über das Strassenwesen in Graubünden. Chur 1876.
BERLEPSCH, HERMANN ALEXANDER: Neuestes Reisehandbuch für die Schweiz. Hildburghausen 1862ff.
BERLEPSCH, HERMANN ALEXANDER: Grand Hotel Ritschard in Interlaken und seine Umgebungen. Interlaken o.J. (ca. 1875).
BETTEX, GUSTAVE: Montreux et ses environs. Montreux 1913.
BIERFREUND, J. G.: Montreux am Genfersee. Basel 1867.
BIRKNER, OTHMAR: Bauen + Wohnen in der Schweiz 1850–1920. Zürich 1975.
BISSEGGER, PAUL: François Gindroz, constructeur d'hôtels? – un projet à Morges 1868. In: UKdm 1978/4. 380–390.
BÖCKLI, PETER: Bis zum Tod der Gräfin. Das Drama um den Hotelpalast des Grafen de Renesse in Maloja. Zürich 1998.
BOEHM, LAETITIA; MÜLLER, RAINER A. (Hg.): Universitäten und Hochschulen in Deutschland, Österreich und der Schweiz. Eine Universitätsgeschichte in Einzeldarstellungen (Hermes Handlexikon). Düsseldorf 1983.
BOPPART, RUDOLF: Sils im Engadin. St. Gallen 1980.
BORELLA, GUIDO: Il Liberty nel Ticino. In: Il Liberty Italiano e Ticinese. Rom 1981. 207–235.
BROILLET, PHILIPPE et al.: Constructions hôtelières. In: Les Monuments d'Art et d'Histoire du Canton de Genève. Band 1: La Genève sur l'Eau (Les Monuments d'Art et d'Histoire de la Suisse 89. Basel 1997. 294–324.
BRÜGGER, PETER; MOSBACHER, RENE; RONNER, HEINZ; SCHERRER, BRUNO: Wie die Heizung Karriere machte – 150 Jahre Sulzer-Heizungstechnik. Winterthur 1991.
BRULHART, ARMAND; DEUBER-PAULI, ERICA: Ville et Canton de Genève. Bern, Genf 1985.
BRULHART, ARMAND: Les chalets dans la ville. In: ANKER, VALENTINA et al.: Le chalet dans tous ses états. La construction de l'imaginaire helvétique. Chêne-Bourg, Genf 1999. 123–160.
Bündner Hotellerie um 1900 in Bildern (Schriftenreihe des Rhätischen Museums Chur 37). Chur 1992.
CARLEN, GEORG: Der grosse Saal des Hotels Schweizerhof in Luzern. In: Kunst + Architektur 2000/2. Bern 2000. 64–67.
CAVIEZEL, MICHAEL: Das Oberengadin. Ein Führer auf Spaziergängen, kleinen und grossen Touren. 2. Auflage. Chur 1881.
CAVIEZEL, MICHAEL: Das Engadin in Wort und Bild. Samedan 1896.
CÉRÉSOLE, ALFRED: Les Avants sur Montreux. Zürich 1895. 2. Auflage: 1903.
CONDRAU, GION: Disentis/Mustér. Geschichte und Gegenwart. Disentis/Mustér 1996.
COXE, WILLIAM: Sketches of the Natural, Civil, and Political State of Swisserland. London 1780.
COXE, WILLIAM: Travels in Switzerland. London 1789.
CUONZ, ROMANO; NIEDERBERGER, HANSPETER: Hotelkönig, Fabrikant Franz Josef Bucher; Bergbahnbauer, Erfinder Josef Durrer; Kunstmaler Phantast Beda Durrer. Kriens 1998.
DANUSER, HANS: Arosa, wie es damals war. Arosa 1997.
DELAIRE, E.: Les Architectes élèves de l'École des Beaux-Arts 1793–1907. Par David de Penanrun, Roux et Delaire. 2. Auflage. Paris 1907.
DE-VIT, VINCENZO: Il Lago Maggiore. Stresa e le Isole Borromee. Notizie storiche. Prato 1877.
DIERAUER, JOHANNES: Bernhard Simon, Architekt, 1816–1900. Ein Lebensbild. In: St. Galler Neujahrsblatt 1918. St. Gallen 1918.
DIETHELM, JOHN: Handbuch des schweizerischen Hotelbaus. Zürich 1920.
DOSCH, LEZA: Kunst und Landschaft in Graubünden. Bilder und Bauten seit 1780. Zürich 2001.
DURAND, JEAN NICOLAS LOUIS: Précis des leçons d'architecture données à l'École Royale Polytechnique. 2. Auflage. Paris 1802–1805.
EBEL, JOHANN GOTTFRIED: Anleitung auf die nützlichste und genussvollste Art in der Schweitz zu reisen. Zürich 1793.
EBEL, JOHANN GOTTFRIED: Schilderung der Gebirgsvölker der Schweitz. Erster und zweiter Theil. Leipzig 1798 und 1802 (Reprint St. Gallen 1983).
EBEL, JOHANN GOTTFRIED: Anleitung auf die nützlichste und genussvollste Art die Schweitz zu bereisen. 4 Theile. 2. Auflage, Zürich 1804/05.
EBERLE, AMBROS: Axenstein am Vierwaldstättersee, klimatischer Kurort. Brunnen 1875.
EL-WAKIL, LEÏLA: L'hôtel des Bergues à Genève. In: Unsere Kunstdenkmäler 1978/4. Bern 1978. 373–380.
ENZENSBERGER, HANS MAGNUS: Eine Theorie des Tourismus. In: DERS: Einzelheiten. München 1962. 146–168.
Erinnerung, Zur, an die Schweizerische Landesausstellung in Bern 1914. Herausgegeben vom Zentralbureau des Schweizer Hotelier-Vereins. Basel 1915.
EVANS, ROBIN: Figures, portes et passages. In: Vrbi, Heft V, 1982. 23–41.
FERDMANN, JULES: Der Aufstieg von Davos. Davos 1947 (Neudruck 1990).
FERRARI, ALBERTO: Notizie su Luigi Clericetti, Architetto (1798–1876). Milano 1993.
Festschrift ETH = Festschrift zur Feier des fünfzigjährigen Bestehens des Eidg. Polytechnikums. Band 1. Frauenfeld 1905.
Festschrift SIA 1893 = Festschrift anlässlich der Haupt-Versammlung des Schweizerischen Ingenieur- & Architekten-Vereins im September 1893 in Luzern. Luzern 1893.
Festschrift SIA 1903 = Festschrift zur 40. Generalversammlung des Schweizerischen Ingenieur- und Architektenvereins. Chur, 6. und 7. September 1903. Chur 1903.
Festschrift St. Moritz = Die Entwicklung von St. Moritz. Festschrift. Hrsg. anlässlich der Eröffnung des neuen Heilbad-Zentrums vom 10./11. Juli 1976. St. Moritz 1976.
FISCHER, UELI: Architektonischer Reigen im Hochgebirge – Engadiner Hotelbaugeschichten. In: Archithese 18/1988, Heft 2. Niederteufen 1988. 27–30.
FLEINER, ALBERT: Engelberg. Streifzüge durch Gebirg und Tal. Zürich o.J. (1890).
FLÜCKIGER-SEILER, ROLAND: Bauten und Anlagen für die Touristen in der Belle Epoque. In: Historische Hotels erhalten und betreiben, Akten der Fachtagung Luzern, 14.–16. September 1995. Luzern 1996. 39–48.
FLÜCKIGER-SEILER, ROLAND: Luxusoasen. Das Leben der mondänen Hotelgesellschaft inmitten einer mausarmen Bergbevölkerung. In: L – Leukerbad. 100 Jahre Hotel- und Bädergesellschaft. Leukerbad 1996. 126–133.
FLÜCKIGER-SEILER, ROLAND: Lawinenartig… Die Geschichte der Hotelbauten von Leukerbad im 19. Jahrhundert. In: L – Leukerbad. 100 Jahre Hotel- und Bädergesellschaft. Leukerbad 1996. 12–21.
FLÜCKIGER-SEILER, ROLAND: Zur Geschichte des Tourismus in der Schweiz. In: Denkmalpflege und Tourismus. Interdisziplinäre Tagung in Davos, 16.–18. September 1992 (Schriftenreihe der Arbeitsgemeinschaft Alpenländer, hrsg. von der Kommission 3). Bozen 1997. 73–142.
FLÜCKIGER-SEILER, ROLAND: Nicolas Céard. Die Entstehung der ersten Kunststrasse über die Hochalpen. In: Blätter aus der Walliser Geschichte. 29/1997. 53–90.
FLÜCKIGER-SEILER, ROLAND; OMACHEN, PETER: Inventar der Hotel- und Tourismusbauten im Kanton Luzern. 1. Teil: Stadt Luzern. Kantonale Denkmalpflege Luzern 1997ff.
FLÜCKIGER-SEILER, ROLAND: «Mémoire et reconnaissance sur le passage du Simplon…» Ein Beitrag zur Rehabilitierung von Henri Guignard. In: 1798. Revolution im Wallis (Begleitpublikation zur Ausstellung «Die da oben! Die da unten! 1798: Revolution im Wallis» von 1998 im Hexenturm in Sitten). Hrsg. von Alexandra Moulin und Thomas Antonietti. Walliser Kantonsmuseen Sitten 1998. 125–136.
FLÜCKIGER-SEILER, ROLAND: Streiflichter zur Tourismusentwicklung am Vierwaldstättersee. In: Kriens-Kairo. Emil Vogt. Luzerner Architekt um 1900 (Ausstellungskatalog Museum im Bellpark Kriens). Kriens 1998. 22–31.
FLÜCKIGER-SEILER, ROLAND: Vom Basislager für Erstbesteigungen zum Aussichtshotel im Gebirge. Walliser Hotelbauten auf 1500 bis 2500 Meter über Meer. In: Kunst + Architektur in der Schweiz 3/1999. Bern 1999. 13–24.
FLÜCKIGER-SEILER, ROLAND: La grande saga de l'hôtellerie de montagne. In: L'Alpe 4. Grenoble 1999. 9–14.
FLÜCKIGER-SEILER, ROLAND: De l'auberge au palace. Typologie des hôtels en Suisse au XIXe siècle. In: Lüthi Dave (Hg.): Eugène Jost – architecte du passé retrouvé. Les Archives de la construction moderne EPFL/DA. Lausanne 2001. 37–46.
FLÜCKIGER-SEILER, ROLAND: Hotelträume zwischen Gletschern und Palmen. Schweizer Tourismus und Hotelbau 1830–1920. Baden 2001.
FLÜCKIGER-SEILER ROLAND: Le développement de la construction hôtelière sur l'arc lémanique. In: Revue historique du Mandement de Bex, No XXXIII/2000. Bex 2000. 3–14.
FLÜCKIGER-SEILER ROLAND: Die Bauten der Fremdenindustrie. In: Riviera am Thunersee im 19. Jahrhundert. Herausgegeben von Georg Germann und der Gesellschaft für Schweizerische Kunstgeschichte. Bern 2002. 177–192.
FLÜCKIGER-SEILER, ROLAND: Hotelträume zwischen Gletschern und Palmen. Schweizer Tourismus und Hotelbau 1830–1920. Baden 2001.
FLÜCKIGER-SEILER ROLAND: Ein Jahrhundert Kampf gegen und für historische Hotels. In: Aargauer Heimatschutzpreis 2003 zum Thema «Gastkultur im Kanton Aargau». Baden 2003.
FLÜCKIGER-SEILER ROLAND: Hotels am Rhonegletscher – Hotelträume und Hotelpaläste der Belle Époque. In: Die Alpen, Zeitschrift des Schweizer Alpen-Clubs. 12/2003. Bern 2003. 48–51.
FLÜCKIGER-SEILER ROLAND: Die Hotelbauten von Caux – Wintersport über dem Genfersee. In: Die Alpen, Zeitschrift des Schweizer Alpen-Clubs, 2/2004. Bern 2004. 30–33.
FLÜCKIGER-SEILER ROLAND: Das Hotel auf dem Faulhorn – Anfänge der alpinen Hotellerie. In: Die Alpen, Zeitschrift des Schweizer Alpen-Clubs, 6/2004. Bern 2004. 48–50.
FLÜCKIGER-SEILER ROLAND: Horace Edouard Davinet. In: Berner Heimatschutz, Regionalgruppe Bern, Mitteilungsblatt 2004. Bern 2004. 3–13.
FLÜCKIGER-SEILER ROLAND: Hotels und die Engadiner Gebirgswelt – Die späte touristische Erschliessung des Bündnerlandes. In: Die Alpen, Zeitschrift des Schweizer Alpen-Clubs, 10/2004. Bern 2004. 26–28.
FLÜCKIGER-SEILER ROLAND: Wengernalp, Kleine Scheidegg und Rosenlaui. Hotels an der Grossen Oberlandtour. In: Die Alpen, Zeitschrift des Schweizer Alpen-Clubs, 1/2005. Bern 2005. 20–23.
FLÜCKIGER-SEILER ROLAND: Architektur nach dem Sündenfall. Der Umgang mit Hotelbauten aus der Belle Époque. In: Erhalten und Gestalten. 100 Jahre Schwei-

zer Heimatschutz, hg. von Madlaina Bundi. Baden 2005. 80–89.
FRANK, FRIEDRICH: Skizzen zur Geschichte der Hygiene. 5000 Jahre Sanitäre Installationen. Aus: Schweizerische Spenglermeister- und Installateur-Zeitung. 1.–3. Teil. Zürich 1953–1955.
FREY, PIERRE A.; KOLECEK, IVAN: Concours d'architecture et d'urbanisme en Suisse romande, histoire et actualité. Lausanne 1995.
FRÖHLICH, MARTIN: Gottfried Semper. Zürich, München 1991.
FRÖLICH, HANS: Der Höhencurort St. Beatenberg bei Interlaken. Interlaken 1876.
GALLATI, RUDOLF: Aarmühle Interlaken 1838–1988. Eine Ortsgeschichte. Interlaken 1991.
GANZ, JÜRG: Schlossbau und schlossähnliche Architektur des 19. Jahrhunderts. In: Historismus und Schlossbau. Hrsg. von Renate Wagner-Rieger und Walter Krause (Studien zur Kunst des 19. Jahrhunderts 28). München 1975.
GASSER, HELMI: Die Seegemeinden (Die Kunstdenkmäler des Kantons Uri 2). Basel 1986.
GAULIS, LOUIS; CREUX, RENE: Schweizer Pioniere der Hotellerie. Paudex 1976.
GAVOIS, JEAN: Pour monter – pour descendre. Histoire abrégée du Transport vertical, des pyramides à nos jours. o.O. 1984.
GERMANN, GEORG: The gothic Revival in Europe and Britain. Sources, influences and ideas. London 1972.
GIACOMAZZI, FABIO et al.: Locarno. In: Inventar der neueren Schweizer Architektur. Band 6. Bern 1991. 23–119.
GIEDION, SIGFRIED: Raum, Zeit, Architektur. Die Entstehung einer neuen Tradition. Ravensburg, Zürich 1965, München 1976.
GILARDONI, VIRGILIO: Locarno e il suo circolo (Die Kunstdenkmäler des Kantons Tessin 1). Basel 1972.
GILLI, ANTONIO: Lugano capolinea. Sviluppo storico delle linee di pubblico trasporto passeggeri, dalle funicolari, tranvie e ferrovie ai filobus e autolinee. Lugano 1996.
GLADBACH, ERNST GEORG: Der Schweizer Holzstyl in seinen cantonalen und constructiven Verschiedenheiten vergleichend dargestellt mit Holzbauten Deutschlands. 1. Teil: Darmstadt 1868. 2. Teil und 2. Auflage des 1. Teils: Zürich 1882/83. Neuauflage: Zürich 1897. (Reprint der Ausgaben von 1868 und 1883 [mit einer Einführung von Manfred Gerner]: Hannover 1984.)
GLADBACH, ERNST GEORG: Les constructions en bois de la Suisse, relevées dans les divers cantons et comparées aux constructions en bois de l'Allemagne. Texte traduit par MMrs. Schacre, Architecte, et Henry de Suckau. Paris 1870.
GLADBACH, ERNST GEORG: Die Holz-Architectur der Schweiz. Zürich 1876. Zweite, erweiterte Auflage: Zürich, Leipzig 1885.
GLADBACH, ERNST GEORG: Charakteristische Holzbauten der Schweiz vom 16. bis 19. Jahrhundert, nebst deren inneren Ausstattung. Nach der Natur aufgenommen von E. Gladbach. Berlin 1893. Zweite, erweiterte Auflage: Berlin, New York, Genf 1898. Dritte Auflage: Berlin, New York 1906. Neuauflage: Hannover 1976. Faksimile der Ausgabe von 1893: Hannover 1981.
GLUTZ-BLOTZHEIM, ROBERT: Handbuch für Reisende in der Schweiz. Zürich 1823. 2. Auflage: Zürich 1830.
GMEINER, EMMERICH: «Du glücklich Volk, das hier in diesen Gauen die ganze Welt in einem Punkt kann schauen!» 2000 Jahre Fremde in Bregenz. In: Sommerfrische. Die touristische Entdeckung der Bodenseelandschaft. Rorschach 1991. 73–80.
GRAFFENRIED, CARL ADOLF DE; VON STÜRLER, LUDWIG RUDOLF: Architecture suisse, ou choix de maisons rustiques des alpes du Canton de Berne. Bern 1844. (Deutscher Innentitel: Schweizerische Architektur oder Auswahl hölzerner Gebäude aus dem Berner Oberland)
GRASSI, JOSEPH: Lugano et ses environs. Lugano 1883.
GRATAROLUS, GUILHELMUS: De Thermis Rhaeticis, & Vallis Traschurij agri Bergomatis. In: JUNTA, THOMAS (GIUNTA, TOMASO): De balneis omnia quae extant apud Graecos, Latinos, et Arabas... Venedig 1553. 192f.

GRENIER, LISE et al.: Villes d'eaux en France. Ouvrage réalisé par l'Institut Français d'Architecture (Exposition du 16.1. au 24.3 1985 à Paris). Paris 1985.
GROVE, DAVID: Ausgeführte Heizungs- und Lüftungs-Anlagen. Berlin 1895.
GRÜNBERGER, RICHARD: Aus Rorschachs Vergangenheit. Ausgewählte Aufsätze zur Rorschacher Orts- und Regionalgeschichte. Hrsg. von Louis Specker. Rorschach 1982.
GSELL-FELS, THEODOR: Die Bäder und klimatischen Kurorte der Schweiz. Zürich 1880.
GUBLER, HANS MARTIN: Ein Berner Bauernhaus für den König von Württemberg. In: UKdm 1979/4. 380–395.
GUBLER, HANS MARTIN: Karlsruhe und die Schweizer Architektur im frühen 19. Jahrhundert. Zur grenzüberschreitenden Wirkung Friedrich Weinbrenners. In: UKdm 40/1989. 31–42.
GUBLER, JACQUES: Nationalisme et internationalisme dans l'architecture moderne de la Suisse. Lausanne 1975.
GUBLER, JACQUES; BARBEY, GILLES; MAURER, HANS: Les «Villas Dubochet» à Clarens. Guide des monuments Suisses. Bern 1981.
GUGERLI, DAVID: Redeströme. Zur Elektrifizierung der Schweiz 1880–1914. Zürich 1996.
GURTNER, HERMANN: Reiseverkehr und Volkswirtschaft Graubündens. In: Zeitschrift für schweizerische Statistik und Volkswirtschaft 75/1939. 277–316.
GUYER, EDUARD: Das Hotelwesen der Gegenwart. Zürich 1874 und 1885 (2. Auflage).
GUYER, EDUARD: Schweizerische Landesausstellung Zürich 1883. Bericht über Gruppe 41: Das Hotelwesen. Der Fremdenverkehr und die allgemeinen Verhältnisse des Wirthschaftswesens in der Schweiz. Zürich 1884.
GUYER, EDUARD: Beiträge zu einer Statistik des Fremdenverkehrs in der Schweiz. Zürich 1895.
GUYER, SAMUEL: Das Suvrettahaus bei St. Moritz. Ein Beitrag zum Hotelbau-Problem der Gegenwart. In: SBZ 1917, Band 69. 71ff.
HADORN, GERALD: Vevey – Montreux – Chillon – Villeneuve. In: GRANDGUILLAUME, MICHEL et al.: Les Tramways Vaudois. Lausanne 1979. 97–152.
Handbuch der Architektur. Darmstadt 1892.
HARTMANN, HERMANN: Berner Oberland in Sage und Geschichte. Band 2: Das grosse Landbuch. Interlaken, Bern-Bümpliz 1914.
HÄSLER, ALFRED A.: Berner Oberland – Geschichte und Geschichten. Bern 1986.
HASSENSTEIN, G. H.: Das elektrische Licht. Weimar 1859.
HAUSER, ANDREAS: Ferdinand Stadler. Ein Beitrag zur Geschichte des Historismus in der Schweiz. Zürich 1976.
HAUSER, ANDREAS: Lugano. In: Inventar der neueren Schweizer Architektur, Band 6. Bern 1991. 205–355.
Heiden 1652–1952. Festschrift zum 300-jährigen Bestehen der Gemeinde Heiden 1652–1952. Heiden 1952.
HELLER, GENEVIÈVE: Propre en ordre, habitation et vie domestique 1850–1930: l'exemple vaudois. Lausanne 1979.
HENDERSON-AFFOLTER, LENI: Gaudenz Issler (1853–1942). Baumeister und Landammann: ein Davoser Lebensbild. Davos 1979.
HENNIG, BARBARA: Das Hotel Montana (1910) von Alfred Möri und Karl Friedrich Krebs – das «modernste Palasthotel» in Luzern (Lizentiatsarbeit phil. I, Universität Zürich). Luzern 1998.
HENNIG, BARBARA: Park Hotel Vitznau (Schweizerische Kunstführer GSK). Bern 2002.
HEW, FLORIAN: Die Geschichte meiner Heimat Klosters. Schiers 1945.
HEW, FLORIAN: Klosterser Heimatbuch. Schiers 1965.
HIRSCHFELD, C. L.: Theorie der Gartenkunst. 4 Bände. Leipzig 1779.
Historische Hotels erhalten und betreiben. Akten der Fachtagung Luzern 14.–16. September 1995. Luzern 1996.
HORAT, HEINZ: Bauen am See. Architektur und Kunst an den Ufern der Zentralschweizer Seen. Luzern 2000.

Hotels des Berner Oberlandes, Die. Interlaken 1911.
Hotels der Schweiz, Die. Hrsg. vom Schweizer Hotelier-Verein. Basel 1896ff.
HUBER, PAUL: Luzern wird Fremdenstadt (Beiträge zur Luzerner Stadtgeschichte 8). Luzern 1986.
HUDE, HERMANN VON DER: Hotels. In: DURM, JOSEF; ENDE, HERMANN; SCHMITT, EDUARD; WAGNER, HEINRICH (Hg.): Handbuch der Architektur. Vierter Theil, 4. Halb-Band: Gebäude für Erholungs-, Beherbergungs- und Vereinszwecke. 3. Abschnitt: Gebäude für Beherbergungszwecke. 1. Kapitel: Hotels. Darmstadt 1885. 174–239.
HUSEMANN, AUGUST: Der Kurort St. Moritz und seine Eisen-Säuerlinge. Zürich 1874.
INÄBNIT, FLORIAN: Die Hochgebirgstrams der Schweiz. Wengen 1995. 30–50.
INEICHEN, HANNES; ZANONI, TOMASO: Luzerner Architekten. Architektur und Städtebau im Kanton Luzern 1920–1960. Zürich, Bern 1985.
JUNKER, JEAN-PIERRE: Sozialgeschichte des Alpentourismus. Vorlesungsmanuskripte Soziologie III. Winter 2000/01. Zürich 2001.
KAISER, DOLF: Das Mini-Imperium des Bergdorfes Samedan. Zürich, Samedan 1992.
KAISER, DOLF: Zeittafel Geschichte, Kultur, Verkehr, Tourismus. In: Ober-Engadin. Landschaft am jungen Inn. Chur 1983. 15–25.
KAISER, DOLF; LAZZARINI, GIUSEPPE; SCHMID, HEINRICH: Samedan. Samedan 1994.
KASPER, PETER: Die Anfänge des Skifahrens in Graubünden. In: Bündner Jahrbuch 1962. Chur 1962. 96–100.
KELLER, CLAUDE: Die Geschichte des Grandhotel Axenstein in Morschach. Typoskript. o.O. 1985.
KELLER, HANS: 75 Jahre Kurhaus Cademario 1914–1989. Cademario-Lugano 1989.
KELLER, JON: Werbe-Graphik für das Hotel Thunerhof im Laufe der Jahrzehnte. In: Jahrbuch Historisches Museum Schloss Thun 1983. Thun 1983. 7–19.
KELLER, MARKUS: Elektrische Strassenbahn St. Moritz. Leissigen 1996.
KIENBERGER, ROLF UND URS: Streiflichter aus der Waldhausgeschichte 1908–1983. Sils-Maria 1983.
KLASEN, LUDWIG (Hg): Grundriss-Vorbilder von Gebäuden aller Art, Abteilung 2: Grundriss-Vorbilder von Gasthäusern, Hotels und Restaurants. Leipzig 1884. 129–160.
Klosters. Klimatischer Sommerkurort. Zürich 1885.
KOENIG, RENE; SCHWAB-COURVOISIER, ALBERT: Vevey-Montreux photographiés par nos aïeux. Lausanne 1973.
KÖHLMEIER, MICHAEL: Bregenzer Badebuch. Bregenz o.J.
KOPP, MAX: Zur baulichen Umgestaltung des Rigi-Gipfels. In: Heimatschutz 1955/3. Bern 1955. 88–95.
KRAPF, KURT: 75 Jahre Schweizer Hotelier-Verein im Lichte der Entwicklung des Fremdenverkehrs. In: 75 Jahre Schweizer Hotelier-Verein. Basel 1957. 5–19.
KREBSER, MARKUS: Interlaken – Eine Reise in die Vergangenheit. Thun 1990.
KREBSER, MARKUS: Thunersee linke Seite. Thun 1996.
Kriens – Kairo. Emil Vogt: Luzerner Architekt um 1900 (Ausstellungskatalog Museum im Bellpark Kriens). Kriens 1998.
LACHMAYER, HERBERT; GARGERLE, CHRISTIAN; GEZA, HAJOS: The Grand Hotel. In: A A files 22/1991. 33–41.
LAMPUGNANI, VITTORIO et al.: Vertikal. Eine Kulturgeschichte vom Vertikaltransport. Berlin 2003.
Landschaft Davos, Die. Hrsg. von der Curanstalt W. J. Holsboer. Zürich 1877.
LAUR, ERNST: Die Säuberung des Rigi-Gipfels – das grosse Talerwerk des Jahres 1951/52. In: Heimatschutz 1951/2. Bern 1951. 56–65.
LECHNER, ERNST: Das Thal der Maira (Bergell). Wanderbild von Maloja bis Chiavenna und historische Skizze. Samedan 1903.
LECHNER, ERNST: Graubünden, illustrierter Reisebegleiter durch alle Talschaften. Chur 1903.
LECHNER, ERNST: Die periodische Auswanderung der Engadiner und anderer Bündner. Samedan 1912.

LEHMANN, HEINRICH LUDWIG: Die Republik Graubünden historisch, geographisch, statistisch dargestellt. 2 Teile. Magdeburg 1797.
LEONHARDI, GEORG: Das Poschiavino-Tal. Leipzig 1859.
LEUTHY, JOHANN JAKOB: Der Begleiter auf der Reise durch die Schweiz. Zürich 1840/41. (Faksimilie: Zürich 1985).
LÉVY, ALBERT: Le chalet, lieu de mémoire helvétique. In: ANKER, VALENTINA et al.: Le chalet dans tous ses états. La construction de l'image helvétique. Chêne-Bourg 1999. 85–124.
LOMBARDI, CRISTINA; GENINASCA, LAURENT: Les Grands Hotels de la fin du XIXème siècle au Tessin. Diplomarbeit EPFZ. Zürich 1984.
LUEGER, OTTO (Hg): Lexikon der gesamten Technik und ihrer Hilfswissenschaften. Band 1–4 (A-Kupplungen). Stuttgart und Leipzig o.J. (1904ff.).
Lugano Hotels. Alberghi – Storia, Architettura. Lugano, Museo storico Villa Saroli 1998 (Pagine storiche Luganesi). Lugano 1998.
LÜTHI, DAVE: Le Grand Hôtel et Hôtel des Alpes à Territet, rapport historique et architectural. Montreux 1996. Typoskript.
LÜTHI, DAVE: Eugène Jost (1865–1946) architecte (Lizentiatsarbeit, Universität Lausanne, Band 1–3). Lausanne 1999.
LÜTHI, DAVE (Hg.): Eugène Jost – architecte du passé retrouvé. Les Archives de la construction moderne EPFL/DA. Lausanne 2001.
MARGADANT, SILVIO: Land und Leute Graubündens im Spiegel der Reiseliteratur 1492–1800. Zürich 1978.
MARGADANT, SILVIO; MAIER, MARCELLA: St. Moritz – Streiflichter auf eine aussergewöhnliche Entwicklung. St. Moritz 1993.
MARON, FRITZ: Die Geschichte des Aroser Skilaufes. Dem Skiklub Arosa zu seinem dreissigjährigen Jubiläum am 16. Dezember 1933 gewidmet. Arosa 1933.
MARTI, FRITZ: Das neue Drahtseilbahnprojekt von Brunnen auf den Axenstein-Axenfels und die Interessen der Gemeinden Brunnen und Morschach. Winterthur 1888.
MARTINOLI, SIMONA: Architettura del periodo 1850–1920 nei territori periferici del Cantone Ticino. In: Kunst + Architektur in der Schweiz 1995/3. Bern 1995. 293–302.
MAURER, EMIL: Kunstführer Oberengadin. Wabern 1984.
MAYER, JOSEF: Der Bodensee. Friedrichshafen 1908.
MEDONI, FRANÇOIS: Un voyage sur le Lac Majeur et description de ses abords. Lugano 1835.
MEILI, ARMIN: Bauliche Sanierung von Hotels und Kurorten; Gestaltungsprogramme für 10 Orte der 1. Etappe: St. Moritz, Pontresina, Luzern u. a. Basel 1945.
MEYER, ANDRÉ: Englische Kirchen in der Schweiz. In: ZSAK. Band 29/1972, Heft 2/3. Zürich 1972. 70–81.
MEYER, ANDRÉ: Neugotik und Neuromanik in der Schweiz. Die Kirchenarchitektur des 19. Jahrhunderts. Zürich 1973.
MEYER, PETER: Zur Stilgeschichte des Hotels. In: Das Werk 9/1942. 211–227.
MEYER, PETER: Hotel-Bauten. In: Schweizerische Stilkunde. Von der Vorzeit bis zur Gegenwart. Zürich 1944. 199–203.
MEYER, PETER: Hotelbau einst und jetzt. In: 75 Jahre Schweizer Hotelier-Verein. Basel 1957. 33f.
MEYER-AHRENS, CONRAD: Die Heilquellen und Kurorte der Schweiz, in historischer, topographischer, chemischer und therapeutischer Beziehung geschildert. Erster und zweiter Teil. Zürich 1860.
MEYER-AHRENS, CONRAD: Die Heilquellen und Kurorte der Schweiz, in historischer, topographischer, chemischer und therapeutischer Beziehung geschildert. Zürich 1880.
MICHEL, HANS: 100 Jahre Hotel Schweizerhof am Höheweg in Interlaken 1856–1956. Interlaken 1956.
MILLER, QUINTUS: Le Sanatorium – Architecture d'un isolement sublime. EPFL. Lausanne 1992.
MITTLER, MAX: Pässe, Brücken, Pilgerpfade. Historische Verkehrswege der Schweiz. Zürich 1988.
MONDADA, GIUSEPPE: Muralto 1881, prima e dopo. Locarno 1981.
MOSER, EVA: «Mit prächtiger Aussicht auf See und Gebirge» – Aspekte der Hotelentwicklung am Bodensee. In: Sommerfrische. Die touristische Entdeckung der Bodenseelandschaft. Rorschach 1991. 31–42.
MOTTU, PHILIPPE: Caux de la Belle Epoque au Réarmement moral. Neuchâtel 1969.
MÜLLER, JOSEPH: Die klimatischen Kurorte Gersau und Rigi-Scheideck. Einsiedeln 1867.
NESTLER, MONICA: Grand Hôtel Brissago 1906–1989. Brissago, Zürich 1989.
NETHING, HANS PETER: Der Simplon. Thun 1977.
NEUENSCHWANDER FEIHL, JOËLLE et al.: Lausanne. In: Inventar der neueren Schweizer Architektur. Band 5. Bern 1990. 225–383.
NEUENSCHWANDER FEIHL, JOËLLE: En 1861, s'ouvre à Lausanne l'Hôtel Beau-Rivage. Etude historique menée avec la collaboration de Catherine Schmutz. Lausanne 1997.
NEUENSCHWANDER FEIHL, JOËLLE: Montreux. In: Inventar der neueren Schweizer Architektur. Band 7. Bern 2000. 11–138.
NEUENSCHWANDER FEIHL, JOËLLE: Vevey. In: Inventar der neueren Schweizer Architektur. Band 9. Bern 2003. 423–520.
NIEVERGELT, DIETER: Kantonale Gewerbeausstellung Zürich 1894. In: UKdm 1979/4. Bern 1979. 411–421.
NORBERG-SCHULZ, CHRISTIAN: Der «Schweizer Stil». In: BLASER, WERNER: Fantasie in Holz – Elemente des Baustils um 1900. Basel 1987. 7–19.
NUSSBERGER, GUSTAV: Heilquellen und Bäder im Kanton Graubünden. Chur 1914.
OBRIST, ROBERT; SEMADENI, SILVA; GIOVANOLI, DIEGO: Construir, bauen, costruire 1830–1980. Val Müstair, Engiadina bassa, Oberengadin, Val Bregaglia, Valle di Poschiavo. Zürich, Bern 1986.
ODERMATT, FRANZ; FREY-FÜRST, FRIEDRICH: Bürgenstock. Gedenkbuch zum 75-jährigen Bestehen des Kurortes Bürgenstock. Luzern o.J. (1948).
OMACHEN, PETER: Hotelarchitektur: Bauen für die Welt. In: Kriens – Kairo. Emil Vogt: Luzerner Architekt um 1900 (Ausstellungskatalog Museum im Bellpark Kriens). Kriens 1998. 32–55.
OSSENT, EDOUARD: Hôtels de voyageurs au XXème siècle. Paris o.J. (1910).
OTT, THIERRY: Palaces – Die schweizerische Luxushotellerie. Yens-sur-Morges 1990.
OTTIGER, ROMAN: Luzerner Hotelbauten von 1833–1871. Entwicklung einer Fremdenverkehrsstadt. Diss. phil. I. Zürich 1976.
Palais au Palace, Du. Des Grands Hôtels de voyageurs à Paris au XIXe siècle. Musée Carnavalet, exposition 21 octobre 1998 – 24 janvier 1999. Paris 1998.
PASCHOUD, GENEVIÈVE: Infrastructure hygiénique et promotion de la Riviera salutaire. In: Werk – archithese Juni 1977. 24–29.
PASQUALIGO, GIUSEPPE: Manuale ad uso del forastiere in Lugano ovvero guida storico-artistica della città e dei contorni. Lugano 1855.
PEVSNER, NIKOLAUS: A history of building types. London 1976.
PFISTER, CHRISTIAN: Im Strom der Modernisierung. Bevölkerung, Wirtschaft und Umwelt im Kanton Bern 1700–1914. Bern 1995.
PFISTER, MAX: Davoser Persönlichkeiten. 28 Lebensbilder bedeutender Geburts- und Wahl-Davoser. Davos 1981.
PINÖSCH, GUSTAV: Aus der Geschichte des Hotels Celerina und Cresta Palace. Celerina 1965.
PLANTA, ALBERT VON: 50 Jahre Skilift Suvretta-Randolins St. Moritz 1936–1986. St. Moritz 1986.
PLATZHOFF-LEJEUNE, EDUARD: Brissago (Orell Füssli's Wanderbilder, Nr. 353/4). Zürich o.J. (1914).
POLLA, LOUIS: Lausanne 1860–1910, maisons et quartiers d'autrefois. Lausanne 1969.
POSENER, JULIUS: Vorlesungen zur Geschichte der Neuen Architektur (III). Das Zeitalter Wilhelms des Zweiten. In: ARCH+, Zeitschrift für Architekten, Stadtplaner, Sozialarbeiter und kommunalpolitische Gruppen 59/1981.
RÄBER, ANTON: Schiffahrt auf den Schweizer Seen. Zürich 1963.
REBSAMEN, HANSPETER: Das Bellevue-Areal in Thun. Gutachten zu Handen des Hochbauamtes Thun. Zürich 1989. Typoskript in der Stadtbibliothek Thun.
REBSAMEN, HANSPETER; BAUR, CORNELIA et al.: Zürich. In: Inventar der neueren Schweizer Architektur 1850–1920. Band 10. Bern 1992. 197–456.
REBSAMEN, HANSPETER; STUTZ, WERNER: Davos. In: Inventar der neueren Schweizer Architektur 1850–1920. Band 3. Bern 1982. 317–464.
REINLE, ADOLF: Die Kunst des 19. Jahrhunderts. Architektur, Malerei, Plastik (Kunstgeschichte der Schweiz 4, hrsg. von Josef Gantner). Frauenfeld 1962.
RIEDLER, A.: Personen- und Lastenaufzüge und Fördermaschinen. Wien 1877.
RITZ, MARIE LOUISE: Caesar Ritz. Bern 1939, Paris 1948.
ROBBI, JULES: Historische Skizzen über den Eisensäuerling von St. Moritz (im Engadin). Samedan 1910.
ROHNER, MICHAEL: Die Gemeinde Heiden im Kanton Appenzell A. Rh. Teufen 1867.
ROLLER, ROBERT: Über Hôtelbauten speciell Anlagen von Kur-, Saison- und Berg-Hôtels mit erläuternden Beispielen bewährter schweizerischer Etablissements. Erweiterter Separat-Abdruck aus «Romberg's Zeitschrift für praktische Baukunst». Berlin 1879.
RÖLLIN, PETER: St. Gallen, Stadtveränderung und Stadterlebnis im 19. Jahrhundert. Stadt zwischen Heimat und Fremde, Tradition und Fortschritt. St. Gallen 1981.
RUBI, FRED: Der Wintertourismus in der Schweiz – Entwicklung, Struktur und volkswirtschaftliche Bedeutung. Diss. rer. pol. Uni Bern. Basel 1953.
RUBI, RUDOLF: Vom Bergbauerndorf zum Fremdenort. Gastgewerbe, Alpinismus (Im Tal von Grindelwald. Bilder aus seiner Geschichte 2). Grindelwald 1986.
RUBI, RUDOLF: Das Gletscherdorf (Im Tal von Grindelwald. Bilder aus seiner Geschichte 5). Grindelwald 1993.
RUCKI, ISABELLE: Hotelinventar Graubünden: Scuol, Tarasp, Vulpera. Kantonale Denkmalpflege. Chur 1981.
RUCKI, ISABELLE: Beispiele des frühen Hotelbaus in Sils im Engadin. In: Unsere Kunstdenkmäler 1982/4. 433–438.
RUCKI, ISABELLE: Hotels in Sils/Segl. Architekturgeschichtliche Bestandesaufnahme. Kantonale Denkmalpflege. Chur 1984.
RUCKI, ISABELLE: Hotels in St. Moritz. Eine architekturgeschichtliche Bestandesaufnahme. Kantonale Denkmalpflege. Chur 1988.
RUCKI, ISABELLE: Das Hotel in den Alpen – Die Geschichte der Oberengadiner Hotelarchitektur von 1860 bis 1914. Zürich 1989.
RUCKI, ISABELLE: Park Hotels Waldhaus-Flims, Architekturwettbewerb für die «Kur- und Seebadanstalt Waldhaus-Flims» 1902. Zürich, Flims 1991.
RUCKI, ISABELLE: Grand Hotel Kronenhof Pontresina (Schweizerische Kunstführer GSK). Bern 1994.
SAMELI, HANS: 50 Jahre Elektrizitätswerk der Stadt Thun 1896–1946. Thun 1946.
SAUDAN, MICHEL; BLANC, YOLANDE; SAUDAN-SKIRA, SYLVIA: De l'Hôtel-Palais en Riviera. Genf 1985.
SAVOY, MONIQUE: Lumières sur la ville. Introduction et promotion de l'électricité en Suisse. In: Études et mémoires de la section d'histoire de l'Université de Lausanne, publiés sous la direction du Prof. H. U. Jost. Band 8/88. Lausanne 1988.
SCHALLER, MARIE LOUISE: Voyage pittoresque de Genève à Milan. In: HALDI, JEAN-PIERRE et al.: Voyage pittoresque de Genève à Milan par le Simplon 1800–1820 (Schriftenreihe des Schweizerischen PTT-Museums). Bern 1994.
SCHÄRZ, OSKAR; WYSS, RUDOLF: Hoch- und Tiefbau AG Interlaken 1850–1975. Interlaken 1975.
SCHIVELBUSCH, WOLFGANG: Lichtblicke. Zur Geschichte der künstlichen Helligkeit im 19. Jahrhundert. Wien 1983.
SCHLÄPFER, WALTER: Wirtschaftsgeschichte des Kantons

Appenzell Ausserrhoden bis 1939. Gais 1984.
SCHMID, DANIEL: Zur Geschichte vom Schweizerhof, zur Geschichte von Flims. o.O., o.J. (Flims 2002).
SCHMID, THEO: Sechs Jahre Hotelerneuerung. In: Werk 11/1948. 337ff.
SCHMID, THEO: Entwicklungstendenzen im Schweizer Hotel. In: 75 Jahre Schweizer Hotelier-Verein. Basel 1957. 35.
SCHMITT, MICHAEL: Palast-Hotels. Architektur und Anspruch eines Bautyps 1870–1920. Berlin 1982.
SCHMUTZ, CATHERINE: Louis Bezencenet (1843–1922), Architecte à Lausanne (Lizentiatsarbeit Universität Lausanne). Lausanne 1996.
SCHUBIGER, BENNO: Felix Wilhelm Kubly (1802–1872). Ein Schweizer Architekt zwischen Klassizismus und Historismus. In: St. Galler Kultur und Geschichte 13. St. Gallen 1984.
DE SENARCLENS, JEAN; VAN BERCHEM, NATHALIE; MARQUIS, JEAN M.: L'hôtellerie genevoise. Genf 1993.
SENGER, MAX: Wie die Schweiz zum Skiland wurde. Zürich 1941.
SIMMEN, JEANNOT; DREPPER, UWE: Der Fahrstuhl – Die Geschichte der vertikalen Eroberung. München 1984.
Sommerfrische – Die touristische Entdeckung der Bodenseelandschaft. Begleitbuch zur gleichnamigen Ausstellung des Internationalen Arbeitskreises Bodensee-Ausstellungen. Rorschach 1991.
SPECHT, K.: Die gebräuchlichsten Bauarten der Personen- und Lastenaufzüge in Fabrikgebäuden, Gasthöfen, Geschäfts- und Privathäusern. Berlin 1891.
SPECKER, LOUIS: Hotel Seehof (Du Lac). Nekrolog auf ein Zeugnis der Belle Epoque. In: Rorschacher Neujahrsblatt 70. Rorschach 1980. 69–84.
SPECKER, LOUIS: Rorschacher Kaleidoskop. Historische Skizzen aus der Hafenstadt im hohen 19. Jahrhundert. Rorschach 1985.
SPECKER, LOUIS: Rorschach und Heiden als Ostschweizer Kurorte. In: Sommerfrische – Die touristische Entdeckung der Bodenseelandschaft. Rorschach 1991. 81–92.
SPECKER, LOUIS: Rorschach im 19. Jahrhundert. Einblicke in die Zeit des grossen Umbruches. Rorschach 1999.
SPENGLER, ALEXANDER: Die Landschaft Davos (Kanton Graubünden) als Kurort gegen Lungenschwindsucht. Basel 1869.
STAIGER, FRANZ XAVER: Die Stadt Überlingen am Bodensee. Überlingen 1859.
STECHER, JOSEF THOMAS: Die Mineralquellen von Tarasp – Ein Rückblick. Chur 1977.
STEINEMANN, EUGEN: Die Kunstdenkmäler des Kantons Appenzell Ausserrhoden. Band 3: Der Bezirk Vorderland. Basel 1981.
STETTLER, ALFRED: Grand Hôtel Spiezerhof 1873–1975. Spiez 1975.
STUDER, DANIEL: Rorschach. In: Inventar der neueren Schweizer Architektur. Band 7. Bern 2000. 391–484.
Swiss Catalogue of the International Exhibition in Philadelphia 1876. Winterhur 1876.
SZAMDIEN, WERNER: Jean-Nicolas-Louis Durand 1760–1834. Paris 1984.
Territet par deux Alpinistes Suisses. In: Europe illustré 122. Zürich o.J. (1889).
TÖNDURY-OSIRNIG, GIAN ANDRI: Studie zur Volkswirtschaft Graubündens. Samedan 1946.
TRAPP, WERNER: Von der «Bildungsreise» zum modernen Massentourismus. Skizzen zu einer Geschichte des Fremdenverkehrs am Bodensee. In: Rorschacher Neujahrsblatt 76. Rorschach 1986. 11–25.
TRAPP, WERNER: Das Bad im See. In: Sommerfrische – Die touristische Entdeckung der Bodenseelandschaft. Rorschach 1991. 53–58.
TREILLARD, CAMILLE: Le Moniteur du Bâtiment et de la Finance. Genf 1872.
TRIET, MAX: Kurzer Abriss über die Geschichte des Curling. In: Geschichte des Curling. 100 Jahre Curling in der Schweiz 1880–1980. Basel o.J. (1981).
TRIET, MAX (Hg.): 100 Jahre Bobsport. Basel 1990.

TRIET, MAXIMILIAN: Sport aus drei Jahrtausenden. Basel 1998.
TRUTTMANN, MICHAEL: Sonnenberg auf Seelisberg, Canton Uri in der Schweiz. Seelisberg o.J. (ca. 1876).
VALDENAIRE, ARTHUR: Friedrich Weinbrenner, sein Leben und seine Bauten. Karlsruhe 1919.
VARINI, ALFONSITO; AMSTUTZ, ALBERTO: Vicende del turismo locarnese. Locarno 1985.
VERSELL, MARTIN: Über die Entwicklung des Bündnerischen Strassen- und Eisenbahnwesens und des Fremdenverkehrs. Chur 1903.
VOGLER, WERNER: Der Bodenseeraum als historische Reiselandschaft. In: Sommerfrische – Die touristische Entdeckung der Bodenseelandschaft. Rorschach 1991. 5–10.
VOHMANN-FALK, GEORGES: Brunnen-Ingenbohl. Üses Dorf, üsi Gmeind, üsi Lüüt. Brunnen 1991.
VOLLAND, BETTINA: «darinn er ligt wie ein schwein tag und nacht». Heilbäder im späten Mittelalter und in der frühen Neuzeit an den Beispielen von Fideris und Fläsch. In: Bündner Monatsblatt 1993/3. Chur 1993. 158–189.
WALTHER, J. F.: Hotel Kursaal Prospect Maloja. o.O. 1886.
WEBER, BRUNO: Alte Kurhäuser in Graubünden. Jenaz, Fideris, St. Moritz, Le Prese. In: UKdm 1978/4. Bern 1978. 489–501.
WEBER, FELIX: 175 Jahre Rigi Kulm-Hotel. Rigi Kulm 1991.
WEGMANN, ADOLF: Die wirtschaftliche Entwicklung der Maschinenfabrik Oerlikon 1863–1917. Inauguraldissertation der Universität Zürich 1918. Zürich 1920.
WERRA, JOSEF VON: Der Kurort Leukerbad im Kanton Wallis. Luzern 1891.
WIDMER, THOMAS: Die Schweiz in der Wachstumskrise der 1880er Jahre. Zürich 1992.
WIGET, THEOPHIL: Der «Waldstätterhof» in Brunnen. Schwyz 1975.
WIGET, THEOPHIL: Brunnen – Ingenbohl 1870–1940. Ein Bilderbuch. Brunnen 1980.
WILLI, FRANZ: Baugeschichte der Stadt Rorschach. Rorschach 1932.
WISE, A. TUCKER: Les Alpes en hiver considérées au point de vue médical. Avec notices sur Davos, Wiesen, Saint-Moritz et La Maloja. Brüssel 1885.
WÖHLER, MAX: Gasthäuser und Hotels (Sammlung Göschen, Bibliothek zu den Ingenieurwissenschaften). Band 1 und 2. Leipzig 1911 und 1929 (2. Auflage).
WOLPERT, ADOLF: Theorie und Praxis der Ventilation und Heizung. Braunschweig 1880.
WOLPERT, ADOLF: Die Ventilation. Berlin 1901.
WYSS, BEAT: Luzern. In: Inventar der neueren Schweizer Architektur 1850–1920. Band 6. Bern 1991. 357–512.
WYSSBROD, ANNE: Typologie des hôtels montreusiens 1830–1914 (Lizentiatsarbeit Universität Lausanne). Lausanne 1988.
WYSSBROD, ANNE: Beau-Rivage Palace Lausanne – Analyse historique et documentaire. Lausanne EPFL/ACM 1992.
WYSSLING, WALTER: Die Entwicklung der schweizerischen Elektrizitätswerke und ihrer Bestandteile in den ersten 50 Jahren. Zürich 1946.
ZÜST, ERNST; ZÜST, WALTER; EGGENBERGER, PETER: Chronik der Gemeinde Walzenhausen. Walzenhausen 1988.
ZYRO, CARL: Die Baugesellschaft Thun. Thun 1878.

ABKÜRZUNGEN

A	Archiv, archives
AC	Archives communales
ADTL	Achivio Dicastero del territorio di Lugano
AE	Archives de l'Etat
ALS	Architektenlexikon der Schweiz, 19./20. Jahrhundert
BLVS	Biographisches Lexikon verstorbener Schweizer
BSVIA	Bulletin de la Société Vaudoise des Ingénieurs et Architectes
BTSR	Bulletin technique de la Suisse Romande
FAM	Feuille d'Avis de Montreux
GA	Gemeindearchiv
GK	Genealogische Kartei traditionsreicher Hoteliers- und Gastwirtefamilien
HBLS	Historisch-biographisches Lexikon der Schweiz
INSA	Inventar der neueren Schweizer Architektur
JLE	Journal et Liste des Étrangers de Montreux
RT	Rivista Technical
SA	Stadtarchiv
SBK	Die Schweizerische Baukunst, Zeitschrift für Architektur
SBZ	Schweizerische Bauzeitung
SEVM	Société d'Électricité Vevey-Montreux
SGH	Archiv der Schweizerischen Gesellschaft für Hotelkredit, Zürich
SKL	Schweizerisches Künstler-Lexikon
SLB	Schweizerische Landesbibliothek Bern
STA	Staatsarchiv
Thieme, Becker	Allgemeines Lexikon der bildenden Künste

ABBILDUNGSNACHWEISE

Museum für Kommunikation, Bern: Umschlag vorne, 1, 6, 9, 14, 20, 26, 32, 102, 104, 106–112, 135, 145, 160, 172, 178, 182, 186, 187, 188, 190–192, 196–198, 200, 202–205, 207, 208, 230, 237, 238, 240
Eidg. Archiv für Denkmalpflege: 22, 27, 30, 43, 47, 53, 57, 130–132, 136, 143, 161a, 162, 170, 180, 194, 195, 199, 201, 217, 218, 221, 225, 226, 228, 229, 232, 235
– Sammlung Zinggeler: 134, 174, 179, 183, 219, 241, 242
Sammlung Club Grand Hôtel & Palace (Hans-Ueli Gubser), Basel: 4, 11, 13, 46, 65, 138, 140, 144, 153, 175
Schweiz. Gesellschaft für Hotelkredit, Zürich: 15, 16, 25, 33, 39, 72, 74b, 75, 76, 79, 98, 103, 118, 121, 141, 146, 147, 150, 159, 211, 222, 223
Sammlung Fotohaus Brügger, Meiringen: 23, 58, 68, 95, 231
Schweizerische Landesbibliothek (Hotelprospekte): 31, 45, 71, 93, 115, 127, 148, 158, 176, 184, 185, 227
Landesdenkmalamt Baden-Württemberg, Karlsruhe (D): 69
Archiv Opera Svizzera dei Monumenti OSMA, Bellinzona: 54–56
Kant. Denkmalpflege Aargau: 97
Kant. Denkmalpflege Bern: 3, 10
Kant. Denkmalpflege Graubünden: 73, 84–87, 89
Kant. Denkmalpflege Luzern: 12, 17, 129
Archives de l'Etat de Genève: 94
Centre d'iconographie Genevoise: 8, 60
Musée historique de Lausanne: 18, 21
Archives de Montreux: 28, 41, 91, 128
Archives du Service de l'Urbanisme, Vevey: 99
Burgerarchiv Thun: 113
Stadtarchiv Luzern: 117, 119, 125
Gemeinde Muralto: 149
Museum im Kornhaus, Rorschach: 163–165
Dokumentationsbibliothek Davos: 209, 210, 212, 213, 220, 224, 233
Dokumentationsbibliothek St. Moritz: 81, 189b, 193, 236
Firmenarchiv Frutiger, Thun: 40
Sammlung Alex Aufdenblatten, Zermatt: 48, 123
Sammlung Adolphe Braun (Walter Reinert) Luzern: 189a
Sammlung Raoul Felix, Aeschi: 5
Sammlung Cathrin Huber-Fehr, Klosters: 215
Sammlung Thomas Humm, Matzingen: 161b
Privatarchiv eredi fu Arch. Guidini, Barbengo: 151, 152
Sammlung Chiara Muntwyler-Camenzind, Meilen: 142
Sammlung Andres Stehli, Heiden: 166, 167, 169, 171
Sammlung Beat Wirth, Interlaken: 44, 137
Hotelarchive: 29, 49, 50–52, 61, 64, 74a
Kopien aus publizierter Literatur: 34–37, 62, 63, 66, 70, 77, 78, 80, 82, 83, 88, 96, 101, 114, 116, 120, 122, 124, 126, 154–157, 168, 177, 181a, 214, 216, 234, 239
Sammlung Roland Flückiger-Seiler, Bern: 2, 7, 19, 24, 38, 42, 59, 67, 90, 92, 100, 105, 133, 139, 173, 181b, 206

PERSONENREGISTER

fette Seitenzahlen zeigen wichtige Textstellen an,
kursive Ziffern bezeichnen Abbildungsnummern
unterstrichene Zahlen verweisen auf Seitenzahlen
bzw. Abbildungsnummern im Buch «Hotelträume»

Aberli, Johann Ludwig 21
Aebersold, Christian (Hotelier) 73, 76, 117, 124 ∎ 163
Agassiz, Louis 25
Aichner-Burckhardt, Rudolf (Architekt) 81 ∎ 25
Albrecht, Friedrich (Architekt) 28; *18*
Alioth (Firma) 107, 202
Amrein-Troller, Wilhelm 97
Anneler, Emanuel Friedrich (Architekt) 111 ∎ 40
Antille, Louis (Hotelier) 83
Anzévui, Jean (Hotelier) 84; *204*
Austermayer, Joseph (Architekt) *108*

Bachoffner, Jean (Hotelier) 66, 68
Badrutt, Johannes (Hotelier) 38 ∎ 97, 99, 107, 173, 177, 182, 184, 204, 214; *185, 198*
Baedeker, Carl 19, 24, 45, 73, 90, 107, 114–116, 121, 135, 136, 138, 143, 154, 155, 159, 168, 169; *209–211* ∎ 138–140, 146, 155, 159, 162, 169, 172, 173, 177, 189–192, 194, 202, 204
Bagutti, Louis (Architekt) 50
Balmat, Jacques 18
Baratelli, Adolf (Baumeister) 194, 199
Barber, W. (Architekt) 180
Bärlocher, Carl 159
Baumberger, Otto 34
Bäumer, Wilhelm (Architekt) 122 ∎ 37
Baumgart, Ernst (Architekt) 71
Bavier, Simeon (Ingenieur) 184
von Bayern, König Ludwig II. 28, 79, 138
Beck, August 168
Béha, Alexander Salomon (Hotelier) 66, **81–82** ∎ 138, 144
Béha, Berta 73
Béha, Gottfried Emil 73
Béha-Castagnola, Alessandro (Hotelier) 82
Benziger, August 148
Béranger, Jean (Architekt) 50
Berlepsch, Hermann 168 ∎ 172, 177
Bernhard, Oskar 198
Berri, Melchior (Architekt) 76, **134**, 136
Bertolini, Jean-Baptiste (Architekt) 94; *72* ∎ 42, 51; *61, 62*
Beugger, Elisabeth (Hotelière) 73
Bezencenet, Louis (Architekt) 71, **94**, 95, 159, 167; *207, 218* ∎ 42, 87
Biermann, Charles 47
Billing (Architekt) 180
Biner, Jgnaz (Hotelier) 82
Birmann, Samuel 11
Bischofberger, Johann Konrad (Baumeister) 160
Blättler-von Büren, Caspar (Hotelier) 145
Bleuler, Johann Ludwig 7
Bluntschli, Friedrich [Alfred] (Architekt) 81, 147 ∎ 124, 194
Bock, Hans der Ältere 1
Bode, Karl (Architekt) 194, 199; *221*
Bodmer, Johann Jakob 17
Bohren, Christian (Hotelier) 128
Bon-Nigg, Anton (Hotelier) **78**, 140, 148; *184*
Bonjour, Charles-François (Architekt) *109* ∎ 38, **39**, 42, 43, 85; *23*
Bordonzotti, Giuseppe (Architekt) 144
Boss, Johannes (Hotelier) 38, **128–131**; *157–164* ∎ 19, 121, 209
Bovet, Ernest 29
von Brandenburg, Markgraf Friedrich Albert 15
Brehmer, Hermann 198
Breitinger, Johann Jakob (Architekt) 45, 83, 111, 177, 185, 190
Bringolf, Arnold (Architekt) 63 ∎ 16, **41**, 83, 130, 181; *11, 16, 86, 192*
Brocher, Jacques Louis 22, 38
Brown, Charles (Ingenieur) 107

Brunel, Adolfo (Architekt) 144
Brunner, Adolph und Fritz (Architekten) 43, 52, 53
Bucher-Durrer, Franz-Josef (Hotelier) 33, 63, 67, **79–81**, 85, 96, 143, 145; *88, 89, 90, 106, 180* ∎ 21, 23, 25, 101, 113, 132, 140, 141; *129, 139, 144*
Bühler, Karl (Baumeister) 131
Buol (Hotelierfamilie) *213*
Bürcher, Leopold (Hotelier) 155; *199*
Burgener, Christian (Hotelier) 128
Burgener, Markus (Architekt) 167 ∎ 45
Bürgi-Ulrich, Joseph Martin (Hotelier) 77, 134, 136, 137
Bürgin, Emil (Ingenieur) 107
Burnat, Ernest (Architekt) 55, **94**, 95, 104; *103, 104* ∎ 18, 38; *42*
Burnet, Gilbert 15
Byron, Lord George Gordon Noel 20, 68, 89

Caprez, Johann (Bauunternehmer) 199, 202
Cardinaux, Emil 34
Cassel, Sir Ernest 94, 159; *207*
Cathrein, Emil (Hotelier) **83**, 155, 159, 164; *198, 207*
Cattani, Arnold (Architekt) 85, 128, 131, **147**, 151; *65, 181, 192* ∎ 16, 39, 43; *43, 72*
Ceruti, Giovanni (Architekt) 139
Chaletfabrik Davos (Bauunternehmung und Architekturbüro) 193, 194, 199; *221*
Chamorel-Garnier, Charles-François (Architekt) 87
Chateaubriand, François René 68
Châtelain, Louis (Architekt) 51, 53
Chaudet, Henri & Charles (Architekten) 96
Chaudet, Victor (Architekt) 82
Chessex, Georges (Architekt) 87
Chessex, Jean François (Hotelier) 63, 68, **69–71** ∎ 130
Chessex-Emery, Ami (Hotelier) 32, 63, 67, **69–71**, 90, 104, 165; *74, 117, 118* ∎ 95, 96, 99, 130
Chiodera, Alfred (Architekt [Chiodera & Tschudy]) 78 ∎ 18, 19, 45, 113, **172**, 181, 185; *22, 193*
Churchill, Sir Winston 159
Ciani, Giacomo 66; *91* ∎ 138, 139
Clausen, Felix (Hotelier) 83
Clemenz, Josef Anton (Hotelier) 82, 159; *200*
Clerichetti, Luigi (Architekt) 91 ∎ 42, 138, **139**; *92, 135*
Collart, Joseph-Paul (Architekt) *74*
Cook, Thomas 28 ∎ 15
Coxe, William 19 ∎ 154, 166
Cretex, Emil (Hotelier) *212* ∎ 82
Curjel, Robert (Architekt) [Curjel & Moser] 25, 41

Daguerre, Jacques 21
Dähler, Johann Carl (Architekt) 122, 123
Danielis, Louis (Baumeister-Architekt) 160
Daudet, Alphonse 39
Daulte, Alfred (Architekt) *108*
Davinet, Horace Edouard (Architekt) 60, 74, 76, 96, 114, 120, 121, **122**, 123–125, 128, 130, 139, 140, 143; *33, 47, 84, 85, 136, 150, 153, 154, 179* ∎ 16, 25, 31, 37, 41–43, 50, 83, 86, 113, 162; *5, 10, 93, 170*
Degen (Architekt) 37
Degiacomi, J. (Hotelier) 85
Dejean, Antoine-Jérémie (Hotelier) 66, 67, 88, 89; *95*
Desor, Eduard 25
Diémand (Firma) 112
Doepfner, Josef (Hotelier) 85
van Dorsser, Adrien (Architekt) *109* ∎ 38, 42, 43, 85; *23*
Doyle, Arthur Conan 194, 213
Dufour, Guillaume-Henri (Ingenieur) 50
Durand, Jean Nicolas Louis (Architekt) 37, 38
Dürig (Baumeister) 41
Durrer-Gasser, Josef **79–81**, 96; *88–90, 106* ∎ 21, 23, 25

Ebel, Johann Gottfried 19, 90, 110, 111, 134 ∎ 138, 144, 146, 154, 167, 172, 173
Eberle, Ambros (Hotelier) 66, **78–79**, 148, 149, 150 ∎ 96
Edison, Thomas Alva 99, 102
Edoux, Léon 61, 63; *70* ∎ 125, 126, 129, 130

Eisenlohr, Friedrich (Architekt) 136 ∎ 37, 46, 49
Emery, Alexandre (Hotelier) 67, 69, **71–72**, 83, 90, 97, 104; *80*
von England, Königin Victoria II. 21, 28, 33, 78, 79, 138, 149, 159, 168; *186, 216* ∎ 22
von Erlach, Fred. (Hotelier) 114
Escher, Hans Caspar (Architekt) 134 ∎ 37
Escher von der Linth, Hans Conrad (Ingenieur) 134

Falke, Konrad 44
Fallegger-Wyrsch (Hotelierfamilie) 85
Faller, Johannes (Baumeister-Architekt) 189; *207*
Faller, Peter (Hotelier) 182
Fassbind, Gottfried (Hotelier) 79
Fassbind-Schindler, Josef und Elisabeth (Hotelierfamilie) 79
Fassbind-Steinauer, Fridolin (Hotelier) 66, 78, 79, 138; *56* ∎ 46, 47
Faucherre, Philippe (Hotelier) 165
Fazy, James 67
Fedele, Riccardo (Hotelier) 140
Feller (Hotelierfamilie) 85
Ferla, Giuseppe (Architekt) 141
Fischer, Theodor (Architekt) 178
von Flugi, Conradin (Hotelier) 183
Fraisse, Henri (Architekt) 56, 68 ∎ 40, 86
Franel, Jean (Architekt) 55, 61, **96**; *64* ∎ 51–53, 86; *98, 99*
Franel, Philippe (Architekt) 95, **96**, 123; *98* ∎ 40, 53, 82, 86; *45, 79, 95*
Freudenberger, Sigmund 21
Freudweiler, J. (Hotelier) 85
Froté & Westermann (Bauunternehmung) 199
Frutiger, Hans (Architekt) 37; *40*
Frutiger, Johann (Baumeister, Architekt) 114, 115, **116**; *133, 135, 140, 143* ∎ 23, 41, 43; *47*
Füssli, Heinrich 168
Füssli, Johann Konrad 18

Gaberel, Rudolf (Architekt) 193, 198, 199
Galli, Francesco (Architekt) 48, 146, 148
Ganz, Jürg (Kunsthistoriker) 31
von Gärtner, Friedrich (Architekt) 190
Gerster, Albert (Architekt) 115
Gessner, Conrad 15 ∎ 189
Gessner, Salomon 17
Giacometti, Giovanni 183
Giger-Nigg, Josef (Hotelier) 182
Gindroz, François (Architekt) 61, 90; *72* ∎ 42, 51, 62, 129; *62, 63*
Girardet, Alexandre (Architekt) 71
Gladbach, Ernst Georg (Architekt) 136 ∎ 22
von Goethe, Johann Wolfgang 17, 68, 168 ∎ 154
Goss, Jacques-Elysée (Architekt) 38, 82
von Graefe, Albrecht 162
de Graffenried, Adolf 22
Gredig, Lorenz (Hotelier) 177, 182, 183
von Greyerz, Karl (Hotelier) 73; *83*
Grob, Xaver (Hotelier) 76
Gros, Jacques (Architekt) 80, **81**; *30* ∎ 21; *30, 88*
Gruner, Gottlieb Sigmund 18
Grütter (Baumeister) 41, 44
von Gugelberg, Ulysses (Baumeister) 42, 173
Guidi, Albino (Hotelier) 141
Guidini, Augusto (Architekt) 82, 140, 144, **148**, 150; *138, 151, 152*
Gull, Gustav (Architekt) 147 ∎ 25
Guyer, Eduard **50**, 52–56, 60, 61 ∎ 43, 52, 53, 59, 105, 111, 118, 128, 129, 173
Guyer, Samuel 25

Haberer, Otto 122, 125
Haefeli, Max (Architekt) [Pfleghard & Haefeli] 43, 180, **194**, 199, 202; *4, 72, 222, 225*
von Haller, Albrecht 17, 18
von Halske, Johann Georg (Ingenieur) 128
Hanning, James (Ingenieur, Firma) 63 ∎ 126, 130
de la Harpe, Achille (Architekt) 90, **94**; *72* ∎ 42, 51; *61, 62*
Hartmann, Nikolaus junior (Architekt) 24, **178**, 182, 189; *31,*

87, 182, 194, 198
Hartmann, Nikolaus senior (Architekt) 81; *59* ▍ 21, 25, 40–42, 45, 82, 84, 169, **178**, 180, 184, 185, 190, 191, 212; *14, 81, 177, 189, 190*
Hauser (Hotelierfamilie) 77, 140; *47*
Hauser, Adolf (Hotelier) 53
Hauser, Jakob (Hotelier) 52, 53
Hegner, Ulrich 39
Helber, Gustav (Architekten) [Theiler & Helber] 25
Held, Gottfried (Architekt) [Stotz & Held] 199; *223*
Hemingway, Ernest 151
Henauer, Walter (Architekten) [Henauer & Witschi] 44, 148
Herzog, Johann Jakob 114
Hess, Franz (Hotelier) 145
Hesse, Hermann 151
Hirschfeld, Christian Lorenz 22
Hobhouse, John Cam Baron Broughton de Gyfford 89
Hochereau, Emile (Architekt) 165
Hodler, Ferdinand 183
Hölderlin, Friedrich 154
Holsboer, Willem Jan 96, 192, 194, 206; *210*
Hopf, Eduard (Baumeister-Architekt) 111 ▍ 52
Huber, Arnold (Architekt) *9*
Hübsch, Heinrich (Architekt) 136 ▍ 37, 46, 49
von der Hude, Hermann 51, 52, 54, 60
Hürlimann, Carl Christoph (Architekt, Baumeister) 143 ▍ 42
Huwyler-Boller, Jost-Franz (Architekt) 148, 169, 185; *73, 178*

Imhof, Michael (Hotelier) 151
Imseng, Johann Josef (Hotelier) 159
Indermühle, Karl (Architekt) 24, 25, 85; *35*
Inglin, Meinrad 150
Isoz, Francis (Architekt) 16, 18; *18, 21*
Issler, Gaudenz 23, 180, 191, **193**, 194, 202; *208, 221*
Itten, Arnold (Architekt) 198

Jablochkoff, Pawel 97, 99
Jakober, Melchior 38
Jeuch, Kaspar Joseph (Architekt) 86; *96*
Jost, Eugène (Architekt) 53, 55, 69, **71**, 72, 94, 96, 104; *35, 55, 78, 79, 103* ▍ 18, 31, 38, 82, 113, 115, 133; *13, 20, 80*
Josty, Johann (Hotelier) 178, 182
Junod, Jean Louis (Architekt) **105** ▍ 38, 40; *41*
Junod, Jean Marc Louis «John» (Architekt) **105** ▍ 38, 40, 42; *41, 94*

Kafka, Franz 58
Kainz, Josef 28
de Kalbermatten, Alphonse (Architekt) 45
Kästner, Erich 151
Kellenberger, Johannes (Hotelier) 160
Keller, Gebrüder (Baumeister-Architekten) 37, 41, 83; *82*
Keller, Heinrich 21, 24, 77, 134; *12, 16*
Kelterborn, Gustav und Julius (Architekten) 199
Keser-Doret (Architekt) *61*
Klasen, Ludwig 51, 54, 55, 63
von Kleist, Heinrich 17
von Klenze, Leo (Architekt) 190
Klingele (Hotelierfamilie) 164
Klopstock, Friedrich Gottlieb 17
Knechtenhofer, Jakob Wilhelm (Hotelier) 72, 110, 111, 121, 164; *131*
Knechtenhofer, Johann Friedrich (Hotelier) 72, 110, 111, 121, 164
Knechtenhofer, Johann Jakob (Hotelier) 72, 110, 111, 121, 164 ▍ 180
Knechtenhofer, Johannes (Hotelier) 72, 110, 111, 121, 164
Koch, Robert 198, 199
Koch, Valentin (Architekt) [Koch & Seiler] 42, 45, 185, 189; *73, 199, 200*
Koch, Walter (Architekt) 199
Koenig, Franz Niklaus 21; *8*
Koller, Karl (Architekt) **36**, **78**, 148; *21, 184* ▍ 19, 25, 44, 45, 82, 84, 181, 182, 189, 190; *71, 196, 197, 205*
Könizer, Karl (Baumeister-Architekt) 41

Krafft, Antoine (Architekt) 37; *8, 39*
Krebs, Karl-Friedrich (Architekt) [Möri & Krebs] 145, 148; *180* ▍ 24, **25**, 41, 113; *33*
Kubly, Felix Wilhelm (Architekt) 68 ▍ 37, 42, 45, 84, 172, 185, 189; *89, 181, 182, 203*
Kugler (Firma) 113
Kühn, F. (Architekt) 148; *183* ▍ 44, 60
Kuoni, Alexander (Baumeister-Architekt) 23, 210
Küttner, Karl Gottlob 39

La Nicca, Richard 22
Lanzrein, Alfred (Architekt) 116; *142*
Lasius, Georg (Architekt) 41
Lauber, Josef (Hotelier) 27, 82, 155, 159; *200*
Lavanchy, Hermann (Architekt) *122*
Lavater, Johann Kaspar 17
Laverrière, Alphonse (Architekt) [Monod & Laverrière] 83
Leclère, Achille (Architekt) 53
Lefuel, Hector (Architekt) 62
Lemann, William (Architekt) 50
Leoncavallo, Ruggero 150
Leuthy, Johann Jakob 105, 114, 120, 128, 135 ▍ 137, 138, 146, 155, 159
Locher, Eduard Heinrich (Ingenieur) 50
Lorenz, Reinhard (Architekt) 169
Lory, Gabriel Ludwig und Mathias Gabriel 21; *3* ▍ 136
Lunn, Sir Henry 38 ▍ 215

Maillard, Louis (Architekt) 69, 104, 162, **165**, 167; *77, 121, 210, 211* ▍ 19, 37, 38, 45, 82, 84, 180; *24*
Maillart, Robert (Ingenieur) 194, 199
Malkin, A. T. 155
Mangold, Burkhard 34
Mann, Thomas 151, 194, 199
Manz, Otto 229
Maraini, Otto (Architekt) 147 ▍ 144
Margairaz, David (Zimmermann) 105
Masson-Vallon, Vincent (Hotelier) 66, 68, 105
Matdies, Johann (Baumeister) 41
Mauerhofer, Charles-Benjamin (Architekt) *109* ▍ 38, **39**, 42
Mauerhofer, Henri (Architekt) 39
Meili, Armin (Architekt) 115 ▍ 26, 27; *36*
Meili-Wapf, Heinrich (Architekt) 80, **81**, 145; *180* ▍ 25, 41, 113
Mendelssohn, Felix 17, 114
Mengoni, Giuseppe (Architekt) 148
Merian, Amadeus (Architekt) 123
Merz, Johann Josef (Baumeister) 52
Mettier, Peter (Hotelier) 202
Meyer, Johann (Architekt) 136, 138, **139**, 149, 155 ▍ 37, 43, 47, 82; *52*
Meyer, Peter (Kunsthistoriker, Architekt) 26, 27, 31
Meyer-Ahrens, Conrad 192
Meyerhofer, Arthur (Architekt) 116; *142*
Meyerhofer, Adolf 44
Michel, Erhard 191; *209*
Miciol, Augustin (Architekt) 24, 56, 89 ▍ 40, 42, 50
Mirabeau, Jacques (Hotelier) 95, 96; *105*
Moachon, Ernest (Architekt) 97; *61, 107* ▍ 42, 84
Moller, Georg (Architekt) 136 ▍ 37
Monnet, Albert Théophile (Hotelier) 68
Monnet, Louis Gabriel (Hotelier) 68; *73* ▍ 51, 53
Monod, Eugène (Architekt) [Monod & Laverrière] 83
Moos, Carl 34; *28*
Morgenstern, Christian 194
Möri, Alfred (Architekt) [Möri & Krebs] 145, 148; *180* ▍ 24, **25**, 41, 113, 148; *33, 149*
Moser, Karl (Architekten) [Curjel & Moser] 25, 41
Mosoni, Gebrüder (Hotelier) 162
Mossdorf, Gustav (Architekten) 37
Müller, Johannes («Rhellicanus») 15
Müller, Joseph (Hotelier) 66, **78**, 138, 140; *87*
Müller, Thadde (Baumeister) 41
Münster, Sebastian 15
Murray, John 19, 90
van Muyden, Theodor (Architekt) 36; *34*

Nabokov, Wladimir 151
Naeff, Adolf (Ingenieur) 138
Nicati, Charles (Architekt) 55, **94**, 95; *103, 104* ▍ 18, 38; *42*
Nietzsche, Friedrich 169, 183, 213

Ober, Peter (Hotelier) 66, **73**, 117, 120, 123 ▍ *27*
Oberrauch & Milentz (Firma) 123
Örtli, Heinrich (Hotelier) 183
Osenbrüggen, Eduard 149; *171*
von Österreich, Kaiser Franz Josef I. 154
Otis, Elisha Graves (Ingenieur) 61 ▍ 124

Paccard, Michel Gabriel 18
Paracelsus, Theophrastus 14 ▍ 166
Pärli (Firma) 120, 123
von Parma, Herzöge 154, 166
Pasta, Carlo 137
Pevsner, Nikolaus (Kunsthistoriker) 85
Pfleghard, Otto (Architekt [Pfleghard & Haefeli]) 43, 180, **194**, 199, 202; *4, 72, 222, 225*
Pfyffer von Altishofen (Hotelierfamilie) 81
Pfyffer von Altishofen, Alphons Maximilian (Architekt) 37, 41, 82
Pinösch, Duri & Chasper (Hoteliers) 190
Platter, Thomas 15
Poeschel, Erwin (Kunsthistoriker) 194
Poggio di Guccio Bracciolini, Gian Francesco 14
Polli, Antonio (Architekt) 136; *130*
Pont, Pierre (Hotelier) 162
von Preussen, Kronprinz Friedrich Wilhelm (König Friedrich III.) 32, 116, 117 ▍ 94
Pugin, Augustus Welby (Architekt) 84
Pullan, Richard Popplewell (Architekt) 180

Ragaz, Jakob & Georg (Baumeister-Architekten) 41, 45, 185, 189, **190**; *187, 188, 202*
von Rappard, Conrad (Hotelier) 66, **73**, 121, 124
Rau, Jules (Architekt) 210, *44*
Reichlin, Karl (Ingenieur) 79, 138 ▍ 46; *50*
Reinle, Adolf (Kunsthistoriker) 31
Remarque, Erich Maria 151
de Renesse, Camille **209ff.**
Reverdin, Adolphe (Architekt) [Brocher & Reverdin] 38
Richter, Hugo 192, 194
Riehl, Wilhelm Heinrich (Architekt) 37
Rieter (Firma) 61 ▍ 126, 130
Riggenbach, Niklaus (Ingenieur) 29, 138
Ritschard, Johann (Hotelier) 73
Ritter-Grossmann, Elisabeth («la belle batelière de Brienz») 128; *14*
Ritz, Cäsar (Hotelier) 111–113, 115, 118
Ritz, Lorenz 155, 168
Robinson, Peter Frederik 22
Roller, Robert junior (Architekt) 50, **51**, 52, 54, 60, 72, 74, 83, 96, 114, 120, **121**, 122, 124, 125, 159, 162, 167; *53, 147, 149, 154, 208* ▍ 23, 37, 43, 45, 59, 60, 82, 111, 121, 123; *44, 49, 70, 72, 75, 76*
Roller, Robert senior (Architekt) 72, 120, **121**; *147* ▍ 40, 42, 43, 180; *44, 72*
Rollier, Auguste 198
Rossati, L. (Ingenieur) 169
Rothenhäusler, Ignaz 159, 163
de la Rottaz, Jean Jacques 105
von Rotterdam, Erasmus 15
Rousseau, Jean-Jacques 18, 20, 89, 90 ▍ 22
Ruchti, Eduard (Hotelier) 33, 67, 73, 74, **76**, 121, 124, 125
Ruchti, Karl Friedrich (Hotelier) 76
Rucki, Isabelle (Kunsthistorikerin) 31
Ruden, Josef 155
Rufenacht, Alexandre junior (1817–1880) (Hotelier) 61, 85, 94 ▍ 51–53, 109, 129
Rüfenacht, Alexander (Emanuel) senior (1793–1851) (Hotelier) 85 (Anm.), 94 (Anm.), 110; *130* ▍ 53
von Rütte, Ludwig Friedrich (Architekt) 110
Rybi, Eduard (Architekt) [Rybi & Salchli] 180

Salchli, Ernst (Architekt) [Rybi & Salchli] 180
Salucci, Giovanni (Architekt) 121 ❙ 22, 40
Salvisberg, Friedrich (Architekt) 56, 111, 120 ❙ 23, 43, 51, 52, 86
Saratz, Gian (Hotelier) 177, 182
de Saussure, Horace Bénédict 18, 23, 155
von Savoyen, Herzöge 166
Schellenberg, A. (Architekt) 194
Scheuchzer, Johann Jakob 17
Schiller, Friedrich 20, 28 ❙ 21
Schindler & Villiger (Firma) 126, 130, 132
Schinkel, Karl Friedrich (Architekt) 22, 136
Schintz, Johann Rudolf 17
Schmid, Josef (Hotelier) 159; *206* ❙ 96
Schmid, Theo (Architekt) 27
Schmidlin (Hotelier) 52
Schmitz, Hermann (Architekt) 194
Schmitz & Overhoff (Firma) 194
Schnack, Paul (Hotelier) 151
Schneider, Ernst (Baumeister) 41, 44
Schnell, Maurice (Architekt) 71
Schnyder, Othmar (Architekt) 147 ❙ 18, 25, 37, 42
Schreiber, Joseph Blasius (Hotelier) 135, 140
von Schumacher, Felix (Ingenieur) 184
von Schweden, König Gustav 183
Sécretan, Maurice (Architekt) 50
Segantini, Giovanni 183
Segantini, Gottardo 183
Segesser, Eduard (Hotelier) 77
Segesser, Heinrich (Hotelier) 77
Segesser, Heinrich Viktor (Architekt) 37
Segesser, Joseph Plazidus (Architekt) 77, 139 ❙ 37–40
Segesser, Paul (Architekt) **139**, 140, 145, 147; *177* ❙ 39, 82
Segesser, Xaver (Hotelier) 77
Seiler, Alexander der Ältere (Hotelier) 47, 51, 72, **82–83**, 84, 94, 159, 165, 167–169; *92, 200, 208, 218* ❙ 82, 94
Seiler, Alexander der Jüngere (Hotelier) 83, 169 ❙ 82
Seiler, Christian (Hotelier) 82
Seiler, Ernst (Architekt) [Koch & Seiler] 42, 45, 185, 189; *73, 199, 200*
Seiler, Franz (Hotelier) 82, 168
Seiler, Johann Gottlieb (Hotelier) 73, 117
Seiler, Josef (Hotelier) 169; *224*
Seiler, Peter (Hotelier) 73
Seiler-Brunner, Johann (Hotelier) 74, 125
Seiler-Cathrein, Katharina (Hotelière) 83
Seiler-Hopf, Friedrich (Hotelier) 124 ❙ 23
Seiler-Schneider, Friedrich, genannt Fritz (Hotelier) 28, 67, 73, **74–76**, 121, 125
Seiler-Sterchi, Johann Gottlieb (Hotelier) 76, 125
Semper, Gottfried (Architekt) 35, 110, 136, 147 ❙ 38, 39, 45, 46, 52, 53, 172, 190
de Sepibus, Eugen (Hotelier) 155
Shelley, Percy Bysshe 89
von Siemens, Werner (Ingenieur) 128, 129
Sillery, A. 120
Simmler, Johannes 15
Simon, Bernhard (Architekt) **68** ❙ 162, 172, 189; *204*
Simon, Fridolin (Architekt) 68
Somazzi, Paolito (Architekt) 36, 60, 82, 87, 140, **141**, 144, 150; *141–143, 153, 154*
Sottovia, Giovanni (Architekt) 45, 83, 96, 169, 172, 177, 180, 184, 185; *85, 180, 187*
Spengler, Alexander 23, 192, 198, 204; *210*
Spring frères (Bauunternehmer) 23
Stadler, Ferdinand (Architekt) 53, 55, 79, **136**, 137, 138, 143; *56, 170, 179* ❙ 23, 37, 39–43, 46, 47, 62; *51*
de Staël, Germaine 17, 20, 68
Staempfli, Edouard (Architekt) 18, 42, 44
Stähli, Johannes (Hotelier) 124
Steiger, Johann Martin 169
Steiger, Rudolf (Architekt) 198
Steiger-Crawford Flora (Architektin) 198
Stein, Joseph Casimir (Architekt) 194, 202
Stevenson, Louis 194
Stierlin (Hotelierfamilie) 140

Stigler, Augusto (Ingenieur & Firma) 61, 63; *71* ❙ 125–127, 130
Stotz, Hermann (Architekt) [Stotz & Held] 199; *223*
Street, George Edmund (Architekt) 180
Studer, Frédéric (Architekt) 122, 123
Studer, Friedrich (Architekt) 56, 76, 96, 120, 121, 122, **123**, 124, 136, 151; *68, 84, 150* ❙ 43, 62, 86, 113; *97*
Studer, Gottlieb 155
Stumpf, Johannes 15; *2*
von Stürler, Ludwig 22
Sulzer (Firma) 120, 121, 123, 124
Symonds, John Addington (Kunsthistoriker) 194

Tasso, Jean & Dominique (Baumeister) 105
von Tavel, Rudolf 45
Taylor, Isidore-Justin-Séverin, Baron 21
Theiler, Hans (Architekten) [Theiler & Helber] 25
Tièche, Paul-Adolphe (Architekt) 50, 55, **110**, 111 ❙ 38, 39, 43, 52, 87, 129; *65*
Tissot, August 163
Toepffer, Rodolphe 39
Tolstoi, Leo 39
Töndury, Johann 183
Töndury-Zender, Gian 183
Tosio, Bernardo 183
Truttmann-Borsinger, Michael (Hotelier) 143 ❙ 94
von Tscharner, Emanuel (Architekt) 83, 113; *57, 83*
Tschudi, Aegidius 15
Tschudy, Theophil (Architekt [Chiodera & Tschudy]) 78 ❙ 18, 19, 45, 113, **172**, 181, 185; *22, 193*
Tschumi, Jakob (Hotelier) 107
Tucholsky, Kurt 151
Turban, Karl 198, 199
Turner, William 19
Twain, Mark *20*

Unger, Friedrich 192
Unger-Donaldson, Thomas (Hotelier) 84

Vaucher, François-Ulrich (Architekt) 42, 51
Vaucher, Samuel (Architekt) 50
Vautier, Edouard (Hotelier) *98*
Verrey, Henry (Architekt) 101
Victoria II., Königin von England (s. England,…)
Vifian, Alfred (Architekt) 40 ❙ 24; *32*
Villard, Louis (Architekt) 36, **96**, 97 ❙ 84; *91*
Viollet-le-Duc, Eugène (Architekt) 22, 180
Vogt, Emil (Architekt) 36, 60, 80, 81, 145, **147**, 148, 150; *36, 189* ❙ 16, 24, 25, 31, 42, 44, 45, 83, 84, 87, 113, 133, 141, 148, 182, 185; *17, 90, 92, 97, 144, 149, 199, 200*
Volkart, Charles und Michael (Architekten) *38* ❙ 42, 44; *46*
Voltaire, François Marie Arouet 17, 20
Vonesch & Koch (Baumeister) 190

Wagner, Johann Jakob 18
von Watt, Joachim (Vadianus) 15 ❙ 154
von Weber, Carl Maria 17
Weber, Franz 31
Weber, Frédéric, Friedrich (Hotelier) 84; *93*
Wegmann, Gustav Adolf (Architekt) 39
Weinbrenner, Friedrich (Architekt) 96, 134 ❙ 36, 40, 85; *69*
Wellig, Franz und Alexander (Hoteliers) 155
Wenger, Louis (Architekt) 39, 51, 53
Wettach, Johann Jakob (Hotelier) 128
Wetzel, Carl (Architekt) 199, 202
Whymper, Eduard 25, 47, 155; *197*
Wiederanders, Arthur (Architekt) 199
Wieland, Christoph Martin 17
Wildberger, Robert (Ingenieur) 184
Winkler, Hans (Architekt) *220* ❙ 45, 82; *48*
Wirth-Strübin, Theodor und Magdalena (Hotelierfamilie) 85, 151
Witschi, Ernst (Architekt) [Henauer & Witschi] 44, 148
Wocher, Marquard 111
Wolf, Kaspar 21
Wolff, Johann Caspar (Architekt) 39
von Württemberg, Herzog Ulrich 15

von Württemberg, König Karl 154
von Württemberg, König Wilhelm I. 21, 122 ❙ 22, 37
Wyder (Hotelierfamilie) 85
Wyss, Johann Rudolf 114, 117
Wyssbrod, Anne (Kunsthistorikerin) 31

Zeiter, Josef Anton (Hotelier) 27, 155, 168
Zelger, Jakob Josef 33
Zellweger (Firma) 107
Zeugheer, Leonhard (Architekt) 50, 55, 60, **136**, 137; *52* ❙ 43
Zollikofer, Carl (Hotelier) 163
Zschokke, Olivier (Ingenieur) 138 ❙ 184
Zuffrey, Michel (Hotelier) 83
Zwingli, Huldrich 15

ORTSREGISTER
Ortschaften und deren Hotels
fette Seitenzahlen zeigen wichtige Textstellen an, *kursive Ziffern* bezeichnen Abbildungsnummern, unterstrichene Zahlen verweisen auf Seitenzahlen bzw. Abbildungsnummern im Buch «Hotelträume»
* = Abbildungen als Kapitelvorspann

Aachen [Deutschland] 185
Acquarossa 138
Adelboden 130
   englische Kirche 180
Aeschi **114** ▌ *5*
   Bären 114; *135*
   Blümlisalp 114; *122; 33* ▌ *5*
Aigle 18, 69, 72
   Grand Hôtel des Bains 69, 94, 95 ▌ 60
Airolo 169 ▌ 104
Aix-les-Bains [Frankreich] 72
Albulapass 22
Aletschgebiet (siehe auch Riederalp, Riederfurka, Fiesch) 29, 83, 155, 164; *221*
Alpnach 29
Alpnachstad 145
Alvaneu 166
Andeer 166
Andermatt 168, 169
Anniviers, Val d' 29, 159, 162
Arbon
   Rotes Kreuz 155
Ardez 190
Arolla 84, 162
   Kurhaus 167
   Mont-Collon 84, 159, 164, 167; *204*
Arona [Italien] 136, 146
Arosa 38 ▌ 103, 169, 178, 198, **202ff.**, 206, 209
   englische Kirche 180
   Alexandra 204
   des Alpes 204
   Brunold/Leinegga 202
   Bündner Heilstätte 204, *229*
   Eden 204; *228*
   Germania 204
   Grand Hotel/Savoy 204
   Kurhaus 202
   Maraner Hof *226*
   Metropole 204
   Rätia 204
   Rothorn 202
   Sanatorium Arosa *227*
   Sanatorium Berghilf 204
   Sanatorium Tschuggen/Arosa Kulm 204
   Schweizerhof/Post 204
   Seehof 202
   Victoria 204
   Weisshorn 204
Avants, Les (Montreux) 34, 35, 38, 97, 101
   englische Kirche 180
   Grand Hôtel 96, 101; *114, 116** ▌ 60; *77*
   Grand Hôtel du Jaman 96; *116** ▌ 113
Axenfels (siehe Morschach)
Axenstein (siehe Morschach)
Axenstrasse 22, 115, 138

Bad Fideris (siehe Fideris, Bad)
Bad Homburg [Deutschland] (siehe Homburg, Bad)
Bad Horn (siehe Horn, Bad)
Bad Ragaz (siehe Ragaz, Bad)
Bad Schirmberg (siehe Schirmberg, Bad)
Bad Überlingen [Deutschland] (siehe Überlingen, Bad)
Baden 14, 20 ▌ 113
Blume 87, 127
   Grand Hotel (Curhotel) 50, 51, 62, 110 ▌ 38, 39, 126, 129
   Verenahof 86; *97*
Baden-Baden [Deutschland] 107 ▌ 210
   Badischer Hof 58, 85; *69*
Bagnes, Val de 162; *209*
Ballaigues
   Aubépine 120, 122
Baltimore [USA] 129
Basel 15, 22, 28, 32, 85, 96, 111, 134, 136 ▌ 14, 98, 140, 167, 173, 185, 214
   Drei Könige 24, 73 ▌ 14, 51, 83, 95
   Euler 80
Baveno [Italien] 136, 137, 146
   Grand Hotel Baveno 137
   Grand Hotel Bellevue 137
   Palace und Grand Hotel 137
Beatenberg 32, 35, 85, 110, 115, **116–117**
   englische Kirche 180
   Alpenrose 116
   des Alpes 116
   Bellevue 116
   Kurhaus 116, 117; *144* ▌ 94, 127
   Regina 117
   Victoria 84, 117; *93, 145* ▌ 21, 110, 112
Beatenbucht 115, 116
Beatusstrasse 115, 116
Beckenried 143
Belalp 164
   englische Kirche 164; *199* ▌ 180
   Belalp 155, 164; *199*
Bellavista (siehe Generoso, Monte)
Bellinzona 104, 138, 146
Berg (TG) 154
Bergell 22
Bergün
   Kurhaus 112, 169; *112, 178*
   Weisses Kreuz 169
Berlin [Deutschland] 61, 139 ▌ 14, 82, 129, 182, 185
   Bauakademie 37
   d'Angleterre 128
   Kaiserhof 51 ▌ 128
   am Pariserplatz 112
Bern 17, 22, 38, 111, 134, 136 ▌ 46, 95, 98, 173
   englische Kirche 180
   Parketterie Sulgenbach 23
   Bellevue 119–121
   Bernerhof 36, 56, 60, 121–123; *36* ▌ 86; *96*
   Distelzwang 66, 82
   Falken 24, 73
   Berner Oberland 17, 20, 23, 25, 27, 29, 38, 61, 67, **72–76**, 80, **110–131**, 159
Berninapass 22, 29 ▌ 169
Bever 172, 191
Bex 94, 95 ▌ 97, 102
   des Bains 94, 95
   Grand Hôtel des Salines 94, 95; *104* ▌ 38
   de l'Union 95
Biasca 138
Binn 159
   Ofenhorn 159; *206* ▌ 96
Bodensee 20, 23 ▌ **154ff.**, 166
Bodio
   Stazione 138; *134*
Bönigen
   Pension Schlössli 27
Bormio [Italien] 166
Borromäische Inseln [Italien] (siehe auch Isola Bella) 146
Boston [USA]
   Eastern Exchange 118
Bœuf, Pas du 159

Braunwald
   Grand Hotel 80, 81
Bregenz [Österreich] 155, 158; *157*
   de l'Europe 155, 158
   Montfort 155
   Österreichischer Hof 154
Brent (bei Montreux) 90
Brienz 20, 29, 33; *9, 14*
   Giessbach (siehe Giessbach)
   Gasthaus 27
Brienzer Rothorn 23, 29, 116
Brienzersee 17, 20, 23, 28, 66, 76
Brig 22, 94, 115, 159, 164, 168, 169 ▌ 167
Brissago 137
   Grande Albergo/Grand Hotel 60 ▌ 82, 110, 115, 141, 148, **150f.**; *151–154*
Brünigpass 22, 29
   Kurhaus 80
Brunnen 22, 66, 78, 128, 135, **138**, 143, **148**, 149, 151 ▌ 104
   Goldener Adler 148
   Hinterer Adler 148
   Bellevue 148
   Drossel 148
   Eden 148
   Grand Hotel 36, 57, 60, 147, 148, 151; *185, 193* ▌ 84, 87, 103, 110, 113, 127; *90*
   Hirschen 148
   Parkhotel 148
   Rössli 79, 138 ▌ 46
   Waldstätterhof 53, 55, 62, 79, 136, 138, 139, 147; *56, 173* ▌ 23, 37, 40, 43, 46, 60, 62, 126; *50–53*
Brüssel [Belgien] 41, 214
Bukarest [Rumänien] 80
Burgdorf 50, 121
   Guggisberg 41
Bürgenstock 35, 63, 79, 85, 135, 143; *88, 90* ▌ 27, 110; *129*
   Hammetschwand-Aufzug 132; *129*
   Grand Hotel 79, 80, 143; *30, 88* ▌ 27, 100, 102; *102*
   Palace 80, 81, 143; *30* ▌ 15, 27, 101, 102
   Park-Hotel 32, 80, 81, 143; *30, 88* ▌ 27, 101, 102

Cademario
   Kurhaus 137; *133*
Calais [Belgien] 68
Cannes [Frankreich]
   Alsace-Lorraine 85
   Gallia 215
Casaccia 167
Castasegna 167
Caux (Montreux) 38, 69, 85, 97, 101, 104
   englische Kapelle 165 ▌ 180
   Grand Hôtel 56, 60, 62, 71, 104, 165; *27, 118, 121* ▌ 19, 38, 82, 84, 103, 110, 112, 120, 121, 126; *24*
   Palace 38, 53, 55, 71, 104; *55, 118* ▌ 15, 18, 82, 110, 113, 115, 120, 121, 127; *20*
Celerina 23, 206
   Cresta Palace 59, 113, 181, 185; *73*
Chablais Vaudois 90
Chailly 90
Chamby 101
   Grand Hôtel des Narcisses 38
Chamonix [Frankreich] 18, 23, 83, **154**, 155, 162; *195* ▌ 166, 173
   Couronne 154
   de Londres et d'Angleterre 154
   du Montanvers 154; *196*
   Union 154
Champéry 103
Champex **162**

   des Alpes *Umschlag, 213*
   Emil Cretex/Grand Hôtel Cretex 162; *212* ▌ 82
Champfèr
   d'Angleterre 178
Chandolin 162
   Bella Vista/Grand Hôtel 162, 164, 165, 167; *210* ▌ 45, 84
Château-d'Oex
   englische Kirche 180
Chernex 90
Chesières (siehe auch Villars-sur-Ollon)
   du Chamossaire 96
Chiasso 139, 146
Chiavenna [Italien] 172, 209, 214
Chicago [USA] 132
   Palmer House 99
Chillon 24, 32, 33, 97, 104
Choulex 105
Chur 22, 168 ▌ 95, 103, 167, 172, 177, 178, 190, 214
   Steinbock 83, 110, 113; *83*
Churwalden 169
   Geugel 169
   Hemmi 169
   Krone (Kurhaus) 169; *176*
   Rothorn 169
   Schweizerhaus 169
Clarens (Montreux) 18, 24, 68, 89, 90, 95, 97, 122
   du Châtelard 94
   des Crêtes 94
   Grand Hôtel de Clarens 128
   Roth 165
Comersee [Italien] 136, 146
Como [Italien] 209
Compesières 105

Därligen 123
Darmstadt [Deutschland] 136
Davos 29, 38, 116, 117, 130; *41, 42, 144, 158* ▌ 23, 31, 96, 98, 101, 102, 121, 127, 167, 178, **191ff.**, 198, 204, 206, 209; *219, 233, 234, 235*
   Chaletfabrik Davos (siehe Personenregister)
   englische Kirche 180, 193
   Rösslitram 193; *216*
   Aela 194, 202
   Alpina 194
   Bahnhof 202
   Barz 194, 202
   Bellavista 193, 194
   Waldhotel Bellevue (ehemals Waldsanatorium) 199; *218*
   Belmont 194
   Grand Hotel Belvédère 192, 194, 202; *218*
   Buol 100, 102, 192, 193; *213*
   Sporthotel Central 194
   Sporthotel Esplanade (ehemals Sanatorium Davos Platz) 199; *223*
   Flüela/Posthotel 32 ▌ 100, 103, 193, 194
   (Kurpension) Fridericianum 193
   Germania/Anna Maria 193, 194; *221**
   Curhaus/Grand Hotel Kurhaus 23, 42, 45, 96, 98, 120, 192–194, 199, 206; *210, 212, 217*
   Deutsche Heilstätte 194, 199, 202
   Basler Höhenklinik 199
   Kurhaus Davos Dörfli/Kurhaus Seehof 202
   Kurpension St. Josefshaus 123
   Mühlehof 32
   Post 120, 121, 123, 192
   Rhätia 32 ▌ 100, 102, 192, 193
   Rössli 192

Rychner/Belmont 194
Sanatorium Davos Dorf 193, 199; *221**
Sanatorium Davos Platz (Sporthotel Esplanade) 199; *223*
Sanatorium Guardaval 199; *221**
Sanatorium Dr. Turban 193, 198; *220*
Sanatorium Schatzalp 103, 120, 121, 124, 127, 130, 194, 199, 206; *225**
Sanatorium (ehemals Hotel) Schweizerhof 120, 121, 123, 192, 194, 199, 202; *211, 222*
Internationales Sanatorium/Sanatorium Valbella 199; *224*
Niederländisches Sanatorium 199, 202
Queen Alexandra Sanatorium/Thurgauisch-Schaffhausische Heilstätte 194, 199, 202
Waldsanatorium (Waldhotel Bellevue) 199; *218*
Schönengrund 202
Schweizerhof (später Sanatorium) 120, 121, 123, 192, 194, 199, 202; *211, 222*
Seehof 100, 103, 193
Strela 192; *209*
Waldschlössli 193
Davos Clavadel
Bad 191
Sanatorium Clavadel/Zürcher Heilstätte 193, 198, 199
Davos Glaris
Spinabad 191
Disentis 22
Kurhaus Disentiserhof 169
Domodossola [Italien] 167
Dresden [Deutschland] 147
Dufourspitze 155

Eggishorn (siehe auch Fiesch) 155
Emmetten 143
Engadin 22
Engelberg 18, 38 ▎39
englische Kirche 180
Grand Hotel/Europäischer Hof 147 ▎39; *43**
Kuranstalt 39; *43**
Kurhaus Titlis 32, 62, 147 ▎100, 102, 126, 132
Sonnenberg 79, 80 ▎41
Grand Hotel Terrasse (Terrace) 79, 147 ▎39; *43**
Ermatingen 158
Evolène 84
de la Dent-Blanche 159, 162, 164; *202*
Grand Hôtel 84, 167

Faido 104
dell'Angelo 137
Milano 137
Suisse 137
Faulensee
Faulenseebad/Wald-Hotel Victoria 51, 55, 114; *53, 134* ▎59, 111, 123; *70*
Faulhorn 23
Gasthaus 27; *17*
Ferpècle 162
du Col d'Hérens 162
Ferret, Val 162
Fideris, Bad 166; *173*
Fiesch 155
englische Kirche (Jungfrau am Eggishorn) 180
des Alpes 85, 155; *94*
du Glacier 155
Jungfrau am Eggishorn 44, 45, 54, 83, 155, 162, 164; *198*
Finsteraarhorn 25

Fionnay 162
des Alpes 162, 167; *209*
Carron 162
Grand Combin 162, 164
Fläsch 166
Flawil 97, 102
Flims Waldhaus **169**, 178
Kur- und Seebadanstalt/Park Hotel 50, 103, 107, 169; *57, 58*
Schweizerhof 169; *175*
Segnes 169
Flüelen 22, 34, 135, 138
du Lac 148
Urnerhof 148
Flüeli-Ranft 143
Kurhaus Nünalphorn 145
La Fouly 162
Francoville-la-Garenne [Frankreich] 22
Freiburg 97, 102
Friedrichshafen [Deutschland] 154, 155, 158
Fronalp 151
Furkapass 22, 159, 168, 169
Belvédère (siehe Gletsch)
Furka *216*

Gais 163; *172*
Ochsen 163
Gemmipass 18
Generoso, Monte 29 ▎137; *132*
Monte Generoso (Bellavista) 137
Vetta/Kulmhotel 123, 137; *132*
Genf/Genève 18, 24, 28, 32, 39, 45, 66, 67, 74, 88, 96, 105, 110, 121; *29* ▎14, 22, 23, 31, 37, 42, 83, 85, 95, 98, 102, 104, 107, 138–140
englische Kirche 180
d'Angleterre 18, 68, 88, 89, 90; *95* ▎37, 83, 110; *39*
Balance 88
Beau-Rivage 61, 62; *69, 99* ▎37, 83, 86, 126, 129; *8**
Bellevue 83, 87
des Bergues 24, 56, 67, 73, 89, 94, 105; *66, 96* ▎14, 40, 42, 50f., 52, 53, 59, 83, 87, 95, 98, 107, 109, 110, 139; *59, 60*
du Coq d'Inde 68, 88
Couronne 88, 105 ▎38, 86; *94*
de l'Écu de Genève 24, 56, 67, 73, 88; *67* ▎86
du Logis-Neuf 68
Métropole 56, 67, 90 ▎59, 111; *74*
National 54, 61, 62, 84, 85, 90; *63, 101* ▎38, 82, 98, 110, 111, 120, 121, 126, 129
de la Paix 56, 62, 84; *93* ▎83, 126
Russie 83
Suisse 56
Trois Maures 88
Trois Rois 68, 88
Genfersee 15, 17, 18, 19, 20, 22, 23, 24, 29, 33, 35, 45, 53, **67–72**, 80, **88–107**, 120, 121, 122, 159, 162; *15*
Genua/Genova [Italien] (siehe auch Pegli) 80 ▎*214*
Miramare 41
Gersau 34, 66, 78, 85, **138**
zu den drei Kronen 78, 136, 138
Müller 138; *87* ▎96, 98, 123, 127
Giessbach 20, 23, 28, 111; *19*
Giessbach 32, 33, 66, 73, 122; *47* ▎16, 26, 31, 83, 99, 102; *10, 101*
Glarus 38, 68; *43* ▎166, 185
Gletsch 155, 159
englische Kirche 180
Belvédère 159, 164, **168–171**; *224, 225*
du Glacier du Rhône 27, 82, 83, 159, 164,

165, **168–170**; *222, 223*
Glion (Montreux) 34, 35, 69, 71, 85, **95**, 97, 101; *76* ▎107
englische Kirche 165 ▎180
du Chasseur de Chamois 90
du Parc 53 ▎110
du Righi Vaudois 62, 95, 96, 165; *105* ▎23, 60, 126; *28*
Nouvel Hôtel du Midi/Victoria 165 ▎60, 126
Gmunden [Österreich]
Astoria 128
Godalming [Grossbritannien] 100
Goerbersdorf [Deutschland]
Kuranstalt 198
Goldach 159
Gonten 163
Gornergrat 29
Gotthardpass 22, 29 ▎137, 146, 167
Grächen 15
Grimentz 162
Grimselpass, -strasse 169
Grindelwald 15, 17, 23, 27, 29, 38, 39 ▎101, 102
englische Kirche 180
Adler 50, 128; *4* ▎96, 98
Bär, Baer 38, 53, **128–131**; *157, 158*, 159, 160, 161, 162*, 163, 164* ▎19, 84, 120, 121, 209; *26*
Steinbock 128
Victoria 102
Gruben 159, 162
Grüsch 183
Gstaad 116 ▎15
Parkhotel 116
Royal Hotel & Winter Palace 15, 19, 39, 40, 43, 85; *23*
Gunten 34, 115, **116**
Hirschen 141
du Lac 116
Parkhotel 116; *142*
Weisses Kreuz 116
Gurnigel
Gurnigelbad 50, 51; *28* ▎52, 53, 59, 120, 121, 123, 124

Hamburg [Deutschland] 202
Hammetschwand (siehe Bürgenstock)
Harder 116
Heidelberg [Deutschland] 41
Heiden 95, 103, 155, 158, **160ff.** 163; *171*
Bellevue 160; *169*
Freihof (Kuranstalt) mit Dependancen 154, 158, 160, 162; *168*
Krone 160; *166*
Kurhotel (Projekt) 162
Kursaal 122 ▎26, 162; *170**
Linde 160
Löwen 160
Nord 167
Paradies 160
Schweizerhof 160, 162
Sonnenhügel 160
Weder 160
Héréns, Val d' 159, 162
Heustrich
Bad Heustrich 50
Hilterfingen **115**
des Alpes 115
Bellevue 115
Hilterfingen 115; *139*
Wildbolz/Seehof 115
Holzminden [Deutschland]
Baugewerkschule 178
Homburg, Bad [Deutschland] 84; *93*

Horn 159
zum Anker (Molkenkuranstalt) 155, 163; *162*
Bad *162*
Hospental 168
Hyères [Frankreich] 72

Immensee 28
Insel Mainau [Deutschland] 154
Interlaken 20, 24, 32, 39, 66, 67, 71, **73–76**, 81, 85, 111, 114, 115, 116, **117–128**, 130, 147; *16, 146, 151* ▎14, 23, 43, 95, 98, 100, 102, 104, 109, 123, 191; *2, 100*
Parkett- und Chaletfabrik 23
Aebersold 117
Grand Hôtel des Alpes & Palace Hôtel (Projekt) 51, 81, 120; *156* ▎43, 110
Bavaria 128
Beau-Rivage 85, 122, 123, 147; *153* ▎43, 110, 113, 123
Beau-Site 120, 123
Belvédère 60, 120; *156* ▎*3*
Berger/Bernerhof 123
«Casino» 120; *156*
de la Gare 123
von Greyerz/Ober 120; *83, 156* ▎123
Hirschen/Cerf *32**
Interlaken *156* ▎121
Jungfrau 74, 76, 120, 121, 122, 123; *125; 45, 154, 156* ▎27, 43, 60, 86, 113; *75, 100*
Jungfraublick 56, 66, 73, 76, 120, 121, **124**; *149, 156* ▎23, 163; *76*
Kursaal *147*
National 85
Oberländerhof 123
Ritschard 56, 62, 120, 122, 123; *148, 156* ▎23, 43, 83, 86, 109–111, 120, 121
Royal Hotel St. Georges 128; *40* ▎24
Ruchti 120
Savoy 128 ▎16; *15*
Schweizerhof 50, 54, 60, 85, 120, 121, 128, 147, 151; *45, 65, 155, 156* ▎42, 43, 59, 60, 112, 120, 122, 127; *44, 72*
Seiler 117, 120
Splendide *32**
Victoria 32, 33, 56, 60, 61, 62, 74, 76, 120–123, **124**, 125, 128, 151; *25, 45, 68, 84, 150, 156* ▎16, 27, 62, 86, 99, 102, 126, 130; *100*
Wyder/National 122
Isola Bella [Italien] (siehe auch Borromäische Inseln) 136

Jerusalem
King David 147
Julierpass 22, 23 ▎167; *174*
Jungfrau 25, 28, 29, 155; *23, 221*
Jungfraujoch 29, 165

Kägiswil 79, 80
Kairo [Aegypten] 80, 81, 85
Continental 80
Semiramis 80, 81
Karlsruhe [Deutschland] 134, 136, 147, 165
Technische Hochschule/Polytechnikum 25, 36, 37, 39, 40, 46, 49
Kerns 79, 80
Kleine Scheidegg (siehe Scheidegg, Kleine)
Klosters 38 ▎104, 191, 192, **193**, 194
Belvédère 193
Brosi; *214*
Florin/Bündnerhof 193
Hirschen 193
Kurhaus 193
Schweizerhof 193
Silvretta 103, 193

Grand Hotel Vereina 193; *215*
Weiss Kreuz 193
Konstanz [Deutschland] 155, 158
   Badhotel 155
   Halm 155, 158
   Inselhotel 155
   Konstanzerhof 155; *156*
Kreuzlingen 155

Landeck [Österreich] 172, 214
Landquart 191
Langenargen [Deutschland] 155
Langensee/Lago Maggiore 20, 23 ▎**136f.**, 146
Langwies 202
Lauenen
   Kurhaus 25, 85; *35*
Lausanne 24, 28, 32, 45, 47, 67, 68, 71, 88, 90, 94, 95, 96, 97, 115 ▎14, 42, 95, 97, 98, 100, 102, 104, 138, 173
   englische Kirche 180
   Alexandra 97; *57, 108*
   Balmoral 39
   Beau-Séjour 94 ▎39
   Beau-Site/Palace 97 ▎87, 102, 110, 127
   Bellevue 90
   Belvédère/Palace 90 ▎102, 110, 127
   Eden 39
   Gibbon 24, 56, 66, 68, 73, 89, 94, 105; *97* ▎14, 40, 51, 59, 86
   Grand Pont 32, 33, 90 ▎16, 100, 102, 110; *18*
   Jura-Simplon 39
   Mirabeau 39
   Mont Riant 87
   de l'Ours 102
   de la Paix 83
   Palace 90; *110* ▎115
   Richemont 90
   Victoria 94 ▎87
Lausanne-Ouchy 28, 90, 96 ▎98
   Beau-Rivage Palace 36, 50, 51, 53, 55–57, 60–63, 67, 71, 85, 90, 94, 96, 97, 128; *34, 35, 70, 72* ▎19, 42, 50, **51**, 52, 53, 59, 62, 84, 86, 96, 103, 107, 109–111, 113, 114, 120–122, 126, 129, 130, 133, 213; *61–64, 120*
   du Château 18; *21*
   Florissant 39
   Royal 54, 57, 97; *109** ▎39, 110, 115
Lauterbrunnen 15, 17, 28, 29; *3, 11*
Lavey-les-Bains
   Bad 86
Lecco [Italien] 214
Leissigen 110
Lenk
   Bad Lenk 50
Lenzerheide
   Kurhaus 169, 178; *177*
Le Prese (siehe Prese, Le)
Les Avants (siehe Avants, Les)
Leuk *1*
Leukerbad 14, 47, 48; *46, 48* ▎31, 102, 104, 107
   Bellevue *105*
   Maison Blanche 96
   Torrentalp *162*
   Wildstrubel *162*
Leysin 69, 72; *117, 119* ▎198
   Grand Hôtel (Sanatorium) 62, 69, 101; *117* ▎126
Lin, Pas de
   de la Pierre-à-Voir 162, 164; *214*
Lindau [Deutschland] 41, 155, 163
   Bayrischer Hof 158
Locarno 67 ▎98, 103, 109, 137, 138, **144f.**, 150

elektrische Strassenbahn 148
Beau Rivage 148
Belvédère 148
Corona/Metropole 123, 146, 148; *146*
Gallo 146
Grand Hotel 56 ▎46, **48f.**, 103, 120, 122, 123, 127, 140, **146ff.**, 151; *54–56, 147*
Kreuz 144
du Lac 148
du Parc 25, 44, 148; *149*
Reber au Lac 63 ▎26, 103, 127, 132, 148; *36, 148*
Svizzero/Schweizerhof 146
Locarno Minusio
   Kurhotel Esplanade 44, 110, 148; *150*
Locarno Orselina
   Kurhaus Victoria 44, 148
Locle, Le 104
London [Grossbritannien] 21, 39, 85 ▎22, 97, 99, 100, 214
   Carlton 111
   Grosvenor Hotel 61 ▎124
Lötschental 15
Lugano 67, 79, 80, 117 ▎31, 95, 98, 103, 104, 137, **138ff.**, 146, 148; *136**
   elektrische Strassenbahn 140; *139*
   englische Kirche 180
   Béhas Hotel de la Paix 144, 148
   Bellevue 139
   Bristol 54, 57; *51* ▎82, 103, 110, 115, 120, 122, 127, 141, 144, 151; *142*
   Continental-Beauregard 79 ▎103, 127, 139, 141, 144
   Corona/Krone 138
   Gottardo 140
   Grand Hotel Palace (siehe du Parc)
   International 103, 110, 127, 130, 140
   del Lago 138
   Lloyd 87, 144
   Lugano 139
   Metropole & Monopol 62 ▎120, 121, 126, 140, 141
   Meyer/Blumenstein 44
   Palace Hotel Excelsior (Projekt) 87, 110, 115, 144
   du Parc/Grand Hotel Palace 66, 80–82, 147; *91* ▎25, 27, 42, 44, 85, 103, 110, 123, 127, 138, 139, 141, 144; *92, 135, 144*
   du Parc & Beau-Séjour 87, 120, 121, 123, 141, 144; *143*
   Royal (Projekt) 141
   Splendide 62, 63 ▎103, 115, 120, 122, 125, 126, 130, 132, 140, 141, 144, 148, 150; *138*
   Svizzero/Post 138
   Tre Re 138
   Villa Castagnola 44
   Walter 144
   Washington 138, 139
Lugano Paradiso 139, 140; *136*, 137*
   Bellevue 140
   Europe 56 ▎82, 122, 123, 140, 141, 144, 151; *136*, 137, 140*
   Meister (Projekt) 141
   Panorama/Reichmann au Lac/Eden 139–141, 144; *136*, 137, 141*
   Sommer 141
   Victoria 60; *136**
   Villa Beaurivage 140
Luino [Italien] 136, 137
Luxor [Ägypten]
   Luxor 147
Luzern 20, 24, 28, 29, 32, 36, 39, 45, 67, 68, **76–77**, 80, 81, 85, 110, 115, 120, 128, **135–137**, 139, **145–147** ▎14, 16, 31, 32, 40, 83, 85, 97, 98, 100, 102, 104,

137–139, 173, 194; *12*
englische Kirche 180
Kursaal 27
Beau-Rivage 137
Diana 41
Englischer Hof 137
Europe 80, 137; *88* ▎37
Furka 41
Gütsch 62 ▎16, 18, 37, 42, 44, 102, 126, 132; *19*
du Lac 32, 62, 137, 147; *181* ▎16, 100, 102, 126; *12*
Luzernerhof 62, 63, 137 ▎37, 41, 126, 130, 132; *125*
Monopol & Métropole 147 ▎83
Montana 56, 145; *180* ▎25, 41
National 54, 56, 62, 137, 139, 145, 147; *172* ▎37, 39, 82, 87, 102, 110, 113, 120, 126, 132; *117, 118*
Palace 54, 80, 81, 145; *180* ▎110, 113; *119*
St. Gotthard-Terminus 85, 137, 147 ▎16, 37, 41, 83, 102; *16*
Schiller 41
Schwanen 76, 135, 137; *86* ▎43
Schweizerhof 24, 32, 33, 39, 50, 51, 54–56, 60, 67, 76, 136, 137; *52, 62, 167* ▎14, 16, 27, 38, 40, 41, 43, 51, 53, 96, 100, 102, 103, 107, 139; *11*
Stadthof 137 ▎85
Tivoli 54 ▎41, 120–123, 127
Union 123
Victoria 62, 147 ▎41, 83, 123, 126; *82*
Waldstätterhof 36, 60, 147 ▎16, 83; *17*
Lyon [Frankreich] 97
École des Beaux-Arts 40

Magadino 144
   Grand Hôtel du Bateau à Vapeur 144, 146; *145*
Maggiore, Lago (siehe Langensee)
Mailand/Milano [Italien] 97, 105 ▎41, 99, 137, 139, 148
   Accademia delle Belle Arti di Brera 36
   Continentale 139
   Palace 80
Mainau, Insel [Deutschland] (siehe Insel Mainau)
Malix 166
Maloja 172, 184
   englische Kirche 180, 212
   Hotelomnibus 212; *241, 242*
   Hôtel-Kursaal (Palace) 32, 33, 44, 62, 131; *44* ▎15, 16, 19, 84, 99, 102, 110, 112, 113, 119, 120, 126, 130, 178, 183, 206, **209ff.**; *122, 237–239*
   Schweizerhaus 210, 213; *240*
Malojapass 22 ▎167
Märjelensee 164
Marseille [Frankreich] 72
Martigny 214 ▎104
Matterhorn 25, 29, 155, 164
Mattertal 155, 162
Les Mayens-de-Leytron
   du Muveran 162
Les Mayens-de-Sion 162, 164
   des Mayens-de-Sion 167; *215*
Meersburg [Deutschland] 154, 155
Meiringen 80, 111, 169 ▎102, 104
   englische Kirche 180
   du Sauvage/Wilder Mann 123; *152* ▎102
Menton [Frankreich]
   Wyders Grand Hôtel 85
Meran [Italien] 78, 138 ▎214
Merligen 34, 115, **116**

des Alpes 116
Beatus 116; *143*
Löwen 116
Minusio (siehe Locarno)
Mitlödi 38
Montana
   du Parc 83
   Sanatorium Bella Lui 198
Mont-Blanc [Frankreich] 18, 20, 25, 29, **88**, 154; *6*
Monte Generoso (siehe Generoso, Monte)
Monte-Moro-Pass (siehe Moro-Pass, Monte)
Monte Rosa (siehe Rosa, Monte)
Mont-Fleuri (bei Montreux) 69 ▎95, 99
   Sanatorium 32, 69
Mont Pèlerin 80
Montreux (siehe auch Les Avants, Caux, Clarens, Glion, Territet, Veytaux) 24, 32, 33, 34, 45, 61, 67, 68, **69–72**, 73, 78, 81, 84, 85, **90, 95**, 96, 97, 104, 105, 107, 115, 117, 122, 128, 138, 165; *26* ▎31, 42, 95, 96, 98, 101, 102, 104, 105, 107, 113, 122, 132, 141, 191; *7, 34*
   elektrische Strassenbahn 101, 105; *103*
   Kursaal 71
   Beau-Lieu 104
   Beau-Séjour au Lac 60
   Bel-Air 104
   (Château) Belmont 62, 84, 96 ▎84, 126; *91*
   Bon Port (siehe Territet)
   Breuer 32, 33, 62, 63, 79, 80, 96, 107; *106* ▎39, 42, 62, 115, 120–122, 126, 130; *127*
   Central 85; *94*
   Continental 71, 97, 104; *111* ▎82, 120
   Cygne 67, 71, 72, 90, 96, 107; *26, 80, 98* ▎40; *45*
   Eden (siehe International)
   Europe 71 ▎126
   Excelsior 95 ▎110, 115
   International/Eden 62, 85, 96 ▎110, 120, 126; *121*
   Lorius 72; *80*
   Monney 104; *122*
   National 67, 71, 72, 94, 95; *79, 80, 103* ▎18, 38, 60, 120, 122
   Palace 53, 55, 71, 72, 90, 97, 104; *112* ▎16, 82, 110, 115, 133; *13, 45, 80*
   des Palmiers 120, 122, 123
   Rive-Verte 42
   Roy 96
   Splendid(e) 96 ▎103
   Suisse 95, 96, 97; *113* ▎95, 110, 112, 120, 121, 126
Morges 28, 105
Moro-Pass, Monte 159, 162
Morschach 35, 78, 135, 143, 147
   Axenfels 79, 85, 131, 138, 147, **150–151**; *190, 191, 192, 194** ▎59, 103, 127
   Axenstein 36, 77, 79, 138, 139, 147, **148–151**; *186–189, 194** ▎37, 47, 82, 96, 98, 103, 127
München [Deutschland] 139 ▎37, 38, 82, 99, 105
   Königliche Akademie/Technische Hochschule 25, 37, 40, 190
Muri (AG)
   Solbad Löwen 120, 122
Mürren 29, 38, 130 ▎209
   englische Kirche 180
   des Alpes 32 ▎100, 102

Neapel/Napoli [Italien]
   Excelsior 81, 147

Grand Hotel 85
Neuenburg/Neuchâtel
  Grand Hôtel du Lac 62 ❙ 126
  Mont-Blanc 50, 51 ❙ 53
Neuenburgersee 23, 72
Neuhausen am Rheinfall 20
  Schweizerhof 50, 51; *31* ❙ 127
New York [USA] 14, 100, 124, 129, 211
  Blue Mountain Lake 99
  Fifth Avenue Hotel 61 ❙ 124
  Holt Hotel 124
  Occidental 58 ❙ 133
Nizza/Nice [Frankreich] 72, 138; *93* ❙ 214
  de France 84
  Grand Hôtel des Palmiers 85

Oberalppass 22, 169; *13**
Oberhofen 34, **115–116**
  Bären 115
  Favorita 115
  Montana 116
  Moy 115, 116; *140* ❙ *47*
  Oberhofen 115
  Parkhotel 116
  Victoria 115
  Zimmermann 115
Olten 39
Orselina (siehe Locarno Orselina)
Ouchy (siehe Lausanne-Ouchy)

Pagig 182
Pallanza [Italien] 136, 137, 146
  elektrische Strassenbahn 137
  Grand Hotel 137
Paradiso (siehe Lugano)
Paris [Frankreich] 32, 79, 85, 97, 105, 134, 165 ❙ 22, 23, 97, 99, 101, 102, 125, 128, 129, 211–214; *124, 125*
  Académie Royale d'Architecture 38
  École des Beaux-Arts 36, **37ff.**, 53, 82, 190
  Balmoral 84
  Bristol 111
  Grand Hôtel 61, 72 ❙ 128
  du Louvre 85
  Meurice 72 ❙ 51
  du Rhin 72
  Ritz 111
Pas de Lin (siehe Lin, Pas de)
Pegli bei Genua [Italien]
  Grand Hotel Méditerranée 79, 80; *88*
Pesaro [Italien]
  Grand Hotel 141
Pfäfers 14
Pfänder [Deutschland]
  Kuranstalt 155, 163
Pignia 166
Pilatus 14, 15, 29, 143, **145**; *22*
  Bellevue 145
  Grand Hotel/Kulm 139, 145 ❙ 103, 123
  Klimsenhorn 145
Pisa [Italien] 182
Pontresina 41, 45, 95, 96, 98, 103, 104, 167, 169, **173ff.**, 183–185, 190, 206, 209; *195**
  englische Kirche 180, 184
  Bernina 177
  Enderlin/Schlosshotel 78 ❙ 19, 181, 190; *195**
  Engadinerhof 177, 181
  Kronenhof (& Bellavista) 21, 96, 98, 177, 178, 183–185, 190; *111, 191, 195*, 202*
  Languard 178, 190
  Palace/Walther 181

Parkhotel *195**
Pontresina/Sporthotel 126, 190; *195**
Post 193
Roseg (mit Dependance Belmunt) 45, 83, 96, 98, 177, 184, 185; *85, 187, 195**
Saratz 96, 98, 177, 182, 184, 190; *191, 195**
Steinbock (ehemals Gasthof zu den Gletschern) 173; *186*
Weisses Kreuz 96, 98, 177, 184
Poschiavo 103, 166
Potsdam [Deutschland] 22
Pragelpass 38
Prese, Le 166
  Curanstalt/Albergo Bagni 45, 166, 169, 185; *180*
Promontogno
  Bregaglia 172

Ragaz, Bad 74, 78, 121, 140 ❙ 103, 107, 162
  Hof 68
  Quellenhof 68
  Tamina 126, 130, 132
Rawilpass 15
Reichenbachfall 80
Rheineck 155
Rheinfall (siehe Neuhausen)
Rhonegletscher (siehe auch Gletsch) 27
Riederalp 164
  Grand Hotel (Projekt) 83
  Riederalp 83, 155
Riederfurka 94
  Riederfurka 83
Riffelalp (siehe Zermatt)
  englische Kirche 180
Rigi (allgemein) 14, 17, 24, 28, 77, 85, 111, **134–143**, 148; *12, 18, 20* ❙ 213
Rigi-Felsentor
  Gasthaus 139
Rigi-First 139, 140
  Rigi-First 54, 60, 78, 139; *175, 177** ❙ 39, 82, 127
Rigi-Kaltbad 35, 134, 135, 139
  Alpina 143
  Bellevue 139; *174*
  Grand Hotel 79, 81, 134, 135, 137; *171, 174, 177**
Rigi-Klösterli 79, 134, 135, 137; *171*
  Krone 77, 134; *171*
  Schwert 135; *171*
Rigi-Kulm 29, 77, 134, 135, 137, 138, 140; *18, 166, 171* ❙ 26, 27; *38*
  Gasthaus 25, 134, 135; *165*
  Rigi-Kulm 136; *171*
  Regina Montium 84, 136, 137, 138, 140; *169, 171* ❙ 23, 40, 42, 43, 46
  Schreiber 122, 139, 140; *Umschlag, 58, 60* ❙ 26, 44, 83, 96, 98
Rigi-Scheidegg 140; *39, 171*
  Kurhaus 78, 136, 137, 139, 140; *87, 171* ❙ 41
Rigi-Staffel 29; *171* ❙ *38*
  Gasthaus 135
  Rigibahn 139; *171*
  Staffel-Kulm/Felchlin 139
Rigi-Staffelhöhe
  Edelweiss 143
Rigi-Unterstetten 139; *176*
  Rigi-Unterstetten 140
Rimini [Italien]
  Grand Hotel 141
Rixheim [Frankreich] 21; *10*
Rochers-de-Naye 29, 69, 104; *115* ❙ 120, 121, 123
Rom [Italien] 80

Grand Hotel 111
Grand Hotel Excelsior 81, 147
Minerva 80
Quirinal Hotel 80; *88*
Romanshorn
  Kuranstalt (Projekt) 158
Rorschach 95, 98, 103, 154, 155, 158, **159f.**, 162, 163; *163, 171*
  Anker 155, 159
  Bodan 155, 160; *164*
  Grüner Baum 155, 159, 160; *163*
  Hirschen 159, 160
  Krone 155, 159
  Löwen 155, 159
  Post 155
  Schiff 159, 160
  Seehof 158, 160, 163; *165*
Rosa, Monte 155
Rothenbrunnen 166
Rüschlikon
  Kuranstalt Nidelbad 120, 122

Saanen
  Bahnhof 116
Saas Fee 164
  englische Kirche 164 ❙ 180
  Beau-Site 164
  Bellevue 164
  Dom 162; *219*
  Grand Hotel 167
Saas Grund 164
  Mattmark 159
  Monte Rosa 162
Saastal 155, 159
Salzburg [Österreich] 61 ❙ 129
Samedan 95, 103, 167, 177, 183, 184, 190, 209
  englische Kirche 180
  Bernina 45, 83, 99, 102, 110, 111, 177, 185, 190; *84*
  Engadinerhof 60, 177, 183
San Bernardino 22 ❙ 167, 169
  Brocco & Poste 169; *179*
  Motto 169
  Ravizza 169
San Remo [Italien]
  Victoria 111
San Salvatore 79
St. Bernhard, Grosser 25, 88 ❙ 136; *1*
Ste-Croix
  Grand Hôtel des Rasses 39
St. Gallen 68 ❙ 102, 159, 172, 194
St. Louis [USA]
  Lindell 111
St-Luc 83, 159, 162
  Bella Tola 159, 162, 165; *203* ❙ 45
  Cervin 162, 167; *203*
  Weisshorn 162; *211*
St. Margrethen 177
St. Moritz 14, 29, 33, 38, 45, 115, 128, 130; *21* ❙ 41, 45, 95, 103, 154, 166, 167, 169, 172, **173ff.**, 178, 183–185, 190, 194, 204, 206, 209, 210, 212, 214; *104, 194, 201, 230, 231, 232*
  elektrische Strassenbahn 183–185; *193, 201*
  englische Kirche 180, 184, 185
  Skilift 236
  Adler 173
  Andreossi 173, 177
  Bahnhof 181
  Bavier 120, 122, 173, 177
  Bellevue 177, 178
  Belvedere 177
  Bristol/Bahnhof 194
  Carlton 147 ❙ 42, 182; *200*

Kuranstalt Chantarella 147 ❙ 42, 182, 184, 209; *199*
Pension Faller/(Engadiner) Kulm Hotel 32, 33, 38 ❙ 97, 99, 102, 107, 173, 177, 178, 182, 214; *184, 185, 194, 231, 232*
Wirtshaus Flugi 173, 177
Gartmann 177
Grand Hotel 78, 148; *21* ❙ 16, 19, 27, 82, 95, 112, 119, 120, 181, 182, 184; *Umschlagbild, 115, 196, 201, 231*
Osteria Jecklin 173; *183*
Kreuz 177
Löwen 173
La Margna 24, 178, 181; *194, 201*
Monopol 147 ❙ 42, 182
(Beaurivage)/Palace 18, 45, 110, 113, 172, 177, 181, 185; *22, 201, 231*
Post 177
Neues Posthotel 181
Rosatsch 182
Rössli 173
Savoy-Hotel *230*
Schweizerhof 78 ❙ 172, 181, 185; *193*
Steffani 177
Suvretta House 78, 148 ❙ 15, 94, 110, 115, 120, 182; *236*
Tomm 173
St. Moritz Bad 96, 104, **172ff.**, 183, 184; *181, 182, 189b*
  (Engadiner)Hof 178
  Kurhaus/Grand Hotel des Bains 68 ❙ 42, 45, 94, 98, 104, 178, 181, 184, 185, 189, 190; *110, 181, 182*
  du Lac 82, 96, 98, 103, 104, 111, 178, 184, 185; *106, 107, 109, 190*
  Neues Stahlbad 85 ❙ 41, 83, 120, 126, 181; *86, 192*
  Victoria 45, 60, 82, 96, 98, 103, 104, 110, 111, 178, 181, 184, 185; *81, 108*, 189*
St. Niklaus 159
  Grand Hôtel St. Nicolas 159
St. Petersburg [Russland] 66, 68 ❙ 97
Sargans 177
Sarnen 79, 80
Saxon 162
Schaffhausen 166
S-chanf 183
Scheidegg, Grosse 23, 29, 111
Scheidegg, Kleine 23, 27, 29, 111 ❙ *6*
  Bellevue 112; *6*
Schirmberg, Bad
  Bad Schirmberg 85
Schuls (siehe Scuol)
Schwefelberg Bad
  Kuranstalt 120, 122
Schwyz 139
Schynige Platte 29
Scuol 95, 166, 167, 178, 189, 190, **191**
  Aporta 191
  Belvédère 189, 191; *207*
  Bon-Port 191
  Engadinerhof 191, 193; *208*
  Könz 191
  Quellenhof 191
  Schwarzer Adler 191
Seelisberg 35, 135, **143**
  Bellevue 148 ❙ 42, 44; *46*
  Sonnenberg 122, 136, 143; *179* ❙ 23, 26, 42–44, 94, 127, 163
Seewis 178
Siders/Sierre 164
  Château Bellevue 83, 165
Sigriswil 115
Sils Baselgia **177f.**
  Pension de la Grand[e] Vue/Margna 24,

178, 182; *198*
Sils Maria 38 ▍ 167, **177f.**, **182**, 209, 213
    Alpenrose 24, 84, 177, 178, 182; *31, 87*
    Barblan/Schweizerhof 182; *9*
    Edelweiss 84, 127, 178; *188*
    Waldhaus 78 ▍ 15, 19, 182; *9, 31, 197*
Silvaplana 104, 167, 184
    Corvatsch 178
Simplonpass 20, 22, 97 ▍ 136, 146, 167
Sinestra, Val
    Kurhaus 78 ▍ 166, 172
Sion/Sitten 159
    Grand Hôtel de Sion & Terminus 84
Sisikon 34
    Uri Rotstock 138
Sonloup 97
Spiez 34, 110, **114–115**, 116, 117, 128; *138* ▍ 103
    Bahnhof-Terminus 115
    Continental (Projekt) *40*
    Erlacher-Hof (Projekt) 115
    Palace-Hotel (Projekt) 115; *37*
    Park-Hotel Bubenberg 115; *137* ▍ 16, 41, 110
    Schonegg 114 ▍ 43
    Grand Hotel Spiezerhof 114, 122, 123; *136* ▍ 26, 60, 110, 111
Splügen
    Rössli 103
Splügenpass 22 ▍ 167
Staad 154
Stalden (VS) 164
Stampa 209
Stans 80
Stanserhorn 80, 143, 145; *89*
    Stanserhorn 80; *88, 89* ▍ 123
Stansstad 33, 80
Stoos 151
Strahlhorn 155
Stresa [Italien] 41, 136, 137, 146
    Grand Hotel des Iles Borromées 136; *130*
    Milan (& Kaiserhof) 137
    Regina Palace Hotel 137; *131*
    Simplon 137
Stuttgart [Deutschland]
    Königliche Baugewerkeschule 41, 193
    Polytechnische Schule 37, 40, 172, 178, 190
Sumvitg
    Tenigerbad 166

Tamins 190
Tarasp 166, 167, 189, 191
    englische Kirche 180
    Trinkhalle 204
    Kurhaus 68 ▍ 42, 45, 84, 103, 178, 185, 189–191; *203*
Territet (Montreux) 68, 97; *74–78*
    des Alpes 32, 33, 55, 63, 69, 71, 95; *75, 78* ▍ 82, 94–96, 98, 99, 102, 107, 110, 115, 120, 121, 130; *34*
    englische Kirche 180
    Boand 71
    Bon Port 95; *102*
    Bristol 55, 62, 97; *61*, 107* ▍ 42, 84, 109, 110, 120, 121, 126, 132
    du Chasseur des Alpes 69, 90; *74*
    Grand Hôtel 62, 63, 67, 69, 165; *77* ▍ 16, 19, 38, 84, 94, 110, 126, 130
    Richelieu 71
Thalwil 97
Thun 15, 22, 24, 28, 45, 67, **72–73**, **110–114**, 115, 117, 120, 123, 128, 164 ▍ 95, 98, 103, 138, 177
    englische Kirche 72, 121; *81* ▍ 40, 180

Kursaal *133*
du Bâteau 72
Baumgarten 41
Beau-Rivage 114 ▍ 41
(des Bains de) Bellevue (& du Parc) 24, 50, 72, 73, 111, 114, 120; *82* ▍ 40, 42, 52, 109; *113*
Freienhof 110, 111; *130* ▍ 40, 53
Thunerhof 50, 55, 61, 62, 67, 96, 110, 111, 123; *132* ▍ 38, 39, 41, 43, 50, **51f.**, 87, 98, 103, 120, 121, 126, 130; *65, 66*
Thunersee 20, 23, 24, 34, 35, 72, 76, **110–128**
Thusis 103, 169
Torrent, Col de 159
Treib 143
Turtmanntal 159, 162
    Weisshorn 159

Überlingen, Bad [Deutschland] 155, 158; *155*
Unspunnen bei Interlaken 20, 21; *8* ▍ 93
Unterseen bei Interlaken 45, 110, 116, 117
    Grand Hotel (Projekt) 60, 74; *85* ▍ 86
    Ruchti/Beau-Site 76
Untervaz
    Bad Friewis 166
Uors
    Peiden Bad 166
Uzwil 99

Val d'Anniviers (siehe Anniviers, Val d')
Val de Bagnes (siehe Bagnes, Val de)
Val d'Héréns (siehe Héréns, Val d')
Val Ferret (siehe Ferret, Val)
Vallorbe
    Grand Hôtel 85
Varese [Italien] 139
    Grand Hotel 148
Venedig/Venezia [Italien] 182, 210
Vermala
    Vermala 83
Vevey 24, 32, 67, 68, 80, 88, 90, **94**, 96, 97, 107, 165; *5* ▍ 14, 37, 42, 95, 96, 98, 100, 105, 173
    englische Kirche 180
    Hotel beim Bahnhof (Wettbewerb) 141
    Chemenin/Park-Hôtel Mooser 94, 95; *24, 100* ▍ 62, 127, 130; *68, 79*
    Grand Hôtel 32, 33, 47, 50, 51, 55, 57, 61, 62, 67, 84, 94, 96, 97, 107; *32, 64* ▍ 52, 53, 86, 87, 94, 100, 110, 111, 113, 126, 129, 133; *98*, 99, 103*
    Grand Hôtel du Lac 32, 50, 55, 56, 94, 95 ▍ 38, 102, 122, 127; *42*
    Trois Couronnes (Monnet) 24, 32, 68, 73, 89, 90, 94, 96, 105, 107, 165; *73* ▍ 14, 19, 51, 53, 86, 99, 102, 120, 122, 127, 130; *25, 95*
Vex 164
Veytaux
    Masson *29*
Vierwaldstättersee 17, 20, 23, 24, 29, 34, 35, 63, 67, **76–81**, 121, **134–151**, 159; *7*
Villars-sur-Ollon (siehe auch Chesières) 95, 96, **104**
    Bellevue 96
    Grand Hôtel 85, 104 ▍ 110, 112
    Hôtel du Grand Muveran 95, 96
    du Parc & Queen's Hôtel 104
    Villars-Palace 104; *120*
Villeneuve 28, 68, 90, 94, 95 ▍ 42
    de l'Aigle 105
    Byron 54, 56, 60, 66, 89, **105–107**; *123, 124*, 125, 126, 127, 128, 129* ▍ 38, 40, 42, 59, 100, 102, 127; *41*

de la Croix Blanche 105
Visp 164
Vitznau 29, 34, 85, 135, **143, 148** ▍ 213
    Bellevue 143
    Handschin 143
    Kohler 143
    Pfyffer/du Parc-Parkhotel 78, 140, 143, 148; *184* ▍ 19, 44, 45, 59, 103, 113, 127; *71*
    Rigi 143
    Rigibahn 143
    Vitznauerhof 148; *183* ▍ 44, 60, 103, 110, 120, 121, 127, 130
    Weisses Kreuz 143
    Zimmermann 143
Vollèges 162
Vulpera 103, 167, 189, **190f.**
    Freibad 206
    Arquint 190
    Carl 190
    (Alpenrose)/Schweizerhof 78 ▍ 19, 103, 190; *205*
    zu den Salzwasserquellen/Steiner 190
    Waldhaus 59* ▍ 5, 16, 84, 103, 178, 185, 190, 191; *14*

Wallis 15, 22, 25, **82–85**, **154–171**
Walzenhausen 155
    Kurhaus 155; *37, 158*
    Rheinburg 155; *159*
Wasserau bei Schwende 160
Weggis 128, 135, 136, **147–148**; *178* ▍ 123
    Parkhotel Bellevue 147, 148 ▍ 24, 25, 113
    Central 148; *178, 182* ▍ 24
    zum Dampfschiff 136; *168*
    Schlosshotel Hertenstein 148 ▍ 44
    zum Löwen 136; *168*
    Pilatus 59
    Post 147; *178*
    Schweizerhof 148 ▍ 24, 25; *33*
Weinacht 160
Weissbad 163
    Kurhaus 158; *161*
Weissenburg, Bad 122
Weissenstein 163
Wengen 38, 44, 130
Wengernalp 17, 27
Wien [Österreich] 61, 81, 139, 147 ▍ 14, 82, 99, 128, 199
    Polytechnische Schule 37
    Astoria 128
    Britannia 128
    Donau 19
    Grand Hotel 128
    Metropole 128
Wiesbaden [Deutschland] 194
Wildbad [Deutschland]
    Bellevue 62; *78*
Wildegg 104

Yverdon 71

Zehntenhorn 159
Zermatt 15, 23, 25, 27, 29, 47, 94, 155, **159**, 164; *92* ▍ 45, 94, 173
    englische Kirchen (Zermatt & Riffelalp) 164 ▍ 180
    des Alpes 83
    Beau-Site 83, 164, 167; *220* ▍ 45, 82, 120, 123; *48, 123*
    Bellevue 164
    Belvédère (Gornergrat) 164, 167 ▍ 45
    Mont Cervin 82, 83, 159, 162, 165, 167; *92, 200, 217*
    (Lauber)/Monte Rosa 82, 83, 159, 162,

165, 167; *92, 197, 200, 217* ▍ 94
    Poste 83
    Riffelalp 47, 51, 83, 121, 159, 164, 167; *50, 92, 208** ▍ 42, 45, 82; *49*
    Riffelberg 82, 83, 159; *92, 201*
    Schwarzsee 83; *92*
    Schweizerhof 167
    Terminus 167
    Victoria 83, 94, 164, 167; *218*
    Zermatterhof 167; *92, 217*
Zinal 162, 164
    Besso 162; *205*
    Diablons 162, 167; *205*
    Durand 159, 162; *205*
Zürich 17, 22, 32, 96, 139, 147 ▍ 14, 22, 97–99, 102, 104, 109, 112, 140, 194, 202
    Polytechnikum/ETH **38f.**, 41, 43, 45, 46, 82, 172, 190, 194, 210
    Baur en Ville/au Lac 24, 60, 73, 105 ▍ 14, 51, 83, 107, 127, 172; *4*
    Bellevue 50, 60, 136
    Grand Hotel Dolder 81 ▍ 21, 25, 84; *30*, 88*
    Üetliberg-Kulm 185
    Waldhaus Dolder 81 ▍ 25
Zurzach 18
Zweisimmen 115

Gestaltung: Bernet & Schönenberger, Zürich
2. korrigierte Auflage 2005
© 2003 hier + jetzt, Verlag für Kultur und Geschichte GmbH, Baden

ISBN 3-906419-68-1